지방자치원론

- 공공선택적 접근-

[개정판]

정 정 목 저

法 文 社

PRINCIPLES OF LOCAL AUTONOMY

- PUBLIC CHOICE APPROACH -

[Revised Edition]

by

Chung Mok Chung

2013
Bobmun sa
Paju Bookcity, Korea

개정판 머리말

개정판은 4개의 편으로 구성하였다. 1편은 지방자치제도와 이 제도를 이해하고 분석하는 데 필요한 기본 이론을 소개하는 서론이다. 2편은 지방자치제도를 운영하는 체제에 관한 논의이다. 3편은 지방자치제도와 그 운영에 큰 영향을 미치고 있는 변화에 관한 이야기이다. 그리고 4편에서는 지방자치제도 운영의 성과를 평가하여 문제점들과 원인, 대안을 논의했다.

개정판을 4편으로 구성한 것은 기승전결로 짜여진 소설을 읽듯이 이 책을 읽을 수 있기를 기대해서다. '쉽고, 편안하게 읽히는 책'이 필자가 마음속에 가지고 있는 목표다. 독자들이 우리 실생활의 중요한 부분인 지방자치를 생생하게 이해하고, 의문을 느끼며, 스스로 답을 찾아보도록 하자는 것이다.

우리나라는 민주화 과정을 거쳐 1990년 지방의회 의원을 선출하면서 부분적으로 지방자치제도를 도입하였다. 이어 1994년 단체장도 직선함으로써 완전한 지방자치제도를 시행하게 되었다. 이제 내년 6월이면 여섯 번째 지방정부를 구성하게 된다.

지방자치제를 시행한 지난 20여 년간 관존민비의 오랜 인식이 바뀌고 있음을 우리는 체험하고 있다. 오랫동안 이 권위주의적 의식은 온갖 부정과 부패를 덮는, 기세등등한 휘장이었다. 그러나 이 휘장을 벗겨도 부정과 부패는 사라지지 않으며, 새로운 유형으로 바뀔 뿐이라는 것을 깨닫는 데 오랜 시간이 걸리지 않았다.

새로운 유형의 부정부패를 들자면 유권자의 지지를 얻기 위해 선심행정을 펼치며 예산을 낭비하고, 이익집단과 야합하여 예산을 남용하며, 지방의회 의원들이 임의로 거액의 예산을 배정하는 것 등 다양하다. 심지어 매관매직도 서슴지 않는다. 이런 비리와 선거법 위반으로 형사 처벌되는 단체장도 적지 않다. 보스정치(machine politics)와 엽관제에서 비롯된 부정 · 부패 · 불법이 난무하던 1800년대 미국을 연상하게 한다.

그렇다고 실망할 필요는 없다. 우리가 경험하는 문제는 불완전한 제도와 탐욕스런 인간성이 원인이다. 완벽한 제도란 없으며 사익을 추구하는 인간의 속성 역시 변화하지 않는다. 따라서 사익추구를 제한하고 제도를 보완하기 위한 방책을 찾는 과제 역시 영원할 것이다. 누군가 이 과제를 풀기 위해 노력할 것이고, 역사는 진보할 것이라는 확신이 실망보다는 희망을 갖게 하는 근거이다. 이러한 가능성에 대한 확신이 인간의 부정적 속성에 대한 비판을 넘어 신뢰와 협력으로 이어지기를 기대한다. 희망은 우리를 인간과 사회에 대한 실망으로부터 자유롭게 할 것이다.

지방자치제도는 통일과 관련해서도 매우 중요하다. 통일을 이루는 것은 외교와 국방 분야의 주된 업무이지만, 통일 후 이를 실행하는 것은 지방자치제이기 때문이다. 그러나 생각만 했을 뿐 이 문제를 논의하지 못했다. 이외에도 부족함이 있다면, 모두 저자의 책임이다.

마지막으로 편집부 배은영 선생님을 비롯한 법문사의 관계자분들과 자료 수집을 도와준 오장훈 군에게 깊이 감사드린다.

2013년 10월

정 정 목

차 례

제1편 서 론

제 2 편 지방자치제도의 운영

제3편 세계화와 지방주의

제1편

서 론

PART 1 서 론

인류는 필요에 따라 수많은 제도를 고안하여 시행해 왔다. 제도는 필요를 충족하기 위한 수단이고, 필요란 사회가 추구하는 이념 또는 가치인 사회적 목표이다. 따라서 제도에는 사회적 이념과 가치가 스며있다(정정목, 1992: 37).

지방자치제도는, 무엇보다, 민주를 추구하기 위한 것이다. 절대왕권이 지배하던 국민국가(nation-state)가 민주화되는 과정은 국가의 통치권을 다양하게 분산(분권)하는 과정이기도 하다. 개인이나 집단이 절대권력을 행사할 가능성을 예방하기 위해서라면, 다양한 분권은 당연한 결과였을 것이다. 지방자치는 이 과정에서 생겨난 분권의 한 종류이다(정정목, 1992: 37).

지방자치를 이해하는 것은 쉽지 않다. 목표인 민주의 개념이 단순 · 명확하지 않을 뿐 아니라 문화에 따라 다르고, 시대에 따라 변화하며, 지방자치제도가 오랜 기간에 걸쳐 진화하는 과정에 다양한 요인들이 영향을 주고받았기 때문이다. 이것은 다른 제도도 마찬가지여서 모든 제도는 문화에 따른 다양성과 시대에 따른 동태성 때문에 이해하기가 어렵다(정정목, 1992: 38).

'민주'라는 보다 중요하고 시급한 목표에 묻힌 것 일수도 있지만, 지방자치제도가 효율적이라는 것은 초기부터 알고 있던 사실이다. 그러던 것을 1950년대에야 비로서 경제학적 사유 방식과 이론 그리고 방법론을 사용해 논의하기 시작하였다. 지방자치제도는 정치 제도인 동시에 경제 제도이기도 하다.

지방자치를 뜻하는 용어도 관점에 따라 차이를 보이고 있다. 지방자치의 정치적 측면을 강조하는 이들은 지방자치(local autonomy), 분권(decentralization), 이양(devolution) 등의 용어를 사용한다. 이와는 달리 지방자치의 경제적 측면에 초점을 맞추는 재정학자들은 재정분권(fiscal decentralization) 혹은, 그보다 더 흔히 재정연방주의(fiscal federalism)라는 용어를 사용한다.

이 책은 이 두 측면을 동시에 이해하기 위한 것이다. 그런데, 지방자치제도의 정치적 속성은 대의민주제를 전제로 한 것이며, 경제적 속성은 시장체제를 전제로 한 것이다. 현재 대부분의 국가는 다소의 차이는 있으나 이 두 제도를 택하고 있다.

공공선택이 대의민주제와 시장에 내재한 다양한 문제를 분석하는데 탁월한 접근방법이라는 점은 그동안의 연구 성과가 입증하고 있다. 대의민주제와 시장경제하의 지방자치제도의 문제들을 논의하는 데에도 또한 유용하다. 지방자치제도의 경제적 측면을 Tiebout 모형을 중심으로 논의한다. 따라서 공공선택과 Tiebout 모형은 지방자치제도를 이해하기 위한 중심 이론이다.

제1장
지방자치

제1절 국가와 지방

1. 국가와 지방의 관계

서유럽에 근대국가에 대한 법률적 · 정치적 이론이 성립되기 시작한 것은 1550년에서 1650년 사이였다. 영국과 프랑스 그리고 서유럽의 저지대 국가들에서 이 새로운 이론을 세우던 학자들이 가지고 있던 문제의 하나는 바로 '국가와 지역사회들 사이의 관계'에 관한 것이었다. 중세와 근대초기에 이르는 동안 서유럽 왕국들 고유의 관습이었던 왕국과 지역사회 간의 상호의존 및 권력과 영향력의 쌍방통행을 참작하지 않을 수 없었다. 영국의 경우, 버러(borough)와 카운티(county)는 하원에서 대표되었고, 프랑스의 코뮌(commune)은 제3의회에서 대표되어 이들의 동의 없이는 세금을 부과할 수 없게 되었다(Wickwar, 1970: 5). 상당한 정도의 지방권이 인정되었던 역사적 사실이다.

영국과 프랑스에서는 헌장이 부여된 지방자치단체라 할지라도 국가의 주권에 귀속된다는 점에 이론적 의문의 여지가 없었다. 다만 자치권의 수준에 관한 논란이 있었을 뿐이다. 버러와 코뮌에 대한 자치권의 인정이 전제왕정과 대중국가(popular state)를 구분하는 기준이라는 주장이 1567년 Bodin에 의해 제기되었다. 1749년 Montesquieu도 이에 동의하고 있으며, 따라서, 이 문제에 대한 당시의 해법은 중간자이론(the theory of intermediary bodies)이었다. 중간자이론이란 '지방자치단체는 군주에 의한 국가의 주권행사를 완화하는 세력으로서의 역할이 확립된 가운데 헌법상 특정한 지위를 유지하며, 주권에 의해 위임된 자치권을 행사하는 중간자'라는 것이다(Wickwar, 1970: 7–8).

이에 대립되는 구성체론(constituent bodies)을 1603년 Johann Althusen이 주장하였다. 구성체론은 인간은 집단을 이루어 살게 마련이라는 전제로부터 출발한다. 집단은 가족과 길드(guild) 등의 사적 집단과 이들을 포함하는 시(city) 또는 도시국가(city-state)와 같은 공적 집단이 있으며, 공 · 사의 모든 집단을 포괄하는 최고의 영역이 있다는 것이다. 한편, 자치단체가 선출된 자치의회를 의미하는 것이 아니라 그 자치단체에 포함된 모든 개인으로 구성되는 것과 같이, 최고 권력은 개인적 주권(personal sovereign)이 아니라 구성원으로서의 공적 집단 전체를 의미한다(Wickwar, 1970: 9–10). 이는 결국 중앙정부가 지방정부들에 의해 형성되며, 그 권한도 지방정부들 간의 합의에 의해 도출된다는 것이다.

중간자이론과 구성체론의 중요한 차이점은 국가(중앙)와 지방의 관계에 관한 것이다. 중간자이론은, 지방정부를 중앙정부의 주권에 의해 창조되지만, 중앙정부의 권력을 위임받아 지방주민의 기본적 자유를 보장하는 역할을 수행하는 것으로 본다. 반면, 구성체론은 지방정부들의 합의에 따라 중앙정부와 그 권한이 결정되는 것이다. 따라서 단일국가(unitary state)체제는 중간자 이론에 그 뿌리를 두고 있고, 연방국가(federal state)체제의 뿌리는 구성체론에 있다. 이들 두 이론에 따르면 국가의 체제는 크게 단일체제와 연방체제로 나눌 수 있는데 이들은 서로 다른 행정체제를 가지고 있다.

2. 행정체제와 지방자치제도의 유형

행정체제는 국가와 지방의 관계에 따라 특히 분권의 주도권을 누가 행사하느냐에 따라 결정되는 것으로 단일체제와 세 유형의 연방제가 있다. 행정체제는 분권의 주도권을 누가 행사하느냐에 따라 결정되므로 당연히 지방자치제도에 영향을 미친다. 각 행정체제에 대응하는 지방자치제도가 있다는 의미이다.

자치제도는 나라마다 역사와 전통, 지리적 특성 그리고 경제와 문화적 환경 등의 여러 가지 요인에 영향을 받으며 진화해 왔기 때문에 이를 일반화하여 몇 개의 유형으로 나누는 것은 함축된 의미를 간과할 위험이 있다. 그러나 하나의 기준을 정해 유형을 분류하는 것은 다양한 자치제도를 명확하게 이해하는 데 도움이 된다.

삼권분립과 입법적 분권은 중앙에서의 분권과 계층화된 지방(정부)에서의 분권이라는 점에서 그 수준이 다르다. 그럼에도 불구하고 이들은 상호 독립적이면서 영향을 주고받는다. Maass와 Fesler는 이 두 수준의 분권에 동일한 기준을 적용하여 그 상호작용을 분석하고 이를 기준으로 행정체제를 분류했다(Bennett, 1989a: 11).

1) 행정체제

자치제도와 관련하여 행정체제를 구분할 때 가장 중요한 기준은 국가의 통치권을 중앙과 지방정부 사이에 배분함에 있어 누가(중앙과 지방) 주도적 권한을 가지느냐에 관한 헌법 규정이다.

다음은 유럽의 국가들을 중심으로 이 기준을 적용하여 네 가지 유형으로 분류한 것이다(Bennett, 1989: 11-12).

(1) 단일체제

단일체제(unitary systems)에 속하는 나라들은 한국, 영국, 프랑스, 네덜란드, 룩셈부르크, 포르투갈, 그리스, 폴란드, 루마니아, 불가리아, 일본 그리고 헝가리 등이다. 이들 국가의 경우, 지방자치권에 대한 헌법적 보장은 연방제 국가들에 비해 약한 것이 특징이다. 우리나라도 헌법상 자치제도가 보장되고 있으나 자치권에 관하여는 포괄적으로 법률에 위임하고 있다. 다시 말하여, 의회의 결정에 따라 자치권의 구체적 내용이 결정되므로 중앙정부의 우월적 지위가 명백하다.

(2) 형식적 연방제

형식적 연방제(formally federal)란 헌법상 자치권을 인정하되 그 범위가 지극히 제한적이어서 사실상 단일국가와 유사한 체제를 의미한다. 구소련연방(USSR)과 체코슬로바키아가 형식적인 연방제를 채택했다.

(3) 준연방제

준연방제(quasi-federal)란 제한적이고 형식적인 자치적 지방들이 결합되거나 혹은 연합(union)함으로써 소멸되어 버린 경우를 의미한다. 영국이 이 경우에 해당하며 이제는 거의 단일국가라 할 수 있을 정도이다. 이탈리아나 유고슬라비아의 경우, 자치권이 지극히 제한적이어서 이 체제로 분류할 수 있다. 독특한 경우가 스페인인데, 스페인의 경우 1982년에 순연방체제를 확립하였으나 중앙정부가 중요한 권력을 아직도 행사하고 있다.

(4) 순연방제

순연방제(truly federal)란 특정한 지역의 자치권이 헌법상 보장될 뿐만 아니라 실질적으로 시행되는 경우이다. 통일 전 독일, 스위스, 호주가 이 예에 속하며, 미국도 여기 포함된다.

순연방제는 계약이라는 의미의 라틴어 'feodus'를 어원으로 하는 연방주의(federalism)의 구조적이고 행태적인 측면을 모두 포함하는 특정한 연합(association)의 원칙을 따르는 체제를 의미한다. 계약에 의한 연합으로서의 연방주의는 정치적으로 독립적인 지역사회들이 자신들의 정체성을 유지하면서 제한된 공동의 목표를 달성하기 위한 상호계약에 의해 '서로를 묶는(binding together)'것이 아니라 '함께 가는(coming together)'것을 의미한다(Schechter, 1975: 3-4). 이런 점에서 연방제

(federal system)는 연방주의의 원칙에 따라 정치적으로 독립된 지역사회들이 상대적으로 독립적인 지위를 유지하면서 지역사회들 간의 계약에 의해 중앙정부를 설립하는 것이라 할 수 있다.

보다 구체적으로 연방주의의 세 가지 기본적인 원칙(principles of federalism)을 살펴보면 다음과 같다: 연방정치체(federal polity)의 강화는 중앙정부(national government)의 권력이 아니라 전체로서의 국가에 부여된 권력에서 비롯된다; 국가(연방, 중앙)와 연방에 참여한 정치체(일반적으로 주) 양자의 정부들은 이양(delegated)된 권력만 보유 한다; 모든 정부는 공동의 헌법에 따른 제한을 받는다(Elazar, 1968: 361).

연방주의에 대한 학문적 탐구는 1870년과 1900년대 초의 정치학자들에 의해 시도된 후 오랫동안 방치되었다. 그러던 것이 1930년대를 시점으로 미국의 행정학자들이 정부 간 관계(intergovernmental relations)라는 현실적 문제에 직면하면서 연방주의에 대한 학문적 관심이 부활한 것이다(Elazar, 1968: 364). 따라서 연방주의의 기본적 요소는 분권의 양식에 있는 것이며, 이점에서 단일국가체제와의 비교도 연방주의에 대한 중요한 학문적 관심의 하나이다.

이론상 자치권의 범위는 완전한 독립과 완전한 종속의 양극을 연결하는 선상(continuum)에 결정된다. 연방제는 농촌, 도시, 거대도시 또는 지역정부로 권력을 위임(devolution)하는 것 보다는 더 분권화(decentralized)된 제도이다. 그 이유는 연방제에 참여하는 지역사회(지방정부)들은 중앙정부(national government)로부터 권력을 위임받는 것과는 달리 연방 또는 중앙정부와 동등한 자격으로 구속되는 헌법에 의해 권력을 분배받기 때문이다(Smith, 1985: 12).

이런 점에서 보면, 연방주의는 단일체제가 괄목할 만한 자치권을 지방정부에 허용한다 하더라도 이와는 명백하게 다르다. 단일체제에서의 지방권(local power)은 중앙기관에 의해 결정된 지방사안(local matters)

에 국한되고, 중앙에 의해 통제(national supervision) 및 제한되며, 그리고 심지어는, 비록 전통이 지방의 특권이 확립된 영역에서의 중앙의 급격한 행위를 완화시킨다고 할지라도, 회수되기도 한다. 영국의 경험이 보여주듯, 지방권을 지지하는 강력한 전통조차도 민주적으로 선출된 의회가 권력을 중앙에 재집중 시키는 것이 다수(중앙의회의)가 필요하다고 생각할 때 이를 막지 못했다(Elazar, 1968: 355–356).

지방권이 보장되는 정도에 따라 국가의 행정체제를 분류하는 것은 이론적 논의라는 한계를 벗어날 수 없다. 연방제도 이를 시행해 가는 과정에서 시대에 따라 집권과 분권의 중요성이 교차해서 강조되었기 때문이다. 보다 더 현실적인 이유로는 첫째, 연방헌법에 의해 주정부에 우선하는 특별권력을 연방정부에 허용할 수 있다. 다시 말하여 연방과 주정부는 대등한 자격으로 헌법에 귀속되지 않는다. 스위스에서는 연방법이 주법에 우선한다. 캐나다에서는 연방정부가 주법을 허용하지 않을 수 있고, 부지사로 하여금 주정부의 입법에 동의하지 않도록 할 수도 있다. 미국에서도 주정부가 연방정부의 권한에서 완전히 독립적인 유일한 부문은 주의 영역에 관한 것뿐이다. 따라서 지방권이 보장되는 정도를 정밀하게 측정하기 어려울 뿐만 아니라 무의미할 수도 있다. 둘째, 연방정부의 지출수준이 꾸준히 증가했기 때문에 연방과 주정부의 상호의존성이 증대되어 왔다. 사회 · 경제적 요인의 변화에 대응하여 연방주의가 변화하지 않을 수 없었던 것이다. 셋째, 단일체제라도 상당한 권한을 지방정부에 위임할 수도 있기 때문이다(Smith, 1985: 13–14). 단순한 기준으로 국가의 행정체제를 분류하는 것이 현실적으로 대단히 어렵다.

연방제와 단일체제의 이론적 구분은 이들 체제가 실제로 시행되는 현실적 다양성과 변화를 설명하는 데 명백한 한계가 있다. 연방제와 단일체제를 구분하는 목적이 추상적으로 정의하는 데 있는 것은 아니다. 그보다는 권력의 배분에 관한 변화를 시도하고 결정하는 절차상의 차이가 정당제도(party system), 정치 문화, 사법제도 그리고 정치적 이익 등의 정치과정과 최종 결과에 어떤 영향을 미치는지를 분석하는 데 있기(Smith, 1985: 15) 때문이다.

한편, 같은 체제의 국가라 하더라도 중앙과 지방정부의 관계가 모두 같은 유형인 것은 아니며, 다른 체제의 국가라 하더라도 중앙과 지방정부의 관계는 유사한 유형일 수도 있다. Leeman은 이 관계를 융합체제, 이중체제, 분할계층체제의 세 가지 유형으로 분류했으며, Bennett은 여기에 사회주의적 민주주의체제를 포함시켰다(1989: 12-15). 이를 간략히 살펴보면 다음과 같다.

2) 지방제도의 유형

(1) 융합체제

Leeman에 따르면, 융합체제(fused systems)는 중앙집권화된 준연방체제를 가지고 있는 서유럽 국가의 다수가 채택하고 있는 지방자치제도이다. 이 제도의 가장 순수한 예는 최근의 개혁 직전의 프랑스 지방자치제도이다. 이 제도는 Napoleon에 의해 시행된 것으로 서유럽의 여러 나라에서 유사한 제도가 시행되었다.

Département의 지사(prefect)는 지방서비스에 관하여 지방정부가 아니라 중앙정부에 책임을 지는, 중앙정부 소속의 직업 관료이다. 그리고 지사의 권한은 대단히 강력했다. 대도시의 경우 지방의회가 지사에 대한 견제력을 가지고 있기는 하지만, 역사적으로 시장임명권을 지사가 가지고 있었으며(현재는 직선) 임명직 시장은 지사를 통해 중앙정부의 정책에 밀접하게 연계되어 있었기 때문에 대단히 제한적이었다. 이런 의미에서 지방자치단체는 제한된 자치권을 행사하며 실질적으로는 중앙행정기구(중앙정부)에 융합된 체제라 할 수 있다. 이를 그림으로 표시하면 [그림 1-1]과 같다.

◆ [그림 1-1] 융합체제

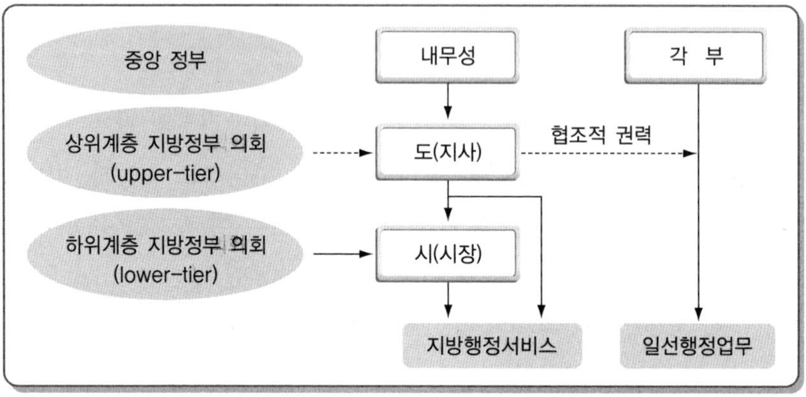

(2) 이중체제

행정상의 이중체제(dual systems) 또는 분리된 계층(detached hierarchy)체제를 채택하고 있는 대표적인 국가는 영국이다. 이 체제는 기관통합형 지방정부가 기능의 수행을 담당하되, 중앙의 부처들에 의한 포괄적 감독, 법률과 재정에 관한 제한을 전제로 한다. 이 체제하에서는 선출된 지방의회가 지방정부에 주어진 전권을 사실상 행사하기 때문에 권한의 범위가 명백한 집행부의 장이 없다는 결과가 필연적이다. 따라서 시장 등 집행부의 장은 상징적 존재일 뿐이다.

◆ [그림 1-2] 이중체제

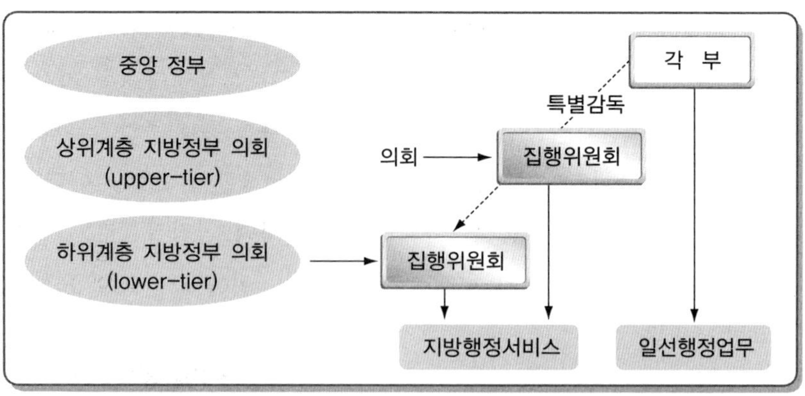

(3) 분할계층체제

분할계층체제(split hierarchy systems)에서는 중앙정부가 도(province)에 대해 상당한 지배적 권력을 보유하지만, 지방자치단체는 이중체제에서와 같은 스스로의 의회와 자치권을 행사한다. 이 체제는 이런 점에서 융합체제와 이중체제의 혼합유형이라 할 수 있다.

연방주의체제를 가지고 있는 국가들(독일, 오스트리아, 스위스 등)에서는 이상의 세 가지 유형을 다양하게 변형한 지방정부체제를 운영하고 있다. 더욱이 연방체제하에서의 주들은 동일한 유형의 지방정부를 일률적으로 채택하는 것은 아니라는 점을 유의해야 한다.

[그림 1-3] 분할계층체제

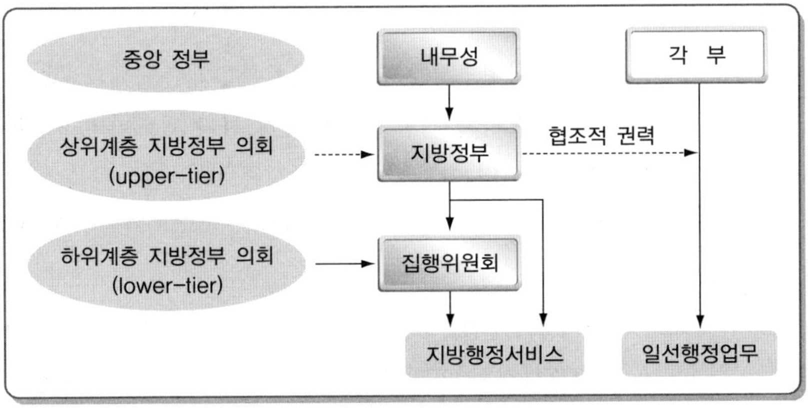

(4) 사회주의적 민주주의체제

이제는 대부분이 과거의 제도가 되었지만, 냉전 시대의 사회주의적 민주주의체제(system of socialist democracy)는 독특한 중앙–지방 상호의존 양식을 가지고 있었다. 국가에 따라(특히 동유럽 제국) 구체적 양상은 다르지만, 일반적인 구조적 특징은 지방인민위원회(local soviets)와 생산위원회 등의 조직에 대중 참여를 강조하는 데 있었다. 선출되는 직책이면서도 인민위원회는 당의 강력한 감독을 받았다.

◈ [그림 1-4] 사회주의적 민주주의체제

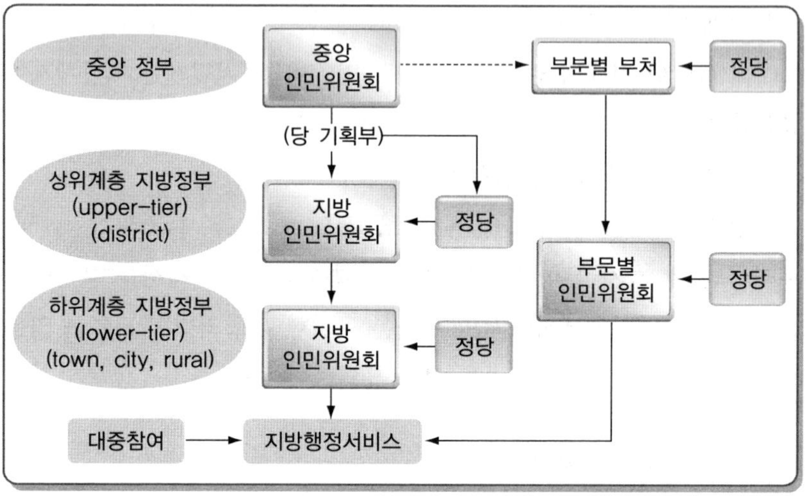

우리나라는 단일체제이며, 지방정부체제는 분할계층체제라 할 수 있다. 지방정부체제는 지방자치 이념을 실현하기 위한 제도이며, 이 제도의 정치적 목표는 민주성의 확보이다. 정치적으로는, 민주성을 확보하기 위하여 지방정부체제라는 제도가, 각국에서, 역사적으로 진화해 온 것이다.

그러나 국가의 민주화를 위한 제도적 장치가 지방자치제도인 것만은 아니다. 국가를 민주화하기 위해서는 단일한 사람이나 집단이 절대권력을 행사하지 못하도록 해야 한다. 이를 위한 다양한 제도가 분권의 형식으로 확립되었다.

제2절 분권의 종류와 목표

국가의 통치권은 우리들의 생활 전반을 지배하며 영향을 미치지만 정치 · 경제 부문에서의 영향력은 특히 중요하다. 정치에서는 전제권력의 출현을 막아 개인의 자유를 보호해야 하고 경제에서는 가능한 최대의 효율을 확보하여 복지 수준을 높여야 한다. 국민 모두가 자유와 풍요를 누리도록 하는 것이 국가의 최우선 목표이며 이를 최소한의 비용으로 달성해야 한다. 두 부문에서 이 목표를 추구하기 위해 채택한 것이 분권이다.

모든 분권의 근거는 주권재민의 원칙(the doctrine of popular sovereignty)에 있다. 이것이 정치적 분권(political decentralization)이다. 유권자는 주권자로서 직접 통치하지는 않지만 대리인을 선출하여 통치권을 위임한다.

경제 부문에서는 주권자들이 정치적 자유를 바탕으로 하여 평등한 자격을 가지고 경제활동을 함으로써 각자의 이익을 추구하고 확보하며 강화할 수 있어야 한다. 이를 위한 것이 경제적 분권이다.

정치적 분권은 다시 수도분권과 지역적 분권으로 나뉜다. 지역적 분권에 행정적 분권과 입법적 분권이 포함된다. 이를 살펴보면 아래와 같다.

1. 정치적 분권

1) 수도분권

수도분권(capital division of powers)은 삼권분립(separation of powers)이라고도 하는 것으로, 행정 · 입법 · 사법권을 독립적 권한을 행사하기 위한 수단을 갖춘 별개의 기관(국가의 중앙기관)에 배분하는 것이다. 다시 말해, 입법권은 입법부(국회)에, 행정권(법의 집행과 관리)은 행정부에 그리고 사법적 판단에 관한 권한은 사법부(대법원)에 부여하는 것이다. 삼권분립은 '견제와 균형이론(the theory of checks and balances)'에 따른 것이며, 국가의 통치권을 행사하는 정부가 수도(capital city)에 있다는 점에서 이를 수도분권이라고도 한다(Maass, 1959: 10–11).

삼권분립의 중요한 목표는 통치권의 자의적 행사를 차단하는 데 있다. Madison은 "개인이나 소수의 집단 또는 세습, 자임(自任), 선출을 불문하고 입법, 행정, 사법의 삼권을 통합하여 행사한다면 그것이 바로 전제정치의 정의라 할 수 있다"(The Federalist Papers, No. 47: 301)고 했다. 더 나아가 중앙정부 자체가 "서로 다른 부처 간에 권력을 분리하는 중요하고도 정립된 원칙"에 따라 제도적으로 균형을 유지해야만 정치적 자유가 유지될 수 있다(The Federalist Papers, No. 66: 01)고 주장하였다.

입법 · 행정 · 사법의 삼권을 통합한 권력은 절대 권력이고, 절대 권력은 절대 부패한다는[1)]역사적 경험에서 절대 권력이 출현할 가능성을 차단하려는 것이 삼권분립의 목표이다. 삼권분립은 모든 수준의 정부에 적용되어야 하는 절차적 원칙(procedural principle)이기도 하다(Maass, 1952: 9).

삼권분립의 일차적 목표는 민주이지만 효율도 내재된 목표라 할 수 있다. 삼권분립 자체가 분업이자, 업무의 전문화를 포함하고 있기 때문이다. 국가의 통치권이 부패하는 것을 방지한다는 것도 효율을 높이려는 묵시적 의지로 이해할 수 있다. 부패는 반드시 비효율을 동반하기 때문이다.

2) 지역적 분권

국가의 통치권을 지역에 배분할 때 이를 지역적 분권(areal decentral-

1) wikipedia에 따르면, Acton 경이 1887년 4월 5일 Mandell Creighton 주교에게 보낸 편지에 들어 있는 "Power tends to corrupt and absolute power corrupts absolutely."라는 문구에서 나온 격언으로 그 출전은 Figgis, J. N. and R. V. Laurence eds. (1907). Historical Essays and Studies, (London: Macmillan, 1907) 이다.
http://en.wikipedia.org/wiki/Absolute_power_corrupts_absolutely#.22Lord_Acton.27s_dictum.22 2013.6.26. 검색

ization)이라 하며 지역적 분권은 목표에 따라 두 가지로 나눌 수 있다. 하나는 행정적 분권이고 다른 하나는 입법적 분권이다.

(1) 행정적 분권

행정적 분권(administrative decentralization)은 국가의 업무를 수행하는 권한과 책임을 지방에 분산하는 것이다. 민주적 관점에서는 그 중요성이 비교적 작은 유형의 분권이다. 행정적 분권은 중앙정부가 그 고유 업무에 관한 결정권을 보유한 채 집행권만 지방정부로 이전하는 것이기 때문이다(Rondinelli, 1981 : 137).

행정적 분권의 중요한 목표는 행정효율(administrative efficiency)의 증대에 있다. 이는 내부적(internal), 공간적(spatial), 기능적(functional)으로 업무 부담을 분산함으로써 이룰 수 있다. 따라서 행정적 분권에는 세 가지 유형이 있음을 알 수 있다. 업무 부담이 조직 내부의 상위직책으로부터 하위직책으로 이전될 때 이를 내부적 분권이라 하는데, 이는 모든 수준의 정부에서 시행할 수 있는 것으로 딱히 지방자치와 관련한 분권이라 하기 어렵다. 수도의 중앙기관으로부터 지방의 집행기관(field administration)으로 업무 부담이 이전하면 이를 공간적 분권이라 한다. 이것은 자치권을 부여하지 않은 채 업무 부담과 책임을 공간적으로 분산하는 것으로 효율을 추구하기 위한 지역적 분권이다.

이와는 달리 기능적 분권은 특정 업무를 위임하되 자치(autonomous) 또는 준자치(semi-autonomous) 기관을 설립하여 그 처리에 관한 재량권을 상당 부분 인정해 주는 것이 일반적이다. 기능적 분권의 역사적 예는 로마제국에서 찾아 볼 수 있다. 기원전 27년경 로마는 공화국에서 제국으로 전환한다. 제국은 당시의 교통과 통신 기술을 전제로 방대한 지역을 통치하려면 분권할 수밖에 없었는데, 이는 본질적으로 행정적 분권이었다. 즉 방대한 영토의 자원을 효율적으로 관리하고 착취하기 위하여 상당한 재량권이 부여된 집정관을 지역별로 파견한 것이다. 이에 따른 문제는 이들 집정관의 충성심을 확보하는 것이었으며 그 실패가 봉건제의 성립으로 이어진 것이다(Fesler, 1968: 371–372).

행정적 분권은 민주성과는 무관하게 효율적 통치를 목적으로 하며, 고대 로마제국과 봉건제 그리고 절대 왕정 하에서도 있었던 것으로 이는 진정한 의미의 분권(decentralization)이라기보다는 분산(deconcentration)이라 하는 것이 타당하다(Fesler, 1968: 373)는 견해도 있다. 그러나 행정권 자체가 통치권의 일부라는 점에서 분권의 한 종류로 이해하는 것이 타당하다.

(2) 입법적 분권

민주적 관점에서 가장 중요한 정치적 분권은 입법적 분권(legislative decentralization)이다. 입법적 분권이란 정치 및 경제적 문제에 관해 스스로의 주권(sovereignty)을 보유한 지방정부를 포함하는 정부체제(government system)를 의미(Firm and MacLennan, 1979: 275–276)할 뿐만 아니라, 국가 통치 권력을 지역에 분산하여 민주적으로 국가를 통치하려는 것이기 때문이다.

'스스로의 주권(자치권)을 보유한 지방정부를 포함하는 정부체제'에는 지방자치의 민주적 이념을 현실적으로 실천하는 국가체제라는 의미가 내포되어 있다. 이때 지방정부가 가지는 '스스로의 주권'은 연방정부체제나 단일정부체제를 불문하고 헌법과 관계 법률에 의해 규정되기 때문에 이를 입법적 분권이라 한다. 따라서 입법적 분권을 지방자치와 동일한 용어로 이해할 수 있으며, 자치권의 범위와 근거가 법률이라는 점을 보다 명백히 하는 용어라 할 수 있다. 지방자치라는 용어가 이념을 표현한 것이라면 입법적 분권이라는 용어는 그 이념의 실천적 규범을 명시한 것으로 이해할 수 있다.

2. 경제적 분권

경제적 분권(economic decentralization)은 대부분의 중요한 경제적 결정이 하위체제(subsystem)에 의해 이루어지고 소수의 극히 중요하고 전략적인 것만 중앙정부에 의해 이루어지는 경제체제를 의미한다(Dahl, 1982: 116). 이때의 하위체제란 모든 수준의 지방정부, 다양한 구매자와 판매자를 모두 포함하는 것으로 이들이 각자의 이익을 극대화하기 위해 내리는 의사결정에 따라 시장이 작동한다. 이 작동 과정을 시장기제(market mechanism)라 할 수 있다. 따라서 경제적 분권은 시장경제(market economy)를 의미한다.

Furniss는, 한편, 지역경제정책 기능이 중앙정부로부터 지방정부로 이관되는 것을 경제적 분권이라 한다(1974: 963–964). 이때의 경제적 분권이란 지방정부가 외채를 도입하거나 기채를 하는 등 중앙정부의 입법에 따라 지방정부가 행사하는 자치권 중 경제에 관한 권한을 적시한 것으로 시장경제를 의미하는 것이 아니라 지방정부가 행사하는 경제정책의 권한을 의미하는 것으로 이해해야 할 것이다.

한편, 순수한 시장경제와 완전한 계획경제는 추상적 이념으로 존재

◈ [그림 1-5] 분권의 유형

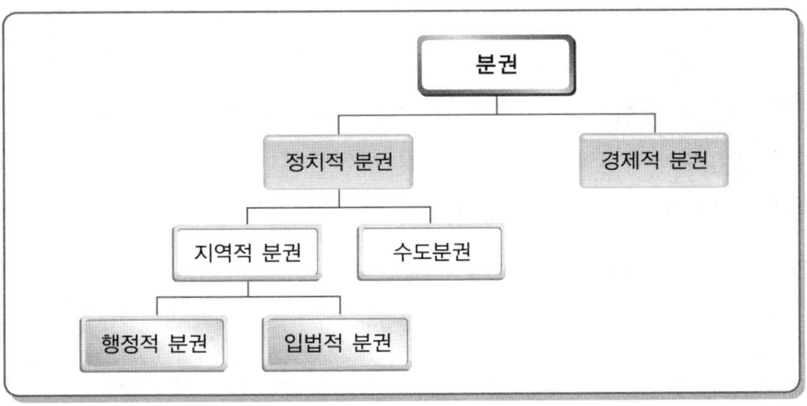

할 뿐 현실적으로는 존재한 적이 없다. 자유방임 시대에도 국가(중앙정부)가 시장에 개입했거니와, 소련의 경우, 공산주의 혁명 초기부터 그들의 계획경제에 시장경제적 요소가 있었다. 이제까지 논의한 분권의 종류를 그림으로 그려보면 [그림 1-5]와 같다.

여기에 분류한 네 가지 유형의 분권은 그 구체적 형식과 내용이 시대와 문화에 따라 변화하는 것으로 정형화할 수는 없다. 그러나 이들 각 유형의 분권이 추구하는 가치는 변하지 않는다. 분권의 구체적 내용은 중앙이 지방에 이양한 권력 혹은 권한이다. 이를 자치권이라 하는데 이에 관한 다양한 이론이 있으며 그 구체적 내용도 국가에 따라, 시대에 따라 다르다.

3. 민주적 장점[2)]

1) 지방자치와 민주주의의 상관성에 관한 역사적 기원

(1) 국가의 규모와 민주주의: 규모와 민주주의의 비극적 상관성

그리스는 도시부와 농촌부로 구분된 1,000여개의 도시로 이루어진 도시국가(city-state)였다. 이 작은 도시들은 예외적인 경우를 제외하고는 원칙적으로 독립적인 것이었다. 그러나 그들 공통의 선조에 대한 전통과 공통의 사회제도 및 종교를 가지고 있었다는 점에서 그리스적 세계를 형성하였으며, 기원전 5세기경에는 이들 도시국가에 민주제가 성립되었고, 그 중심은 아테네였다(정인흥, 1985: 21-24). 민주주의는 국가의 규모(영토와 국민의 수)가 작아야만 시행될 수 있다는 견해는 이러한 역사적 사실에 근거를 두고 있다.[3)]

---

2) 경제적 장점에 관하여는 다음 장에서 논의한다.

3) 우리는 아테네를 민주적 정치제도를 시행했다는 점에서 찬양하고 있다. 그러나 이에 관한 다른 해석도 있다. "그리스의 지리적 배경은 흑해에서 지브롤터 해협에 이르는 지중해 연안의 구릉과 계곡 지역이었다. 그리스 시대의 기술수준을 고려한다면 작은 규모의, 자치적인, 개별적으로 구분된 도시국가는 선택(選擇)의 문제가 아니라 필연(必然)이었다. 그

민주주의와 국가규모와의 상관성에 관한 관심은 국가의 규모에 관한 계산으로까지 이어졌다. Plato는 민주주의를 시행하기 위한 적정인구를 세대주 5,040명으로 계산했으며(Laws, in The Dialogue, trans. by B. Jowett, vol. II: V. 738, 742; VI. 771, Dahl & Tufte, 1973: 5에서 재인용), 1741년 David Hume은 그의 저서 Essays on Moral and Political에서 그 자신의 '완벽한 연방의 이념'은 각기 100개의 패리쉬(parish)를 포함하는 100개의 카운티로 구성되는 것이라(Wickwar, 1970: 13에서 재인용)고 산술적으로 설명했다.

민주주의를 시행하기 위해서는 국가의 규모가 작아야 한다는 인식에는 현실적인 문제가 있었다. 그리스 식 민주주의는 시민에 의한 직접적이고 완전한 자치를 의미한다. 다시 말해 완전히 독립적이며 자급자족할 수 있어야 한다. 또한 시민의 수가 적어야만 한다. 그래야 모두가 함께 모여 토론하고 투표할 수 있기 때문이다. 그러나 적은 수의 시민만으로는 외침을 막을 수 없어 시민의 자치와 독립을 보장하기 어렵고, 국가의 규모가 크면 시민이 자치할 수 없다는 것이 민주주의와 국가의 규모 사이에는 비극적 상관성이 있다는 인식이었다. 그러나 국민국가(nation state)의 성립과 대의정부(representative government) 개념의 출현으로 민주주의에 대한 규모의 제한, 즉, '비극적 상관성'이 해소된다(Dahl & Tufte, 1973: 5-8).

한편, 국민국가가 형성되기 이전부터 일부 '지방'의 특권적 자치가 인정됨으로써 지방자치가 국민국가에서 직접민주주의를 실현할 수 있는 가능성을 보여주었다. 특정 지역에 자치권이 인정되었던 역사적 사실을 살펴보는 것은, 지방자치의 이념이 현실적인 제도로 자리 잡게 되는 과정을 이해하기 위해 필요하다.

당시의 기술 수준과 지리적 특성상 많은 인구를 수용할 수 있는 주택과 농지를 확보할 수 없었을 것이기 때문"이라는(Dahl & Tufte, 1973: 4) 견해가 그것이다.

(2) 봉건시대의 자유도시

로마제국의 멸망 이후 1000여년에 걸친 중세기가 시작된다. 서유럽에 있어서의 중세기는 5세기에서 10세기까지의 암흑기와 11세기부터 14세기에 이르는 후기 중세로 양분한다. 후기 중세부터 지방자치를 포함하는 정부체제로의 진화가 시작되었다.

1050년과 1250년 사이에 서구의 기독교 국가들에서 버러와 코뮌이 자생적으로 출현하기 시작하였다. 버러는 영국에서 가구들이 힘을 합쳐 자체 방어력을 갖추고, 이를 바탕으로 영주로부터 특권적인 자유를 얻어낸 자유도시였다. 코뮌은 일종의 조합으로, 역시 무력을 바탕으로 일정한 자치권을 획득한 프랑스의 자유도시였다(Wickwar, 1970: 2). 이들 버러와 코뮌은 중세 봉건체제하에서 지방자치의 기원이라고 할 만한 자치권을 특정도시들이 획득하고 있었다는 역사적 사실로서 중요한 의미가 있다.

버러가 누렸던 특권의 내용은 다음과 같다. 부동산 사용의 자유와 사유(私有)에 가까운 토지의 사용기간(land-tenure), 일주일 단위로 열리는 시장(market)과 1년 단위로 열리는 시장(fair)에 무료로 입장할 수 있는 자유, 영주의 대리인에 의해 징수되던 세금을 스스로 징수(farm)할 수 있는 자유, 외부의 침입으로부터 자유를 지킬 수 있도록 방호벽과 종루를 설치할 수 있는 자유, 그들 스스로의 관습(customs)과 규칙(ordinances)을 적용할 수 있는 재판소를 가질 자유, 이러한 공동의 이익을 관리하는 관리를 선출할 수 있는 자유, 도시주민들이 재산(영주의)의 형태로 취급받지 않을 수 있는 자유, 그리고 그들의 문제에 관하여 외부로부터 간섭받지 않을 수 있는 자유(Wickwar, 1970: 2)와 국회에 대의원을 보낼 수 있는 권리(Jackson, 1945: 27; 장지호, 1992: 56에서 재인용) 등이었다. 오늘의 기준에서 보더라도 자유도시가 누렸던 특권은 완전에 가까운 자치권이라 할 수 있다. 이들 자유도시가 어떤 근거로 이러한 특권적 자유를 향유할 수 있었던가?

버러와 영주와의 관계는 대체로 계약에 의한 것이며, 적어도 상호 동의에 근거한 것이다(Wickwar, 1970: 2). 물론 무력과 경제력(장지호, 1992: 56)을 바탕으로 했다는 점에서 합법적이고 평화롭게 성립한 관계가 아닌 것은 분명하다. 따라서 오늘날의 일반적 법 이론에 비추어 그 정당성을 논의하기는 어렵다. 그러나 자유도시의 관행과 전통이 오늘날까지 이어지고 있다는 점을 부인할 수는 없다. 그것은 다음과 같은 역사적 사실 때문이다.

1250년 이전까지는 버러가 하나의 법인체인가 혹은 단순한 주민의 집합인가의 문제에 관하여 누구도 관심을 갖지 않았다. 그러던 것이 1250년경에 이르러 공동의 기금, 공동의 봉인(封印), 종루(鐘樓) 혹은 공 공건물(town hall)을 영속적으로 승계하여 유지하는 집단은 법인체(corporate body)여야만 한다는 주장이 제기되었다. 이에 따라 집단으로서가 아니라 시장의 명의(名儀)로 버러는 쟁송의 당사자가 될 수 있었다. 이 법인격은 자연적으로 성립된 것이 아니라 통치권에 의해 창조된 것이며, 헌장은 법인화 작업으로서 통치권자의 독단적 결정에 따라 부여되는 것으로 인식되었다(Wickwar, 1970: 3).

중세의 자치도시는 오늘날 자치단체의 법적 지위를 결정하는 역사적 선례가 된 것이다. 오늘날에도 모든 자치단체는 법인격을 가지는 법인이다. 이것이 지방자치는 스스로 성립된 것이 아니라 국가 또는 중앙정부의 창조물이라는 것이 역사적 사실로서 타당하다 할 수 있는 근거이다. 그러나 중세의 자유도시는 법인으로서 국왕으로부터 자치권을 인정받은 것은 사실이지만 그 스스로 민주적 정치체였던 것은 아니다.

통치권자, 즉 군주는 헌장을 부여할 수 있는 특권을 의회에 자신을 지지하는 의원이 많이 선출되도록 하는 데 이용하였다(장지호, 1992: 56-57). 민주적 이념을 구현하는 데 그 목적을 둔 것은 아니었다. 더욱이 법인의 재산에 대한 권한, 버러 주민으로서 누가 이 재산의 편익을 향유할 것인가를 결정하는 권한, 하원에서 자유도시를 대표할 대리인의 선정 권한이 세습적(self-perpetuating)인 '폐쇄적 법인'에 의해 행사되었고, 세습적이고 폐쇄적인 법인은 시장과 의회를 의미하는데 이 직책들이 버러 주민들에게 개방된 것이 아니었기(Wickwar, 1970: 3) 때문이다. 뿐만 아니라 이 폐쇄적 법인은 사실상 독점적 이익을 주장하는 길드(guild)에 의해 지배되고 있었다. 헌장에 길드의 특권을 명기한 경우도 있었음은 물론, 길드의 회의실(guild-hall)이 시청이 되고, 그들의 재판소가 시의 재판소로 대치되었다. 시정(市政)의 민주화가 아니라, 과두화(寡頭化)였다(장지호, 1992: 57).

봉건영주와 국왕 사이의 권력 투쟁이 국왕의 승리로 귀결되고 통일국가가 성립되면서 이들 중세 자유도시들은 통일국가의 한 부분이 된다. 절대왕정의 시작이며, 절대왕정이 민주화되는 과정에서 당연히 이들이 향유했던 자유와 법적 지위에 변화가 있었다. 지방의 민주화가 그것이다.

(3) 민주적 지방자치

지방정부가 민주적 자치단체로 진화한 것이 Bentham이 설명한 것과 같은, 또는 Napoleon이 프랑스에 도입한 것과 같은 계획된 개념에 의한 것은 아니다. 과거의 제도에 적응하고(adapted) 조절하는(adjusted) 가운데 우연히 민주화한 것이다(Keith-Lucas & Richards, 1978: 12).

그럼에도 불구하고 중세 이후의 통일국가에서 단순한 행정단위로 변질되었던 지방단체가 민주적 자치단체로 변화하는 데 영향을 미친 세 가지의 중요한 이념이 있었다. 법우월주의, 대의정부개념, 그리고 공리주의가 그것이다.

Carlyle(1963: 19)에 따르면 "중세 당시의 정치적 자유란 기본적으로 법우월주의(the supremacy of law)를 의미하는 것이었고, 이때의 법이란 지역사회(community)에서의 생활관습(habit of life)과 의지(will)를 표현한 것"이라 하였다. 그는 더 나아가 "정치적 자유는 모든 정치적 권력(political authority)이 스스로 정한 목표에 따라 공적생활은 물론 사생활을 통제하고 주도할 능력이 있는 주민들로 구성된 지역사회로부터 창출되는 것을 의미 한다"(Carlyle, 1963: 11)고 하여 정치적 자유를 구현하기 위해서는 지방의 자치적 권한이 인정되어야만 한다고 주장했다. 그리고 지역사회의 자치적 권한을 인정하는 현실적 정치제도는 대의민주제였던 것이다.

앞서 언급했듯 민주주의와 국가규모 사이의 상관성에 내포된 비극을 해소해 준 것이 대의민주제이다. 18세기에 식민지 미국은 '대표 없는 곳에 세금도 없다(no taxation without representation)'는 명분하에 독립전쟁을 일으켰다. 현실적으로, 대표권에 관한 모든 주장에는 누가 대표되어야 하며 이들의 대표는 어떻게 조직되어야 하느냐는 실제적인 문제가 포함되어 있다(Richards, 1983: 24). 대표되어야 할 사람이란 지방의 주민들이며, 지방의 주민들을 대표하는 사람은 중앙의회의 의원들이다. 대의민주제는 중앙에서 지방의 이해를 대변하는 것과 지방통치를 위한 공직자 선출을 전제로 한다.

19세기 전 기간에 걸쳐 점점 많은 공공조직이 선거를 통하여 구성되었으며 선거권도 확대되었다(Richards, 1983: 24). 그러나 지방선거의 경우 지방세를 납부할 수 있을 정도의 부동산을 소유하지 않은 사람, 정부 보조를 받는 빈민, 그리고 여자들은 투표권을 가질 수 없었다. 지방선거에서의 투표권(franchise)을 부여하는 중요한 기준으로 채택되었던 것은 '지방정부를 통제해야 할 사람은 지방세를 내는 사람'이라는 개념과 성차별에 근거한 것이었다(Keith–Lucas & Richards, 1978: 18–20).

이에 따라 지방선거에서는 의회(parliament) 의원의 선거에서 재산에 의한 차별적 투표권 부여가 철폐된 후에도 오랫동안 지방세를 내는 사람만 투표권을 가질 수 있었다. 지방세를 내는 사람이라도 그 액수에 따라 차등을 두었으며, 최고 6개의 투표권까지 가질 수 있었다. 1900년경에 이르러서야 모든 지방세 납부자는 동등한 투표권을 가질 수 있게 되었다. 자격요건을 갖춘 미혼여성에게 투표권을 부여한 것은 1869년이었고 유부녀에게 동등한 권리를 인정해 준 것은 1882년이었으며 여성들에게 피선거권까지도 인정해 준 것은 1907년이었다(Keith-Lucas & Richards, 1978: 18-20).

더욱이 빈민들에게까지 완전한 선거권을 인정한 것은 선택이 아니라 우연의 결과였다. 제2차 세계대전 중 중단되었던 지방선거를 1944년에 재개하면서 지방정부의 선거인명부가 구비되어 있지 않자 중앙의 명부(National Register)를 사용하게 되었는데 이 명부는 지방세 납부나 혹은 부동산 소유 등이 포함되지 않은 모든 유권자의 명부였던 것이다. 이어 1945년 국민대표법(Representation of the People Act 1945)에 의해 모든 의회 투표권자에게 지방정부의 투표권도 부여한다는 조항이 명시됨으로써, 비로소, 중앙과 지방의 선거에 공히 평등한 투표권이 보장된 것이다(Keith-Lucas & Richards, 1978: 18-20). 그야말로 계획한 것이 아닌, 우연한 민주화였던 것이다. 제도적으로는 '대의민주제(representative democracy)의 대원칙이 지방정부에까지 완전하게 적용되고 1894년 지방정부법(Local Government Act of 1894)으로 그 절정에 이른 일련의 장치에 의해 안전하게 확립되었다'(Redlich, 1903: 215; Keith-Lucas & Richards, 1978: 11에서 재인용)하더라도, 현실적으로는 이보다 훨씬 늦은 시기에 정치적 평등의 원칙이 구현된 보다 완전한 의미의 대의민주적 지방자치가 구현된 것이라 할 수 있다.

민주적 이념은 긴 역사적 과정을 거쳐 진화한 것이며 이 이념을 보다 충실하게, 보다 구체적으로 구현하고자 하는 정치제도가 지방자치제도이다. 역사적으로, 국가(중앙)의 민주화가 지방의 민주화에 선행했으며, 지방의 민주화를 통하여 국가의 민주화를 이룩한 선례는 없다. 앞서 언급했듯 대의민주제의 대원칙이 지방정부에 적용된 것은 중앙정부에 비해 훨씬 늦은 것이 그 역사적 증거이다.

한편, 앞서 언급했듯, 버러 외에 카운티와 패리쉬가 영국의 전통적인 지방 단위이다. 카운티는 봉건적 의무를 이행하는 보상으로 영주에게 왕이 하사한 영토에 그 기원을 두고 있다. 봉건시대 이후, 왕의 대리인인 카운티 수장(the Lord Lieutenant)을 통하여 선출된 치안판사(justice of peace)가 감옥과 교량, 그리고 패리쉬 관리들의 행위에서 비롯되는 분쟁을 해결하는 행정책임까지 맡게 되었다. 순회판사(visiting justice)는 부정기적으로 패리쉬를 방문하여 빈민법 실행을 감독하였다(Richards, 1983: 12).

패리쉬는 본래 영국정교(성공회)의 가장 작은 교구였다. 패리쉬는 1555년의 공도법(Statute of Highways 1555)에 의한 공도 관리를 시작으로 1601년의 빈민법(Poor Law Act of 1601)에 따라 빈민구제의 행정책임을 맡게 되었다(Richards, 1983: 12). 패리쉬와 카운티 그리고 버러는 국가 행정의 기초 단위가 된 것이다.

그러나 빈민구호행정이 맡겨진 패리쉬에 혼돈과 무능 그리고 낭비가 만연했다. 이를 적발한 1832년의 빈민위원회(Poor Law Commission)는 전국적으로 동일한 빈민구호의 기준을 정하고(Poor Law Amendment Act 1834), 이를 집행할 중앙기구인 빈민법위원회(Poor Law Commission)를 런던에 설치할 것을 권고하였다. 지방정부의 업무에 대한 중앙통제의 시작이었다. 이 위원회는 몇 개씩의 패리쉬를 묶어 빈민구호에 맞도록 통합하였다. 이때 전통적인 영역은 무시되었다. 이것이 특별구(ad hoc)의 시작이었다. 결국 빈민법은 중앙통제, 기준의 통일, 지역의 합리화 그리고 특별구 원칙에 따라 개정되었다(Richards, 1983: 15-17).

1840년대에는 공중보건에 관심이 집중되었다. 빈민의 발생이 질병에서 비롯된다고 믿었던 Chadwick[4] 때문이다. 믿기 어려울 정도의 오물, 불결함, 하수도의 미비 및 상수부족에 직면하여 주민들이 원하는 경우와 사망률이 1,000명당 23명을 초과하는 곳에는 지방보건위원회(local board of health)를 설치하도록 하는 공중보건법(Public Health Act 1848)을 제정하였다. 여기에도, 빈민법의 경우와 비교해서 정도가 약하긴 하지만, 중앙통제의 요소가 개입되었으며 더욱 많은 특별구가 설치되었다(Richards, 1983: 17).

위에서 살펴본 것과 같이 1800년대 초기의 지방행정은 난맥을 이루고 있었다. 그런데 1830년대와 40년대에는 공리주의(utilitarianism)가 지배적인 이념이었다. 공리주의는 기본적으로 진보적 이념이었으며, 기존의 제도는 공리의 기준을 충족시키지 않는 한 인정되어서는 안 된다는 주장이 내포되어 있었다. 그러나 공리주의의 창시자인 Bentham은 국가의 행위는 전체 국민의 행복을 증진시키기 위하여 꼭 필요한 경우에 한하고 기타의 경우 방임해야 한다는 원칙을 수용하는 경향을 가지고 있었다. 지방행정의 개편에 중앙통제라는 요소의 강화를 막은 것은 Bentham의 자유방임(laissez-faire)의 원칙을 수용하는 입장이었다(Richards, 1983: 24).

이러한 긴 역사적 과정을 거쳐 1900년대에 살았던 사람들은 여러 가지 점에서 지방정부의 황금시대를 맞게 되었다. 지방정부는 자체적으로 재원을 조달할 수 있었고, 그 주민들에게 중앙정부보다 더 많은 서비스를 제공했으며, 지방 유지들은 자랑스럽게 지방공직을 맡았고, 이와 함께 진보 및 사회주의 개혁자들은 지방자치권의 확대와 지방조직의 개선을 위해 투쟁하였다(Wickwar, 1970: 51). 실로 성숙한 지방자치가 영국에 확립된 것이고, 지방자치제도가 안정된 단계에 들어선 것이다. 그러

4) Chadwick은 Bentham의 서기(literary secretary)였고 그와 함께 살았다(Wickwar, 1970: 21).

나 이 안정기는 오래 지속될 수 없었다. 산업혁명에 따른 도시화가 그 원인으로, 지방행정의 영역 문제를 초래했기 때문이다.

2) 지방자치제도의 민주적 장점

역사적으로, 세 가지 위대한 이념이 진화되어 왔다고 한다. 18세기의 자유(自由, liberty), 19세기의 평등(平等, equality), 20세기의 복지(福祉, welfare)가 그것이다. 그리고 지방자치제도는 이들 세 가지 이념을 구현하기 위하여 대단히 효과적인 수단으로 인식되어 왔다(Ylvisaker, 1959: 323).

지방자치는 정치적 교육의 중요한 현장이요, 국민의 권리를 강화 · 보호해 줄 뿐만 아니라, 그 자체가 가치 있는 것이라고 이해되었기(Hill, 1974: 20) 때문이다. 이와 같은 이해는 지방자치 제도에는 정치적 자유, 정치적 평등, 정치적 안정, 정치적 교육, 정치적 실험, 책임소재(accountability)의 명료화와 민의수렴(responsiveness)능력의 신장 등의 장점이 있다는 보다 구체적 주장(Smith, 1985: 19-30)으로 이어진다.

(1) 정치적 자유

정치적 자유(political liberty)는 무엇보다도 '정치적 사회에서의 개인적 자유(the freedom of individual in political society)', '행동의 자유(freedom of action)', '언론과 사상의 자유(freedom of thought and speech)'를 의미한다(Carlyle, 1963: 197). 이들 정치적 자유가 지방자치에 의해 강화될 수 있다는 주장의 근거는 다음과 같다.

지방자치는 소규모로 분할된 지역사회와 이 지역사회를 지배하는 민주적 제도라는 두 가지 요소를 전제로 하기 때문에 정치적 자유를 강화 및 보호한다는 것이다. 이에 더하여 위의 두 가지 조건을 갖춘 지방자치제도는 지역주민들에게 보다 쉽게 정부권력에 접근하여 압력을 가하고 통제할 수 있는 기회를 제공함으로써, 개인의 정치적 자유를 신장시켜 줄 수 있다고 주장한다(Ylvisaker, 1959: 31–32).

(2) 정치적 평등

정치부문의 의사결정에 참여하는 것을 전제로 하는 정치적 자유는 의사결정 권한이 국민들 사이에 차등적으로 배분되어 있다면 무의미한 것이 될 수밖에 없다. 다시 말하여, 선거권이나 혹은 피선거권이 성(性), 종교, 학식, 사회적 신분, 또는 경제력에 따라 불평등하게 배분된다면 정치적 자유는 명목상의 이념일 뿐이다. 이것이 19세기에 들어서서 평등의 이념이 대두된 이유이다. 정치적 평등(political equality)은 모든 국민(유권자)이 평등하게 정치적 참여의 기회를 가질 수 있어야 한다는 것이고, 특히 평등한 투표권(equal voting power)을 행사할 수 있어야 한다는 것을 의미한다(Dahl, 1982: 6).

Ylvisaker(1959: 32)에 따르면 민주적 분권은 "개인과 공공정책의 발전에 기여할 수 있는 수단으로서의 참여 기회를 추가적이고 보다 쉽게 제공"하기 때문에 정치적 평등을 보호한다는 것이다. 그러나 이 주장에는 확대된 기회를 활용하지 않는(참여하지 않는) 경우에 관해서는 언급이 없다.

(3) 정치적 안정

정치적 안정(political stability)이란 강력한 공공질서에 기초하여 의도적이고 합법적인 변화를 추구할 수 있는 능력을 말한다. '의도적이고 합법적인 변화'란 어떤 형태의 경제 · 사회적 변화라도 이를 예측할 수 있는 가능성을 높일 수 있는 민주적 절차에 따르는 것을 의미한다(Pye, 1966: 41–42). 정치적 안정은 건실하게 민주적 국가를 운영하기 위한 필수적 조건이며, 쿠데타(coup d'etat) 등의 불법적이고 폭력적인 사건은 정치적 안정과 민주적 국가 운영에 중대한 위협이다.

Benson은 연방주의(federalism)가 미국을 이러한 위험으로부터 보호해 주었다고 주장했다(1941: 10). 지방자치제를 실시하여 지방정부가 선거로 구성되면 중앙정부만을 무력으로 장악하여 정권을 획득할 수 없다는 이유에서이다. 따라서 지방자치가 중앙정부의 민주적 운영을 보호해 주고 정치적 안정을 강화해 주는 역할을 한다는 주장은 강력한 주정부 체제로 운영되는 미국의 경우 특히 타당한 것일 수 있다.

(4) 정치적 교육

지방자치제도는 두 가지 교육적 효과를 가지고 있다는 주장이 있다. 하나는 유권자들에 대한 교육이며 다른 하나는 선거에 의해 선출되는 공직자들에 대한 교육이다. 이를 정치적 교육(political education)이라 한다.

Tocqueville은 미국 동북부의 New England 지방의 마을 집회(town meeting)를 관찰하고 다음과 같이 주장했다. '마을 집회의 정치적 자유에 대한 관계는 과학에 대한 초등학교 교육의 관계와 같다. 마을 집회는 자유를 손 닿는 곳에 놓아주고, 이것을 어떻게 사용하고 어떻게 즐기는지를 가르쳐 준다. 한 국가가 자유정부를 수립할 수 있을지라도 지방자치 없이 자유의 정신을 가질 수는 없다'(Tocqueville, 1835: 63). 지방자치의 정치적 교육 효과와 관련하여 널리 인용되는 이 주장은 지방자치제도가 주민들에게 민주적 정신을 함양해 주는 정치적 교육 효과를 설명한 것이다.

지방자치제도의 교육 효과에 관한 또 다른 고전적 주장은 J. S. Mill에 의한 것이다. 지방공직을 선거에 의해 선출함으로써 정치적 참여의 기회가 증가하고 이를 통해 교육받게 된다는 것이 그가 지방자치를 지지했던 이유의 하나였다. 그는 이에 덧붙이기를 지방공직은 높은 계층의 사람들이 추구하는 경우는 드물 것이기 때문에 '증대된 기회'는 사회적으로 낮은 계층의 사람들에게 돌아갈 것이라 했던 것이다(Smith, 1985: 21). Mill은 낮은 계층의 사람들은 정치에 참여할 능력과 의지가 상대적으로 낮다고 생각하고, 지방정치가 이들에게 수준에 맞는 정치 참여와 이를 통한 교육의 기회를 제공할 것이라 생각한 것이다.

지방자치제도의 교육적 효과는 정치적 발전과 관련해서도 되풀이 논의되는 주제였다. 지방자치부의 가장 중요한 목표는 건전한 정치적 이해를 증진시키는 것이어서 유권자들이 꼭 배워야하는 '그럴듯한 선동(specious demagogue)'을 식별하는 방법, 무능하고 부패한 대표를 선출하지 않는 방법, 현안(issues)에 대해 효과적으로 논의하는 방법, 수입과 지출을 연계시키는 방법 그리고 내일을 생각하는 방법을(Maddick, 1963: 59, 106; Smith, 1985: 21에서 재인용) 가르쳐 준다는 것이다.

Bentham은 조금 다른 관점에서 지방자치제도의 교육적 효과를 주장했다. 지방의회는 중앙의회를 위한 유치원의 역할을 한다는 것이 그것이다(Mackenzie, 1961; Smith, 1985: 22에서 재인용). 정치인들이 단계적으로 정치적 훈련을 쌓아가는 것은 흔히 볼 수 있는 현상이다. 그러나 자치단체로부터 시작해서 중앙으로 진출하는 것인지의 여부는 검증의 필요가 있다.

(5) 정치적 실험

지난 수세기 동안 세계적으로 여러 가지 형태의 지방정부가 시행되어 왔다. 이러한 시행과정을 일련의 정치적 실험(political experimentations)으로 볼 수 있으며, 이 실험 결과에 따라 혜택을 본 나라도 있을 것이다. 이것이 세계적 규모의 실험이라면 보다 작은 국가 규모의 실험도 가능할 것이라는 것이 지방자치제도의 실험적 가치에 관한 주장이다.

Bryce는 연방제는 중앙집권화된 나라의 경우 시도하기 어려운 입법과 행정상의 실험을 시도할 수 있게 해 준다고 주장했다. 규모가 작은 주정부의 경우 쉽사리 법을 만들 수도, 또는 만들지 않을 수도 있으며, 쉽게 시정할 수 있기 때문에 실수한다는 것이 크게 심각한 문제는 아니며, 성공적인 실험의 결과를 다른 주들이 위험부담 없이 공유할 수 있기 때문에 그 혜택이 전국적으로 확대될 수 있다(Bryce, 1891: 344-345; Benson, 1941: 15에서 재인용)는 것이다.

Benson은, 이에 덧붙여, 경찰의 무선장비나 혹은 화학방화제 등과 같은 특정한 기술적 방법은, 물론 이들 장비의 판매원에 의해 촉진되는 것이지만, 자치단체들에 빠르게 전파된다고 주장했다. 더욱 성공적인 것은 자치정부의 유형에 관한 실험이라고 주장했다(Benson, 1941: 17). 요즈음도 새로운 지방정부의 운영방법은 꾸준히 시도되고 있으며 그 성공 사례들이 소개되고 있다.

(6) 통치책임과 민의수렴

통치책임(accountability)은, 선거를 통해 임명된 공직자들은 직접선거를 통하여 그들의 행위에 책임을 진다는 정치적 원칙을 의미하고, 민의수렴(responsiveness)은 유권자들의 요구를 수용할 수 있는 선출직 공직자들의 능력과 의욕을 의미한다(Gordon, 1986: 540, 560-61).

Ylvisaker는 앞서 언급한 세 가지 위대한 이념을 구현함에 있어 중요한 수단이 되는 것이 통치책임과 민의수렴이라고 주장한다. 통치책임은 유권자로 하여금 보다 쉽게 정부에 접근하고 압력을 가하며 통제할 수 있도록 해주기 때문에 정치적 자유를 신장시키며, 민의수렴은 유권자들에게 추가적이며 보다 즉각적으로 가용한 참여기회를 줄 뿐만 아니라 요구에 부응할 것이며 필요는 충족될 것이라는 추가적인 확신을 주기 때문에 정치적 평등과 복지를 동시에 신장시킨다는 것이다. 이런 점에서 그는 민의수렴을 지방자치제도의 복지적 가치(welfare value)라고도 하였다(Ylvisaker, 1959: 31-32).

통치책임은, 선거로 선출된 공직자들은 그들의 업적에 관하여 선거로 평가 받는다는 의미이고, 지방자치제도는 지역주민들에게 보다 쉽게 정부권력에 접근하여 압력을 가하고 통제할 수 있는 기회를 제공함으로써, 통치책임의 소재를 명백하게 해주고 이것이 보다 분명해 질 수록 욕구수렴의 수준이 향상된다고 주장한다(Ylvisaker, 1959: 31-32).

그러나 보다 중요한 것은 역시 참여의 문제이다. 위에서 살펴 본 주장들의 객관성은 참여를 전제조건으로 성립하는 것이기 때문이다. 여기서도 참여의 문제는 이러한 주장의 타당성을 평가하는 중요한 기준이 되고 있다.

제3절 자치권

1. 지방정부

1) 지방주의자들의 견해

지방주의자(localist)들은 지방자치제에서 지방정부의 가치를 중시하는 견해를 주장한다. 이 견해를 주장하는 대표적 학자는 Jones와 Stewart이다. 이들은 권력은 분산(the diffusion of power)되어야 한다는 신념, 지방의 다양성(diversity)과 차별성(difference), 지방정부의 지방성(the localness of local government), 지방정부의 정치경제(political economy of local government)에 근거하여 지방자치제와 지방정부를 옹호한다(Jones & Stewart, 1985: 5-8).

지방정부의 가치에 대한 지방주의자들의 주장은 대단히 오랜 것이다. 이들 주장의 가장 큰 문제는 검증받지 않은 것이라는 데 있다. 지방정부에 의해 위의 네 가지 장점이 실현된다는 보장이 있는 것도 아니다. 지방주의자들이 주장하는 지방정부의 정당성에 관한 네 가지 근거는 모두가 가능성에 불과한 것이며, 지방정부에 대해 오랫동안 포기하지 않은 희망이라 할 수 있다. 이들 네 가지는 근거라기보다는 사실상 지방자치제도하에서 지방정부를 통해 이루고자하는 목표로 이해해야 한다.

2) 이중국가/정치론

Cawson과 Saunders가 주장한 이중국가/정치론(The dual state/politics thesis)은 국가가 가지고 있는 사회적 투자(social investment)와 사회적 소비(social consumption) 기능을 구분하는 데에서 출발한다. 사회적 투자 정책은 사기업의 수익성을 지원해 줌으로써 재화와 용역의 생산을 유지하려는 데 그 목표가 있다. 이 정책에는 국가에 의한 석탄·철강·가스·전력 등 원료의 확보, 도로·철도·항만 등과 같은 사회간접자본의 건설, 대출·국가의 직접투자·보조금 지급·세금의 인하 등과 같은 직접적인 재정적 지원이 포함된다. 사회적 소비 정책은 사회의 다양한 집단의 필수적 소비를 지원하기 위한 정책이다. 여기에는 연금, 사회보장제도에 의한 보조금 등의 직접적인 소득이전과 교육·의료·주택 보험 등이 포함된다(Stoker, 1991: 245-246).

이들에 따르면, 국가가 수행하는 이 두 가지 기본적인 기능을 둘러싸고 정치가 이루어진다는 것이다. 사회적 투자와 관련된 보다 폐쇄적이고 기업중심적인 정치가 이루어지고, 사회적 소비 정책의 경우는 보다 민주적이고 공개적이며 경쟁적인 정치가 이루어진다는 것이다. 사회적 투자 부문에서는 전통적이고 대표성 있는 압력들이 걸러지도록 기업에 편향적인 정책 결정이 이루어진다. 반면, 사회적 소비에 관한 정치는 훨씬 경쟁적이며 다양한 이해관계자들이 포함된다. 선거의 영향, 압력집단의 로비와 여론이 현실로 작동하며 효과적인 것은 바로 사회적 소비 부문의 정치이다(Stoker, 1991: 246).

이중국가론의 다음 단계의 주장은, 적어도 영국에서는, 바로 사회적 투자는 중앙정부에 사회적 소비는 지방정부에 적합한 정치이며 기능이라는 것이다(Saunders, 1981a: 265; Stoker, 1991: 246에서 재인용). Saunder의 주장은 〈표 1-1〉과 같이 요약할 수 있다(Saunders, 1981b: 32; Stoker, 1991: 248에서 재인용).

◈ 〈표 1-1〉 지방정부의 특수성(The Specificity of the Local State)

구 분			긴장(Tension)
	중앙/광역 (Central/Regional)	지방 (Local)	중앙통제 對 지방자치
경제적 기능 (Economic Function)	사회적 투자	사회적 소비	경제정책과 사회정책 간의 우선순위다툼
이해의 조정양식 (Mode of Interest Mediation)	기업편향 (corporate bias)	경쟁적 투쟁 (competitive struggles)	합리적 지시와 민주적 책임
이념적 원칙 (Ideologycal Principle)	사유재산 (private property)	시민권 (citizenship rights)	이윤 對 필요

이중국가론은 다음의 이유로 비판받고 있다. 첫째, 이 이론의 가장 기본적인 요소인 국가(중앙)와 지방 간 기능의 배분에 관한 주장은 다음과 같은 문제가 있다. 사회적 소비 정책은 소득이전정책이 포함되어 있는데, 소득이전정책은 중앙정부가 전국적으로 통일된 기준을 적용하여 시행하는 것이 경제적으로 효율적이다. 특히 자본주의 경제체제가 재편됨에 따라 지방정부가 주도하여 지방경제를 개발해야 할 필요성이 더욱 증대하고 있다는 점을 생각하더라도 사회적 투자는 중앙정부가 수행해야 한다는 2분법적 접근은 비현실적인 주장이다.

둘째, 투자와 소비 정책 사이의 경계는 이중국가론이 암시하는 것처럼 분명한 것이 아니다. 국가의 주택사업은 주택의 수요자들에게는 소비이지만 주택 건설업자에게는 투자이며, 교육 역시 투자의 요소와 함께 개인적 소비의 측면을 동시에 가지고 있다(Stoker, 1991: 250).

3) 지방국가[5]와 사회적 관계론

Duncan과 Goodwin에 따르면 지방국가(local state)는 두 가지 역할을 수행한다. 하나는 해석적(interpretational) 역할이고, 다른 하나는 대표적(representational) 역할이다. 해석적 역할이란 사회적 관계(social relations) 즉 사회가 움직여지는 과정과 이유, 예를 들어, 시장은 효율적인지, 계급사회인지, 여자는 남자에게 복종해야 하는지를 설명함에 있어 지방국가의 활동이 도움을 준다는 것이다. 동시에 지방국가는 이중의 대표 역할을 수행한다. 중앙에서 지방의 이익을 대변하는 동시에 국가가 결정한 정책을 국가를 대표(대리)하여 지방에서 집행할 책임을 진다. 지방에 따라 이 두 역할은 달리 수행된다. 어떤 지방에서는 지주(地主)의 이익이 지배적인가 하면, 다른 지방에서는 근로계층이 지방정권을 행사한다. 이것은 사회 · 경제적 발달이 지방에 따라 다르다는 사실을 반영하는 것이다. 이 이론은 주민의 인식에 지방국가가 미치는 영향을 과장하고 있으며, 특정 지방에 지배적인 이익이 대두되는 이유를 설명하지 못하는 단점이 있다(Stoker, 1991: 251-253).

현대 사회는 다양한 이해관계가 존재한다는 점에서 특정 집단의 이해관계가 지배적일 가능성은 희박하다. 다양한 이익집단들의 치열한 경쟁과 복수의 지배적 집단이 공존하는 것이 보다 합리적인 설명일 것이다.

---

5) 지방정부(local government)와 지방국가(local state)라는 용어가 있다. Stoker(1991: 231)에 따르면, '지방정부는 지방주의자와 공공선택론자들이 보다 선호하는 용어이고 지방국가는 이중국가론자들과 사회적 관계론자들이 흔히 사용하는 용어이다. 지방국가라는 용어는 Cockburn에 의해 사용되기 시작했으며, 그녀의 1977년 저서의 제목이기도 하다. 그녀가 이 용어를 사용한 의도는 지방에서 활동하는 모든 국가기관을 통칭하려는 것이었다. 그러나 그녀의 분석은 선출된 지방정부들의 분석에 초점을 맞춘 것이었다. 결과적으로 지방정부와 지방국가는 같은 것을 지칭하는 용어로 혼용될 수 있다'는 것이다. 이 책에서도 특별한 구분 없이 이 두 용어를 혼용한다.

2. 자치권에 관한 학설

1) 고유권설

자치권이 고유권이라는 주장은 자연법, 역사적 실태설에 근거를 둔 것이다. 1830년 벨기에 헌법 등에 제도적으로 채택된 자연법적 고유권설(固有權說)은 지방이 가지는 권한을 개인과 동일하게 유추하는 이유를 설명하고 있지 않다. 역사적 실태설은 이 점을 보완하는 것이다. 역사적 실태설에 따르면, 지방의 성립이 국가의 성립에 앞선 것일 뿐만 아니라, 각 지방에 정착된 생활권이 국가 형성의 원인이 되었다는 것이다. 따라서 국가와 지방의 관계에서 국가가 지방에 미치는 권력에는 한계가 있다는 것이다. 역사적 실태설의 주장은 미국의 경우를 설명하는 데 유용한 측면이 있는 반면, 지방권의 절대성을 강조하면 국가의 주권을 부정하는 것으로 귀착되는 위험이 있다. 역사적 실태론의 주창자는 Aretin Rotteck이며 Otto von Gierke, de Toqueville 등이 이 견해에 동조하는 학자들이다(장지호, 1992: 35-36).

프랑스 혁명 직후 혁명정부가 지방제도를 개혁하면서 국가권(pouvoir national)과 구별되는 지방권(pouvoir municipal)을 강조하는데 이는 프랑스의 Thouret가 제창하여 확립된 것으로 지방단체의 자치권을 국가의 입법 · 사법 · 행정의 3권에 대하여 자치단체가 가지는 제4권으로 인식하는 것이다(정세욱, 1993: 142-143). 인간은 출생과 함께 고유의 인권을 갖는 주체가 되며, 인권은 국가라 할지라도 침해하지 못하듯 지방자치단체도 이와 같은 의미의 지방권을 갖는 것이고 이는 국가권력으로도 침해될 수 없다는 것이다(장지호, 1992: 35).

지방정부는 국가의 창조물이라는 것이 단일체제에서나 연방체제에서 통용되는 현실적 해석이라는 점을 고려한다면 지나치게 이상적인 주장이다. 또한 민주정치체가 확립된 현재에는 특히 실익이 있는 것도 아니다.

2) 수탁설

고유권설에 대립하는 학설에 수탁설(受託說)이 있다. 수탁설은 전래설(傳來說) 혹은 국권설(國權說)[6]이라고도 하는 것으로 순수탁설과 준독립설[7]로 나뉜다. 수탁설은 19세기 이후의 독일공법학자들에 의해 주장된 것으로 고유권설에 대립되는 이론이다. 이 주장은 지방단체가 법인이며, 그 권한은 국가의 법률에 의해 부여받는 것이기 때문에 자치권은 국가로부터 수탁 또는 전래된 권력이라 이해한다(장지호, 1992: 37).

순수탁설에 따르면 자치단체는 국가로부터 허용된 자치권을 행사하는 것이며, 국가는 자치권을 포함하여 자치제도를 개혁할 수 있다는 것이다(장지호, 1992: 38). 통일된 국민국가에서는 국가의 주권이 내부의 법인에 의해 또는 다른 국가에 의해 침해받지 않는다는 점을 전제로 한다. 따라서 자치권 역시 통일국가의 주권에 대항할 수 있는 예외적 권력을 의미하는 것이라 할 수 없다(정세욱, 1993: 144). 그러나 순수탁설은 국가 또는 중앙의회(국회 또는 연방의회)가 지방자치권을 어느 정도까지 인정 또는 침해할 수 있는가에 관한 명확한 한계를 규정해 주지 못하고 있다. 자치권은 중앙의회가 적법절차에만 따른다면 회수할 수도 있는 권한인가에 관한 의문이 생기는 것이다. 통설에 따르면 자치권이 국가로부터 허용된 것이나 국가라 할지라도 이를 전면적으로 회수할 수는 없는 권한으로 보고 있다(정세욱, 1993: 144; 조창현, 1993: 14). 통설로 인정되고 있는 자치권에 관한 이론이 준독립설(보장설, 제도적 보장설)이다.

---

6) 전래권설은 국권설로도 불린다(정세욱, 1993: 143).

7) 보장설 또는 제도적 보장설로도 불리는 준독립설을 별개의 학설로 설명하는 경우도 있다. 그러나 제도적 보장설의 내용이 전래설과 크게 다르지 않다고 설명하고 있다는(정세욱, 1993: 142-145) 점에서 이를 전래설에 포함하든 별개의 학설로 설명하든 큰 차이는 없다.

3) 준독립설

준독립설(準獨立設)은 지방자치제도와 자치권의 핵심영역을 헌법에 규정하여 보호함으로써 지방자치의 민주적 이념을 구현해야 한다는 주장이다(장지호, 1992: 39). 독일의 경우 자치권의 핵심영역을 특히 '지방자치단체의 고권(高權, Hoheit)'이라 하여 다음의 8개 권한을 규정하고, 이를 자치권의 본질적 내용이라 하고 있다: 지역고권(Gebietshoheit); 사무고권(Aufgabenhoheit); 재정고권(Finanzhoheit); 조직고권(Organisationshoheit); 인사고권(Personalhoheit); 계획고권(Planunghoheit); 지방세고권(Steuerhoheit); 조례고권(Satzungsrecht)(장지호, 1992: 40).

준독립설은 바이마르헌법에 근거를 두고 Carl Schmitt에 의해 확립된 것으로 그 요지는 순수탁설과 크게 다르지 않으나 역사 · 전통적으로 성립된 자치제를 헌법에 보장함으로써 중앙정부에 의한 독단적인 개혁을 최대한 방지하고자 한다는 데 그 의의가 있다(정세욱, 1993: 144). 독일의 경우와 같이 자치권의 핵심적 내용을 헌법에 보장한다고 하더라도 자치단체가 행사할 수 있는 권한은 현실적인 여러 가지 이유로 제한될 수밖에 없다. 자치제도의 구체적 내용이 끊임없이 변화한다는 사실만 변화가 없을 뿐, 국가와 시대를 막론하고 자치제도와 자치권의 구체적 내용은 변화한다.

이런 점에서 자치권에 관한 법리적 논의는 실익이 없다는 견해도 있다(장지호, 1992: 34-35). 다만 자치제도의 존속과 자치단체의 기본적인 권한은 현재의 민주적 정치제도를 대체할 수 있는 획기적 대안이 나오지 않는 한, 민주적 이념을 구현하기 위하여 대단히 중요한 수단이라는 점에는 이견이 없다는 것을 다시 한번 확인할 수 있다.

3. 자치권의 주체: 단체자치와 주민자치

1) 단체자치

지방자치제에서 자치권을 행사하는 지방정부는 주민들이 선출하여 구성한다. 주민들이 선출한 지방정부의 운영 성과는 다음번 지방정부를 선출하는 중요한 기준이다. 따라서 지방자치의 핵심 요소는 주기적으로 지방정부를 구성하는 지방정치과정(local political process)이다. 이 과정은 대의민주제에 의거하여 수행된다. 대의민주제가 민주를 얼마나 효과적이며 효율적으로 구현할 수 있는지는 중앙뿐 아니라 지방의 민주적 통치를 위한 관건이다.

지방자치제도는 중앙정부가 민주화함에 따라 시행되는 정치제도이다. 대부분의 민주적 중앙정부는 대의민주주의제도를 채택하고 있다. 따라서 지방자치제도는 대의민주제의 한 부분이라 할 수 있다. 대의민주제에 대한 이해는 민주시민으로서 뿐만 아니라 지방자치를 논의하기 위해서도 필수적이다. 대의민주제를 이해하는 데에는 다양한 관점과 목표가 있겠지만 여기서는 공공선택을 주된 이론으로 하며, 지방자치와 지방정부의 운영을 이해하기 위한 목표에 한정한다.

2) 주민자치

단체자치가 대의민주적 지방자치라면 주민자치는 직접민주적 지방자치를 의미하는 것으로 이해할 수 있다. 그러나 직접민주주의 방식으로 지방자치를 실행하는 것은 현실적으로 어렵다. 따라서 주민자치란 주민들이 보다 적극적으로 참여하고, 주민들의 참여가 실질적 영향력을 가지는 것이 바람직하다는 정치적 이상을 표현하는 것이라 할 수 있다.

이런 이유로 수원시에서 3년째 지속되고 있는 '마을르네상스' 사업은 주목할 만하다. 마을르네상스는 시민공동체운동으로 실질적 주민자치운동이라고도 할 수 있다. 사업의 중요한 내용은 사람중심의 마을공동체 회복, 참여와 협력의 거버넌스 실현, 새로운 미래 창조도시 조성이다(조선일보 2013.8.2).[8)]

제4절 지방자치제도의 정의

이제까지의 논의에 따르면 분권의 한 종류인 지방자치제도는 민주정치체제의 일부로 중앙정부가 위임한 권한을 정해진 영역에서 행사하여 그 영역 주민의 복지수준을 향상시키려고 하는 지방정부들로 구성된 분권화 정부체제(decentralized government system)이다.

8) http://news.chosun.com/site/data/html_dir/2013/08/01/2013080102743.html.

제2장

공공선택과 Tiebout 모형

제1절 공공선택

1. 공공선택의 성립

몇 가지 이유로 공공선택(public choice)이 학문의 한 분야로서 성립된 것은 1960년대라 할 수 있다. 첫째, 공공선택에서 고전이라 할 만한 저서들, 예를 들어 Duncan Black의 『Theory of Committees and Elections』와 Anthony Downs의 『Economic Theory of Democracy』는 각각 1958년과 1957년에 출판되었지만 이들의 저서가 주목을 받게 된 것은 1960년대였으며, James Buchannan과 Gordon Tullock의 공저 『Calculus of Consent』와 William Riker의 『Theory of Political Coalitions』이 1962년에, Arrow의 『Social Choice and Individual Values』 제2판이 1963년, 그리고 Mancur Olson의 『Logic of Collective Action』이 1965년에 각각 출판되었기 때문이다. 둘째, '정치의 경제학(the economics of politics)'을 발전시키는 데 공통의 관심을 가진 Duncan Black, James Buchanan, Otto Davis, Anthony Downs, John Harsanyi, Gerald Kramer, Mancur Olson, Vincent Ostrom, William Riker, Gordon Tullock 등의 학자들이 최초로 모임을 결성한 것이 1963년 10월이었고 이것이 공공선택학회로 발전하였다. 셋째, 1962년 William Riker 교수가 Rochester 대학 정치학과의 주임교수를 맡으면서 대학원 교과과정을 사회적 선택론(social choice theory), 게임

이론(game theory), 미시경제학(microeconomics)과 다른 공공선택 관련 학과목을 보완하는 쪽으로 개편하여 공공선택이 대학의 강의과목으로 자리 잡았다. 끝으로 1966년 Gordon Tullock이 "Papers in Non-Market Decision Making"이라는 제목으로 공공선택의 논문들을 편집 출간한 것이 1968년 "Public Choice"라는 제목의 공공선택 학회지로 발전하였다. 이를 계기로 공공선택에 관한 논문들이 정치학과 경제학의 학술지에 진출하게 되었기(Miller, 1984: 7-8) 때문이다.

이러한 과정을 거쳐 성립된 공공선택이 처음부터 학계의 인정을 받은 것은 아니었다. 오히려 경제학의 서자로 취급받았을 뿐이다. 그러나 1986년 공공선택론의 창시자 가운데 하나인 James Buchanan이 노벨경제학상을 수상함으로써 30여년에 걸친 학문적 기여를 공인받았다.

공공선택은 대의민주제를 운영하는 사람과 제도 자체에서 비롯되는 다양한 문제점을 탁월한 설명력으로 분석했다. 그러나 대안을 제시하는 데에 한계가 있다는 단점이 있다. 인간은 이기적으로 효용을 극대화한다는 전제와 모든 문제는 바로 인간이 이기적으로 효용을 극대화하는 과정에서 초래되었다는 분석 결과 때문이다. 그러나 대안은 인간이 스스로의 이기심을 자제해야 하는 혹은, 더 나아가 인간의 이기심을 부정해야 성립할 수 있는 것들이다. 인간의 이기심을 부인하는 것은, 공공선택의 가정에 따르면, 인간을 부인하는 자가당착이기 때문이다.

2. 공공선택의 본질과 지적근원

공공선택의 기본적인 학문적 특성은 경제학의 기본적인 가정(assumptions)을 사용하여 시장외적 의사결정과정(nonmarket decision-making process)에 참여하는 정부, 정당, 이익집단, 일반 유권자, 정치인들의 행태와 제도 자체의 문제를 분석하는 데 있다.

시장외적 의사결정은 시장의 경제활동과 본질적으로 다르다. 생산과 소비에 관한 시장의사결정은 개별적이고 직접적이다. 그러나 시장외적 의사결정은 집단의 의사가 다수결의 원칙에 따라 결정되는 집단적 선택(collective action, collective choice 혹은 social choice)이며, 대의민주제에서는 대리인을 선택하여 그에게 시장외적 의사결정을 위임하기 때문에 간접적이다.

공공선택이 시장외적 의사결정을 분석하기 위하여 공인과 사인에 관계없이 공통적으로 적용하는 경제학의 기본 가정은 다음과 같다. 첫째, 모든 사회적 결정은 개인적 선호와 선택에 의해 이루어지는 것일 뿐 조직, 기업, 정부 등의 집단은 선호를 가지고 있지도 않고 선택을 하는 것도 아니라는 방법론적 개인주의(methodological individualism), 둘째, 모든 인간은 결과를 최선으로부터 최악으로 혹은 그 반대로 배열할 수 있는 일관된 선호체계를 가지고 있다는 정형적 합리성(formal rationality), 셋째, 인간은 그의 선호를 최대한 실현할 수 있다는 수단적 합리성(instrumental rationality), 끝으로, 언제나 적용되는 가정은 아니지만, 개인의 선호는 그 스스로의 이익(self-interest)을 반영한다는 이기심(Miller, 1984: 4).

경제학은 Adam Smith 시대의 도의과학(moral science), David Ricardo와 J. S. Mill 시대의 정부지출의 확보를 위한 토지와 조세관계 중심의 정치경제학(political economy)을 거쳐 Karl Marx 이후 노동과 자본의 관계와 계급투쟁의 분석에 초점을 맞춘 정치경제학으로 이행하였다. 공공선택은 정치와 경제의 상관관계를 주된 분석 대상으로 하는 현대적 의미의 정치경제학이라 할 수 있다.

이러한 공공선택은 몇 개의 지적 근원(intellectual root)에 의지한다. 첫 번째 지적 근원은 외부효과, 공공재, 재정학 그리고 후생경제학(welfare economics)의 이론들이다. 두 번째 지적 근원은 선거방법론(the theory of electoral methods)이며, 세 번째는 게임이론(game theory)이다(Miller, 1984: 6-7). 이런 점에서 공공선택은 경제학 또는 재정학의 한 분파이다. 아래에서 외부효과와 공공재를 포함하는 시장의 실패에 관해 살펴보자.

3. 시장실패[1)]

1) 시장실패의 추상적 기준: 완전경쟁시장

완전경쟁시장(perfect competitive market)은 대단히 엄격한 가정을 전제로 하는 비현실적 시장이다. 바꿔 말하면 존재한 적이 없고, 존재하지도 않으며, 존재하지도 않을 시장이다. 이상적이지만 추상적인 시장이다. 완전경쟁시장의 작동 과정과 전제조건은 다음과 같다.

완전경쟁시장의 작동 과정: 높은 가격과 이윤이 소비자들이 더 많은 생산을 요구한다는 신호를 보내고; 이 신호(혹은 경제적 이윤)가 더 많은 생산자를 유인하고; 생산 곡선이 오른쪽으로 이동(증가)하며; 가격은 수요 곡선을 따라 하락 한다; 소비자들이 선호하는 상품의 생산량이 증가하고 최저 가격에 가까운 새로운 균형점에 도달 한다. 이 균형점에서 생산과 소비가 극대화하고 평균생산비용은 최저점에 도달하고 경제적 이윤은 제로에 접근 한다; 이 과정에서 생산자들은 비용을 절감해 이윤을 짜내기 위한 극심한 압력을 경험하고 이것이 생산과 기술 혁신을 초래한다(Schiller, 1983: 189). 이를 경쟁 효율이라고도 한다.

완전경쟁시장은 대단히 엄격한 전제조건을 가지고 있다: 진입장벽이 없다; 무수한 생산자가 있다; 생산품은 모두 팔린다; 생산품들은 질

---

1) 시장의 실패에 관하여는 다음의 문헌을 참고하였다. 따라서 이들 문헌의 개별 주는 생략하고 이들 문헌 이외의 것만 개별 주를 표시하였다. Browning & Browning(1983: 23-50, 223-228), Gwartney & Stroup(1983: 341-361), Mansfield(1982: 466-490), Schiller(1983a: 65-77), Schiller(1983b: 65-95).

적 차이가 없다; 생산과 판매에 관한 모든 정보가 공개되어 있다.

완전경쟁시장의 전제조건은 대단히 엄격하며, 따라서, 비현실적이다. 존재한 적도 없고 미래에도 존재하지 않을 그런 시장을 공부하는 이유는 무엇일까? 두 가지 이유가 있다. 하나는 완전경쟁시장은 두 가지 큰 장점을 가지고 있기 때문이다. 우리는 이 장점을 구현할 수 있도록 노력해야 한다. 다른 하나는 현재 우리가 가지고 있는 시장의 문제점을 명확하게 보여주는 비교 및 평가 기준이기 때문이다. 완전경쟁시장과 비교하여 우리 시장의 문제를 파악할 수도 있고, 너무 엄격해서 비현실적인이긴 하지만 완전경쟁시장의 전제조건들에 비추어 우리 시장의 효율성을 평가할 수 있다.

완전경쟁시장이 가지고 있는 두 가지 큰 장점은 경쟁에서 비롯된 것이다. 따라서 이들을 경쟁효율이라고도 한다. 두 장점 중 하나는 생산효율이다. 이는 평균생산비용이 최저로 떨어질 때까지 생산량을 증가시켜 생산효율을 극대화하는 것이며, 소비자들이 주어진 조건에서, 당해 생산품을 최저 가격으로 '최대한 소비'할 수 있다는 의미이다. '최대한 소비'가 무한한 소비를 의미하는 것은 아니다. 우리의 복지수준은 우리가 소비하는 모든 상품에서 얻는 복지의 총량이다. 따라서 우리는 개별 상품을 꼭 필요한 양만 생산 · 소비해야 가능한 최고의 복지수준에 도달할 수 있다. 만약 개별 상품을 꼭 필요한 양보다 더 많이 생산 · 소비한다면 그만큼 다른 상품을 포기해야 한다. 그리고 주어진 조건에서 최고의 복지수준에 도달할 수 없다. 이때 개별 상품의 적정량을 알려주는 것이 한계비용이다. 한계비용은 복지의 총량을 늘리기 위해 한 상품을 얼마나 생산 · 소비하는 것이 바람직한지를 알려준다는 점에서 대단히 유용한 개념이다. 한계생산비용곡선은 평균총생산비용의 최저점을 지나고 이 점에서 시장가격과 생산량이 결정되는데 이것이 바로 적정량인 것이다 (Schiller, 1983: 189-190). 이는 우리가 꼭 필요한 상품을 꼭 필요한 만큼

만 생산할 수 있도록 한다는 점에서 배분효율이다.

완전경쟁시장은 생산과 배분효율을 극대화함으로써 주어진 조건에서 우리의 복지수준을 최대화할 수 있는 기제(mechanism)이다. Adam Smith가 생각했던 보이지 않는 손(invisible hand)이기도 하다. 우리가 운영하고 있는 현실의 시장은 완전경쟁시장의 전제조건들을 충족시킬 수 없다. 시장실패란 이를 두고 하는 말이다. 왜 현실의 우리 시장은 이 조건들을 충족시킬 수 없는가?

2) 시장실패의 원인

(1) 독　점

어떤 재화나 용역은 유일한 생산자에 의해 공급된다. 따라서 독점(monopoly)생산자는 공급량과 가격을 스스로의 이윤을 극대화하는 수준에서 결정할 수 있다. 그러나 독점생산자라도 무한정 가격을 올릴 수는 없다. 가격이 상승하면 소비는 줄게 마련인데, 원하는 양을 소비하도록 소비자들에게 강요할 수는 없기 때문이다. 그러므로 이윤을 극대화하기 위해서 생산량을 적절한 수준으로 감소하여 가격을 상승시킨다. 이 관계를 나타내 주는 것이 한계수입곡선(marginal revenue curve, MRC)이다. MR 곡선은 시작점을 제외하고는 늘 수요곡선의 아래쪽에 있다. 가격이 오를수록 수요가 줄기 때문이다.

MR 곡선에 의한 독점생산자의 공급량은 경쟁시장의 공급량보다 적고, 가격은 높다. 경쟁시장의 공급량보다 적다는 것은 규모의 경제(economies of scale)에 의한 생산효율(production efficiency)이 극대화되지 못하고, 동시에, 가격이 높다는 것은 배분효율(allocation efficiency)이 극대화될 수 없다는 의미이다. 생산효율을 극대화하여 가격을 낮추면 편익을 극대화하는 수준의 공급량을 확보할 수 있는데 이때는 독점이윤이 감소한다. 따라서 독점생산자는 사회적으로 자원을 낭비하고 다수의 희생을 전제로 소수의 이익을 추구하기 때문에 이를 규제해야 한다. 그러나 시장에는 그 장치가 없기 때문에 정부가 개입할 수밖에 없는 것이다.

독점은 여러 가지 이유로 허용할 수밖에 없는 경우도 있다. 생산 참여의 문턱(entry barrier)이 높아 다수의 생산자가 참여하기 어려운 경우가 있다. 생산에 참여하기 위해서는 막대한 자본, 고도의 기술, 전략적 이유, 규모의 경제가 전체 시장 생산량에 미칠 경우 등이 그 예이다. 철도나 지하철 그리고 상수도나 도시가스 등의 경우 막대한 자본이 필요하고, 원자력 발전소는 고도의 기술과 전략적 문제 때문에 다수의 민간 생산자가 참여하기 어렵다. 이런 경우는 정부가 공기업을 통하여 생산 및 공급함으로써 정부에 의한 독점이 이루어진다. 특히 상 · 하수도, 도시가스 등은 생산에 필요한 자본의 규모뿐만 아니라 규모의 경제가 전체 시장 생산에 미치므로 자연독점(natural monopoly)이라고도 한다. 전화 및 통신 사업의 경우도 자연독점의 고전적 예로 생각되었으나 기술의 발달로 소요 자본이 감소되어 민간의 참여가 이루어지고 있다.

공기업이나 자연독점의 경우 정치 · 경제적으로 바람직할 수 있으나, 독점권이 남용될 여지는 많다. 따라서 규모의 경제에 따른 혜택이 참으로 실현되는가를 끊임없이 지켜보아야 한다.

(2) 공공재와 무임승차의 문제

공공재(public good)란 정부가 공급하는 재화를 의미하는 것이 아니다. 오로지 두 가지 특성을 동시에 가지는 재화를 의미한다. 두 가지 특성이란 비경쟁적 소비(non rival consumption)와 소비의 비배제성(non exclusion)을 뜻한다.

비경쟁성을 가지고 있는 재화는 생산된 후에는 이를 어떤 사람이 소비하더라도 다른 사람이 소비할 수 있는 양이 줄어들지 않는다. 예를 들어 외침을 억제할 수 있는 대미사일 방어체제를 생각해 보자. 대미사일 방어체제에 의해 외침이 억제됨으로써 내가 보호받았다고 해서 내 주변의 사람들이 받을 수 있는 보호가 줄어들지는 않는다. 일정량의 대미사일 방어체제가 생산되면 이 방어체제에 의해 받는 보호는 사람의 수에 따라 변화하지 않는 것이다. 이런 의미에서 비경쟁적 소비를 '집단적 소비(collective consumption)' 또는 '편익의 불가분성(indivisibility of benefits)'이라고도 한다.

어떤 재화는 한번 생산되면 그 편익을 선택된 사람에게만 제한해서 부여하는 것이 기술적으로 불가능하거나, 비용이 너무 크기 때문에 그렇게 할 수 없는 경우가 있다. 이를 비배제성이라 한다. 앞서의 예에서 보듯 대미사일 방어체제를 구축(생산)했다면, 그 나라의 모든 국민이 이에 의한 전쟁의 억제라는 보호를 받을 수 있다. 그러나 그 국민 중 누군가를 보호받지 못하도록 하기는 대단히 어려울 것이다. 방법이 있다면 국외 추방이겠는데, 누군가를 국외로 추방하여 국방상의 보호를 받지 못하도록 하기 위하여 법을 만들 것인가? 불가능하지는 않다 하더라도 그 비용이 불가능할 정도로 높을 것이다.

이런 재화의 경우, 사람들은 자신의 선호를 밝히려고 하지 않는다. 누군가가 이를 구입(생산)하면 자신도 제한받지 않고 그 편익을 얻을 수 있고, 그렇다고 하여 구입자가 누릴 수 있는 편익의 양을 감소시키는 것도 아니기 때문이다. 모든 사람이 선호를 밝히지 않는다면, 사회적으로 적정한 양(social optimum quantity)을 생산할 수 없다. 누구도 자기가 원하는 양의 방어체제를 밝히지 않고 다른 사람이 이를 구입하기만 기다린다면 국방에 필요한 방어체제를 갖추기는 대단히 어려울 것이다. 이것이 공공재에 따른 무임승차(free-riding)의 문제이다. 시장은 공공재를 생산하지 않는다. 팔 수 없기 때문이다. 따라서 이러한 공공재는 국가가 주도적으로 생산해야만 한다.

그런데 무임승차의 문제는 집단의 크기가 클수록 더욱 심각하다. 옆집과 우리 집 사이에 깊은 웅덩이가 있어 빗물이 고이고 양쪽 집의 아이들이 모두 위험에 처해 있다고 가정하자. 이때 두 집이 비용을 분담하여 웅덩이를 메우는 것은 비교적 쉬울 것이다. 그러나 마을 한가운데 웅덩이가 있다면 그렇게 쉽지는 않을 것이며, 전국의 웅덩이를 메우고자 할 경우는 훨씬 어려울 것이다. 이것은 효율적 공공재 생산과 정부의 규모에 관한 중요한 시사이며, 분권화된 정부체제의 장점에 관한 경제학적 논의로 이어지는 것이다.

(3) 외부효과

어떤 재화는 이것이 생산 · 소비되는 과정에 직접 참여하지 않은 사람에게까지도 손실이나 편익을 발생시킨다. 이것을 외부효과(externalities)라 한다. 외부효과 중 편익이 발생하는 것을 외부편익(external benefits), 손실이 초래되는 것을 외부비용(external costs)이라 한다.

내가 정원에 넝쿨 장미를 심었는데 이것이 담 밖으로 뻗어나가 지나가는 행인이 장미의 향과 아름다움을 즐길 수 있다면, 그 행인들은 넝쿨장미를 사서 심고 가꾸는 과정에 직접적으로 참여(가격을 지불)한 바 없음에도 불구하고 그 혜택을 받은 것이다. 이때 행인들이 얻은 혜택이 바로 외부편익이다.

반면에 옆집 사람이 모터사이클을 사서 타고 다닌다면 나는 그로 인한 매연과 소음을 감수해야 한다. 그러나 옆집 사람은 내가 감수해야 하는 매연과 소음의 불편(비용)을 보상해 주지 않는다. 모터사이클을 생산한 사람도 마찬가지다. 이때 내가 감수해야 하는 매연과 소음이 바로 외부비용이다.

이들 외부효과는 일반적으로 비효율적인 자원의 배분, 즉 시장의 실패를 초래한다. 시장에서의 수요와 공급은 교환에 직접 참여한 사람들의 편익과 비용만을 반영할 뿐, 직접 참여자 이외의 사람들에게 초래되는 편익과 비용은 반영하지 않기 때문이다. 이에 따라 사회적 적정규모의 생산과 소비가 이루어지지 않는다.

외부편익의 경우, 사회적 적정수준 이하의 생산과 소비가 초래된다. 넝쿨 장미로부터 얻은 행인들의 편익의 합을 사회적 편익(social benefits)이라 할 때, 이것은 내가 넝쿨 장미를 한 단위 더 소비함으로써 얻는 편익에 포함되지 않으므로 내가(개인이) 부담해야 하는 가격은 상대적으로 높은 것이 되고, 따라서 소비를 늘이기 어렵다. 그러므로 사회적으로 적정한 양의 넝쿨 장미가 생산 · 소비될 수 없다. 외부편익을 발생케 하는 재화와 용역에 대해서 정부는 세금을 낮춰주거나 가격을 보조(subsidy)해 주는 등의 방법으로 생산과 소비를 촉진시켜 사회적 적정수준에 이르도록 하는 정책을 사용하는데, 대학교육이나 신기술 개발을 위한 연구 등에 장학금이나 보조금 등을 지원하는 것이 그 예이다.

이와 반대의 경우가 외부비용이다. 옆집 사람은 그가 타고 다니는 모터사이클 때문에 내가 부담해야 하는 비용까지 지불하지는 않는다. 따라서 그가 모터사이클을 위해 지불한 가격은 상대적으로 낮은 것이고 이에 따라 사회적으로 적정한 양 이상의 모터사이클이 생산 · 소비된다. 따라서 정부는 외부비용을 초래하는 재화와 용역에 대해서는 물품세(excise tax)를 부과하거나 생산방법을 규제하는 등의 방법으로 생산과 소비를 억제하여 사회적 적정수준을 유지하도록 한다. 공해를 유발하는 각종 상품들이 그 예가 될 것이다. 외부효과 역시 분권화된 국가체제에 관한 경제학적 논의를 이해하기 위해 필수적인 개념이다.

(4) 불완전정보

완전경쟁시장은 생산과 소비 과정에 있어 완전정보를 상정하고 있지만 현실은 그렇지 않다. 생산은 물론 소비에 관한 정보도 크게 부족한 것이 사실이다. 최대의 만족을 얻고자 하는 소비자들은 상품에 대한 가능한 정확하고 풍부한 정보를 얻고자 한다. 이들이 추구하는 정보는 상품의 질, 유사한 상품의 가격 혹은 부작용 등에 관한 것이다. 소비자들이 이에 관해 완벽한 정보를 갖기는 어렵다. 보다 현실적인 것은 사고 나서 후회하거나, 여러 번 구입해서 가장 만족스러운 것을 추후 선택하는, 다시 말해, 경험에 의한 선택을 하는 등 불완전정보(imperfect information)에 의지하기 마련이다.

반복적으로 구입하는 상품에 대해서 생산자들은 소비자들이 이들 상품에 대해 만족할 수 있도록 최대한 노력하겠지만, 반복적으로 구입하지는 않는 상품과 만족도를 평가하기 까다로운 상품 그리고 잠재적이고 장기간에 걸친 부작용이 있는 상품의 경우는 그렇지 않다. 더욱이 생산자들에게는 상품의 질을 낮추거나 혹은 사실보다 과장된 높은 질을 주장함으로써 쉽게 이윤을 확대하려는 욕망이 있다. 성공할 경우 그 비용은 소비자 부담이다. 정부가 광고규제 등의 소비자 보호정책을 수행해야 하는 이유이다.

정보에 관한 여러 가지 문제들은 시장 또는 경제부문에만 한정된 것은 물론 아니다. 정치부문에도 다양한 선택의 문제가 있기 때문이다. 불완전한 정보는 Downs(1957)의 용어로는 불확실성(uncertainty)이다. 그는 불확실성을 극복하기 위하여 대의민주제와 분권화된 정부체제가 필요하다고 설명한다.

(5) 경기불안정

불황으로 인한 실업(unemployment)과 호황 등에 의한 물가상승(inflation)은 거시경제의 가장 큰 난제이다. 이들을 경기불안정(economic instability)이라 한다. 고전경제학자들은 경기불안정이 있을 수 있으나 이것은 단기적 현상일 뿐, 시장의 자율기능에 의해 조절된다고 생각했다.

불황의 경우는 이자율이 하락하여 투자가 늘고, 가격과 임금 역시 하락하여 단기간에 생산이 증가하고 불황은 타개된다고 보았다. 이는 '공급은 수요를 창조 한다'는 Say의 법칙에 근거한 믿음이었다. 특히 불황기에는 근로자들의 임금도 떨어지지만 그렇더라도 실질 임금에는 변화가 없고(다른 모든 상품의 가격도 떨어지기 때문에) 실직한 동료 근로자들을 고용할 수 있을 것이기 때문에 이를 감수할 것이라고 생각했다. 그래서 고전경제학을 윤리과학이라고도 했던 것이다. 그러나 현실은 이와 같지 않았다.

물가상승의 경우 이자율도 같이 상승할 것이기 때문에 투자가 줄고, 생산량이 감소하게 되어 단기간에 진정될 것으로 믿었다. 그러나 1930년대의 세계경제대공황(the Great Depression)으로 경기불안정에 대응하는 시장의 자율기능에 대한 신념은 그 빛을 잃었다.

이에 Keynes는 기대(expectation) 개념을 도입하여 고전주의 경제학을 비판하고 그 대안으로 시장수요에 초점을 맞춘 경기대책으로 정부에 의한 재정정책(fiscal policy)을 주장함으로써 국가에 의한 시장개입 시대를 열었다. 그런데 경기대책과 같은 거시경제정책을 어느 수준의 정부가 수행하는 것이 어떤 이유로 타당한가는 분권화된 정부체제의 기능배분에 관한 중요한 논점이다.

(6) 빈 곤

빈곤(poverty)을 정의하는 데에는 절대적 접근과 상대적 접근이 있다. 절대적 접근은 개인이나 집단(가족)의 생존을 위해 필수불가결한 재화와 용역을 구입하기 위한 소득수준을 정하여 그 이하를 빈곤으로 정의하는 것을 말한다. 이때의 문제는 필수불가결한 재화와 용역을 구체적으로 결정하기 어렵다는 데 있다. 상대적 접근은 평균적인 소득수준에 따라 일정한 기준을 정하고, 이에 따라 빈곤을 정의하는 것이다. 상대적 접근은 필수불가결한 재화와 용역의 구체적 내용을 결정하는 데 있어서의 주관성을 배제함으로써 좀 더 단순하며 객관적이고, 소득의 불평등을 보다 더 강조할 수 있는 장점이 있다. 반면, 전반적인 소득배분의 '공평성'과 빈곤사이의 상관성을 축소할 우려가 있다(Schiller, 1980: 7-8).

영국의 경우, 패리쉬 정부의 주요 임무는 빈곤 구제였다. 빈곤 구제를 포함한 재분배 정책 역시 어느 수준의 정부가 어떤 이유로 수행해야 하는가는 분권화된 정부체제의 중요한 논점이다.

제2절 공공선택과 지방자치

1. 개 관

이제까지의 논의에서 소개했듯 공공선택은 미국의 학자들에 의해 생성 · 발전되고 있는 경제학의 한 분파이기 때문에 미국의 이념적 특성이 짙게 배어있으며, Thomas Jefferson, Andrew Hamilton 등을 포함하는 연방학파(Federalist school)와 학문적으로 밀착된 Toulmin-Smith의 지방자치정부(local self-government) 개념을 받아들인 이론이며, 이념상 다원론과 신우익학파 사이에 속한다. Jefferson이 주장한 민주행정의 이념이 깊이 스며있는 공공선택론은 Jefferson과 마찬가지로 집권화되고 전문화된 행정을 기피하며 국가는 최소한의 역할을 수행해야 한다고 주장한다. 이것이 공공선택론이 부동산을 소유한 주민을 기반으로 하는 지방정부(분권화 정부체제)를 선호하는 근본적 이유이다(Carmichael, 1995: 59).

시장은 공공재를, 그것이 어떤 유형이든, 생산 · 공급할 수 없다. 즉, 민간부문에는 공공재 시장이 존재하지 않는다. 따라서 정부가 공공재를 생산 · 공급한다. 그러나 정부(중앙)가 전국을 대상으로 공공재를 생산 · 공급할 경우 비효율이 초래된다. 이것이 자원의 배분에 관한 시장외적 의사결정의 상대적(시장에 대해) 비효율성이다. 이러한 관점에서 분권화된 정부체제의 효율성을 주장한 것이 공공선택이었다.

능률화 경향에 따라 지방정부는 점차 지나치게 거대하고, 지나치게 멀고, 지나치게 정치화하고, 지나치게 이익집단의 영향을 받고, 지나치게 복잡하게 변화했기 때문에 일반 유권자들은 통제는 말할 것도 없고 이해하기도 어렵게 되었다. 그러므로 지방정부는 단일한 기능을 가진 분할(fragmented)된 체제여야 한다는 것이 지방정부의 구조와 규모에 관한 공공선택의 입장이다. 그들의 주장은 첫째, 서비스 전달체제는 소규모가 보다 적절하다는 것이다. 둘째, 지방정부체제에 활발한 경쟁을 불러일으키기 위해서는 분할체제가 유리하다는 것이다. 셋째, 한 지역에 지방세와 지출유형이 다른 여러 개의 작은 그리고 단일목적을 가진 지방화된 정부(localised government)가 있다면 주민들이 선택할 수 있는 정부와 거주지의 범위가 확대되기 때문에 지방정부의 구조와 지방정치에 다양성과 유연성을 강화해 주고 소비자/유권자의 이동성을 강화해주며, 동시에, 지방주민들에게 지방공공재의 생산과 공급에 따른 여러 가지 정보를 보다 싼값에 유통시킨다. 능률화 체제는 매우 거대한 정부를 초래했고, 이를 주민이 통제하는 것은 대단히 어렵기 때문에 분할해야 한다는 영국의 대도시 지방정부 구조적 개편에 관한 기본 구상은 (Carmichael, 1995: 59-63) 바로 공공선택의 주장에 영향을 받은 것이었다. 또한 지방정부의 통합을 강력하게 지지했던 미국정부간관계자문위원회(US Advisory Commission on Intergovernmental Relations)가 1987년 종전의 입장을 철회하고 지방정부의 분화를 지지한 것도(Keating, 1991: 111) 공공선택론의 주장에 따른 것이다. 큰 정부와 작은 정부 중 어느 것이 바람직한가의 논쟁은 시계추처럼 주기적으로 되풀이 되고 있다. 1990년대 이후로는 큰 정부가 대세이고 이에 따라 여러 나라들에서 자치단체들의 통합이 추진되고 있다.

공공선택에 따른 지방자치의 분석은 경제적 측면에 보다 집중된 것이며, 기본적으로 시장외적 정책결정이 시장보다 열등하다는 분석에 따라 지방자치를 논의하고 있다. 즉, 집권화된 중앙정부의 존립근거를 시장의 실패라는 이유로 인정하지만 중앙정부가 독점적 지위에서 공공재의 생산 · 공급을 담당하는 것이 비효율적이라 주장한다. 따라서 공공선택론에 따른 지방자치론은 정부와 관료의 공공재 산업에서의 독점의 해체와 경쟁의 도입에 초점을 맞추고 있다.

지방정치 또는 지방의 민주화에 관해서 공공선택은 대의민주제의 결함을 분석하고, 그 원인에 대한 대안을 제시하고 있다. 선거와 의사결정을 위한 투표의 불합리성에 관해서도 분석하고 있으나 현실성 있는 대안을 제시하지는 못하고 있다. 정치제도에 대한 객관적 분석에 규범적 대안[2]이라는 점에서 이는 공공선택의 학문적 한계라는 비판도 있다.

불확실성은 거의 모든 사회제도에 영향을 미친다. 민주적 정부도 예외는 아니다. 민주적 정부는 국민들의 효용함수에 부응해야만 한다. 그러나 국민 개개인의 효용함수를 알기는 어렵다. 이 불확실성을 극복하기 위해, 민주정부는 국민들과 자신의 사이에 중개자를 둘 수밖에 없다. 민주정부는 효율적이기 위해서 여론을 분석, 전파, 발견하는 전문가를 양성해야만 한다. 의원(국회 또는 의회), 정당, 이익집단, 지지매입자(favor-buyer) 등이 바로 대표적 전문가들이다(Downs, 1957: 88-95). 자치제에 관하여 Downsian들이 주장하는 경제적 장점은 불확실성의 감소에 근거한 것이다. 불완전한 정보에 의존하여 지방사업을 시행하는 위험부담과 불완전한 정보를 획득하는 비용을 권력을 분산함으로써 줄일 수 있다는 것이다.

공공선택은 광범위하고 복잡한 이론이다. 그러나 분석의 단위는 단순해서 시장의 신호에 따라 선택하는 합리적인 인간이다. 그러나 인간이 과연 합리적인가? 합리적이라면 얼마나 합리적인가? 만약 합리적이지 않다면, 이를 전제로 한 모든 분석과 그 결론은 허구에 불과할 것이

2) 예를 들어 시민의식이 변형되는 과정과 이유에 대해 분석하고 그 폐단을 지적하고 있으며, 그 대안으로 건전한 시민의식의 함양을 제시하는 경우가 있는데 이는 규범적 대안일 뿐만 아니라 공공선택의 전제(이기심)에 벗어나는 것이다.

다. 이러한 근본적인 문제에 관한 의문에 근거하여 이 이론의 기술적(descriptive), 규범적(normative)인 주장들을 비판하고 있다.

이 이론이 성립하려면 기본적인 분석단위인 인간은 이기적이고 합리적 계산으로 질서 있고 안정된 유형의 사회조직을 만드는, 비사회적(asocial)이고 비문화적(acultural)이며 비역사적(ahistorical)인 존재여야 한다(Cooke, 1983: 48; Keating, 1991: 109에서 재인용). 다시 말해 인간의 유형을 지나치게 단순화하여 비현실적인 이론이 되었다는 비판이다. 나아가 개인의 이익과 정책에 대한 선호는 문화적이나 구조적으로 제약되는 것으로 변함없는 시장의 신호에 따라 이해하고 확정되는 것이 아니다. 예를 들어 교통위반에 대해 벌금을 물리는 정책을 사회의 구성원으로서는 선호할지 모르지만 자기가 그 대상이 되는 것을 선호하지는 않는다(Keating, 1991: 109). 따라서 이 이론은 지나치게 이상적이다.

이에 더하여 다음과 같이 비판 한다: 첫째, 공공선택은 관료들에 대한 모호하고 부정확한 효용함수를 전제로 분석 한다; 둘째, 공공선택은 모든 관료체제를 계층적 계선 조직으로 가정하고 있다; 셋째, 공공선택의 방법론으로는 관료들의 동기의 다양성을 설명할 수 없다; 넷째, 공공선택은 모든 부서들이 동일하게 행동한다고 가정하고 있다(Carmichael, 1995: 66). 이 역시 공공선택의 비현실적 측면(가정의 비현실성)을 비판한 것이다.

지방자치제도는, 앞서 언급했듯, 정치제도이자 경제제도이기도 하다. 정치제도로서 지방자치는 대의민주제를 전제로 한다. 또한 경제제도로서 지방자치는 시장원리에 따른다. 따라서 지방자치제도의 문제를 분석하는 데에는 공공선택에 따른 대의민주제와 시장실패의 논리를 그대로 적용할 수 있다. 이와 함께 공공선택은 지방자치제도에 국한된 문제들도 분석하고 설명한다.

2. 공공선택에 따른 정부 간 재정기능의 배분

재정기능은 자원의 배분과 재분배, 그리고 경기안정 기능을 의미한다. 이들 기능은 각기 정책수단을 통하여 수행된다. 이를 협의의 경제정책이라 하자. 모든 경제정책은 기본적으로 두 가지 기준에 따라 그 성과를 평가할 수 있다. 하나는 객관적 분석(positive analysis)으로서의 경제적 효율성(economic efficiency)이고, 이는 비용-편익 분석(cost-benefit analysis)에 따른 평가 기준이다. 다른 하나는 가치판단(value judgement)이며, 정치적 기준이라 할 수 있다. 경제정책에 대한 모든 평가는 이 두 기준을 모두 적용해야 한다. 우선 객관적 분석을 통하여 정책이 배분과 재분재에 어떤 결과를 초래했는지 결정해야 한다. 이 결과가 만족스러운 것인지를 판단하는 것이 다음 단계이다. 정책의 결과에 영향을 받는 개인들이 그 결과가 만족스러운 것인지 판단해야 하기 때문이다(Browning & Browning, 1983: 6-7). 따라서 객관적 분석은 경제학의 영역이며, 가치판단은 정치의 영역이다.

그러나 위의 기준은 정부체제에 관한 문제는 배제한 것이다. 분권화 정부체제에서 경제정책을 수립 · 집행하는 기능이 정부 간에 분산될 때, 다른 모든 조건이 같다면 보다 훌륭한 결과를 초래할 수도 있다. 이 추정은 양극의 정부체제를 비교함으로써 가능하다. 양극이란 완전한 중앙집권적 정부체제와 분권적 정부체제를 의미한다. 그러나 양극단의 정부체제는 사실상 존재하지 않는다. 다만, 분석의 편의에 따라 양극의 정부체제를 상정하는 것이다. 이제 어떤 기능이 어느 수준의 정부에 배분되어야 하며 그 이유는 무엇인지 살펴보자.

1) 배분기능

배분(distributive)기능이란, 바꿔 말하면, 우리 사회가 주어진 조건에서 가능한 최대의 복지수준을 향유하려면 가지고 있는 재원을 어디에 소비할 것인가의 문제이며, 사회 전체를 위하여 무엇을 생산할 것인가(what to produce)를 결정하고 집행하는 것을 의미한다.

이러한 기능은 앞서 논의한 대로 시장경제에만 의존할 수는 없다. 공공재와 이에 따른 무임승차, 외부효과 등의 문제 때문이다. 따라서 정부가 개입할 수밖에 없으며, 이때 어느 수준의 정부가 이 기능을 더욱 효율적으로 수행할 수 있느냐의 문제가 제기된다.

한편, 공공재에는 종류가 있다. 순수성과 영향이 미치는 지역적 범위에 따라 분류할 수 있는 것이다. 공공재에는 국방력과 같은 전국적인 공공재와 공공재의 생산으로 얻을 수 있는 편익이 지역적으로 국한되는 지방공공재(local public goods)가 있다.

전국적인 영향을 미치는 순수공공재의 경우, 집권화된 정부체제가 사회적 편익을 극대화시키는 생산량을 결정하기에 유리하다. 여기서의 순수공공재란 모든 지역에 거주하는 주민들에게 편익을 제공하는 공공재를 의미한다. 어느 한 지역에 생산 · 배치된 미사일 기지가 근사(近似)한 예가 될 것이다. 이 미사일 기지는 특정한 지역에 배치된 것이지만, 다른 지역이 공격을 받더라도 이에 대응할 수 있는 것이기 때문에 다른 지역들 역시 혜택을 받는다. 미사일 기지는 잠정적 공격자에 대한 도발 억지력(deterrent power)이라는 혜택을 모든 지역에 제공하는 것이다. 그렇다면 어느 지역이 이 기능을 자신의 비용으로 수행하려 할 것인가? 여기에 분권화된 체제의 무임승차 문제가 있다. 이러한 공공재의 생산을 분권화된 정부체제에 맡긴다면 그 생산량은 사회적 적정량 또는 Pareto optimum에 훨씬 못 미치는 수준에서 결정될 수밖에 없고, 따라서 경제적 비효율을 초래할 것이다. 따라서 이러한 공공재의 경우에는 집권화된 정부체제에서 수행하는 것이 바람직하다(Oates, 1972: 8–9). 분권화된 정부체제를 운영한다 하더라도 이 기능은 중앙정부에 배분되어야 하는 것이다.

그러나 지방공공재의 경우는 반대의 상황을 예측할 수 있다. 특정 지역의 주민만이 소비할 수 있는 공공재를 중앙정부 또는 집권화된 정부체제가 생산할 경우 서로 다른 지역의 특성(생산량)을 반영하기 어렵기 때문에 전국적으로 통일된 생산량을 모든 지역에 적용할 수밖에 없다. 따라서 경제적 비효율이 초래되며, 이런 공공재의 경우 분권화된 정부체제에 의해 생산된다면, 각 지방정부가 주민의 선호에 적합한 생산량을 결정할 수 있기 때문에 경제적 효율성을 제고시킬 수 있다(Oates, 1972: 11-12).

장기적으로 Tiebout(1956: 416-24)가 주장한 소비자이동성에 따라 지방공공재 생산의 경제적 효율성은 더욱 강화될 수 있다. 즉, 분권화 정부체제에 의한 배분기능의 수행은 첫째, 어떤 공공재는 지역사회의 선호에 보다 적합한 소비수준을 결정할 수 있다. 둘째, 장기적으로 혁신을 촉진함으로써 그리고 경쟁적 압력을 도입함으로써 지방정부로 하여금 가장 효율적인 공공재 생산방법을 채택하도록 할 수 있다.

셋째, 주민들로 하여금 지방정부가 제공하는 서비스의 가격에 대한 인식을 보다 높여줌으로써 개선된 공공의사결정이 이루어지도록 한다(Oates, 1972: 13). 따라서 특정한 배분기능(지방공공재의 생산)은 분권화된 정부체제에서 수행하는 것이 바람직하다.

2) 재분배기능

재분배(redistributive)기능이란 누구를 위하여(for whom) 생산하는가의 물음에 대한 시장의 답변을 바꾸는 것이다. 시장은 참여자의 능력과 의지에 따라 재화와 용역을 분배한다. 그 결과는 경제적으로는 효율적이지만, 공평한 것은 아닐 수 있다. 연로한 사람과 장애인들은 높은 능력의 소유자는 아닐지 모르지만 재화와 용역을 향유할 가치가 있는 사람임에는 틀림없다. 이들이 생존에 필수적인 재화와 용역을 구입할 수 없을 때 정부는 소득을 재분배하여 누구를 위해 생산하느냐에 대한 시장의 대답을 바꿀 필요가 있다(Schiller, 1983: 70-71).

시장의 답변을 바꾸는 데 어느 수준의 정부가 보다 효율적인가? 집권화된 정부체제 혹은, 분권화된 정부체제의 경우, 중앙정부라는 것이 옳은 답이다.

재분배는 조세-부조(tax-subsidy) 정책을 채택하여 고소득자에게 징수하고 저소득자에게 부조해줌으로써 이루어진다. 분권화된 정부체제에서 이 기능을 수행할 경우 문제가 발생한다. 부조의 수준 즉, 형평의 수준을 높일수록 고소득자는 떠나고 저소득자는 이주해 들어올 것이기 때문이다(Oates, 1972: 6-7). 소비자 이동성이 이 경우에는 역으로 작용하는 것이다. 분권화된 정부체제에서 재분배 기능을 수행할 경우 재분배의 수준은 극히 낮아질 수밖에 없다. 따라서 집권화된 정부체제 혹은 중앙정부가 이 기능을 수행하는 것이 논리적으로 타당하다.

공공선택은, 소득재분배 기능은 중앙정부에 맡겨야 한다고 주장하는데 반해, 영국에서는 패리쉬 정부가 재분배 정책을 300년 이상 수행해 왔다. 이는 첫째, 금세기까지의 모든 시민정부는 지방화되었다. 중앙정부가 재화와 용역을 직접 제공하기 시작한 것은 1945년 이후부터였다. 따라서 지방정부를 거쳐야만 재분배할 수 있다. 둘째, '행정적 이유', '의사소통의 결여' 그리고 '정부의 귀족적으로 집권화된 기제'에 아무런 진보가 없었기 때문에 재분배정책을 지방정부가 수행했다. 셋째, 중앙정부가 스스로 공공서비스를 제공하는 것보다 지방정부를 통하는 것이 재원과 효율성을 통제하기가 더 쉬웠다(Carmichael, 1995: 64)는 것을 그 이유로 들고 있다. 세계경제가 구조적으로 개편됨에 따라 복지정책의 수행 책임이 지방정부에 전가되는 현상이 일어나고 있다. 이는 경제체제와 생산양식이 변화함에 따라 기존의 정부체제에 대한 이론적 접근이 전면적으로 검토되어야 할 필요성을 암시하는 신호이다.

3) 안정기능

생산과 소비수준이 늘 일치하는 것은 아니다. 생산과 소비가 일치하지 않음에 따라 물가고와 실업의 문제가 발생한다. 안정(stabilize)기능은 이 불일치를 완화하여 물가고와 실업을 감소시키는 데 그 목표가 있다.

안정기능을 수행함에 있어 가장 중요한 두 가지 정책 수단은 재정과 통화정책이다. 재정정책은 정부의 지출과 수입(조세 혹은 公債)의 증감을 통하여 경기 안정을 도모하는 것이고 통화정책은 통화량을 조절하여 경기안정을 꾀한다. 이중 통화정책은 중앙정부만이 가질 수 있다. 통화의 발권과 폐기를 포함하는 정책수단을 지방정부에 배분할 수는 없기 때문이다. 만일 지방정부가 통화정책을 수행한다면, 발권의 유혹을 뿌리치기 어려울 것이고 결과는 막대한 통화량의 증가와 물가고일 것이다. 따라서 통화정책은 중앙정부가 독점적으로 행사할 수밖에 없고, 지방정부는 재정정책에만 의존해야 한다. 그러나 작은 규모의 지방경제는 고도로 개방되어 있다. 따라서 통화승수가 낮을 수밖에 없다. 통화승수가 낮다는 데에는 재정정책의 효과가 작을 것이라는 함축된 의미가 내포되어 있다(Oates, 1972: 4–5). 안정기능 역시 집권화된 정부체제 혹은 분권화된 정부체제의 중앙정부가 수행해야 한다.

이상의 논의를 바탕으로 중앙과 지방정부 간 재정기능의 배분기준을 살펴보았다. 구체적인 기능의 배분을 적시한 것은 아니지만, 특정 기능을 분권화된 정부체제가 수행하도록 하는 것이 경제적으로 효율적이라는 점과 큰 기준은 위에서 밝혔다. 논리적으로, 지방정부는 자원의 배분 기능 중 일부를 담당하는 것이 효율적이라는 점을 아울러 논의했다. 특히 지방공공재의 경우 지방정부가 그 생산과 공급을 담당할 때 경제적 효율성이 제고될 것이라는 예측이 가능하다. 그러나 이러한 경제적 효율성을 현실적으로 달성하기는 매우 어렵다. 지방공공재의 특성, 정치적 영역과 경제적 영역의 불일치 등의 문제 때문이다.

제3절 Tiebout 모형

1. Tiebout 모형: 지방자치의 경제적 장점

Samuelson은 집단소비재(collective consumption goods)에 대한 공공지출의 수준은 분권화된 자연발생적[3] 결정이 불가능하다고 주장하였다. 그의 주장은 집단소비재가 비경쟁성(non-rival)을 띠고 있다는 데 근거한 것이었다(1954: 388–389). 이 주장은 특정한 재화가 비경쟁적 특성을 가지고 있을 경우, 소비자들이 선호를 밝히지 않고 무임승차할 것이기 때문에 생산량이 자율적으로 결정되기 어렵다는 것이다. 바꿔 말하면, 그의 주장은 집권화된 정부체제는 비효율적이라는 의미를 함축하고 있는 것이다. 중앙정부가 특정 집단소비재를 전국적으로 통일된 기준으로 생산 · 공급할 때 지역에 따라 과 · 부족이 초래되어 비효율적 자원배분이 이루어지는 것이다.

이에 대해 Tiebout는 Samuelson의 주장은 연방정부의 경우에는 타당하지만 지방정부 지출수준의 결정에까지 적용되는 것은 아니라고 주장하였다. 그에 따르면 공공지출수준의 결정에 관한 어려움은 첫째, 유권자로 하여금 그의 선호를 밝히도록 할 수 있고; 둘째, 그들이 시장에서 구매할 때처럼 만족할 수 있으며; 셋째, 이에 따라 징세할 수 있다면 해결될 수 있는 것이다. 문제는 이러한 사회적 장치가 있느냐이다(1956: 417–418).

---

3) 여기서 자연발생적이란 시장에서 자율적으로 이루어지는 생산과 소비에 관한 의사결정을 뜻한다. 이를 시장형(market-type) 의사결정이라고도 할 수 있을 것이다.

Tiebout는 공공재 생산에 있어 지방정부의 역할에 착안하여 이러한 사회적 장치가 있을 뿐만 아니라 그것이 대단히 효율적이라고 주장하였다. 사실상 모든 공공재(public goods)의 생산이 연방정부에 의해 이루어지는 것은 아니라는 점에 주목한 것이다. 뿐만 아니라 연방정부는 유일한 정부이지만 지방정부는 복수이고, 소비자/유권자(consumer/voter, 이하 C/V)는 자신의 선호체계에 가장 적합한 지방정부를 선택할 수 있다는 점에도 주목하였다.

그는 분권화 정부체제를 각 지방에서 필요한 (지방)공공재를 생산하는 시장으로 이해한 것이다. 이것은 분권화 정부체제(지방자치제도)를 이해하는 새로운 시각이자, 공공부문의 독점적 지위를 완화할 수 있는 단서를 포착한 획기적 발상이었다.

분권화된 공공재 생산체제하에서는 유권자들이 거주지를 선택하는 형식으로 선호를 밝힐 수밖에 없고, 연방정부의 집권적 공공재 생산결정에 따르는 것 보다 큰 만족을 얻을 수 있으며, 이에 따른 징세(지방세)가 가능하다는 것이다. 그러나 이러한 주장은 다음의 엄격한 가정을 전제로 한다(1956: 418–419).

① C/V는 이동이 가능하고 그들의 선호체계에 가장 적합한 지역으로 이주할 것이다(consumer mobility).
② C/V는 지방정부들의 세입과 지출형태의 차이와 이에 대응하기 위한 완벽한 정보를 가지고 있다.
③ C/V가 거주지로서 선택할 수 있는 충분한 수의 지방정부가 있다.
④ 고용기회에 따른 제약은 고려하지 않고 모든 사람이 배당수입에 의존하여 생활한다.
⑤ 공급되는 공공재는 외부비용이나 효과가 없다.
⑥ 일단 공공재 생산의 종류와 양이 결정되면, 적정한 지역규모(인구)가 이루어진다.

⑦ 지방정부들은 적정한 지역규모를 유지하기 위하여 노력할 것이다.

위의 강력한 가정에 근거하여, Tiebout는 분권화된 정부체제의 경제적 장점을 주장하였다. 그의 주장은 공공재에 따른 무임승차 문제를 해결하고, 공공재 생산에 있어 독점적 지위에 있는 정부에 경쟁을 도입하고, 소비자들의 이기주의(무임승차)를 배제한다는 구조를 가지고 있다.

주민을 소비자, 지방공공재를 상품, 지방정부를 생산자, 지방세를 가격으로 생각하여 분권화된 정부체제를 공공재 생산을 위한 대리시장(surrogate market)으로 파악한 것이다.

공공재와 무임승차의 문제는 소비자들이 선호를 밝히지 않을 수 있기 때문에 발생한다. 소위 선호시현의 문제(preference revelation problem)이다. 사적 재화의 경우에는 소비자들이 재화를 구입함으로써 그들의 선호를 밝힐 수밖에 없으나, 공공재의 경우 선호를 숨김으로써 비용(가격)을 지불하지 않을 수 있다(Stiglitz, 1983: 17).

Tiebout는 이 문제를 소비자 이동성(consumer mobility)이란 개념을 도입하여 해결할 수 있다고 생각했다. 그에 따르면, 주민들은 태어난 곳에서만 사는 것이 아니라 원하는 조건에 맞는 거주지를 선택하여 자신의 효용을 극대화할 수 있는 의지와 능력이 있는 소비자라는 것이다. 이 능력이 이동성이다. 다시 말해, Tiebout의 세계에서는 주민들이 자신이 필요한 공공재를 생산해 주는 거주지를 선택함으로써(이동한다는 의미에서 발로 하는 투표(voting by feet)라고도 한다) 선호를 밝힌다. 일반 상품에 대해서는 구매가 선호의 형식이지만 지방공공재 시장에서는 이동이 선호의 형식인 것이다.

소비자들이 이동하므로, 지방공공재를 생산하는 지방정부들은 독점적 지위를 가질 수 없다. 오히려 치열하게 경쟁해야 한다. 지방정부의 수가 많기 때문이다. 지방정부들은 마치 기업이 상품을 보다 많이 팔기 위해 경쟁하듯 보다 많은 주민과 기업을 유치하기 위하여 경쟁한다. 이에 따라 효율이 증가한다.

1) 배분효율의 증대

여기에서의 배분효율이란 순수공공재가 단일정부에 의해 생산되면 전국적으로 동일한 기준을 적용하게 되므로 자원의 낭비가 초래될 수 있으나 순수공공재에 대한 선호의 강도에 따라 소규모의 집단으로 나누어 각 집단에 맞는 소비수준을 공급할 수 있다면 적정한 자원만을 사용하게 된다는 점을 의미하는 것이다(Oates, 1972: 11).

일반적으로 순수공공재의 경우 중앙정부가 생산하여 공급하는 것이 보다 효율적이다. 그러나 현실적으로 순수한 공공재는 없다. 다만 어떤 재화의 편익이 특정한 집단(자치단체)에만 제한적으로 귀속된다면 이를 순수지방공공재라 할 수 있을 것이다. 이 재화는 특정한 집단 내에서만 순수공공재일 뿐 다른 지역에서는 사적 재화이다(Stiglitz, 1983: 17).

Tiebout가 착안한 것은 바로 이 공공재의 분류였다. 그는 현실적으로 모든 공공재가 연방정부에 의해 생산 · 공급되는 것은 아니라는 점에 주목했다. 공공재 중에는 그 편익이 특정한 지역에 국한되는 것이 있는데, 이들을 생산 · 공급하는 주체는 지방정부이기 때문이다. 소방서, 경찰, 초등학교 등이 그 예이다. 물론 국가공공재와 지방공공재를 구분할 수 있는 명확한 기준은 없다. 지방공공재와 국가공공재의 구분은 정도의 차이를 의미하는 것으로(Browning & Browning, 1983: 458) 이해할 수 있다.

공공재에 대한 선호의 강도와 종류는 개인에 따라 편차가 있다. 그리고 각 지역은 인구특성 · 경제 · 문화적 성격에 따라 특성화하며, 지역특성에 따라 공공재에 대한 선호의 강도와 종류가 변화할 가능성이 크다. 이것이 공공재의 지리적(geographic), 혹은 공간적(spatial) 속성이다(Browning & Browning, 1983: 457).

분권화 정부체제는 지방공공재의 지리적 혹은 공간적 측면을 고려해서 효율적으로 지방공공재를 생산할 수 있는 주체(생산자)가 될 수 있다. 지방정부는 관할 지역주민들이 선호하는 공공재의 종류와 선호의 강도에 맞추어 공급 결정을 할 수 있어 중앙정부보다 비교우위(comparative advantage)에 있기 때문이다. 연방정부가 모든 공공재를 공급할 경우, 지방공공재의 종류와 양을 전국적으로 동일하게 결정할 수밖에 없는 가장 큰 이유는 정보비용이다. 지방정부의 경우 상대적으로 적은 비용으로 필요한 정보를 획득할 수 있고, 보다 중요하게는, 분권화된 체제가 스스로 이 정보를 확보해 준다는 데 있다.

이에 따라 지방정부가 대응하는 과정이 지속적으로 이루어지면 각 지역에 적합한 지방공공재의 종류와 공급량이 정착된다. 다시 말해, 특성화가 이루어진다. 이것은 개인적 선호가 보다 밀접하게 반영된 것이며, 지방공공재 생산을 위한 자원 배분이 보다 적정한 수준에서 이루어진다. 중앙집권적 공공재 공급체제로는 실현하기 어려운 배분효율이다.

이에 덧붙여, 개인의 선호를 보다 밀접하게 반영한다는 점을 역으로 해석하면 선택의 자유가 확대된 것으로 이해할 수 있다. 분권화된 정부체제에 의한 지방공공재 생산이 정착되면, 지방공공재 생산의 지역별 특성이 정형화할 것이기 때문이다. 즉, 공급하는 지방공공재의 종류와 양, 그리고 이에 소요되는 재원을 확보하기 위한 지방세 등이 지역별로 다르게 결정된다. 주민은 자신의 선호를 보다 밀접하게 충족시켜 줄 수 있는 지방정부를 선택할 수 있으므로 자유가 확대되는 것이다.

2) 생산효율의 증대

분권화 정부체제에 의한 지방공공재 생산은 소비자 이동성에서 비롯되는 경쟁의 강화로 생산효율이 증대될 수 있다. 지방정부는 소비자들인 주민과 기업을 가능한 많이 유치할 수 있어야 재원 확보가 가능하기 때문에 서로 보다 싼값(지방세)에 보다 높은 품질의 상품(지방공공재)을 주민들에게 제공하고자 노력하기 때문이다. 공공 부문인 지방정부에 시장적 경쟁이 도입되는 것이며, 이에 따라 경쟁 효율이 구현된다. 즉, 지방공공재 생산에 있어 꼭 필요한 비용만으로 꼭 필요한 양만 생산하는 것이다.

이와 함께 실험과 개량이 촉진되는 효과와 공공사업에 소요되는 재원을 보다 명확하게 인식하도록 해줌으로써 보다 효율적인 공공정책결정을 촉진하는 제도적 장치를 제공하기 때문에 생산효율은 더욱 증가할 수 있다(Oates, 1972: 13). 지방공공재를 생산 · 공급하는 지방정부는 다수이다. 다수의 생산자들은 다양한 생산방법을 사용할 수 있다. 그중에는 성공적인 것도 있고 비효율적인 방법도 있을 것이다. 성공적인 방법은 다른 지방정부들이 배울 수 있으며 비효율적인 방법은 피할 수 있다. 특히 새로운 방법을 시도하는 데 따른 위험부담은 규모가 작을수록 작다. 따라서 지방공공재 생산에 있어서의 실험이 증가할 것이며 성공적인 실험의 결과는 다른 지방정부들에 유익한 도움이 된다. 이 모든 것이 지방정부에 의한 지방공공재 공급 방법의 혁신으로 이어질 수 있다. 실험이 촉진되고 그 결과가 혁신으로 이어질 때 생산효율의 증가를 기대할 수 있다. Oates는 이것을 공공재 생산에 있어 지방정부체제가 가지는 정태적이며 동태적인 효율(static and dynamic efficiency)이라 하였고(1972: 13), 실험실 연방주의(laboratory federalism)라고도 하였다(2008: 318).

한편, 지방정부들 사이의 경쟁은 지방세를 두고 벌어질 수도 있다. 기업이 시장 점유율을 두고 경쟁을 벌이듯 지방정부들은 납세자인 주민과 지방기업을 더 많이 유치하기 위해 노력할 것이기 때문이다. 상품(지방공공재)의 품질로 경쟁하듯 지방세(가격)로도 경쟁한다.

지방정부들 간에 서로 더 많은 주민과 기업을 유치하기 위하여 지방세를 낮추는 경쟁이 벌어질 때 예측할 수 있는 바람직하지 않은 결과는 적정수준 이하의 공공지출일 것이다. 즉 지방정부들은 지방세를 낮추는 대신 지방공공재의 종류나 양 혹은 질을 저하시킬 가능성이 있다는 것이다. 그러나 지방정부가 지방세를 지방공공재의 종류와 양, 그리고 품질을 통하여 정당화시킬 수 있는 한 지방세의 증가가 주민과 기업의 유치에 큰 문제가 되지는 않을 것이다. 지방세 경쟁(local tax competition)은 지방공무원들로 하여금 지방세 부과에 따른 편익이 제공될 수 있도록 노력할 것이라는 이유에서 효율성을 증가시키는 데 도움이 될 것이다(Browning & Browning, 1983: 469).

주민들이 거주지를 선택함으로써 선호(지방공공재에 대한)를 밝히고, 지방정부들은 경쟁을 통하여 최소한의 비용으로 지방공공재를 생산하게 되므로, 지방공공재 생산에 있어 효율적 자원 배분이 초래된다는 것으로 요약할 수 있다(Zodrow, 1983: 1).

2. Tiebout와 지방자치

2006년은 Tiebout가 그의 모형을 발표한 지 50년이 되는 해였다. 학자들은 이 해를 맞이하여 기념 논문집을 발간하였다. 사회과학 분야에서 한 사람의 모형이 이렇게 오랫동안 활용되고 있다는 것은 놀라운 일이다. 그보다 더 놀라운 것은 그의 모형이 다양한 논점으로 가지를 치고 있다는 점이다. 지방자치의 경제적 측면을 이해하는 데에는 그의 모형과 후속 연구들에 의지할 수밖에 없는데, 특히, 후속 연구 가운데 공급과 정치를 포함시킨 이론들은 공공선택과 더욱 가깝다. 이 책이 공공선택을 중심이론으로 하면서도 Tiebout 모형을 중요하게 다루는 이유이다. Oates는 Tiebout 모형 이후 가지를 친 후속 연구들을 "the Many Faces of the Tiebout Model"에서 소개하였다(2006). 그에 따르면 후속 연구들은 다음의 몇 갈래로 나누어 볼 수 있다.

1) 자본화

Tiebout 모형이 주장하듯, 주민들이 지방공공재를 쇼핑한다면 주택 가격이 지방공공재의 질과 지방세를 반영할 것이라는 추정이 가능하다. 그렇다면, 지방공공재의 질과 지방세액의 차이가 부동산 가치에 포함될 것이고 이것이 자본화(capitalization)이다. 따라서 자본화는 Tiebout 모형을 평가하는 척도일 수도 있다(Oates, 2006: 25). 지방공공재의 질과 지방세액의 차이가 부동산 가치에 반영되어야 주민들이 쇼핑한다는 것이 입증될 수 있기 때문이다. 자본화는 단지 쇼핑만을 입증하는 것은 아니다.

현실적으로 부자 동네와 가난한 동네가 있다는 점을 어떻게 설명할 수 있을까? 자본화하는 것은 단순히 지방서비스 수준만은 아닐 것이다. 풍요로운 환경, 범죄율, 접근성 등의 다양한 요인들이 자본화하여 부동산 가격에 반영되고 이것이 부자 동네와 가난한 동네를 결정한다. 쇼핑이 지방서비스 수준만을 고려한 것은 아니라는 것과, 동시에, Tiebout 모형의 중요한 결함을 드러내는 것이지만, 분권화 정부체제의 운영을 이해하기 위해서는 필수적인 지식이다.

2) 주택 시장과 구획

지방서비스 수준으로만 결정되는 것은 아니라 하더라도, 자본화가 충실하게 Tiebout의 모형에 따라 이루어진다면, 주택 시장(Housing Markets)과 지방서비스 공급이 서로 영향을 주고받을 것이다. 이것을 '동의 입찰 함수(consensus bid-function)' 라고도 하는데, 이에 따르면 이주하는 효용극대화 가구들은 각기 효용을 극대화하는 지역을 선택하고 각 지역은 가장 높은 가격으로 응찰한 가구들로 채워진다는 것이다

(Oates, 2006: 27). 동의 입찰 함수가 참으로 입증된다면 Tiebout의 선호 시현 문제의 해결이 입증되는 것이고 무임승차 문제도 따라서 해결된다는 것을 의미한다.

그러나 상당수의 가구가 낮은 가격으로 주택을 매입하고 그에 따라 낮은 재산세(주택세)를 내기 때문에 무임승차 문제가 완전히 해결된 것은 아니라는 연구 결과도 보고되었다. 이 문제를 보완하기 위해, 구획(Zoning)을 포함하는 Tiebout-Hamilton 모형으로 확장했다. 같은 구획의 가구들은 같은 지방세를 내는 것이다. 목적은 부분적인 무임승차 문제를 해결하는 데 있다. 그러나 이 모형은 지나치게 세분화된 지방정부가 있어야 한다는 약점이 있다(Oates, 2006: 28).

3) 지방세

Tiebout는 지방세목에 대해서는 거의 언급하지 않았다. 다만, 지방세의 기능 즉, 지방서비스 공급에 대한 가격 기능을 주장했을 뿐이다. 그렇다면, 미국의 지방정부들은 특히 재산세에 의존하고 있는데, 재산세는 가격 역할을 제대로 수행하고 있는가? 지방 재산세를 편익세로 보며 Tiebout 모형에서의 가격 기능을 대체로 수행한다고 보는 학자와 심각한 왜곡 효과가 있다는 학자 사이에 논쟁이 지속되고 있다(Oates, 2006: 28-29).

이는 자본화가 지방서비스 수준만으로 결정되는 것은 아니기 때문에 재산세가 가격 역할을 하는 데에는 태생적 한계가 있다. 따라서 찬·반 주장이 대립하고 있는 것은 지극히 자연스럽다. 그럼에도 불구하고 지방세가 가격 역할을 할 수 있도록 여건을 조성해야 한다. 환경 조건이나 범죄율, 그리고 접근성은 적어도 전국적인 최저 수준을 적용하는 등의 평준화를 이루도록 해야 할 것이다. 이런 논의를 통해 현실을 개선해야 하는 당위성과 방안을 찾는 것이다.

4) 공급 측면과 정치

원래의 Tiebout 모형은 지역사회는 어디로부터 오는가와 지방의 공공 산출 수준은 어떻게 결정되는지에 관해서는 거의 전혀 언급하지 않고 있다. 다양한 욕구를 제공할 수 있는 지역사회(지방정부)가 마치 이윤을 극대화하려는 기업가처럼 대기하고 있는 듯이 느끼도록 했다. 더욱이 주민들은 효용을 극대화할 수 있는 지역을 찾아 바쁘게 돌아다닐(exit) 뿐 자신들의 요구를 주장(voice)하지는 않는다고 본 것이다. 이들은 발로 투표할 뿐(voting with feet) 투표함은 사용하지 않는다(they don't use ballot box). 이 문제에 관하여는 두 가지 접근이 있다. 하나는 기업가 버전(entrepreneurial version) Tiebout 모형이다. 이 버전에 따르면 기업가들이 그들의 이윤을 극대화할 수 있도록 지방서비스 수준을 설정한 지역을 창조하면 효율적인 결과를 얻을 수 있다는 것이다. 지방 부동산 가치를 극대화하는 지방 서비스 수준을 선택함으로써 기업가의 이윤을 극대화할 수 있을 것이지만, Tiebout 모형에 정치를 포함하는 것이 반드시 필요한 것은 아니다(Oates, 2006: 29).

다른 하나는 집단적 선택 버전(collective choice version) Tiebout 모형이다. 이는 집합적 결정제도의 역할을 지방정부들의 경쟁에 결합시킨 접근방법으로 주민들의 보다 적극적인 참여인 주장(voice)을 모형에 결합한 것이다. 이 버전의 초기 논문 중에는 스스로의 지대를 극대화하려는 Niskanen type의 관료들로 구성된 관료제적 지방정부를 상정하고 있다. 많은 지방정부들이 경쟁하는 상황은 관료들의 지대 추구 능력을 제한할 수는 있지만 근절하지는 못한다고 주장한다(Oates, 2006: 30).

5) 지방 공공부문의 생산함수

지방 공공부문의 생산함수는 일반적인 사적재화의 생산함수와 다르다. 일반적인 사적재화의 생산함수는 자본과 노동이지만 공공부문의 생산함수는 가구의 특성이 포함된다. 교육이 그 차이점을 명백하게 보여준다. 지방 학교의 교육의 질은 단순히 교사와 시설로만 결정되지 않는다. 학생들도 큰 변수이기 때문이다. 한마디로 지역 주민의 속성 자체가 지방서비스 생산함수에서 아주 중요한 요인이라는 것이다. 이러한 사실은 Tiebout 모형에 한 겹 더 복잡함을 입힌다. 바꿔 말하면, 주민들 자신이 외부효과를 가지고 있기 때문에 지방세에 영향을 미칠 뿐만 아니라 지방서비스 산출에 차별화된 영향을 미친다. 이는 지방서비스 생산기술은 분류 과정에 의존한다는 점을 암시하는 것이기도 하다(Oates, 2006: 33).

6) 비현실적인 전제의 미래 예측

Tiebout 모형의 비현실성은 새삼 말할 것이 없지만 모든 가구가 배당 소득에 의존한다는 전제는 특히 그렇다. 그러나 이 비현실적인 전제에 숨겨진 현실은 통근(commuting)이다. 딱히 배당 소득자가 아니더라도 직장과 거주지를 일치시키지 않을 수 있다. 도로와 교통수단의 발달이 지금과 같이 발달하기 전에 미래를 예상한 것과 같은 결과가 된 것이다. 물론 Tiebout가 이를 의도했는지는 누구도 모른다. 다만 후대의 학자들이 그의 모형을 확장해 나아가는 과정에서 초래된 결과이다. 우리나라의 서울을 둘러싼 신도시들을 보더라도 이것은 분명하다. 이것이 지역 모형이다. 이런 이유로 Oates는 클럽이론(the theory of clubs), 지역 모형(regional model)을 Tiebout 모형의 사촌이라 칭한다(Oates, 2006: 38-39).

3. 최신 동향: 제2세대 이론

Arrow, Musgrave, Samuelson(AMS)로 대표되는 주류 혹은 제1세대

재정 연방주의 이론(FGT)는 공공선택의 핵심 주제인 공인의 사익추구를 무시했다. 공인의 사익추구는 정부 예산의 비효율적 확대로 이어질 수 있다. 분권화된 정부체제의 정부 간 경쟁은 이를 방지할 수 있는 기제로 작용할 수 있는 가능성에 대한 찬 · 반 논의와 검증이 진행되고 있다. 다른 한 편에서는 재정 분권 자체가 문제의 핵심이 아니라 재정 분권이 어떤 형식을 택하느냐가 더 중요한 요인이라는 주장이 제기되었다. 그 중심 학자는 Rodden이다(Oates, 2005: 355).

Rodden의 주장에 따르면 자체 재원에 의지하면 예산의 비효율적 증가를 방지할 수 있지만 재정이전에 의존하면 그렇지 않다는 것이다(2003: 724). 이는 분권화 정부체제의 경제적 분석에 정치과정을 포함시킨 의미가 있다.

제2세대 이론(the second generation theory, SGT)의 혁신적 의미는 비대칭정보(asymmetrical information)에 관한 것이다. 비대칭정보는 당사자 중 어느 한 편은 잘 알고 있지만 다른 한 편은 알지 못하는(혹은 알 수 없는) 정보이다. 따라서 비대칭정보가 존재할 때의 제도나 적정한 절차는 완벽한 정보하의 그것과 크게 다르다. SGT는 이 점을 파고든다. 정치과정을 포함하고 비대칭정보와 관련한 논점들에 관한 연구가 SGT의 핵심 주제이다(Oates, 2005: 356).

SGT는 다수준(multi-level)정부체제[4] 혹은 재정연방주의의 구조와 운영에 관한 개념적 이해를 확충하려는 노력이다. 이 노력은 주인-대리인 문제, 정보경제학, 신기업이론, 조직이론 그리고 계약이론과 공공선택 등 다양한 분야의 연구를 활용한 것이다. SGT가 특히 관심을 두는 분야는 집권과 분권의 상각(trade-off); 연성예산제약의 문제와 재정구

4) 다수준정부체제란 재정연방주의와 분권화 정부체제의 동의어로 사용한다. 경제학 문헌에서는 다수준정부체제의 핵심 주제가 재정관계라는 점에서 이를 재정연방주의로 칭하며, 분권은 수준이 다른 정부를 전제로 하기 때문이다. 우리나라의 경우 중앙-광역-기초 지방정부가 그렇다.

제; 재정연방주의, 위험공유, 지방정부 간 보험; 연방체제의 안정성과 자체 집행 요인 등이다.

이러한 논의들은 지방자치제도의 장점을 전제로 한 것이다. 그런데 지방자치제도는 민주와 효율을 높이기 위한 정치제도이면서 경제제도이기도 하다는 점을 생각하면 당연히 장점에도 정치적 장점과 경제적 장점이 있을 것이다. 정치적 장점이란 민주적 장점을 뜻하고 경제적 장점이란 효율을 의미한다. 그리고 이 장점들이 바로 공공선택과 Tiebout 모형, 그리고 SGT에 의한 검증 대상이자 이 책의 핵심 주제이기도 하다.

제2편

지방자치제도의 운영

지방자치제도 자체뿐만 아니라 이를 운영하는 방법도 끊임없이 변화한다. 운영 방법이 문화와 시대 그리고 이에 따른 정치 · 경제 · 사회적 상황에 영향을 받을 수밖에 없기 때문이다.

지방자치제도를 운영하는 주체는 주민들을 대표하는 지방정부이다.

지방정부는 종류와 계층이 있다. 종류란 특정한 기능만을 담당하는 경우와 종합적인 기능을 두루 수행하는 경우를 나눈 것이다. 특정한 기능을 담당하는 자치단체를 별도로 설립하는 이유는 특정한 기능을 효율적으로 생산하기 위한 영역의 규모가 종합적인 기능을 수행하는 자치단체의 그것과 같지 않고 이를 일치시키는 것은 불가능에 가깝기 때문이다.

계층도 규모와 관련이 있다. 규모란 영역을 뜻하는데, 영역이 넓은 지방정부도 있고 상대적으로 좁은 정부도 있다. 규모와 기능, 특히 지방공공재 생산기능은 밀접하게 연계되어 있다. 지방공공재에 따라 효율을 확보할 수 있는 영역의 규모가 다르기 때문이다. 그래서 규모가 큰 자치단체와 작은 자치단체를 설치할 수밖에 없다. 이것이 계층화된 분권화 정부체제(decentralized government system)이다.

지방정부는 주민들이 집행기관의 수장인 단체장과 지방의회의 의원들을 선출하여 구성한다. 이를 주민들이 가지고 있는 지방정부 구성권이라고도 한다. 이때 단체장과 지방의회 의원을 선출하는 것은 행정 · 입법 · 사법을 분리하는 삼권분립의 절차적 원칙을 준수 · 적용한 것이다.

각기 독립된 기관인 지방정부의 집행부와 의회를 구성하는 데에도 다양한 방법이 있다. 그리고 이들 방법에는 각기 장 · 단점이 따른다. 영국은 기관을 통합하여 운영하고 미국은 다양한 구성 방법을 활용하고 있다. 이들 두 나라는 각각 전형적인 단일체제와 연방체제라는 점에서 그리고 오랜 기간 지방자치제도를 운영해 왔다는 점에서 기관 구성은 물론 제5장에서 논의할 정부 간 관계에 관하여도 교시적 가치를 가지고 있다. 기관 구성과 특히 정부 간 관계가 이들 두 나라에서 전개되어 온 역사적 과정을 살펴보는 것은 이 때문이다.

무엇보다도, 중앙과 지방정부의 관계는 지방자치제도의 구체적 내용이다. 지방정부가 행사하는 자치권을 규정하는 것은 중앙정부이기 때문이다. 정부 간 관계의 이상과 현실에 관하여 각국의 상황을 반영한 다양한 논의가 있다. 어느 나라, 어느 시대든 중앙과 지방정부 간 관계에 가장 큰 영향을 미치는 것은 재정이다.

지방재정, 특히 정부 간 재정 이전은 정부 간 관계의 실체라 할 수 있다. 다양한 이유와 목표로 지방정부에 재정을 지원하는 것은 중앙정부가 규정한 자치권을 실행력을 부여하는 것과 같은 의미이기 때문이다.

공공재를 공급하고 외부효과를 제거하며, 부와 소득을 재분배하는 것이 정부의 중요한 역할이며 이를 위해 정부가 필요하다는 것이 공공선택의 전통적 설명이다(Mueller, 1989: 323-333). 이 기능을 포함하여 정부의 제반 활동에 필요한 재원을 확보 · 관리 · 배분하는 것이 재정이다. 예산은 적정한 자원의 배분(배분기능), 적정한 소득과 부의 배분(재분배기능), 그리고 경기안정(안정기능)을 확보하여(Musgrave, 1959: 5) 주어진 조건에서 국민의 복지수준을 최대한 높이기 위한 국가의 활동을 뒷받침하는 데 그 목적이 있다.

분권화된 정부체제에서는 이 기능을 각 수준의 정부가 나누어 수행한다. 정부 간 분업을 통해 국민의 요구를 보다 밀착해서 수용하되 보다 싼 비용으로 하기 위해서이다. 이에 따라 지방정부도 주민의 복지를 증진하기 위한 기능의 수행에 필요한 재원을 확보 · 관리 · 배분한다. 이것이 지방재정(lacal government finance)이다.

지방재정에 있어 가장 큰 문제는 중앙과 지방정부, 그리고 지방정부 사이의 재정불균형이다. 제1절에서는 두 유형의 재정불균형에 관하여 그 현황과 원인을 살펴본다. 제2절에서는 중앙과 지방정부 사이의 재정 불균형에 대한, 그리고 부족한 재원을 보충하기 위한 방안의 하나로 국세와 지방세의 배분에 관해 논의한다.

지방정부 사이의 재정불균형도 지방재정의 중요한 현안이다. 우리나라의 경우 지방정부 간 재정불균형은 중앙정부의 경제개발정책에도 그 원인이 있다. 제3절에서는 지방정부 간 재정불균형을 완화할 수 있는 강력한 정책 수단인 보조금에 대한 종류와 목적 그리고 경제적 효과를 분석한다.

이상 논의한 것들은 지방자치제도의 운영 체제를 구성한다. 제2편에서는 이들에 관해 논의한다.

제3장

지방자치단체

제1절 지방자치단체의 개념과 종류 및 계층

1. 지방자치단체의 개념

단체자치 하에서는 지방정부가 지방자치권을 행사하는 주체이다. 지방정부는 헌법(Brazil, Denmark, France, India, Italy, Japan, Sweden), 주헌법(Australia, the United States), 중앙정부의 입법(New Zealand, the United Kingdom, most countries), 주나 도의 입법(Canada, Pakistan) 또는 대통령령(China)에 따라 설치되어 상대적으로 협소한 지역에서 특정한 서비스를 제공하는 특별한 기구이기(Shah with Shah, 2006: 1) 때문이다.

우리나라의 지방자치단체(local authority, municipality)는 국가의 법률이 정하는 바에 따라 일정한 영역에서, 주민들의 복리증진을 도모하기 위하여, 부여받은 자치권을 행사하는 법인(法人)이다(지방자치법 제3조①, 제8조①). 따라서 지방자치단체는 영역, 주민, 자치권을 구성요소로 하는 공법인이다. 지방자치단체는 중앙정부가 이양하는 통치권을 행사하는 지방의 주체로서 지방자치제도의 목표인 민주와 효율을 주도적으로 추구한다. 지방자치단체는 지방정부(local government, municipal government) 혹은 지방자치정부(local self-government)라고도 하며 이들은 동일한 의미를 지니는 용어로 혼용할 수 있다.

지방자치단체를 구성하는 3요소는 주민과 영역 그리고 자치권이다. 주민은 자치단체의 가장 중요한 구성요소이다. 자치단체의 가장 중요한 목표는 주민의 복리 증진이라는 점에서도 그렇다. 영역(領域, area, jurisdiction, territory)은 자치단체가 권한을 행사할 수 있는 지리적 범위를 뜻한다. 지방자치단체는 수행하는 기능과 규모에 맞는 자치권을 보유한다. 지방정부는 자치권/기능과 규모에 따라 종류와 계층이 나뉜다. 이것은 분권화 정부체제로 민주와 효율을 동시에 추구하기 위한 것이다.

2. 지방자치단체의 종류

우리나라는 지방자치단체를 특별시, 광역시, 도, 특별자치도와 시, 군, 구 두 종류로 구분한다(지방자치법 제2조①). 특별시, 광역시, 특별자치시, 도, 특별자치도는 정부의 직할로 두고 시는 도 관할 구역 안에 군은 광역시나 도의 관할 구역 안에 두며, 자치구는 특별시와 광역시의 관할 구역 안에 둔다(지방자치법 제3조②). 이는 다음에 논의할 자치단체의 계층을 명시한 것이다. 즉, 특별시, 광역시, 특별자치시, 도, 특별자치도는 광역자치단체이고 시, 군, (자치)구는 기초자치단체이다. 지방자치법은 광역과 기초자치단체를 종류로 규정하였지만 이들은 법이 정하는 일반적이고 종합적인 기능을 수행하는 같은 종류의 자치단체이며 광역 자치단체에 기초자치단체들이 포함된다는 점에서 이들은 계층을 형성하고 있다.

지방자치법은 이들 지방자치단체 외에 특정한 목적을 수행하기 위하여 필요한 경우에는 별도의 특별지방자치단체를 설치할 수 있다고 규정하고 있다(제2조③). 앞서 언급했듯, 광역과 기초자치단체는 특별에 대칭되는 보통 혹은 일반지방자치단체이고 특별지방자치단체는 특정한 기능만 수행한다. 따라서 우리나라 지방자치단체는 보통지방자치단체와 특별지방자치단체의 2종류로 나뉘며 보통지방자치단체에 광역 및 기초의 2계층이 있다.

1) 보통지방자치단체: 광역지방자치단체

보통지방자치단체(all-purpose authority, multi-purpose authority, local government for general purpose)는 관할 구역 내에서 종합적인 자치기능을 수행하는 자치단체(국회사무처 입법조사국, 1991: 65), 또는 그 존립목적 · 조직 · 기능이 일반적 · 보편적 · 종합적 성격을 지닌 자치단체를 의미한다(조창현, 1993: 146; 정세욱, 1993: 384).

(1) 특별시

조선시대에는 한성부로 중앙직할하에 있었으며, 일제하에서는 일반부로서 경기도 관할하에 있었다. 미군정하에서 미군정법령 제106호에 따라 경기도에서 분리하여 도와 동등한 지위로 승격되고 서울특별시로 개칭되었다. 이어 1962년에는 '서울특별시 행정에 관한 특별조치법'의 제정으로 특별한 지위를 갖게 되었다(조창현, 1993: 149; 정세욱, 1993: 387).

서울특별시의 특별한 지위란, 도와는 달리 국무총리의 직속으로 한다는 점과, 중앙 각부 장관의 지휘 · 감독, 취소 · 정지권이 극히 제한된다는 점, 그리고 서울특별시 공무원 직급의 승격을 들 수 있다. 자치단체의 성격상 변화는 도와 같은 중간자치단체로 되었다는 점을 들 수 있다(조창현, 1993: 149).

(2) 광역시

우리나라에는 현재 부산 · 대구 · 대전 · 인천 · 광주 · 울산의 6개 광역시가 있다. 이들 광역시는 각기 개별 입법에 의하여 관할 도에서 분리 · 승격된 것이다. 광역시는 일반 시와는 다른 특별한 법적 지위를 가지고 있다. 광역시의 특별한 지위는 중앙정부 직할이라는 점과 도와 같은 중간자치단체라는 점이다.

(3) 도

자치단체로서 도의 성격은 광역 · 중간 · 보완적이다. 도의 구역이 여러 개의 시와 군 구역을 포괄할 뿐만 아니라, 기초자치단체인 시 · 군과 중앙정부 사이에 있는 자치단체이며, 기초자치단체가 단독으로 수행하기 어려운 기능을 담당하기 때문이다.

우리나라 도의 명칭과 구역은 조선시대의 8도제에 연원을 두고 있으며, 1896년에 13도제로 개편되었다. 미군정 당시 군정법령 제94호에 의해 제주도가 전라남도에서 분할 · 증설되었으며, 현재 우리나라에는 8개의 도가 있다.

(4) 세종특별자치시

행정중심복합도시인 세종시는 2010년 12월 27일 세종시설치등에 관한 특별법을 제정 · 공포함에 따라 건설이 완료되고 중앙부처들이 이전한 2012년 7월 1일 특별자치시로 출범했다. 가장 늦게 출범한 특별자치시는 2012년 6월 30일자로 폐지된 충남 연기군을 주축으로 충남 공주시와 충북 청원군 일부를 포함한다.

(5) 제주특별자치도

참여 정부는 제주도를 중앙정부의 규제를 대폭 완화한 국제자유도시로 만들기 위하여 제주특별자치도 특별법안을 제출했다. 이 특별법안은 2006년 2월 21일 공포 · 시행되었고 제주도는 제주특별자치도가 되었다(대통령자문 정부혁신지방분권위원회(2008). 정부혁신지방분권 종합백서 4권 참여정부의 지방분권, 98-112).

◈ 〈표 3-1〉 도의 면적과 인구수 및 관내 시와 군

광역자치단체	면적(km²)	인 구	시(행정시)	군	자치구(행정구)
서울특별시	605.21	10,176,560	–	–	25
부산광역시	768.43	3,534,500	–	1	15
대구광역시	883.68	2,503,728	–	1	7
인천광역시	1,032.41	2,861,722	–	2	8
광주광역시	501.24	1,471,867	–	–	5
대전광역시	539.97	1,529,655	–	–	5
울산광역시	1060	1,152,039	–	1	4
세종특별자치시	465.23	117,012	–	–	–
경 기	10,170.01	12,167,575	27	4	(19)
강 원	16,866.39	1,539,767	7	11	–
충 북	7,406.3	1,568,860	3	9	(2)
충 남	8,204	2,038,322	8	7	(2)
전 북	8,067.23	1,871,545	6	8	(2)
전 남	12,252.46	1,906,575	5	17	–
경 북	19,029.56	2,696,833	10	13	(2)
경 남	10,533.16	3,322,702	8	10	(5)
제주특별자치도	1,848.85	588,618	(2)	–	–

출처 : 국토교통부 「지적통계연보」 2012년 말 기준.
e-나라지표 http://www.index.go.kr/egams/stts/jsp/potal/stts/PO_STTS_IdxMain.jsp?idx_cd=2728.
안전행정부 「지방자치단체 행정구역 및 인구현황」 2013년 1월 1일 기준.
e-나라지표 http://www.index.go.kr/egams/stts/jsp/potal/stts/PO_STTS_IdxMain.jsp?idx_cd=1041.

2) 보통지방자치단체: 기초자치단체

(1) 시

시는 군과 같은 기초자치단체 또는 제1차적 자치단체이다. 우리나라의 경우 시에 법인격이 부여된 것은 1914년에 시행된 12부제에 연유하며, 1947년에 제정된 지방자치법에서 종전의 '부'를 '시'로 개칭하고 도

의 관할 구역 내에 두는 기초자치단체로서의 법적 지위가 부여되었다(조창현, 1993: 150).

현재 우리나라에는 74개(2개 행정시를 포함하면 총 76개)의 시가 있는데, 대부분은 읍에서 승격된 것이다. 시는 그 대부분의 지역이 도시 형태를 갖추고 인구가 5만 명 이상이 되어야 한다(지방자치법 제7조①). 시 · 읍의 설치에 관한 세부기준은 대통령령으로 정한다(지방자치법 제7조④).

시와 군을 구분하는 이유는 도시와 농촌의 인구 · 경제 · 사회 · 문화적 생활양식이 서로 다르며 이에 따라 행정수요 역시 서로 다르다는 데 있다(정세욱, 1993: 389). 따라서 군의 관할 구역에 있는 읍을 시로 승격시켜 군과 동일한 기초자치단체로서의 법적 지위를 부여하는 것이다.

(2) 군

우리나라의 군은 중앙정부의 행정구역으로서의 오랜 역사를 가지고 있다. 군에 자치권이 인정되고 법인격을 부여받은 것은 1961년에 제정된 '지방자치에 관한 임시조치법'에 의한 것이다. 현재 우리나라에는 84개 군이 있다.

(3) 자치구

지방자치법(제2조②)은 특별시와 광역시의 관할구역 안의 구에 한하여 시 · 군과는 다른 자치권을 인정한다고 규정하고 있다. 우리나라에는 현재 69개의 자치구가 있다. 우리나라와 같이 대도시의 구를 자치단체로 설정한 예는 프랑스의 파리, 오스트리아의 비엔나, 이탈리아의 로마 등이다.

대도시의 행정은 효율과 민주가 더욱 첨예하게 대립한다. 대도시 행정이 통일성과 계획성 그리고 전문성이 소규모 지역에 비하여 보다 절실하게 요구되기 때문이다. 따라서 효율을 강조하면 주민과 가깝기 어려운 거대 정부가 될 수밖에 없고, 주민에 보다 가까워지고자 한다면 비효율적인 소규모 정부가 되기 쉽다. 두 마리의 고슴도치가 겨울의 추위를 피하기 위하여 가깝게 다가서면 서로의 침에 찔리고, 멀어지면 추운 것과 유사한 상황이다. 이들이 덜 춥고도 찔리는 아픔을 최소화하기 위한 적정한 거리를 찾아야 하는 것과 같이, 기초와 광역 자치단체간 적정한 관계를 설정해야 한다.

3) 특별지방자치단체

(1) 지방자치단체조합

특별지방자치단체는 특정한 목적을 수행하거나 특수한 행정사무를 처리하기 위하여, 또는 공동으로 행정사무를 처리하기 위하여 설치되는 자치단체를 의미한다. 우리나라는 지방자치법에서 특별지방자치단체의 설치 및 운영에 관한 사항을 대통령령에 위임하고 있다(제2조④).

2개 이상의 지방자치단체가 하나 또는 둘 이상의 사무를 공동으로 처리할 필요가 있을 때 지방자치단체조합을 설립할 수 있다고 규정하고 있다. 지방자치단체조합의 경우, 지방의회의 의결을 거쳐 시·도는 내무부장관의, 시·군·자치구는 시·도지사의 승인을 얻어야 한다. 이때 조합의 구성원인 시·군·자치구가 2개 이상의 시·군에 걸치는 조합은 안전행정부장관의 승인을 얻어야 한다(지방자치법 제159조).

자치법상 특정한 목적을 수행하기 위하여 필요하면 설립할 수 있도록 되어 있는 특별지방자치단체(지방자치법 제2조③), 지방자치단체가 보고 및 승인을 전제로 설립할 수 있는 지방자치단체조합(지방자치법 제159조)은 특별지방자치단체에 속한다. 우리나라에는 현재 지방자치단체조합으로 2003년 설립한 자치정보화조합과 2004년 설립한 부산·진해경제자유구역청 등 2개가 있다. 서울특별시와 인천광역시 그리고 경기도가 설립한 '김포쓰레기매립장 운영조합'은 공사로 전환했다. 이는 미국이나 영국의 특별구 성격을 띠고 있다.

미국에는 수많은 특별구(special districts)가 있다. 이들은 학교(schools), 소방(fire protection), 자연자원(natural resources), 도서관(libraries), 지역개발(community development), 주택(housing) 등에 관한 제한된 목적(limited-purpose)을 달성하기 위한 행정업무를 담당한다. 특별구에 대해서는 협조의 미비를 초래한다는 비판과 주민에 보다 가깝기 때문에 중요하다는 반론(Denhardt, 1991: 42)이 제기되고 있다.

영국의 특별구(ad-hoc board)는 1834년의 빈민법 개정령(The Poor Law Amendment Act)에 의해 몇 개의 패리쉬를 묶어 빈민구제 행정을 수행하도록 한 것이다. 이를 효시로 수많은 특별구가 설치되었다(Chandler, 1991: 21). 경찰, 소방, 교통행정을 관장하기 위한 합동위원회(joint board)도 특별구의 일종이다(Chandler, 1991: 2). 합동위원회는 지방정부가 그 구성원이지만 설립과 동시에 구성원인 지방정부와는 별개의 법인격을 가진다. 따라서 별도의 행정조직과 직원이 필요하게 되고 관료주의적 행정이 될 수 있다는 비판이 있다(정세욱, 1993: 394).

(2) 지방교육위원회

지방자치법(제121조)은 지방자치단체의 교육 · 과학 및 체육에 관한 사무를 분장하기 위하여 별도의 기관을 두며, 이 기관의 조직과 운영에 관하여 필요한 사항은 따로 법률로 정한다고 규정하고 있다. 그리고 법률 제4347호의 지방교육자치에 관한 법률 제2조에 따르면 지방자치단체의 교육 · 학예에 관한 사무는 특별시, 광역시, 도, 특별자치도의 사무로 한다고 규정되어 있고, 제3조①은 이 업무를 수행하기 위하여 시 · 도에 교육위원회를 둔다고 규정하고 있다. 또한 제5조①은 교육위원은 시 · 도의회에서 시 · 군 및 자치구의회의 추천을 받아 선출하도록 규정하고 있다. 제25조는 교육감은 시 · 도의 교육 · 학예에 관한 사무의 집행기관이라 규정하고 있다.

이 법률에 따르면 지방교육위원회를 독립된 특별지방자치단체라 하기 어렵다. 교육과 학예에 관한 사무의 권한이 특별시 · 직할시 및 도에 있다는 점을 명백히 하고 있으며, 교육감을 선출할 권한이 있는 교육위원의 선출권이 특별시 · 직할시 및 도에 있고, 관할 구역 역시 보통지방자치단체와 일치하기 때문이다.

(3) 행정협의회

2개 이상의 지방자치단체에 관련된 의무의 일부를 공동으로 처리하기 위하여 관계 지방자치단체 간의 행정협의회를 구성할 수 있다. 행정협의회의 경우에는 시 · 도가 그 구성원인 때에는 안전행정부장관과 관계 중앙행정기관의 장에게, 시 · 군 · 자치구가 구성원인 경우에는 시 · 도지사에게 이를 보고하여야 한다(지방자치법 제152조). 자치단체의 사무를 공동으로 처리하기 위한 지방자치단체조합과는 달리 행정협의회는 지방자치단체의 '의무'를 공동으로 처리하기 위하여 관계 지방자치단체 간에 구성되는 것이다. 바로 이 점에서 행정협의회는 지방자치와는 거리가 있으며, 국가사무를 처리하기 위한 일선협의회로 이해할 수 있을 것이다. 그러므로 행정협의회는 특별자치단체라 하기 어렵다.

따라서 우리나라의 특별지방자치단체로는 지방자치단체조합이 있

[그림 3-1] 지방자치단체의 종류

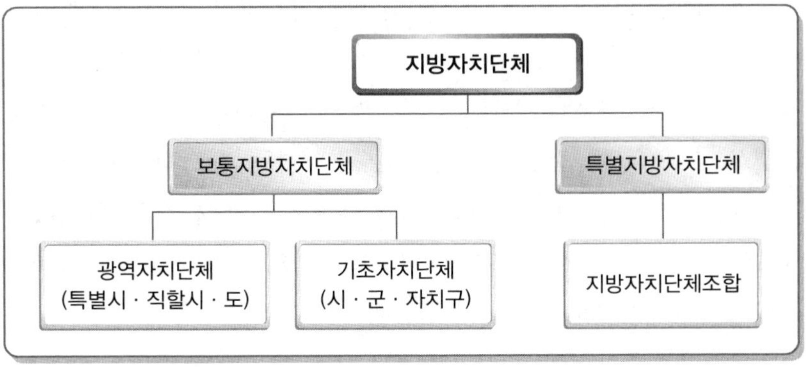

다. 이제까지 논의한 지방자치단체의 종류를 그림으로 표시하면 [그림 3-1]과 같다.

3. 지방자치단체의 계층

영역과 기능은 늘 경합하는 조직의 기준이다(Fesler, 1972: 227). 국가를 통치하기 위해서는 영역으로 구분하여 기능을 배분할 수밖에 없는데 영역과 기능의 배분이 일치하기는 대단히 어렵다는 의미이다. 즉, 기능이 작은 영역에 국한된 것인가 혹은 보다 넓은 영역을 통할해야 하는가를 규명하는 것 자체가 대단히 어려울 뿐만 아니라, 과학과 기술의 발달, 생활양식의 변화 등 환경 요인에 따라 기능을 수행하는 방법이 대단히 가변적이어서 영역과 기능을 일치시키기 어려운 것이다. 이러한 어려움은 여러 나라에서 영역의 분할과 기능의 배분이 무수히 변화해 왔다는 역사적 사실이 입증해 주는 것이다.

계층은 영역의 분할과 기능배분의 한 양식이다. 계층구조는 국가의 면적, 자연적 조건, 정치적 이념, 인구수 및 교통과 통신의 수준, 역사적 배경에 따라 결정된다. 따라서 계층구조는 나라와 시대에 따라 다르다(정세욱, 1993: 401).

계층에는 단층제(single-tier system)와 다층제(multi-tier system)가 있다. 다층제에는 2, 3, 4층제까지 있다. 단층제란 국민의 생활권에 가장 밀접한 소규모 영역을 자치단체로 설정하고, 바로 중앙정부가 자치단체가 처리하는 사무 이외의 모든 사무를 관장하는 경우를 의미한다. 영국의 경우, 1986년에 런던지역 전체를 관할하는 대런던의회(Greater London Council)를 런던시(the City of London)와 28개의 런던버러(London Borough)를 설치하고, 6개의 대도시의회(Metropolitan County Council)를 폐지함으로써 런던지역과 대도시 지역은 단층제의 계층구조를 가지게 되었다. 그러나 런던지역과 6대 도시지역을 제외한 나머지 지역은 district와 county의 2계층제를 채택하고 있다(정세욱, 1993: 406; 김영기, 1993: 139). 지극히 작은 국가를 제외한 대부분의 국가는 주(states), 지방(province) 혹은 지역(region)의 중간계층(intermediate tier)을 설치하고 있다(Fesler, 1972: 228).

지방자치제도가 지향하는 중요한 제도적 목표의 하나는 작은 영역의 가까운 정부이기 때문에 단층제가 제도 본래의 취지에 가장 적합하다. 가까운 정부란 주민의 욕구를 보다 충실히 수렴할 것이기 때문이다. 그러나 작은 영역의 지방자치단체가 독자적으로 수행할 수 있는 기능은 지극히 제한적이다. 경제 · 정치적 생활권이 일치하지 않는 것이다.

치산과 치수, 도로, 상 · 하수도, 지역경제개발 등을 위한 사무는 단층제의 소규모 자치단체가 수행하기 어렵다. 그렇다고 하여 이런 사무를 모두 중앙정부가 관장한다면 결국은 중앙집권화로 이어질 수밖에 없다(정세욱, 1993: 403). 따라서 형평(equality)과 효율(efficiency) 간의 상각은 불가피하다. 중간계층을 설치하는 이유는 형평과 효율을 조화시키기 위해서이다.

단층제가 아주 작은 국가에서나 가능한 또 다른 이유는 의사소통비용이라는 것이 일종의 통설이었다 할 수 있다. 즉, 계층을 줄이면 주민과의 원활한 의사소통에 도움이 되는 반면, 통솔의 범위(span of control)는 늘어나서 중앙정부가 수많은 지방자치단체와 직접 의사소통을 해야 하기 때문에 정부 간 의사소통비용이 크게 증가한다는 것이다. 그러나 정보와 통신기술이 혁명적으로 발달한 지금, 이 주장은 그 근거를 잃었다고 보아야 한다.

계층제 중에서 가장 많이 채택되고 있는 것은 2계층제이다. 2계층제는 영국(대런던지역과 6개 대도시지역을 제외한), 독일, 미국, 일본, 우리나라 등이 채택하고 있다(정세욱, 1993: 406-411; 김영기, 1993: 139).

2계층제는 중앙정부의 지방자치단체에 대한 통제의 범위를 축소시켜 그 부담을 덜어주는 장점이 있다. 대규모 사업과 광역사무를 원활하게 수행할 수 있기 때문에 경제적 효율성을 증가시키면서 분권의 장점을 살릴 수 있는 방안이기도 하다. 이와 함께 기초자치단체와 중앙정부를 원활하게 연계해 주고, 기초자치단체에 대한 보완과 감독기능을 수행할 수 있는 장점이 있는 반면, 2계층제의 단점은 행정의 중루 현상에 따른 지체와 낭비, 책임소재의 불명확 등이다(정세욱, 1993: 404; 김병준, 1994: 51).

◈ [그림 3-2] 지방자치단체의 계층

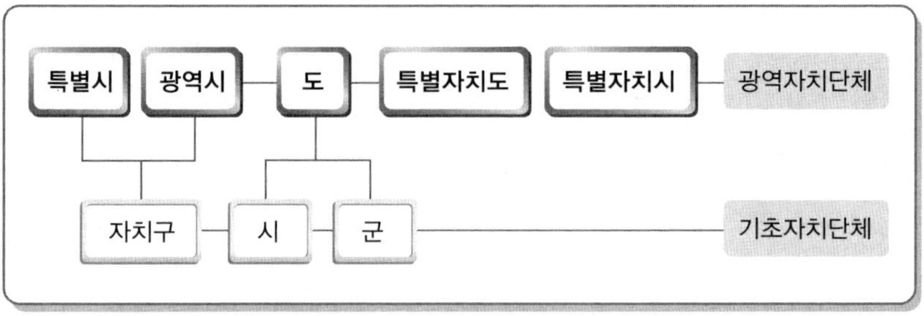

앞서 논의한대로 지방자치단체에 계층을 두는 것은 구역과 기능을 조화시키기 위한 것이다. 우리나라는 지방자치제에서는 2계층제를 채택하고 있으나 지방행정체계는 사실상 4계층제가 되고 있다. 즉, 중앙정부–도–시 · 군–행정구 · 읍 · 면 · 동과 중앙정부–특별 및 광역시–자치구–동이 그것이다. 자치권에 의한 자치업무와 국가행정의 일선기관으로서의 지방행정기관의 양립은 불가피한 현실적 상황이라 할 수 있다. 일선지방행정기관의 중요한 국가위임사무에는 병적 및 호적 사무와 통계업무가 있다. 그리고 병적은 병무청, 호적은 법원의 감독과 지도를 받는다.

이러한 계층구조의 중첩성은 행정의 중복과 중첩된 감독을 초래하기 때문에 지방행정의 민주성과 능률성을 저해하고 지방자치 발전에 장애요인이라는(조창현, 1993: 155) 주장도 있다. 주민의 직접선거로 선출된 단체장들은 관할 구역 내 국가 지방행정체제상의 일선지방행정기관과 원활한 협조와 업무관계를 유지해야 할 책임이 있는데, 이것이 이들의 권한을 제한할 가능성도 있다.

제2절 지방자치단체의 주민

1. 주민의 자격 및 지위

주민은 지방자치단체의 인적 구성요소이다. 주민의 자격은 지방자치단체의 구역 안에 주소를 가짐으로써 자동적으로 취득된다(지방자치법 제12조).

또한 주민의 지위는 지방자치단체의 주권자로서의 지위와 거주자로서의 지위로 나뉜다. 주권자로서의 지위를 갖는 주민은 참정권이 있는 주민을 의미하며, 법인과 외국인은 주권자로서의 주민이라 할 수 없다(조창현, 1993: 263). 미성년자는 일정 연령에 도달할 때까지 참정권이 유보된 주권적 주민이라 할 수 있을 것이다.

2. 주민의 권리

1) 지방정부 구성권

주민의 권리 중 가장 중요한 것은 지방정부 구성권이다. 지방정부 구성권이란 지방자치단체의 단체장과 지방의회의 의원을 선출하는 권한과 직접 출마하여 선출될 수 있는 권한을 의미한다(지방자치법 제13조 ②). 결국 지방정부 구성권이란 지방주민으로서 가장 중요한 권리인 참정권을 뜻한다. 이와 함께 주민은 법령이 정하는 바에 따라 소속 지방자치단체의 재산과 공공시설을 이용할 권리와 균등한 행정 혜택을 받을 권리를 갖는다(동법 제13조①).

주민은 직접민주제적 참정권도 보유한다. 주민투표가 그것이다. 지방자치단체의 장은 주민에게 과도한 부담을 주거나 중대한 영향을 미치는 지방자치단체의 주요 결정사항 등에 대하여 주민투표에 부칠 수 있으며, 주민투표의 대상 · 발의자 · 발의요건, 그 밖에 투표절차 등에 관한 사항은 따로 법률로 정한다(지방자치법 제14조).

주민들은 일정한 요건을 갖추어 조례를 제정하거나 개폐를 청구할 수 있다(지방자치법 제15조). 주민들은 역시 일정한 요건을 갖추어 감사를 청구할 수도 있다(지방자치법 제16조). 주민들은 공금의 지출에 관한 사항, 재산의 취득 · 관리 · 처분에 관한 사항, 해당 지방자치단체를 당사자로 하는 매매 · 임차 · 도급 계약이나 그 밖의 계약의 체결 · 이행에 관한 사항 또는 지방세 · 사용료 · 수수료 · 과태료 등 공금의 부과 · 징수를 게을리 한 사항을 감사청구한 주민은 다음 각 호의 어느 하나에 해당하는 경우에 그 감사 청구한 사항과 관련이 있는 위법한 행위나 업무를 게을리 한 사실에 대하여 해당 지방자치단체의 장(해당 사항의 사무처리에 관한 권한을 소속 기관의 장에게 위임한 경우에는 그 소속 기관의 장을 말한다. 이하 이 조에서 같다)을 상대방으로 하여 소송을 제기할 수 있다(지방자치법 제17조). 주민은 그 지방자치단체의 장 및 지방의회의원(비례대표 지방의회의원은 제외한다)을 소환할 권리를 가진다. 이때 주민소환의 투표 청구권자 · 청구요건 · 절차 및 효력 등에 관하여는 따로 법률로 정한다(지방자치법 제20조).

2) 선거소청

지방의회의원 및 지방자치단체의 장의 선거에 있어서 선거의 효력에 관하여 이의가 있는 선거인 · 정당(후보자를 추천한 정당에 한한다. 이하 이 조에서 같다) 또는 후보자는 선거일부터 14일 이내에 당해 선거구선거관리위원회위원장을 피소청인으로 하여 지방의회의원선거 및 자치구 · 시 · 군의 장 선거에 있어서는 시 · 도선거관리위원회에, 시 · 도지사선거에 있어서는 중앙선거관리위원회에 소청할 수 있다(공직선거및선거부정방지법 제219조①).

3) 청원권

청원권은 주민이 지방의회에 대하여 청원할 수 있는 권리를 말한다. 청원의 내용은 재판에 간섭하거나 법령에 위배되는 것이 아닌 한 제한이 없다(지방자치법 제74조). 다만, 지방의회에 청원을 하고자 하는 자는 지방의회의원의 소개를 얻어 청원서를 제출하여야 한다(지방자치법 제73조①)고 하여 의원 소개주의를 택하고 있다. 따라서 청원권은 주민의 권리인 동시에, 지방의원이 소개여부를 결정할 수 있고 지방의회는 수리여부를 결정할 수 있다는 점에서 지방의회 또는 지방의원의 권한으로도 볼 수 있다.

3. 주민의 의무

한편, 이들 주민은 법령이 정하는 바에 따라 소속 지방자치단체의 비용을 분담한다(지방자치법 제21조). 법인과 외국인도 이 의무에서 벗어날 수 없다.

제3절 지방자치단체의 영역

어느 나라든 전국을 구역으로 나누어 통치하며, 자치단체의 영역(領

域, area, jurisdiction, territory)은 자치단체의 자치권이 미치는 구역 또는 지역적 범위를 뜻한다(정세욱, 1993: 743). 자치단체의 영역은 육상만이 아니라 하천과 호소 등의 수면과 구역에 접속하는 해역 및 영공을 포함한다는 주장(구병삭, 1991: 128; 최창호, 1981: 13)이 있으나, 해역과 영공의 관리와 통제는 중앙정부의 관할로 두는 것이 합리적이다. 자치단체의 구역에 해역과 영공이 포함된다면, 그 해역과 영공을 통과하는 외국 국적의 선박과 비행기의 관리에 혼선을 빚을 우려 때문이다. 하천의 경우 역내에 한정된 것은 영역에 속한다고 하더라도 문제가 없지만, 여러 자치단체의 영역을 통과하는 하천의 수면을 자치단체 별로 영역화하여 관리하기는 어려울 것이다. 따라서 자치단체의 영역은 자치권이 미치는 육상의 지역적 범위를 의미하는 것이다.

자치단체의 영역은 전통적인 지역사회(community)가 가장 기본적인 것이다. 전통적인 자치단체는 그 영역이 협소하다는 특징이 있다. 그 이유는 다음과 같다: ① 교통과 통신 수단이 발달하기 전에는 소규모의 구역이 필연적이자 효율적이었다; ② 행정기능이 단순했기 때문에 구역을 확대할 필요성도 적었다; ③ 직접민주제의 장점을 살리기 위해서는 작은 구역이 더 효과적이다; ④ 경제적 생활권이 정치적 생활권과 거의 일치할 수 있었다(장지호, 1992: 343-344).

그러나 현대의 상황은 크게 변화하였다. 전통적인 소규모 구역을 중심으로 한 지방자치는 산업화 및 도시화에 따른 정치 · 경제 · 사회 · 문화적인 변화를 수용할 수 없게 되었다. 서유럽의 경우에도 1960년대까지는 역사적이고 전통적인 지역사회(community)를 기초 단위로 한 2계층 구조가 가장 기본적인 지방정부의 형태였다. 그러나 이러한 구조는: 첫째, 이들 지역사회가 구역의 크기(면적)와 인구수에서 큰 차이가 있기 때문에 일률적으로 기능을 배분하기 어렵고 행정 능력도 고르지 않다는 문제; 둘째, 도시화와 이에 따른 비용과 편익의 확산(spillover)이라는 문제; 셋째, 농촌 지역사회의 쇠퇴(Bennett, 1989c: 34)라는 3가지 문제를 안고 있었기 때문에 개혁할 수밖에 없었다. 이때의 개혁은 영역과 기능을 조화시키는 것이었다. 그러나 이러한 개혁이 성공적이었던 예는 대단히 희소하다. Fesler가 주장하듯(1972: 228), "영역을 주장하는 것과 기능을 주장하는 것은 꼭 같은 설득력이 있기 때문에, 정치와 행정체제는 조화시킬 수 없는 이 양자(기능과 영역)를 조화시키는 방법을 지속적으로 추구하게 된다". 따라서 지방자치단체의 적정규모화는 크게 영역을 대상으로 하는 것과 기능을 대상으로 하는 두 가지 방법이 있다.

1. 영역의 변경에 의한 적정규모화

우리나라의 경우, 지방자치단체의 영역을 변경하는 방법은 구역변경 및 폐치 · 분합의 세 가지 방법이 있다(지방자치법 제4조). 이것은 지방자치단체 영역의 변경을 의미하는 것이다. 이때 지방자치단체의 명칭과 구역을 바꾸거나 지방자치단체를 폐지하거나 설치하거나 나누거나 합칠 때에는 법률로 정한다. 다만, 지방자치단체의 관할 구역 경계 변경과 한자 명칭의 변경은 대통령령으로 정한다(지방자치법 제4조①).

2. 기능의 재분배에 의한 적정규모화

영역을 변경해서만 적정규모화가 가능한 것은 아니다. 영역을 변경하지 않고도 규모의 적정화를 도모할 수 있기 때문이다. 이는 영역의 변경에 의한 규모의 적정화에는 한계가 있다는 의미로 이해할 수도 있다. 어떤 기능은 이를 효율적으로 수행하기 위한 적정 영역을 정치 또는 행정적 구역과 일치시키기가 대단히 어려운 경우도 있기 때문이다.

이때 이용되는 방법은 기능을 재분배하는 방법이다. 기능을 재분배하는 방법에는 정부 간 협정, 특별구, 도시군, 구역 외 권한행사, 연합,

리전제가 있다(장지호 1992: 356-357, 360-365).

1) 정부 간 협정

정부 간 협정(intergovernmental agreement)에 의한 기능의 재분배란 둘 이상의 지방자치단체가 협정을 체결하여 행정을 공동으로 처리하는 것을 의미한다(장지호, 1992: 356). 정부 간 협정은 공동처리방식이라고도 한다(정세욱, 1993: 779).

행정협의회는, 앞서 논의했듯, 지방자치단체의 의무를 공동으로 처리하고자 할 때 구성할 수 있는 '정부 간 협정에 의한 기능 재분배'의 한 유형이다.

2) 특별구의 설치

특별구(ad hoc district, special district)는 보통지방자치단체에 대칭되는 개념인 특별지방자치단체의 하나이다. 이것은 기존의 지방자치단체와는 별도로 단일 혹은 복수의 기능을 수행하기 위하여 설립되는 독립적 정부단위이다(장지호, 1992: 357). 독립된 정부단위로서 특별구는 선출된 행정기관을 가지며(정세욱, 1993: 785), 독립된 재정수입을 갖는다(장지호, 1992: 357).

3) 도시군

도시권이 군(county)의 구역 내에 국한되는 경우, 도시권 전역 혹은 일부에 대하여 도시행정 서비스를 군정부가 제공하도록 하는 방법이다(장지호, 1992: 361). 프랑스에서는 도시의 인구 집중에 따른 문제를 해결하기 위하여 시 · 읍 · 면의 새로운 협력 방식으로 도시구(le district urbain) 제도를 1959년에 채택했는데(정세욱, 1993: 785), 도시군(urban county)과 유사한 제도이다.

4) 구역 외 권한 행사

구역 외 권한 행사란 도시권의 중심 시에 구역의 범위를 넘는 권한 행사를 인정하는 것이다. 예를 들어, Tennessee주 의회는 Memphis시의 구역을 넘어서 8마일 이내의 보건유해물 및 건축물에 대한 통제권을 부여했다. 구역 외 권한 행사를 허용하여 대도시권 행정을 구역을 변경하지 않고 일원적으로 운영할 수 있지만 피치자의 동의없는 통치라는 불합리성을 가지고 있다(장지호, 1992: 360).

5) 연 합

사회 · 경제적으로 밀접하게 관련된 2개 이상의 지방자치단체가 각기 독립성을 유지하면서 별도의 단체를 설립하여 광역행정을 수행하는 방법이다(장지호, 1992: 364; 정세욱, 1993: 782). 연합(federation)에 의한 광역행정의 수행방법은 협의회 형 공동처리방식(정부 간 협정)이 구성원 간의 이해를 조정하여 협력을 보장하기 어려운 약점을 보완할 수 있다. 연합은 특히 도시권지역에 많이 설치되고 있기 때문에 이를 도시연합(metropolitan federation) 혹은 도시권 정부(metropolitan government)라 하며 1953년에 설립된 캐나다의 토론토도시권연합(Toronto's Metropolitan Federation)이 그 대표적 사례이다(정세욱, 1993: 780–781).

6) 리전제

일반적으로 '지역(region)'은 국가의 일부 또는 주(state), 지방(province), 군(county), 지역(regional district) 등과 같은 행정단위이며 두 가지 기본적인 유형인 "동질적(homogeneous)" 지역과 "결절성(nodal)" 지역 중 하나이다(Davis, 1990: 3). 동질적 지역이란 어떤 특성을 공유하고 있는 지역을 의미하고, 결절성 지역은 기능적으로 통합되어 특성상의 동질성보다는 상호의존성에 의해 특징 지워지는 일단의 지역을 의미한다. 미국의 SSMA(Standard Statistical Metropolitan Area)나 캐나다의 CCMA(Canadian Census Metropolitan Area)가 바로 결절성 지역의 예이다. 주변의 자치단체들은 중심지역으로의 출퇴근 양식에 따라 이들 결절성 지역에 포함된다(Davis, 1990: 3-4). 우리나라의 대도시권 지역은 바로 이러한 결절성 지역이라 할 수 있다.

이러한 지역의 행정이 전통적인 소규모 지방자치단체에 의해 시행되기는 대단히 어렵다. 리전제(regionalism), 또는 광역행정(regional administration)의 현실적 필요성은 바로 결절성 지역의 대두에서 비롯된 것이다. 결절성 지역은 여러 가지 원인으로 출현한다. 과학과 기술의 발달과 함께 교통과 통신수단이 발달함에 따라 지역 간 시간적 거리가 끊임없이 단축된 것이 원인의 하나이다. 경제 성장에 따라 지역 간 상호의존도가 더욱 강화되면서 도시화가 촉진된 것도 원인이다. 경제 성장의 과실이 고르게 배분되어야 한다는 복지이념을 구현하기 위한 행정의 균질화도 또 다른 원인이다. 배분되는 과실을 크게 하려면, 최소 비용으로 행정 균질화를 이루어야 한다. 이에 따라 행정 서비스를 제공하는 데 규모의 경제를 고려해야 할 현실적 필요성이 제기되었다. 이러한 이유들로 광역행정은 확대되었고, 전통적인 지방자치는 퇴색하게 되어 이를 신중앙집권화 경향으로 이해하기도 한다(장지호, 1992: 412-415; 정세욱, 1993: 765-776).

광역행정은 구역과 기능을 조화시키기 위한 또 하나의 현실적 대안이다. 다만, 행정 서비스를 제공할 때의 경제적 효율과 정책결정의 민주성이 상각관계인데 어떻게 이 양자를 조화시켜 가능한 최고의 복지수준을 누리도록 하느냐가 과제로 남는다. 이를 위한 학문적 노력도 꾸준히 축적되어 왔다. 그것은 바로 광역행정을 포함하여 구역과 기능을 조화시키기 위한 여러 가지 이론적 접근이다.

3. 적정규모화의 이론적 근거

경제적 구조와 이것이 포함하는 영역 그리고 그 영역에서의 행정은 서로 밀접하게 관련되어 있다. 나아가, 영역과 행정의 관계는 경제 · 사회 · 정치체제에 따라 결정된다. 지금 이 순간에도 경제 구조 재편과 사회 발전이 급속히 이루어지고 있는 가운데, 이와 관련된 정치적 우선순위도 급속히 변화하고 있다. 이러한 변화에 대응하기 위하여 지방행정체제에도 개혁이 이루어지고 있다(Bennett, 1989a: 5–6).

1980년대 초의 세계적인 지방정부체제 개편에 이어 또다시 추구되는 개혁이다. 이러한 개혁에는 영역도 포함되어 있다. 다만 보다 중점을 두는 것은 권한과 자원을 어떻게 배분하느냐에 관한 것이다. '적정규모'란 곧 최소의 비용으로 민주적 의사결정과정을 유지하여 가능한 최상의 복지수준을 이룩할 수 있는 규모를 의미한다.

따라서 적정규모를 모색하는 데에는 정치와 경제적인 고려사항이 있으며, 자원과 기술수준에 의한 제약이 따른다. 그리고 '고려사항'과 자원 및 기술수준은 모두 가변적이다. 따라서 적정규모란 결과적으로 단기적 균형일 수밖엔 없다. 앞서 논의한 영역변경과 기능의 재분배에 의한 적정규모화는 이러한 가변성을 염두에 둔 장 · 단기적 적정규모화 방안이다. 현실적으로 영역의 변경은 기능의 재분배보다 실행하기가 더 어렵기 때문이며, 기능의 재분배는 보다 유연한 대응 방안이다.

1) 지역과 지역의식

정부를 설치할 목적으로 획정된 영역이 자연적인 사회 · 경제적 단위를 구성하는 주민들이 인식하는 영역과 일치해야 한다는 것은 자명한 이치이다. 그래야만 그 정부가 필수적인 정당성을 확보할 수 있기 때문이다. 이러한 영역은 그 안에서 일하며 살아가는 사람들의 행태와 태도에 의해 이미 정해지는 것이다. 역사적으로, 유럽의 지방정부들은 이러한 지역에 근거한 것이다(Smith, 1985: 64).

Thomas Jefferson의 '동네 민주주의(ward democracy)'와 같은 의미인 지역의식(sense of community)은 집단적 일체감의 한 형식이며, 이는 두 가지 요소를 전제로 배양된다. 첫째, 역사와 문화, 지리적 안정, 사회 · 경제적 조건에 관한 공동의 양식을 가지고 있어야 한다. 둘째, 문화적 일체감과 지역에 대한 충성심이 계발되어 유지될 수 있는 행정적 권한이 오래전부터 배분되어 있어야 한다. 이렇게 배양된 지역의식은 참여를 위한 기초적 조건이며, 분권의 관건이다(Bennett, 1989d: 55). 역사적으로 형성된 지역과 지역에 대하여 느끼는 주민들의 지역의식은 '가깝고 좋은' 정부를 위한 필수적인 조건의 하나일 수 있다.

흔히 지역의 규모가 작을수록 이러한 지역의식의 가치가 커진다고 한다. 따라서 지역의식이 분명한 지역단위에 권한을 배분해 왔다(Bennett, 1989d: 55). 이것은 지역의 역사적이고 연혁적인 의미가 중요시되는 것을 의미하며, 그것에 근거해서 적정규모화가 이루어져 왔음을 의미한다. 이것은 정치적 영역과 경제적 생활영역이 일치한다는 전제가 어느 정도 충족될 수 있었던 시대에는 적정규모화의 기준으로서 가치가 있는 것이다.

그러나 경제 상황이 변화하고 기술 수준이 높아지면서 과거에 어느 정도 일치하던 정치와 경제 영역은 불균형을 드러내기 시작했다. 즉, 정부의 영역을 표시하는 행정공간(administrative space)과 주민들의 사회 · 경제적 활동을 의미하는 활동공간(activity space)이 일치하지 않게 된 것이다. [그림 3-3]과 같은 3가지 경우가 가능하다.

◆ [그림 3-3] 행정공간 구획의 유형

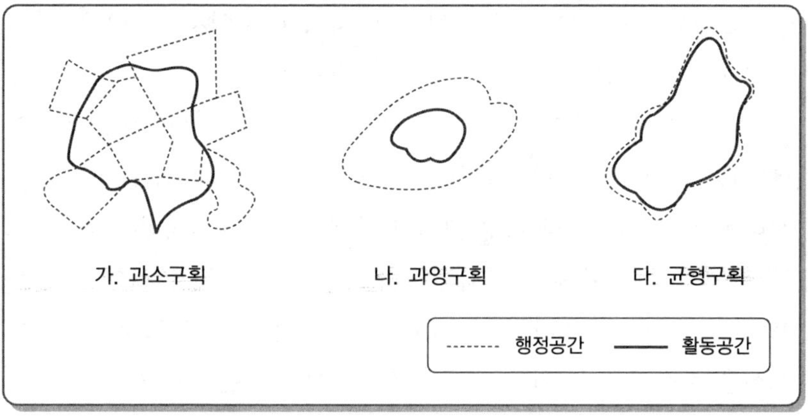

주민들의 활동공간을 기준으로 하여 이에 미치지 못하는 행정공간을 과소구획(under-bounded), 넘치는 행정공간을 과잉구획(over-bounded), 합치하는 경우를 균형구획(truly-bounded)이라 할 수 있다. '구획(bounding)'의 개념은 행정의 영역적 구조(territorial structure)를 결정하거나, 특히 이를 개혁하기 위한 유용한 기준이 될 수 있다(Bennett, 1989c: 35).

앞서 언급한대로 전통적인 지방자치단체 영역은 협소하다. 뿐만 아니라 행정공간이란 외부의 개입이 없이 스스로 늘거나 줄지는 않는다. 반면, 주민들의 활동공간은 교통수단의 발달과 경제적 구조의 변화에 따라 행정공간에 관계없이 확대되어 왔다.

구획 개념은 두 번째 개념인 규모(size)와 연계되었다. 규모와 연계된 구획 개념은 효율을 증가시킨다는 이유로 지방정부의 광역화를 초래했다. Scandinavia, Germany, Britain, 그리고 동유럽에서 소규모 지역사회를 통합하는 개혁을 했던 것은 이 영향을 받은 것이다. 서유럽의 경우, 독일의 많은 Länder들에서 이 영향에 따른 개편이 이루어졌으며, 1960년대와 70년대의 Belgium과 Netherlands, 1968년의 Norway,

1970년의 Denmark, 1972년의 Sweden, 1972년의 Britain, 1974년의 England와 Wales, 1976년의 Scotland에서의 개편 역시 이 개념에 따른 소규모 지역사회의 통합이었다(Bennett, 1989: 35).

이와 같이 지역과 지역의식은 구역의 설정과 변경에 중요한 기준인 것은 이론의 여지가 없다. 그러나 역사적이고 연혁적 요인을 지나치게 중시하는 것은 비합리적일 수 있기 때문에 자연 · 지리적인 조건 및 교통과 통신의 발달 수준도 고려해야 한다(Fesler, 1964: 49-153; 김병준, 1994: 61에서 재인용). Millspaugh도 구역의 설정기준으로 지역사회의 중요성을 주장했으나, 이를 실제로 적용하는 데에는 문제가 있음을 인정하고 있다(Millspaugh, 1936; 정세욱, 1993: 747에서 재인용).

2) 인구규모

Lipman은 일반적인 양적 척도, 즉 면적이나 인구수를 구역 설정의 기준으로 사용할 것을 주장하였다(정세욱, 1993: 745; 조창현, 1993: 224에서 재인용). 그러나 양적 척도, 특히 인구수를 적정규모의 효율적 기준으로 한다는 주장은 특히 심한 비판을 받았다. 영국의 Redcliff-Maud Commission(1968)은 '인구의 규모가 어떤 측면에서든 지방정부의 실적(performance)에 영향을 미치는 요소라고 할 만한 아무런 객관적 기준도 없다'(Senior memorandom of dissent to Redcliff-Maud Commission, Vol. 2, p. 268; Bennett, 1989c: 38에서 재인용)고 보고하고 있다.

확정된 공급망에 근거한 '기술적인' 서비스, 예를 들어 상수 · 전기 · 가스 · 쓰레기 수거 · 지역난방 등은 규모의 경제가 작용하지만 주민들이 직접 참여하는 서비스의 경우 규모의 경제는 거의 작용하지 않는 것이 사실이다(Bennett, 1989c: 38). 그리고 대부분의 국가에서 기술적인 서비스는 특별지방자치단체를 설립하여 공급하고 있기 때문에 보통지방자치단체의 적정규모화를 인구의 규모에 근거해서 추구해야 할 필요성은 사실상 크지 않다.

인구규모를 적정규모의 기준으로 삼는 데 따른 비판은 기술적 효율성에 근거한 것이다. 그러나 지방자치단체의 적정규모가 기술적 효율성에만 근거하는 것은 아니다. 따라서 규모의 적정화에 인구의 규모를 전혀 도외시할 수는 없다.

Germany은 현대적 상황에서는 5천 명의 인구가 급부행정의 하한선이라는 이유에서 5천~1만 명 정도를 gemeinde의 적정 인구규모라 하고 있으며(장지호, 1992: 348-349), 적정규모화의 기준으로서의 인구규모에 비판적인 Redcliff-Maud도 25만 명 정도의 인구규모를 적정한 지방정부의 단위로서 지지한다. Sweden은 개편의 결과 8천 명 단위의 지방정부가 설립되었고, Denmark와 Norway는 각각 5천 명 선으로 조정되었다. 이와 같이 적정인구의 규모는 국가에 따라 다르다(Bennett, 1989c: 38). 따라서 인구의 규모에 따른 구역의 적정규모를 일반화하기는 어렵다. 그러나 선호에 근거한 합리적인 의사결정방법의 추구에서는 인구의 규모가 다시 적정규모의 기준으로 고려된다. 이점에 관하여는 아래 5)에서 다시 논의할 것이다.

3) 기술적 효율성

기술적 효율성(technical efficiency)이라는 기준은 행정 서비스의 생산과 공급에 있어, 규모의 경제(economies of scale)와 배분을 고려하여, 어떤 수준의 지방정부가 이를 담당하는 것이 비용을 최소화할 수 있는지를 결정하기 위한 것이다. 따라서 기술적 효율성은 규모의 경제가 대단히 중요한 전력의 생산, 상수와 하수체계 등의 행정 서비스나 혹은 공급비용이 전체비용에서 차지하는 비율이 높은 서비스 부문에서 특히 중요하다. 그러나 기술적 효율성이라는 수학적인 해결방안을 실제로 적용하는 데에는 정치적 제한과 소비자들의 선호가 다르다는 제한이 따른다

(Bennett, 1989d: 55).

자치단체의 적정규모화의 방법이 구역의 변경과 기능의 재분배라고 할 때, 기술적 효율성은 특히 기능의 재분배에 의한 적정규모를 추구할 때 유용하게 이용될 수 있을 것이다. Fesler(1949; 정세욱, 1993: 748에서 재인용)도 행정구역은 그 구역의 행정기관이 행정기능을 능률적으로 시행할 수 있는 적정규모로 획정해야 한다고 하여 기술적 효율성이 중요한 기준임을 인정하고 있다. 다만, 권한의 배분이라는 정치적 행태는 언제나 합리적 기준에 따라야 한다는 제한이 있다.

4) 경제적 효율성

경제적 효율성(economic efficiency)은 위에서 논의한 기술적 효율성을 포함하되 세 가지 중요한 문제를 추가적으로 고려한 기준이다: 첫째, 자원의 배분, 사회적 배분, 그리고 경기안정; 둘째, 행정기능의 '공공성(publicness)'의 정도(degree)를 결정하는 외부효과(externalities)와 확산(spillover)의 범위; 셋째, 상품에 대한 수요의 가격탄력성, 자원의 배분, 사회적 배분(복지정책), 경기 안정 및 경제개발 기능은 국가 수준의 정부 즉 중앙정부에 배분한다는 것이 재정학의 고전적 이론이다(Musgrave, 1959; Oates, 1972 참조). 배분기능, 성장과 재분배 정책 중 비교적 중요성이 덜한 것은 지역 수준의 정부에 할당하고, 단순한 배분기능은 지방(local)정부에 할당한다(Bennett, 1989d: 56).

[그림 3-4]에서 보는 것과 같이 공공재(public goods)는 '순수성(purity)'의 정도를, 순수사적재(pure private good)와 순수공공재(pure public good)의 양 극단 사이의 등급으로 표시하여 계층적으로 분류할 수 있다. 순수사적재(pure private good)-이웃재(neighbourhood good)-비순수지방재(local public good with tapering)-순수지방재(pure local good)-지역재(regional public good)-순수공공재(pure public good)가 그

것이다. 경제적 효율성에 따르면 순수성의 정도에 따라 적합한 수준의 정부가 생산을 담당하는 것이 효율적이다. 즉, 순수공공재는 중앙정부 또는 국제기구가 생산하고, 순수사적재는 시장에서 생산하는 것이다 (Bennett, 1989d: 57).

◈ [그림 3-4] 공공재의 유형과 적정 생산주체

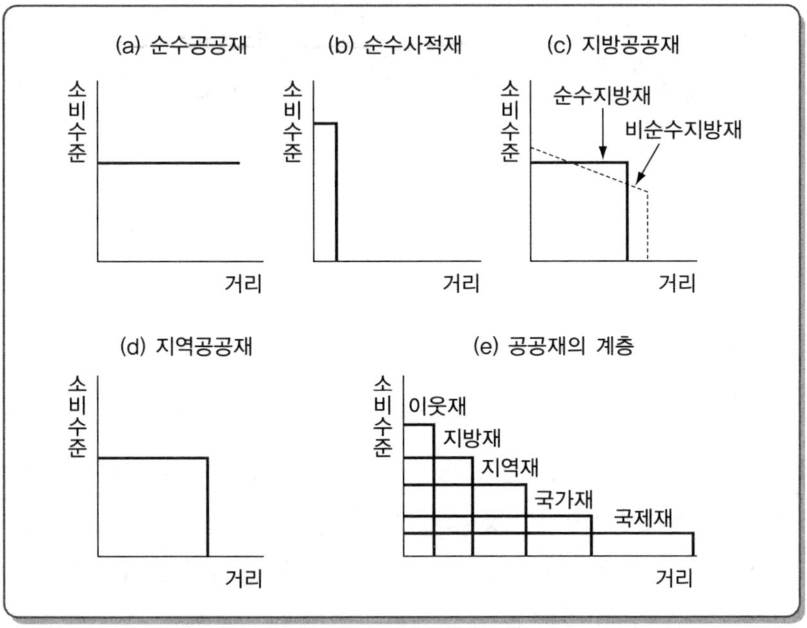

끝으로, 수요의 가격탄력성 역시 기능을 적정한 수준의 정부에 배분하기 위한 기준이다. 사적재는 [그림 3-5(a)]와 같이 가격탄력적이기 때문에 가격이 상승하면 수요는 감소한다. 따라서 사적재는 시장에 그 생산을 맡겨야 한다. 그러나 공공재에 대한 수요가 [그림 3-5(b)]와 같이 가격에 대해 완전히 비탄력적일 때에는 국가, 국제 수준의 정부 또는 국제기구가 생산해야 한다. [그림 3-5(c)]는 혼합재의 수요곡선이다. 그림에서 보듯, 혼합재의 가격은 생산 단위의 규모와 외부경제에 따라 한계

생산비가 체감하는 정도를 반영하고 있다. 따라서 혼합재는 외부효과와 생산비의 한계체감 수준에 따라 적합한 수준의 지방정부에 생산기능을 할당하는 것이 효율적이다(Bennett, 1989d: 57).

◆ [그림 3-5] 재화의 성격과 수요의 가격탄력성

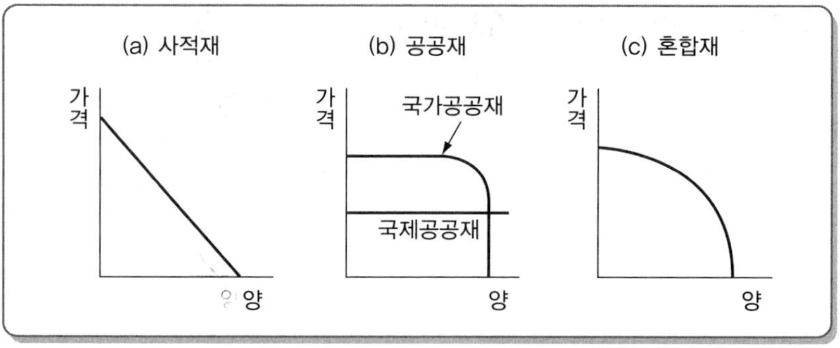

5) 선호의 구조

공공선택, 특히 Buchanan의 주장에 따르면 작은 규모의 지역사회일수록 주민들의 선호구조(preference structure)가 유사하기 때문에 갈등을 최소화하고, 규제적인 통제의 필요성을 감소하면서 합의에 도달할 수 있는 가능성이 높아져 선호일치에 유리하다. 나아가 일치된 선호는 행정의 균질화(administrative homogenization)를 도모하는 중요한 요소이다(Bennett, 1989d: 59). 이 주장은 분권의 정리에서도 확인할 수 있다.

분권의 정리(the Decentralization Theorem)에 따르면, "소비가 전체 국민 중 지리적으로 제한된 지역의 주민에 국한되는 공공재(public good)와 지역별로 요구되는 생산수준을 생산할 때의 비용이 중앙정부에서 생산할 때의 비용과 같을 경우, 당해 지방정부에서 그 지역에 적합한 생산수준에 맞게 공급하는 것이 중앙정부가 전국에 걸쳐 동일한 양을 공급하는 것보다는 언제나 효율적이다"(Oates, 1972: 39).

6) 행정적 제약

행정적 제약(Administrative constraints)이란 이론적이기보다는 실제적인 기준이다. 이 기준은 정부 간의 수직적 권한체계, 동일 수준 정부 간의 수평적 협력, 그리고 필요에 따른 교차관계의 설립에 중점을 두고 있다. 따라서 이 기준에 따라 기능적 권한을 정부들에 할당하는 것은 기본적으로 다음의 4가지 원칙에 따른 적정한 부서화(departmentalization)를 의미 한다: ① 서비스 원칙(service principle). 이 원칙은 특정집단의 수혜자나 업무를 중심으로 부서(department)에 권한을 부여하는 것이다; ② 목적의 원칙(purpose principle). 이 원칙은 '판자담연방주의(picket fence federalism)'와 같이 부서별로 독립된 권한을 할당하는 것이고 가장 일반적인 기능의 배분양식이라 할 수 있다; ③ 절차의 원칙(process principle). 이 원칙은 경제계획전문가, 시회복지전문가, 토목전문가 등 행정 기술의 전문가를 중심으로 행정부서가 결정되는 것을 의미 한다; ④ 지역의 원칙(areal principle). 이 원칙은 '레이어 케이크 연방주의(layer cake federalism)'라고도 불리는 것으로, 하부지역에 전적으로 권한을 위양하는 지역별 행정 부서를 의미한다. 이 기준에 따른 권한의 배분은 부서화의 문제를 해결할 수 없기 때문에 지속적인 권한 배분의 문제가 초래된다. 지역적 행정구조와 업무상 행정구조 사이의 끊임없는 긴장은 이 기준 때문에 초래된다(Bennett, 1989d: 61-62).

7) 참 여

지방자치의 이념을 구현하기 위해서는 주민들의 적극적인 참여가 필수적이다. 참여의 실질적 목표는 민주적 통제에 있다. 그리고 민주적 통제를 위해서는 작은 규모가 보다 바람직하다(和田英夫, 1965; 정세욱 1993: 751에서 재인용). 규모가 크면 주민들의 공동의식이 약화될 수 있고, 이에 따라 참여가 약화되며, 지방자치행정의 관료화로 이어질 수 있다(장지호, 1992: 352-353). 이점에서 효율과 민주라는 상충하는 두 가치의 합리적 조화가 필요하다.

위에서 논의한 기준들은 어느 하나도 완벽하게 적정규모화를 보장해 줄 수 없다. 따라서 적정규모를 추구하기 위해서는 이들 모두를 동시에 고려해야 한다. 그러나 각각의 기준은 이론적으로는 타당하지만, 실제로 적용하는 데에는 현실적 한계가 있으며, 기준들이 상충하는 경우도 있다.

권한의 지역적 배분에 관한 분명한 목적과 이를 효율적으로 달성해주는 영역의 적정규모화에 관한 객관적 이론은 불가능에 가깝다. 경험을 통하여 적응해 나가는 것이 거의 유일한 방법일 것이다. 위에서 논의한 이론들은 이러한 과정에서 축적된 학문적 노력과 실천적 경험이라 할 수 있다. 우리나라의 경우 구역의 적정규모화에 관한 학문과 실제라는 두 가지 측면에서의 노력이 보다 활발하게 추진되어야 할 것이다. 이런 점에서 '작은 혼란(a little chaos)'은 오히려 바람직한 자극제일 수 있다.

제4절 자치권과 자치사무

우리나라의 경우, 헌법 제8장에 지방자치에 관한 조항을 두고 있다. 제8장은 다음과 같은 두 개의 조문으로 구성되어 있다: 제117조 ① 지방자치단체는 주민의 복리에 관한 사무를 처리하고 재산을 관리하며, 법령의 범위 안에서 자치에 관한 규정을 제정할 수 있다. ② 지방자치단체의 종류는 법률로 정한다. 제118조 ① 지방자치단체에 의회를 둔다. ② 지방의회의 조직 · 권한 · 의원 · 선거와 지방자치단체의 장의 선임방법 기타 지방자치단체의 조직과 운영에 관한 사항은 법률로 정한다.

제117조는 지방자치단체가 수행할 수 있는 기능을 개괄적으로 정의

하고, 지방자치단체의 종류를 정하는 권한을 국회에 부여한 것이다. 제118조는 지방의회를 제도적으로 보장하고 그 구체적 내용을 결정할 수 있는 권한을 역시 국회에 부여한 것이다. 따라서 우리나라 지방자치단체의 자치권은 헌법상 보장되고 있으나, 자치권의 구체적 내용을 결정하는 권한을 국회에 포괄적으로 위임하고 있다. 국회는 중앙정부를 구성하는 한 부(府)이기 때문에, 우리나라는 중앙집권적 지방자치, 또는 단일국가체제하에서 지방자치를 시행하는 것으로 이해해야 할 것이다. 지방자치단체의 자치권도 영국의 경우와 마찬가지로 국회의 산물(creature of national assembly)이다. 따라서 국회의 결정에 의해 자치권의 변경 및 제한은 언제나 가능한 것으로 이해할 수 있다.

제4장

지방자치단체의 기관

제1절 지방의회

1. 의무와 권한

지방자치법 제30조는 지방자치단체에 의회를 둔다고 규정하여 지방의회를 법정 기관으로 하고 있다. 또한 지방의회는 지방의회의원이 준수하여야 할 지방의회의원의 윤리강령과 윤리실천규범을 조례로 정하고, 의원들이 의정활동에 필요한 전문성을 확보하도록 노력할(지방자치법 제38조) 의무를 부과하고 있다.

지방의회는 지방자치단체의 정책을 결정하는 기관이다. 의회는 선출된 의원으로 구성되며, 임기가 정해져 있다. 따라서 의회는 선출된 의원들이 정해진 임기 동안 권한을 행사하는 기관이다.

지방의회가 행사하는 권한은 조례의 제정 · 개정 및 폐지, 예산의 심의 · 확정, 결산의 승인, 법령에 규정된 것을 제외한 사용료 · 수수료 · 분담금 · 지방세 또는 가입금의 부과와 징수, 기금의 설치 · 운용, 대통령령으로 정하는 중요 재산의 취득 · 처분 및 공공시설의 설치 · 처분, 법령과 조례에 규정된 것을 제외한 예산 외의 의무부담이나 권리의 포기, 청원의 수리와 처리, 외국 지방자치단체와의 교류협력에 관한 사항, 그 밖에 법령에 따라 그 권한에 속하는 사항 등이다. 이와 함께 조례로 정하는 바에 따라 지방의회에서 의결되어야 할 사항을 따로 정할 수 있다(지방자치법 제39조). 이는 지방의회의 권한을 법으로 명시함과 동시에 법정 권한 외에도 조례제정권을 인정함으로써 폭넓은 권한을 인정하고 있다고 평가할 수 있다. 이들 권한은 집행기관을 견제 · 감독하기 위한 것이기도 한데 이에 관하여는 기관구성에 관한 논의에서 다시 살펴볼 것이다.

지방의회는 내부운영에 관하여 지방자치법에서 정한 것 외에 필요한 사항을 규칙으로 정할 수 있는데 이는 지방의회의 자율적 운영을 보호하기 위한 것으로 이해할 수 있다(지방자치법 제43조).

주민의 대표로서 사용료 · 수수료 · 분담금을 징수하기 위한 조례를 제정하는 권한이 지방의회에 있다. 다만, 국가가 지방자치단체나 그 기관에 위임한 사무와 자치사무의 수수료 중 전국적으로 통일할 필요가 있는 수수료에 관한 사항은 다른 법령의 규정에도 불구하고 대통령령으로 정하는 표준금액으로 징수하되, 지방자치단체가 다른 금액으로 징수하고자 하는 경우에는 표준금액의 100분의 50의 범위에서 조례로 가감 조정하여 징수할 수 있다. 그리고 사기나 그 밖의 부정한 방법으로 사용료 · 수수료 또는 분담금의 징수를 면한 자에 대하여는 그 징수를 면한 금액의 5배 이내의 과태료를, 공공시설을 부정사용한 자에 대하여는 50만 원이하의 과태료를 부과하는 규정을 조례로 정할 수 있다(지방자치법 제139조①, ②).

참고로, 의회의 권한은 국가에 따라 다르며, 같은 국가라 하더라도 자치단체에 따라 다르다. 영국의 지방정부는 의회가 구조와 권한 등을 모두 법률로 정한다. 따라서 지방의회는 법정 권한만 가진다. 이 범위를 넘는 행위는 법원에 의해 ultra vires로 규정되고 지방의회는 그 행위를 중지해야 한다. 자치단체별 지방의회의 권한을 살펴보면 〈표 4-1〉과 같다(Chandler, 1991: 1, 5).

◆ 〈표 4-1〉 자치단체별 기능

기능/권한	자치단체							
	CC	DC	MDC	JB	LB	SR	SD	P
교 육	V		V		V	V		
주 택		V	V		V			
사회보장	V		V		V	V		
경 찰	V			V				
소 방	V			V				
교 통	V			V				
고속도로	V		V		V		V	
박물관/미술관	V	V	V		V	V	V	V
도서관	V		V		V	V	V	V
기 획		V	V		V		V	
전략적 기획	V		V		V	V		
경제개발	V	V	V		V	V	V	V
오락/공원/체육시설	V	V	V		V	V	V	V
쓰레기수거/거리청소		V	V		V		V	
쓰레기처리	V		V		V	V		
도량형	V		V			V		
음식 및 보건검사	V		V			V		
공 항	V		V			V		
묘 지		V	V		V		V	
시 장		V	V		V		V	

• CC: County council
• DC: District council
• MDC: Metropolitan district council
• JB: Joint board
• LB: London borough
• SR: Scottish region
• SD: Scottish district
• P: Parish

2. 조 직

1) 정례회(의원총회)와 의장

우리나라의 지방의회 회기는 정례회와 임시회로 나뉜다. 정례회는 매년 2회 개최하며 대통령령으로 정하는 바에 따라 해당 지방자치단체의 조례로 정한다(지방자치법 제44조). 임시회는 총선거 후 최초로 소집하며 지방의회 사무처장 · 사무국장 · 사무과장이 지방의회의원 임기 개시일부터 25일 이내에 소집한다. 지방의회의장은 지방자치단체의 장이나 재적의원 3분의 1 이상의 의원이 요구하면 15일 이내에 임시회를 소집하여야 한다. 다만, 의장과 부의장이 사고로 임시회를 소집할 수 없으면 의원 중 최다선의원이, 최다선의원이 2명 이상인 경우에는 그 중 연장자의 순으로 소집할 수 있다. 임시회의 소집은 집회일 3일 전에 공고하여야 한다(지방자치법 제45조). 이때, 지방의회의 개회 · 휴회 · 폐회와 회기는 지방의회가 의결로 정하고 연간 회의 총일수와 정례회 및 임시회의 회기는 해당 지방자치단체의 조례로 정한다(지방자치법 제47조).

우리나라의 지방의회 운영과 같이 영국에서도 지방의회는 의원총회가 전권을 행사한다. 여기서 결정된 의안은 그대로 지방정부의 정책이 되며, 지방정부가 결정하는 사안의 대부분은 의원총회의 비준을 받아야 한다. 법규상으로는 최소한 연 1회 의원총회를 개최하도록 되어 있지만, 필요에 따라 총회를 개최할 수 있다. 대부분의 대도시 지역 district 의회는 한 달에 한 번, 비대도시 지역에서는 6주 내지 8주에 한 번씩 의원총회를 개최한다(Chandler, 1991: 117).

그러나 의원총회가 모든 것을 결정하지는 않는다. 분과위원회(sub-committee)들이 각기 담당하는 분야의 정책을 결정하고 이를 의원총회에서 비준한다. 따라서 의원총회는 지방정부의 업무추진 속도를 결정하는 요인이라는 중요성이 있다. 대부분의 분과위원회에서 결정하는 사안은 의원총회의 비준을 얻어야 하기 때문이다. 의원총회의 개최횟수는 의원(또는 의회)과 지방공무원 사이의 관계를 함축하고 있다. 총회의 횟수가 적으면, 일상적인 업무에 관하여 지방공무원들에 더 크게 의존한다는 의미이다(Chandler, 1991: 118).

미국 시의회의 정기회는 일반적으로 시장이 주재하며 주법이나 헌장이 정한 바에 따른다. 규모가 큰 시의 경우, 일주일에 한 번 이상 회의를 개최하며 작은 시의 경우 한 달에 한 번 회의를 개최한다. 정기회 이외에 의원들은 연구회의(study session), 비상시에 소집되는 특별회의(special session), 토론회의(conference session) 등을 개최할 수 있다. 토론회의는 집행 또는 비공개회의(executive or closed session)이며 정기회의 직전에 소집되어 정기회의에 제기될 의안에 대해 토론한다. 이때 의안에 대한 합의가 이루어진다. 따라서 토론회의에서는 실질적으로 의안을 결정하므로 주에 따라서는 이를 공개하도록 하고 있다. 주나 연방의 입법적 관행과는 달리 시의회의 결정은 공청회 즉시 이루어지는 것이 일반적이다(Berman, 1990: 239).

의원총회는 '의장(chairman)'이 주재한다. 지방의회 의장은 의원 중에서 시 · 도의 경우 의장 1명과 부의장 2명을, 시 · 군 및 자치구의 경우 의장과 부의장 각 1명을 무기명투표로 선출한다. 지방의회의원 총선거 후 처음으로 선출하는 의장 · 부의장 선거는 최초집회일에 실시한다. 의장의 임기는 2년이다(지방자치법 제48조).

의장은 의회를 대표하고 의사(議事)를 정리하며, 회의장 내의 질서를 유지하고 의회의 사무를 감독한다. 또한 위원회에 출석하여 발언할 수 있다(지방자치법 제49조, 제50조).

영국에서는 역사적으로 헌장을 부여받은 버러들(chartered boroughs)과 1835년 이후의 자치 버러들(municipal boroughs)에서 의장에게 'mayor'라는 직함을 부여했으며, 대도시에서는 'lord mayor'라고 하여 위엄을 더했다. 카운티에서는 그저 의장이라 부른다. Scotland 지역에서는 district 의회의 의장은 'Provost', 대도시에서는 'Lord Provost', 그리고 region에서는 단순하게 'convener'라는 직함이 부여된다. 실질적으로 의장이 의회의 지도자(leader)인 것은 아니다. 대부분의 지방의회에서 의장은 의원직을 오래 수행하고 은퇴 시기가 다가 온 의원에게 '이층으로 차버리듯(kicked upstair)' 맡기는 명예직이기 때문이다. 더욱이 가부 동수일 때 결정권(casting vote)을 가질 경우를 제외하고는 엄격하게 중립을 지켜야 한다. 다만, 의장은 지방정부의 존경받는 대표로 간주되어 귀빈의 접대, 자선모임의 개최자 등의 역할을 수행한다(Chandler, 1991: 118-119).

2) 위원회

지방의회는 조례로 정하는 바에 따라 위원회를 둘 수 있다. 위원회의 종류는 소관 의안과 청원 등을 심사 · 처리하는 상임위원회와 특정한 안건을 일시적으로 심사 · 처리하기 위한 특별위원회 두 가지로 한다. 그리고 위원회의 위원은 본회의에서 선임한다(지방자치법 제56조). 위원회는 그 소관에 속하는 의안과 청원 등 또는 지방의회가 위임한 특정한 안건을 심사한다(지방자치법 제58조). 상임 및 특별위원회가 일반 또는 특정한 안건을 다루기 위한 것이라면 의원 자신의 윤리와 징계에 관한 사안을 심의하기 위한 윤리특별위원회도 설치할 수 있다(지방자치법 제57조).

위원회에는 위원장과 위원의 자치입법활동을 지원하기 위하여 의원이 아닌 전문지식을 가진 위원(이하 "전문위원"이라 한다)을 둔다. 전문위원은 위원회에서 의안과 청원 등의 심사, 행정사무감사 및 조사, 그 밖의 소관 사항과 관련하여 검토보고 및 관련 자료의 수집 · 조사 · 연구를 한다. 위원회에 두는 전문위원의 직급과 정수 등에 관하여 필요한 사항은 대통령령으로 정한다(지방자치법 제59조).

위원회와 전문위원을 두는 이유는 분명하다. 지방의회에서 의결해야 하는 의안의 양이 많고 의결하기 위해서는 전문지식과 경력이 필요하기 때문이다. 지방의회가 분업하지 않으면 의안을 제때 처리하기 어렵고 합리적인 의안 처리를 위해서는 전문 인력의 도움을 받아야 한다는 현실적 필요를 보여주는 것이다. 지방정부에서도 삼권분립의 절차적 원칙이 훼손되고 있다. 물론 이렇게 위원회제도로 지방의회를 운영하는 것이 우리나라에만 있는 현상은 아니다.

영국 지방의회의 분과위원회(sub-committee)는 우리나라의 위원회와 같은 기능을 담당하는 의회의 내부조직이다. 규모가 큰 지방정부들에는 다양한 분과위원회가 설치되어 있다. 복지행정과 경찰 등의 중요한 기능을 담당하는 법정 분과위원회가 있으며, 교육과 주택 등의 기능을 전담하는 분과위원회는 대부분 설치되어 있다. 중요한 기능을 담당하는 분과위원회는 소분과위원회(sub-sub-committee)를 두어 보다 전문적이고 특정한 업무를 다루게 할 수 있다. 소분과위원회 역시 다시 세분된 위원회를 두어 보다 세분화된 업무를 관장하게 할 수 있다. 예를 들어 카운티의회의 교육소분과위원회가 다시 초등 및 중등학교 위원회로 나뉘는 것이다. 분과위원회 제도는 복수의 분과위원회에 보고하는 합동위원회(joint committees)의 설치로 더욱 복잡한 양상을 띤다. 이에 더하여 상당수의 지방정부에서는 지방의회의원이 아닌 인사들에게 지방 기업의 이해문제에 관한 정기적인 자문을 구하기 위하여 자문위원회도 구성할 것이다(Chandler, 1991: 120).

지방의원들을 분과위원회에 배정하는 권한은 지방정당의 지도자에게 있다. 집권 다수당이 있는 지방정부의 경우 모든 분과위원회에 다수의 소속의원을 배치할 수 있고 따라서 위원장도 다수당 의원이 맡는다. 지방의회의 실질적인 영향력을 행사하는 내부 실력자들은 바로 이들 분과위원회 위원장들이다. 앞서도 언급했듯 지방의회에서 가장 영향력이 있는 의원은 정책분과위원회 위원장이다. 주요 분과위원회는 그 밑에 전문 관료로 구성된 국(department)을 두고 있으며, 국장이 분과위원회의 지시에 따라 국을 관할한다(Chandler, 1991: 120-121).

3) 사무조직

우리나라는 시 · 도의회에는 사무를 처리하기 위하여 조례로 정하는 바에 따라 사무처를 둘 수 있으며, 사무처에는 사무처장과 직원을 둔다. 시 · 군 및 자치구의회에는 사무를 처리하기 위하여 조례로 정하는 바에 따라 사무국이나 사무과를 둘 수 있으며, 사무국 · 사무과에는 사무국장 또는 사무과장과 직원을 둘 수 있다. 사무처장 · 사무국장 · 사무과장 및 직원(이하 이 절에서 "사무직원"이라 한다)은 지방공무원으로 보한다(지방자치법 제90조). 이때, 지방의회에 두는 사무직원의 정수는 조례로 정한다. 그리고 사무직원은 지방의회의 의장의 추천에 따라 그 지방자치단체의 장이 임명한다. 다만, 지방자치단체의 장은 사무직원 중 별정직 · 기능직 · 계약직 공무원에 대한 임용권은 지방의회 사무처장 · 사무국장 · 사무과장에게 위임하여야 한다(지방자치법 제91조).

우리나라는 기관대립형 지방정부체제로 운영하므로 지방의회의 사무직원은 집행부의 업무와는 관련이 없다. 지방의회의 행정사무를 담당하는 직원이기 때문이다. 그럼에도 불구하고 이들이 집행부 공무원들이 파견된 것이라는 점에서 삼권분립의 원칙을 훼손할 우려가 있다.

의회의 사무조직은 기관통합형과 기관대립형에 따라 나뉜다. 일반적으로 기관대립형에서는 의회가 집행기능을 갖지 않으므로 별도의 사무조직이 필요하지 않을 것이다. 영국의 경우 위에서 설명한 대로 의회에 지방공무원이 소속되어 있다.

미국에서는 기관대립형과 통합형이 혼용되고 있으며 이에 따라 사무조직도 의회-선출기관장형에서는 선출기관장과 강시장형에서는 집행기관장하에 공무원 조직이 있고, 위원회형에서는 위원회(의회)가 이를 통할하며, 시의회 관리인 형에서는 시의회가 임명한 관리인과 시장이 사무조직을 관장한다. 약시장제하에서는 시장과 의회 그리고 기타의 선출된 집행부가 사무조직을 각기 관장한다.

4) 의원의 보수, 권한 및 의무

(1) 보수: 유급 전업직과 무보수 명예직

지방자치법에 따르면, 지방의회의 의원(councilor, council member)은 선거공고일 현재 당해 지방자치단체의 관할구역 안에 주민등록이 되어있고, 선거일 현재 25세 이상의 선거권이 있으며, 의원 선거에 출마하여 주민이 보통 · 평등 · 직접 · 비밀선거에 따라 선출한 사람(제31조)으로 임기는 4년이다(제32조).

유급 전업직이란 월급 형태의 보수를 지급받는 것을 뜻하며, 무보수 명예직이란 의원직을 수행하는 데 소요된 실경비를 보전 받는 수준에서 금전적 보상을 받는 것을 의미한다. 우리나라는 2009년 법 개정을 통하여 무보수 명예직에서 유급 전업제로 전환하였다. 그 결과 이들이 받는 보수는 다음과 같다: 의정 자료를 수집하고 연구하거나 이를 위한 보조활동에 사용되는 비용을 보전(補塡)하기 위하여 매월 지급하는 의정활동비; 본회의 의결, 위원회의 의결 또는 의장의 명에 따라 공무로 여행할 때 지급하는 여비; 지방의회의원의 직무활동에 대하여 지급하는 월정수당(지방자치법 제33조①). 이중 월정수당은 월급과 유사한 금전적 보상이다.

지방의회 의원을 무보수 명예직으로 하는 것과 유급 전업직으로 하는 데에는 각기 장 · 단점이 있다. 무보수 명예직은: ① 지방정치의 과열을 방지하여, 직업 정치인의 양산을 막고; ② 정치비용을 절감하는 장점이 있는 반면, ① 의원이 되고자하는 사람은 안정된 직장이나 재산이 있어야하기 때문에 사실상 피선거권이 제한될 수 있다; ② 따라서 대표성이 특정 계층에 한정될 수 있다(정세욱, 1993: 465)는 단점이 있다.

유급 전업직은: ① 피선거권이 정치적이고 법률적인 의미를 넘어 경제적이고 실질적으로 보장되므로 유능한 인재를 의원으로 충원할 수 있고; ② 의원들이 의회의 업무에 전념할 수 있으며; ③ 따라서 지방의회

가 보다 훌륭한 운영성과를 낼 수 있다(정세욱, 1993: 465)는 장점이 있는 반면에 ① 지방정치가 과열되고, 직업정치인이 양산될 수 있으며; ② 정치비용이 증가하는 단점이 있다.

지방의회 의원을 무보수 명예직으로 하려면, 지방의회에서 다루는 업무가 사실상 단순하고, 생업에 지장을 초래하지 않는 범위(시간적으로)에서 처리가 가능해야 한다. 그러나 현실은 그렇지 않다. 지방의회, 특히 광역의회의 경우, 의원들의 전문적 지식이 필수적인 업무(정책결정)가 상당히 포함되어 있다. 또한 의원들의 업무가 회기 내에 제한된 것만도 아니다.

프랑스, 미국, 독일 등은 자치단체가 명예직과 유급직 중 선택하고 있다(정세욱, 1993: 463-464). 영국은 지방의원을 비상근 정치인(part-time politicians)으로 보며, 무급 명예직이다(Birch, 1990: 197). 국가에 따라, 그리고 같은 국가라도 자치단체에 따라, 유급 전업직이나 무보수 명예직을 선택한다. 일률적이지 않은 것은 두 제도가 각기 뚜렷한 장 · 단점을 가지고 있기 때문이다.

유급 전업직과 무보수 명예직의 우열을 가릴 수 있는 객관적 근거나 이론은 없다. 따라서 의원의 유 · 무급제는 자치단체의 문화와 정치적 상황 그리고 경제적 조건 등을 참작하여 개별적으로 결정하는 것이 보다 민주적이며 지방자치제의 취지에 적합하다.

우리나라도, 유급제와 명예직이 각기 장점과 단점이 있는 만큼, 이를 중앙정부가 법률로 정하여 일률적으로 적용하기보다는 광역과 기초의회를 구분하여 유급제와 명예직을 분리 · 적용하는 방안과 의원의 보수에 관한 결정권을 자치단체의 주민에 위임하는 방안을 고려할 필요가 있다는 종래의 주장을 유지한다.

(2) 권 한

의원의 권한은 크게 신분상 권한과 직무상 권한으로 나누어 볼 수 있으나, 국회의원과 달리 지방의원은 신분상의 특별한 권한은 없다. 직무상 권한으로 의안 발의권(지방자치법 제66조), 안건에 대한 표결권(지방자치법 제64조), 정 · 부의장 선출 및 불신임권(지방자치법 제48조, 제55조), 임시의장 선출권(지방자치법 제53조), 기초의회의원의 경우 교육위원의 복수추천권 · 광역의회의원의 경우 교육위원 선출권(지방 교육자치에 관한 법률 제5조), 청원의 소개권(지방자치법 제73조①), 임시회의 소집요구권(지방자치법 제39조②) 등이 있다.

(3) 의 무

지방자치법은 지방의원의 겸직을 제한했다(제35조). 이는 유급 전업직으로 전환함과 동시에 법을 개정한 것으로 당연한 조치이다. 또한 지방의회의원은 공공의 이익을 우선하여 양심에 따라 그 직무를 성실히 수행하여야 하고; 청렴의 의무를 지며, 의원으로서의 품위를 유지하여야 하고; 지위를 남용하여 지방자치단체 · 공공단체 또는 기업체와의 계약이나 그 처분에 의하여 재산상의 권리 · 이익 또는 직위를 취득하거나 타인을 위하여 그 취득을 알선하여서는 아니 된다는 의무를 규정했다(제36조). 공익을 우선하라는 규정은 공공선택의 관점에서는 실효성 없는 선언적 규정에 불과하다. 지방의회의원은 공인이기는 하지만 공인이라 해서 사익을 추구하지 않는 것은 아니고, 이를 기대해서도 안 되기 때문이다. 이러한 선언적 규정 보다는 이들이 이러한 행위를 할 수 없도록 제도적 장치를 고안하고 사회적 통제가 강화될 수 있는 문화를 형성해야 한다.

3. 지방의회의원의 선거

1) 지방의원의 정수

지역구 시 · 도의원정수는 그 관할구역 안의 자치구 · 시 · 군(하나의 자치구 · 시 · 군이 2 이상의 국회의원지역선거구로 된 경우에는 국회의원지역선거구를 말하며, 행정구역의 변경으로 국회의원지역선거구와 행정구역이 합치되지 아니하게 된 때에는 행정구역을 말한다)마다 3인으로 하되, 인구 30만을 넘는 자치구 · 시 · 군에 있어서는 30만을 넘는 매 20만까지 마다 1인을 더하고 인구가 7만 미만이 되는 자치구 · 시 · 군은 2인으로 한다(공직선거및선거부정방지법 제22조①). 그러나 지방자치법 제7조제2항의 규정에 의하여 시와 군을 통합하여 도농복합형태의 시로 한 경우에는 시 · 군 통합 후 최초로 실시하는 임기만료에 의한 시 · 도의회의원선거에 한하여 당해 시의 도의회의원의 정수 및 선거구는 통합전의 시와 군에 있어서의 도의회의원 정수 및 선거구에 의한다. 다만, 하나의 시 · 군이 분할하여 2 이상의 시 · 군과 통합한 때에는 그 분할하여 통합되는 지역을 하나의 선거구로 하여 1인의 도의회의원을 선출한다(공직선거및선거부정방지법 제22조②). 그리고 의원정수가 23인 미만이 되는 광역시는 그 정수를 23인으로 하고, 17인 미만이 되는 도는 그 정수를 17인으로 한다(공직선거및선거부정방지법 제22조③).

자치구 · 시 · 군의 지방의회 의원정수는 그 관할구역 안의 읍 · 면 · 동마다 1인으로 하되, 인구 2만을 넘는 읍 · 면 · 동에 있어서는 2만을 넘는 매 2만까지 마다 1인을 더한다(공직선거및선거부정방지법 제23조①). 그러나 의원정수가 7인 미만이 되는 때에는 그 정수를 7인으로 하고, 45인을 넘는 때에는 그 정수를 45인으로 하되, 인구가 70만을 넘는 때에는 그 정수를 50인으로 한다. 다만, 자치구 · 시 · 군의 관할구역 안의 읍 · 면 · 동의 수가 45개(인구 70만 이하인 경우) 또는 50개(인구 70만을 넘는 경우)를 넘는 때에는 그 의원정수는 인구수에 불구하고 읍 · 면 · 동마다 각 1인으로 한다(공직선거및선거부정방지법 제23조②, ③).

이와 같이 일률적인 기준을 적용하는 데에는 몇 가지 문제가 있다: ① 기초의회의 경우 읍 · 면 · 동을 정수책정의 기본적인 기준으로 하여

2만을 넘는 경우 매 2만마다 1인을 추가할 수 있도록 함으로써 읍 · 면 · 동의 인구편차가 반영되는 폭이 넓어지고 따라서 주민대표성이 평등하게 보장되지 못하는 결과를 초래할 수 있다; ② 법률에 의해 일률적으로 책정된 정수는 지역의 특성 즉, 지역주민의 의사와 지역의 경제적 상황이 고려되지 않은 것이다(김병준, 1994: 230-231; 정세욱, 1993: 461-462).

영국의 지방의회의원의 정수는 인구수에 따라 규정되어 있지는 않으며, 의회의 규모는 자치단체의 인구에 따라 다르다. 인구수가 작은 디스트릭트는 24~60명의 의원정수를 가지고 있고, 규모가 큰 시와 카운티는 50~100명 사이의 의원정수를 가지고 있다. Birmingham시는 가장 의원정수가 많은데, 126명이다. 그러나 인구수가 비슷한 Essex는 97명의 의원정수를 가지고 있다(Chandler, 1991: 117).

미국의 카운티 정부의 실질적인 통치기관은 일반적으로 카운티 위원회(county board)라고 불리는 위원회(a board of commissioners 혹은 a board of supervisors) 또는 카운티 의회(county council)이다. 카운티 위원회의 정수는 1명부터 50명 이상에 이르기 까지 다양하나, 대부분의 카운티는 3명에서 7명까지의 정원을 가지고 있다. 대위원회는 타운십(township) 감독관(supervisors)들이나 혹은 기타의 타운십 관리들을 포함하는 것이 일반적이다. 소위원회는 대부분 대선거구제를 통하여 선출된다. 인구 5천명 이상의 시에서는 평균 7명의 시의회 의원을 두고 있다. 그러나 작게는 2명부터 50명에 이르기 까지 다양한 정원을 두고 있으며 정원의 결정은 헌장에 따른다(Burns, et al., 1990: 159, 164).

의원정수는 의원들에 대한 보수문제와 밀접하게 관련되어 있다. 정수가 많으면 무보수 명예직을 택하는 것이 일반적이고, 정수가 적으면 유급 전업제를 선택하는데 재정적 부담이 감소되는 장점이 있다. 그러나 이러한 장 · 단점에 근거하여 일률적으로 의원정수를 평가하기는 어렵다. 왜냐하면 의원정수의 많고 적음과, 정당참여 여부, 선거구제 그리고 총선거와 일부개선 등의 요인들이 어떻게 결합되느냐에 따라 서로 다른 결과가 초래될 수 있기 때문이다. 따라서 의원정수를 일률적으로 정하는 것은 바람직하지 않은 중앙집권적 발상이다. 의원정수를 지방정부 구성권의 일부로 간주하여 자치단체가 자율적으로 정하는 방안을 고려할 필요가 있다.

2) 정당의 참여와 배제

우리나라는 자치구 · 시 · 군 의회 의원 선거에 정당을 배제하고 있다. 그 외의 선거에서는 참여를 인정한다. 정당은 후보를 추천할 수 있다(공직선거및선거부정방지법 제47조①). 정당이 후보를 추천할 때에는 정당법 제31조에 규정된 민주적 절차를 따라야 한다(공직선거및선거부정방지법 제47조②). 따라서 자치구 · 시 · 군의회 의원선거와 기타의 공직 선거에 무소속으로 출마하려면 선거권자의 추천을 받아야 한다.

정당배제선거는 정당이 후보 선정에 어떤 형식으로든(공천 또는 내천) 개입하지 않고, 후보 스스로가 주변 사람들의 추천을 받아(청원서를 제출하는 것과 같은 절차) 출마하는 것을 의미한다(Berman, 1990: 217). 정당참여 선거제도는 각 정당이 후보를 선정하고, 당선되면 그 업무에도 개입하는 것을 의미한다.

영국에서는 오랫동안 정당정치(party politics)가 지방정부의 한 부분이었다. 19세기 중엽에는 많은 지방의회가 정치적으로 대립적인 파당 혹은 정당들에 의해 분할되었다. 19세기 말엽에는 자유당(the Liberals)과 보수당(the Conservatives)이 지방정치의 지배적인 세력이 되었다. 이 과정에서 지방정치의 지도자가 정치적 지위와 관계없는 사회적 지위에 의한 사회적 지도자(social leaders)로부터 지방의회에서 맡는 직책으로부터 사회적 지위를 인정받는 공적 인물(public person)로 변화되었다.

이러한 변화는 노동당(the Labour party)이 1920년대에 그 세력을 전국 각지로 확장함으로써 확립되었다. 지방정부가 제공하는 서비스와 정당은 상관관계가 있다. 노동당이 집권한 지방정부는 주택문제에 보수당이 집권한 지방정부는 법과 질서 그리고 소방업무에 더 큰 중점을 두는 경향이 그것이다(Kavanagh, 1990: 269).

미국 지방정부들에 있어 독특한 정치적 양상은 19세기의 지배적인 정치현상이었던 보스정치(machine politics)[1]에 의한 영향을 받은 것이다. 보스정치란 주와 지방선거, 그리고 정책결정에 지대한 영향을 미치며, 정치적 직책의 보유와 관계없이 정치적 "보스(boss)"에 의해 지배되는 정치체를 의미한다(Henry, 1980: 479). 보스는 정치적 지지를 확보하기 위하여 물질적으로 보상하고, 이를 바탕으로 권력을 행사한다. 보스들이 주목하는 것은 여러 가지 도움이 필요한 이민자들이다. 이들에게 필요한 도움을 주고 정치적 지지를 확보하는 것이다. 지방정부의 직책이 보스에 의해 이들 충성스러운 유권자들에게 분배되고, 경찰, 소방관 등은 물론 인 · 허가 사무를 관장하는 직책도 보스의 영향력에 의해 결정되는 것이 일반적이다. 철저한 엽관제적 지방정부의 운영이 보스정치에 의해 초래되고, 보스는 정당조직과 소선거구제를 바탕으로 이 정치문화를 유지했다(Judd, 1988: 53-59).

따라서 보스정치의 폐단을 시정하기 위한 노력은 선거를 지배하는 정치적 정당을 약화시키고 대선거구제를 시행하는 데 초점이 맞춰질 수밖에 없었다. 전국적으로 60%에 달하는 시정부들이 정당의 선거참여를 배제하고 있으며, 이들 시정부의 거의 대부분이 의회-관리인제(council-manager plan)를 택하고 있다(Berman, 1990: 217).

정당참여와 배제는 각기 장 · 단점이 있으며 선거구제와도 밀접하게

1) 사전적 의미는 '조직정치'이다. 그러나 조직은 아무것도 하지 않는다. 조직의 수장이 결정적인 영향력을 행사하는 정치 문화라 할 수 있다. 그 의미를 살려 보스정치로 의역한 것이다.

연계되어 있다. 지방선거에서 정당을 배제함으로써 기대할 수 있는 장점은 유권자들이 '최선의 후보'를, 국가나 주 또는 정당의 문제보다는 지방의 문제(local issues)에 입각하여 선택할 수 있다는 것이다. 뿐만 아니라 정당은 상표(brand) 역할을 하므로 유권자들은 자신이 선호하는 이념에 적합한 후보를 보다 쉽게 선별할 수 있고, 책임소재를 규명하기에 편리하다. 정보수집과 처리비용을 낮출 수 있는 것이다. 또한 정당은 지방의 정치적 논쟁에 초점과 단결력을 부여할 수 있고, 정치에 대한 관심과 참여율을 높일 수 있다. 이와 함께 유권자들이 정당선거와 지방선거를 구별하기를 기대한 것이 정당배제 원칙 뒤에 숨겨진 지방정부 개혁론자들의 희망이었다. 물론 정당배제선거가 특히 효과적이라는 분명한 증거는 없다.

그러나 자료에 의하면 정당배제선거가 대선거구제하에서 운영되면 보다 높은 지위의 의원이 배출되는 경향이 있고 따라서 대표성이 약화될 수 있다(Berman, 1990: 217). 반면에 정당참여 선거제도는 신참자의 정치참여를 제한할 수 있다. 지방선거에 출마하려면 정당의 공천을 얻어야하는데 이것이 진입장벽이 되어 젊고 유능한 정치인이 충원되기 어려울 수 있다. 지방 문제의 대부분은 정당정치적인 것이라기보다는 지역의 문제이다. 굳이 정당이 개입할 이유가 없다. 더욱이 정당이 국가적 사업들을 지방에서도 시행하고자 할 것이기 때문에 지역의식이 약화될 수 있다는 점 등이 단점이다(Kavanagh, 1990: 269-270).

영국은 정당참여선거제를 운영하고 있고, 미국은 두 제도를 모두 사용하고 있으나, 정당배제선거가 보다 폭넓게 채택되고 있다. 우리나라는 기초자치단체의 지방의원 선거에서는 정당을 배제하고 있다. 그러나 광역자치단체선거는 정당참여를 허용하고 있다. 2013년 7월 현재 여당인 새누리당은 기초자치단체장 선거에서도 정당 공천 폐지를 검토 중이다. 정당 공천을 민주적 절차가 아니라 공천 헌금 등의 부정한 방법에 따르는 등 폐단이 심하기 때문이다. 위에서 논의한대로 어느 한 제도가 다른 제도에 비해서 반드시 우월하다는 객관적이고 명백한 근거는 없다. 이 문제 역시 경험을 축적해 가면서 적응해야 할 문제이며 기초단체장의 정당 공천에 따른 여러 폐해가 지속적으로 축적되고 있는 상황에서는 정당배제가 타당하다.

3) 선거구제

선거구제도에는 대선거구제(at large), 중선거구제(large wards), 소선거구제(the single member district, ward system)의 3가지가 있다. 선거구제는 기관대립형 하에서는 지방의원의 선출과 관련된 것이다. 기관대립형 지방정부제도에서 집행기관장을 직선한다면 이는 1인을 선출하는 것이기 때문에 대선거구제 이외의 방법은 없는 것이다. 그러나 기관통합형의 경우 지방의회의원의 정수는 복수이다. 따라서 이들을 어떻게 선출하느냐의 방법이 문제될 수 있는 것이다. 다시 말하여 기관대립형 하에서의 지방의원과 기관통합형 하에서의 지방의원 선출에 관련된 것이 선거구제도이다.

대선거구제도하에서는 지방의회의원의 정수 모두를 단일선거구로 하여 선출한다. 중선거구는 소선거구를 몇 개 묶어(large wards) 복수의 의원을 선출하는 방법이다. 소선거구제도는 소선거구 별로 1인씩 선출하는 방법을 말한다.

우리나라는 시 · 도 선거구 비례대표, 시 · 도의회의원은 당해 시 · 도를 단위로 선거하고, 자치구 · 시 · 군 의회 의원 선거는 당해 의원의 선거구를 단위로 선거한다(공직선거및선거부정방지법 제20조). 그리고 시 · 도의회의원지역선거구는 인구 · 행정구역 · 지세 · 교통 기타 조건을 고려하여 자치구 · 시 · 군(하나의 자치구 · 시 · 군이 2 이상의 국회의원 지역구로 된 경우에는 국회의원지역구를 말하며, 행정구역의 변경으로 국회의

원지역구와 행정구역이 합치되지 아니하게 된 때에는 행정구역을 말한다)을 분할하여 이를 획정하되, 하나의 시 · 도의원지역구에서 선출할 지역구 시 · 도의원정수는 1인으로 하므로(공직선거및선거부정방지법 제26조①) 소선거구제이다.

소선거구제에서는 Mattehew effect[2]가 초래된다. 이 때문에 선거구제도는 특히 대표성과 관련이 있다. 미국과 같이 다인종 사회의 경우 소수인종들(minorities)의 대표성 확보가 선거구제와 밀접하게 연관되어 있으며, 단일인종으로 구성된 사회라 할지라도 계층별 대표성이 선거구제도와 밀접하게 관련될 수 있다.

미국의 경우 정당이 참여하는 선거로 의원을 선출하는 대도시들은 소선거구제를 선택하는 것이 일반적이다. 정당참여와 소선거구제의 결

---

2) 마태효과란 상대적으로 높게 득표한 정당이 득표율보다도 더 많은 의석을 차지하고 상대적으로 낮게 득표한 정당은 낮은 득표율보다도 적은 의석을 차지하게 된다는 선거 결과에 있어 일종의 빈익빈 부익부 현상을 의미하는 것이다. 마태효과란 표현은 Matthew書의 "가진자에게는 더 주어서 보다 풍부하게 할 것이고; 갖지 못한 자에게서는 그가 가진 것조차도 빼앗을 것이다"라는 13장 12절에서 비롯된 것이다(Henry, 1980: 83).

지역구 253석과 전국구 46석을 선출한 우리나라의 15대 총선 결과를 보자. 총 34.5%의 득표율을 기록한 제1당(신한국당)은 지역구 총수의 34.5%인 87석, 전국구 46석의 16 합계 103석이 득표율에 따른 대표성에 적합한 의석수이다. 그러나 결과적으로는 지역구에서 121석 그리고 전국구에서 18석을 합한 139석을 얻게 되었다.

전국적으로 25.3%의 지지를 얻은 제2당(국민회의)은 지역구에서 64석과 전국구의 12석을 더한 76석이 득표율에 상응한 의석수에 해당한다. 그러나 결과적으로는 지역구의 66석과 전국구의 13석을 더해 79석을 확보했다.

전국적으로 16.2%의 지지를 획득한 제3당(자민련)은 지역구에서 41석과 전국구의 7석을 더한 48석이 득표율에 상응한 의석수이지만 실제로는 지역구 41석과 전국구 9석을 더한 50석이 되었다.

제4당인 민주당은 11.2%의 지지율을 획득했다. 이 득표율에 따르면 지역구 28석에 전국구 5석을 더한 33석이 득표율에 상응한 의석수이다. 그러나 실제로는 지역구 9석과 전국구 6석을 합한 15석을 차지했다.

끝으로 무소속은 12.8%의 득표율을 확보했는데 이 비율에 합당한 지역구는 33석, 전국구는 6석이다. 물론 전국구를 배정받을 수는 없다는 점을 감안 하더라도 무소속을 지지한 많은 유권자들의 선택은 사장된 것이라 아니할 수 없다.

15대 총선의 결과는 마태의 효과가 극명하게 드러난 것이었다. 이것은 특정 유권자들의 선택이 무효화되는 가운데 다른 유권자들의 선택이 과도하게 대표되는 것으로 민주적 절차에 따른 비민주적 결과라 할 수 있다. 지방의원의 선거 결과도 선거제도에 따라 크게 영향을 받을 수 있는 것이다.

합은 정당조직의 영향력을 확대해 주는 경향이 있다. 반대로 정당의 참여가 배제된 대선거구제는 정당의 영향력을 감소시키는 경향이 있다. 또한 대선거구제와 적은 의원정수의 두 요인이 결합하면 낮은 계층(under calss) 출신의 후보가 당선되기 어렵다(Burns, et al., 1990: 165).

◆ 〈표 4-2〉 인구 500,000명 이상 도시의 지방선거제도*

	대선거구	소선거구	중선거구
정당참여 (Partisan)	Pittsburgh Jacksonville	Cleveland	Baltimore New York New Orleans Philadelphia St.Louis Indianapolis
정당배제 (Nonpartisan)	Phoenix Columbus Dallas** Detroit San Antonio San Diego Seattle	Los Angeles Milwaukee Chicago*** San Francisco	Memphis Houston Denver Boston

출처: Judd, 1988: 94.
* Washington, D.C. 제외.
** 지방의원은 소선거구에 의해 지명되나 선출은 대선거구에 의함.
*** 시장선거에만 정당참여.

미국 지방정부의 선거구제에 따른 중요한 정치적 결과는 대표성의 본질과 선출된 의원들이 가지는 자신들의 역할에 있다. 소선거구제는 소선거구의 이익을 중점적으로 주장하는 성향을 강화시켜 자치단체 전체의 이익에 우선하는 결과를 초래한다. 앞서 논의했듯 보스정치의 폐단을 시정하기 위한 방안의 하나로 대선거구제를 선택할 수밖에 없었다는 역사적 사실을 간과할 수 없다. 이와 함께, 대선거구제는 앞서 논의한대로 소수인종을 차별한다는 비난에도 불구하고, 의원들이 전체적인 안목에서 정책을 결정할 수 있어야 한다는 논리에서도 상당수의 지방정부들이 이를 채택하고 있다(Berman, 1990: 238). 인구가 5십만 명 이상인 도시들의 지방의원선거제도는 위 표와 같다.

영국은 대부분의 지방정부에서 단일의원을 상대적 다수 득표에 의해 선출하고 있다(the plurality system with single-member wards). 소선거구제도인 것이다. 그러나 London 버러와 패리쉬 의회, 대부분의 비대도시 지역의 district, 그리고 Scotland 지역의 지방정부들은 block vote로 알려진 선거방법으로 의원을 선출한다. 이 투표방식은 '1888년 지방정부 법(the Local Government Act of 1888)에 의해 도입된 것으로, 몇 개의 소선거구(wards)에서 복수의 의원을 선출한다. 이 투표방식에 따르면 유권자들은 공석인 의원 수만큼 투표권을 갖는다. 만약 3명의 의원이 임기가 만료되어 개선한다면 3표의 투표권을 가지는 것인데 한 후보에 3표를 몰아줄 수는 없다(Bogdanor, 1986: 1-2). 이는 중선거구제도로 영국의 지방정부는 소선거구와 중선거구 제도를 혼용하고 있는 것으로 볼 수 있다. 'Block vote'[3] 투표방식과 결합된 중선거구제도는 다른 나라에서는 보기 어려운 선거결과를 초래하고 있고 이는 영국의 지방정부에 특이한 현상으로 대표성과 관련한 논란의 대상이다.

4) 총선거제와 일부개선제

지방의회의원의 선거방법에 총선거와 일부개선제가 있다. 총선거제란 전의원의 임기가 동시에 시작하고 끝난다. 이에 따라 전의원정수에 대한 선거가 실시되는 것을 의미한다. 일부개선제란 의원들의 임기가 서로 다른 시기에 시작되고 임기가 만료된 의원에 대해서만 선거를 실시하는 것이다. 우리나라는 지방의회의원 및 지방자치단체의 장의 선거는 그 임기만료일전 60일 이후 첫 번째 목요일로 하되 그 날이 국민생활

---

3) 선거 방식의 하나로, 대선거구에서 복수의 의원을 선출하는 방식.

과 밀접한 관련이 있는 민속절 또는 공휴일인 때와 선거일 전일이나 그 다음 날이 공휴일인 때에는 그 다음 주의 목요일로 한다(공직선거및선거부정방지법 제34조)고 규정하여 총선거제도를 채택하고 있다.

영국의 경우 카운티 의회는 매 4년마다 총선거를 통하여 의원을 선출한다. 대도시(metropolitan) 지역의 district 의회는 카운티 의회의 선거가 없는 매해 1/3씩 선출한다. 비대도시(non-metropolitan) 지역의 district는 총선거와 일부개선제 중 택일할 수 있으며, 대부분이 일부개선제를 택하고 있다(Kavanagh, 1990: 262).

미국의 지방선거는 자치단체에 따라 다르다. 일부 시와 카운티에서 일부개선제가 채택되고 있다(정세욱, 1993: 485).

총선거제는 현직의원의 치적을 판단하기에 편리하고, 유권자들의 의사를 파악하기 쉬우며, 주기적인 선거라는 점에서 선거비용을 절약할 수 있다는 장점이 있다. 반면, 정책의 지속성을 유지하기 어려울 수 있고, 선거의 과열화를 초래할 수 있다는 단점이 있다(정세욱, 1993: 486-487).

일부개선제는 총선거제의 단점을 피할 수 있으나, 지속적인 선거라는 점에서 선거비용이 증가할 수 있고, 현직의원 전체를 대상으로 치적을 평가하는 것보다 개별적인 의원을 대상으로 치적을 평가해야 한다는 점에서 어려움이 따를 수 있다(정세욱, 1993: 487).

총선거와 일부개선제에 관한 중요한 이슈의 하나는 총사직이 가능한가에 있다. 영국의 경우, 의회의 다수당은 특정 현안과 관련하여 자신들에 대한 지지를 상대당에 과시하기 위하여 총사직이라는 방법을 활용할 수 있다. 그러나 지방의회는 선거일을 법으로 정하여(5월의 첫 번째 목요일) 의원들의 총사퇴에 의한 총선은 실시할 수 없게 되어 있으며, 의원은 개별적으로만 사직할 수 있다. 이것이 중앙의회와의 큰 차이점의 하나이다(Chandler, 1991: 114-115).

제2절 집행기관

1. 의의 및 조직

집행기관은 지방정부가 사무를 분장하기 위하여 필요한 행정기구와 지방공무원(지방자치법 제112조①)과 지방자치단체를 대표하고 그 사무를 총괄하는, 주민이 보통 · 평등 · 직접 · 비밀선거에 따라 선출한(지방자치법 제94조), 지방자치단체를 대표하고, 그 사무를 총괄하는(지방자치법 제101조) 단체장을 뜻한다.

집행기관은 조례로 자치경찰기관(제주특별자치도에 한한다), 소방기관, 교육훈련기관, 보건진료기관, 시험연구기관 및 중소기업지도기관 등의 직속기관, 특정 업무를 효율적으로 수행하기 위한 사업소, 원격지 주민의 편의와 특정지역의 개발 촉진을 위한 출장소, 소관 사무의 일부를 독립하여 수행할 필요가 있을 때 합의제행정기관, 소관 사무의 범위에서 심의회 · 위원회 등의 자문기관을 설치 · 운영할 수 있다(지방자치법 제113조-제116조의2)).

지방자치단체에는 보조기관 · 소속 행정기관 및 하부행정기관이 포함된다. 보조기관이란 지방자치단체의 부단체장 · 행정기구 · 지방자치단체의 공무원을 말한다. 이들 부단체장들은 단체장을 보좌하여 사무를 총괄하고, 소속직원을 지휘 · 감독하며 단체장의 유고시 그 직무를 대리한다. 광역단체의 부단체장은 단체장의 추천과 안전행정부장관의 제청에 따라 국무총리를 거쳐 대통령이 임명하고, 기초단체의 부단체장은 당해 단체장의 장이 임명한다(지방자치법 제110조).

하부행정기관으로 자치구가 아닌 구에 구청장, 읍에 읍장, 면에 면장, 동에 동장을 둔다(제117조). 지방자치단체의 행정사무를 분장하기 위하여 행정기구를 두되 광역단체는 대통령령이 정한 바에 따르고, 기초단체는 관할 광역단체장의 승인을 얻어 당해 자치단체의 규칙으로 정한다(지방자치법 제112조). 지방자치단체에는 당해 지방자치단체의 경비로써 부담하는 지방공무원을 두며, 그 정원은 안전행정부령이 정한 기준에 따르고, 이들에 대한 임용과 시험 · 자격 · 보수 · 복무 · 신분보장 · 징계 · 교육훈련 등에 관하여는 따로 법률로 정한다. 그러나 지방자치단체에는 대통령령이 정하는 바에 따라 국가공무원을 둘 수 있다(지방자치법 제112조).

지방자치단체의 소속 행정기관에는 직속기관 · 사업소 · 출장소 · 합의제행정기관이 포함된다. 대통령령 또는 당해 지방자치단체의 조례가 정하는 바에 따라 소방기관 · 교육훈련기관 · 보건진료기관 · 시험연구기관 및 중소기업지도기관 등을 직속기관으로 설치할 수 있다(지방자치법 제113조). 특정업무를 효율적으로 수행하기 위하여 대통령령이 정하는 바에 따라 당해 지방자치단체의 조례로 설치할 수 있는 것이 사업소이다(지방자치법 제114조). 하부행정기관은 행정구 · 읍 · 면 · 행정동을 말한다. 단체장은 관할 하부행정기관을 지휘 · 감사하여 소관 국가사무 및 지방자치단체의 사무를 처리하도록 한다(지방자치법 제117, 119조).

위에서 논의한 것을 지방자치단체의 일반집행기관이라 할 수 있다. 이외에 광역자치단체에 별도의 기관으로 설치한 교육위원회가 있다(지방자치법 제121조①). 지방 교육자치에 관한 법률에 따라 조직 · 운영되는 교육위원회는(지방교육자치에 관한 법률 제3조①), 교육 · 과학 및 체육에 관한 사무만을 담당한다. 교육위원회의 집행기관(단체장)은 교육감이다(지방교육자치에 관한 법률 제25조). 그러나 교육감은 사무를 관장할 뿐 결정은 교육위원회의 의결을 거쳐야하므로 교육위원회는 합의제 집행기관이라 할 수 있다(지방교육자치에 관한 법률 제3조, 제27조). 교육위원의 정수는 특별시 및 광역시는 자치구의 수와 같으며, 도는 설치된 교육청의 수로 하되 하한을 7인으로 한다(지방교육자치에 관한 법률 제4조). 교육위원은 시 · 군 · 자치구의회가 복수로 추천한 인사 중에서 시 · 도의회가 무기명 투표로 선출한다(지방교육자치에 관한 법률 제5조). 교육위원회는 시 · 도의회에 제출할 조례안, 예산안 및 결산 · 특별부과금 · 사용료 · 수수료 · 분담금 및 가입금의 부과와 징수에 관한 사항을 심의 · 의결하며, 기본재산 또는 적립금의 설치 · 관리 및 처분, 중요재산의 취득 · 처분 등을 심의 · 의결한다(지방교육자치에 관한 법률 제13조①).

2. 단체장

지방자치단체장이라고 불리는 우리나라의 집행기관장은 1명을 주민에 의해서 직접 선출하며, 의원과 단체장을 주민이 직접선거로 선출하여 지방정부를 구성한다. 특별시에 특별시장, 광역시에 광역시장, 특별자치시에 특별자치시장, 도와 특별자치도에 도지사를 두고, 시에 시장, 군에 군수, 자치구에 구청장을 둔다(지방자치법 제93조).

단체장은 국가의 위임사무 · 당해 지방자치단체의 사무 · 법령에 의하여 그 지방자치단체의 장에게 위임된 사무를 통할하여 관리 및 집행한다. 단체장은 조례나 규칙에 따라 그 권한에 속하는 사무의 일부를 보조기관, 소속 행정기관 또는 하부행정기관에 위임할 수 있다(지방자치법 제102조-제104조). 단체장은 소속 직원을 지휘 · 감독하고 법령과 조례 · 규칙으로 정하는 바에 따라 그 임면 · 교육훈련 · 복무 · 징계 등에 관한 사항을 처리한다(지방자치법 제105조).

단체장은 조례가 정하는 바에 의하여 그 권한에 속하는 사무의 일부를 보조기관, 소속 행정기관 또는 하부행정기관에 위임할 수 있고, 관할 지방자치단체나 공공단체 또는 그 기관(사업소 · 출장소를 포함한다)에도 위임 또는 위탁할 수 있으며, 법인 또는 단체에 위탁할 수도 있다. 다만,

법인 또는 단체에 위탁하는 사무가 주민의 권리 · 의무와 직접 관계되는 때에는 법령의 근거가 있어야 한다(지방자치법 제104조).

단체장은 소속직원을 지휘 · 감독하고 법령과 조례 · 규칙이 정하는 바에 의하여 그 임면 · 교육훈련 · 복무 · 징계 등에 관한 사항을 처리할 권한을 가진다(지방자치법 제105조). 그러나 지방공무원은 지방공무원법 및 국가공무원법의 적용을 받게 되므로 단체장의 임면권은 사실상 그 범위가 넓을 수 없다. 이는 공무원의 정치적 중립을 보장하고, 공무원 제도의 엽관제적 운영을 방지하기 위해서는 당연한 것이지만 단체장의 정당하고 적법한 권한행사조도 이들 직업 관료에 의해 제한받는 폐단도 있을 수 있다.

단체장이 지방의회에 대하여 행사할 수 있는 권한도 있다. 단체장과 지방의회는 마치 공격과 방어에 사용하는 창과 방패 같은 독립된 권한을 통해 경제와 균형을 유지한다. 이 권한은 기관구성에 관한 논의에 포함하는 것이 보다 적절하다.

제3절 기관구성

1. 기관구성의 유형

기관구성이란 권력구조에 관한 문제이다. 의원내각제는 의회의 다수당 지도자가 수상으로서 행정부를 지휘한다. 지방의회의 다수당이 집행기관을 지휘한다면 이를 기관통합형이라 하는데 의원내각제와 유사한 것이다. 반면에 대통령 중심제는 국민이 선출한 대통령이 행정부를 지휘하고 의회는 독립적인 지위를 유지한다. 자치단체의 장을 주민이 직선하고 단체장이 집행부를 지휘하며 의회가 독립된 권한을 가지고 집행부를 견제하는 구조를 기관대립형이라 한다. 따라서 기관구성은 지방정부 권력구조에 관한 것이다.

기관구성의 가장 기본적인 유형은 기관통합형과 기관대립형이다. 영국은 전형적인 기관통합형 지방정부를 유지해 왔다. 반면, 미국은 실험실 연방주의라는 용어가 웅변하듯 다양한 기관구성 유형을 고안하고 실행해 왔다. 여기서는 기관통합형과 기관대립형을 중심으로 다양한 변형들을 살펴본다.

1) 기관통합형

(1) 영국의 기관통합형

영국의 지방정부는 선출된 의원들로 구성된 의원총회가 지방정부의 전권을 행사한다. 의결기관과 별개로 선출되는 집행기관은 없다. 이런 점에서 영국의 지방정부 기관구성은 가장 전형적인 기관통합형이다.

영국의 지방정부에는 독립된 집행기관은 없다. 따라서 집행기관의 장도 없다. 분과위원회가 소관 행정조직을 지휘 · 감독하여 의회의 의결사항을 처리한다. 이때의 행정조직을 집행기관이라고는 하지 않는다.

단, 대부분의 지방정부에는 의회 업무의 모든 부문에 영향을 미치는 예산과 같은 중요한 문제에 관한 정책을 결정하는 정책위원회(policy committee)를 두고 있는데, 정책위원회는 실질적인 수석분과위원회(senior sub-committee)라 할 수 있다. 정책위원회의 위원장이 의회의 실질적인 지도자이며, 의회에서 가장 영향력이 큰 정치인이고, 이 사람이 전반적인 전략과 방향을 설정하는 사람이다. 대부분의 정책위원회는 재정과 인사 등의 담당하는 중요한 분과위원회를 관장하며, 이 위원회들로 부터 보고를 받는다. 의회의 내부조직을 그림으로 표시하면 [그림 4-1]과 같다.

◆ [그림 4-1] 영국 지방의회의 구조

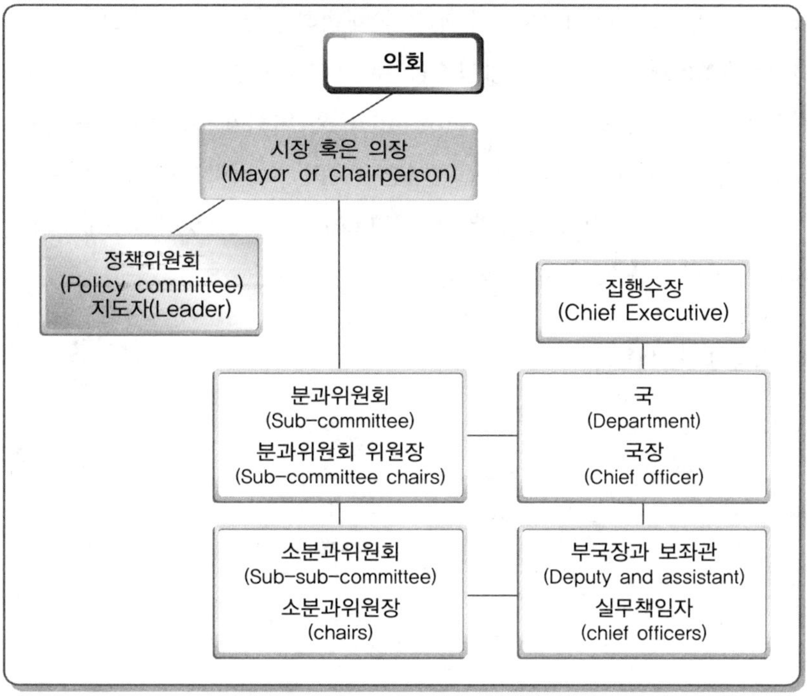

출처: Chandler, 1991: 10.

(2) 미국의 위원회제와 Des Moines Plan

위원회제(Commission plan)는 대표적인 미국형 기관통합형이다. 1900년 Texas 주의 Galveston 시에는 폭풍우를 동반한 조류에 의한 홍수가 있었다. 6천명이상이 사망하고 수백만 달러의 재산피해가 있었다. 시장과 의원(alderman)들이 이 재난에 효과적으로 대응하지 못하자 5인의 기업인이 위원회를 구성하여 시정 전반에 관한 권한을 줄 것을 요구했고 주의회는 이를 승인하였다. 이것이 위원회제의 효시이다. 위원회제는 일단(Galveston city의 경우 5인)의 사람들에게 전권을 부여하는 것으로 전통적인 권력분립의 원칙에 어긋난다고 하여 이를 보완하는 변형이 생기게 되었다. 이를 Des Moines Plan이라 하는데, 이는 주민발의

(initiative), 주민투표(referendum), 주민소환(recall)제도를 포함한 것이다. 1917년에는 5백여 시가 이 제도를 채택하는 인기를 누렸으나, 1988년 현재 185개 시만 이를 채택했을 뿐 대부분의 대도시가 강시장제로 전환했다(Burns, et al., 1990: 166-168). 위원회제는 상류계층(upper class)의 이익을 보다 중점적으로 대변할 뿐만 아니라, 책임을 질 수 있는 단일한 행정 책임자가 없다는 단점(Burns, et al., 1990: 167)이 중요한 이유의 하나였을 것이다.

◆ [그림 4-2] 위원회제

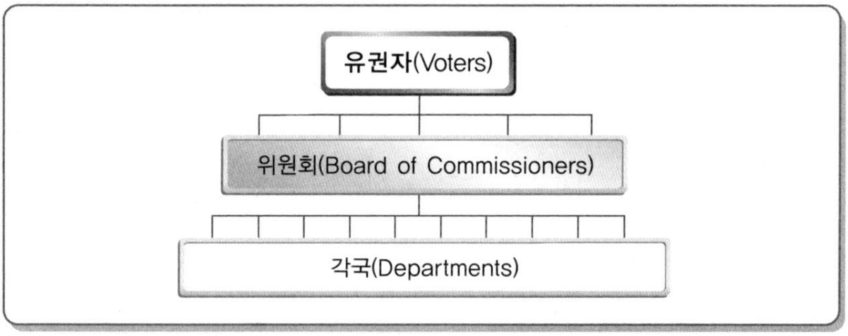

2) 기관대립형

지방자치단체의 기관구성이 대립형일 때 집행기관은 의회와는 별개의 지방자치단체기관으로서 의회에서 의결된 사안을 집행하는 권한을 가진다. 집행기관은 집행기관의 장을 의미한다. 물론 행정조직이 포함되는 것이지만, 이들은 주민들에 대해 직접 책임지는 기관은 아니다.

(1) 카운티의 의회-직선수장형

기관대립형은 그 용어가 함축하듯, 의회와 집행부가 견제와 균형을 이루는 기관구성을 의미한다. 미국의 경우 기관대립형에는 집행부의 장을 주민이 직접 선출하는 경우와 의회를 통해 간접적으로 선출하는 방식으로 나뉜다. 예를 들어 카운티의 의회-직선수장형(county council-elected executive form)과 시의 강시장-시의회형이 직선제이고, 따라서 기관대립형 기관구성이다. 이외에도 집행기관장의 선임에는 여러 가지 방법이 사용되고 있다.

일반적으로 카운티는 州에서 가장 규모가 큰 행정단위임에도 불구하고 간과되고, 잊혀지고, 보이지 않는다. 비교적 최근까지도 카운티는 주의 행정단위에 불과했으며, 조례 제정권이 없기 때문이다(Burns, et al., 1990: 157-158). 그러나 대다수의 州에서, 카운티가 '죽어가는' 정부

◆ [그림 4-3] 카운티 의회-직선수장형

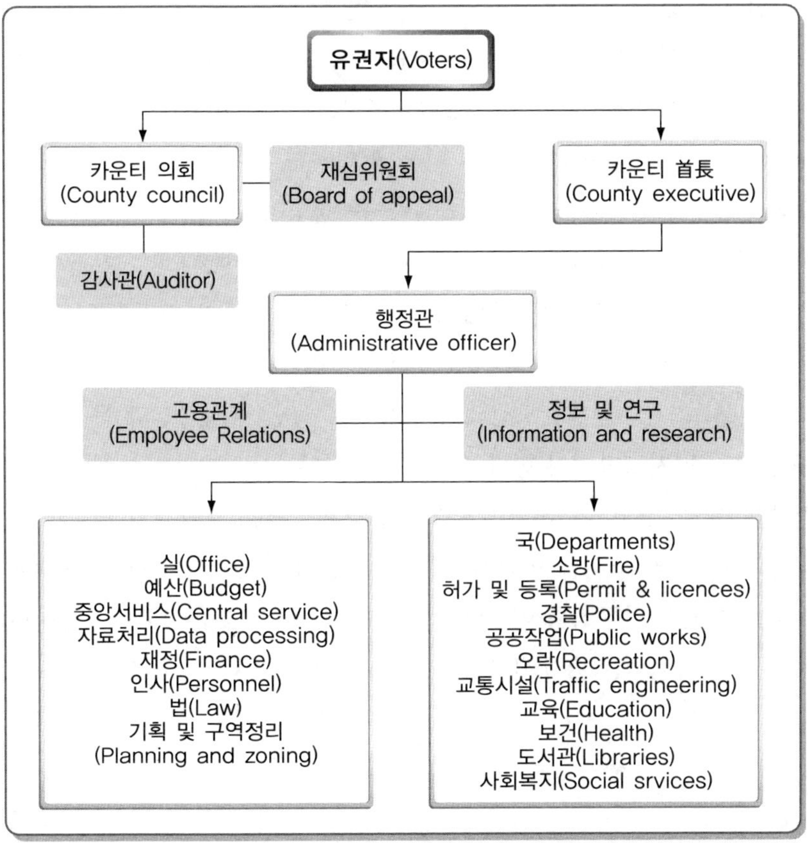

라는 인식에도 불구하고 도시 이외의 지역에 거주하는 사람들에게는 카운티와 타운십이 가장 중요한 지방정부이다. 카운티 정부의 기능이 증가하는 추세에 있기 때문이다. 특히 남부의 여러 州에서는 교통, 상·하수도, 토지이용계획 등의 기능을 카운티 정부가 수행하고 있을 뿐만 아니라, 시정부들은 계약에 의해 직원훈련, 법집행, 교도소 등의 업무를 카운티 정부에 의존한다. 카운티 정부는 의회와 수장을 주민들이 직선한다. 이를 카운티 의회-직선수장형이라 하는데 3,042개 카운티 중 거의 2,500개의 카운티 정부가 이 형태로 구성되어 있다. 이를 그림으로 표시하면 [그림 4-3]과 같다(Burns, et al., 1990: 157-158).

(2) 강시장-시의회형

강시장-시의회형(the strong mayor-city council form) 지방정부에서는 시장과 의회만이 주민의 직접선거를 통해 선출된다. 이때의 시장은 국장급 등 공무원들에 대한 폭 넓은 임면권과 감독관(controller), 또는 수석행정관(chief administrative officer)을 임명하여 시장을 보좌하도록 할 수 있는 권한, 예산안의 작성 및 관리 권한, 의회에 대한 거부권을 포함하는 강력한 집행권 등 거의 전적인 행정적 권한을 행사할 수 있다(Berman, 1990: 235; Burns, et al., 1990: 165-166).

따라서 기관대립형제도하의 강시장은 유능한 행정가임과 동시에 훌륭한 정치적 지도자여야 한다. 문제는 이런 두 가지 특성을 동시에 갖춘 인물을 찾기 어렵다는 데 있다. 그러나 강시장제는 효율적인 행정이 가능하고, 책임의 소재를 명확하게 해주는 장점이 있기 때문에 대도시에 가장 적합한 기관구성형식일 뿐만 아니라, 다른 지방정부에도 적합하다는 인식이 확립되는 추세이다(Burns, et al., 1990: 166).

◆ [그림 4-4] 강시장-시의회형

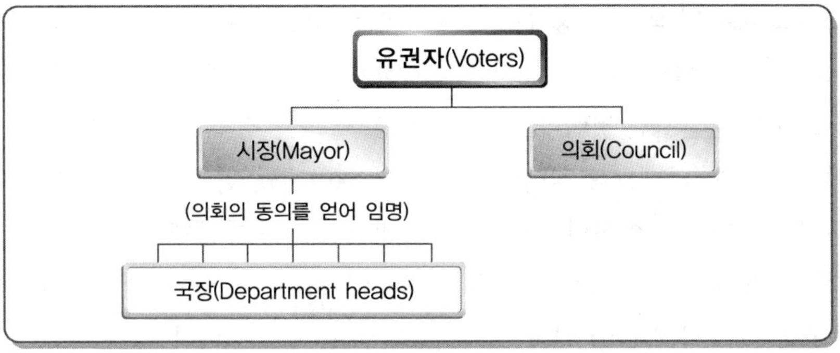

3) 절충형

(1) 약시장-의회형

미국의 지방정부체제에서는 다양한 기관구성의 장점들을 강화하고 단점을 보완할 수 있는 방법을 모색하는 노력과 정치적 실험이 지속되어 왔다. 기관대립형과 기관통합형의 장점만을 살리려한 절충형 역시 이러한 노력과 실험의 산물이다. 약시장제와 의회-관리인제(the council-manager plan)가 그것이다.

약시장제 하에서의 시장은 의회가 의원들 중 한사람을 시장으로 선출하되, 권한은 대단히 제한되어 있는 것이 일반적이다. 이 제도에서는 권한이 분산되어 있어 단일 지도체제가 성립될 수 없다. 19세기 미국의 정치체제[4]는 약시장제와 같은 기관구성의 원인이기도 하다(burns, et al., 1990: 166).

약시장-의회형은 가장 오래된 지방정부 형태로 자치단체의 규모가 작고 정부의 기능이 비교적 단순한 19세기 초기에 시행되었다. 이 형태 하에서 시장의 권한이 약한 이유는 집행권한(executive authority)을 시장

4) 19세기 미국의 정치체제란 의회 우월주의에 입각하여, 집행기관의 장은 모든 수준의 정부에서 입법부를 약화시키는 것으로 인식하고 주 및 시의회의 우월적 권력을 인정하는 미국의 정치 사조를 의미함(정세욱, 1993: 438).

이 독점하는 것이 아니고, 주민의 직접선거에 의해 선출된 행정관들(executives) 및 의회와 공유해야 하기 때문이다. 정부가 한사람(a single executive)에 의해 지배되는 것을 방지하기 위해 정부의 권력을 여러 사람에게로 분산시킨 것이다. 그 원치 않은 결과는 정책수행의 전반에 책임질 사람이 없다는 단점이다(Berman, 1990: 235). 따라서 약시장은 공무원의 임면권과 예산안 준비에 관한 권한이 상당히 제한된다. 또한 약시장제의 시장은 선출된 시의회 의원들에 의해 임명되는 간선직이며, 중요한 행정적 결정에 관해서는 시의회의 동의를 얻어야 하는 것이 일반적이다. 약시장제하에서는 일부 국장, 예를 들어, 경찰국장(police chief)이나 감사관(controller)이 주민들에 의해 직접 선출되는 경우도 있다. 어느 경우든 시에는 단일한 행정책임자가 없어 권력이 분산되어 있다(Burns, et al., 1990: 165-166).

자치단체의 규모가 커지고 정부의 기능이 다양해진 현재는 거의 시행하지 않는 제도이다. 더욱이 약시장제에서는 행정권이 분산되어 있기 때문에 외부의 간섭에 쉽게 영향을 받는다. 19세기 미국정치의 문제점이었던 machine politics[5]가 초래된 원인의 하나가 여기에 있다(Burns, et al., 1990: 165-166). 약시장제를 그림으로 표시하면 다음과 같다.

[그림 4-5] 약시장제

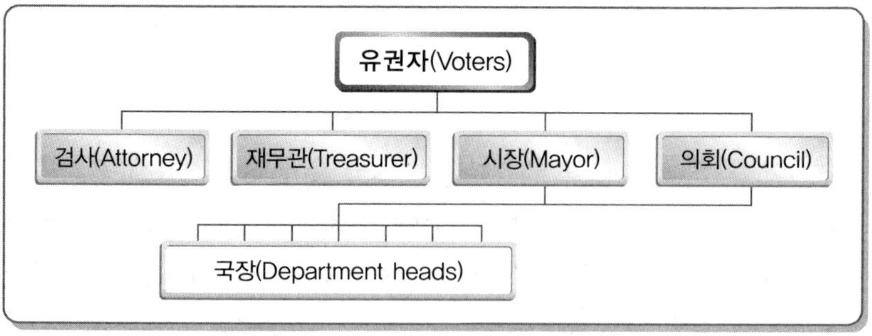

출처: Bowman & Hampton, 1983: 141.

5) machine politics에 대해서는 이 책의 127페이지를 참고할 것.

(2) 의회-관리인제

또 하나의 절충형은 의회-관리인제(the council-manager plan)이다. 이 제도에서는 의회가 관리인을 선임하며 그 활동을 통제한다. 의회는 조례제정권, 예산승인권을 가지며, 행정에는 간섭하지 않도록 되어 있으나, 실질적으로는 관리인을 통하여 시정을 감독한다. 시장은 의회를 관장하며, 의례적인 행사에서 시를 대표하는 권한을 가지고 있지만, 실질적으로는 강력한 정치적, 행정적 영향력을 발휘하는 경우가 흔하다. 시 관리인(city manager)은 정책에 관하여 의회를 보좌하고, 행정을 감독한다. 의회-관리인 헌장(council-manager charter)은 관리인이 의회가 결정한 정책을 집행할 뿐, 정치적으로 중립을 지킬 것을 요구하지만 현실적으로 정책의 수립과 집행을 구분하기는 대단히 어렵다. 사회적으로 덜 분화되어 있고, 지역사회의 목표에 대한 일치감이 높을 경우 의회-관리인제는 대단히 성공적일 수 있다. 반면에 공공정책의 결정자에 관해 주민들을 혼돈시키며, 정치적 지도력을 약화시킨다는 반론도 있다(Burns, et al., 1990: 168-169). 의회-관리인제를 그림으로 표시하면 다음과 같다.

◆ [그림 4-6] 의회-관리인제

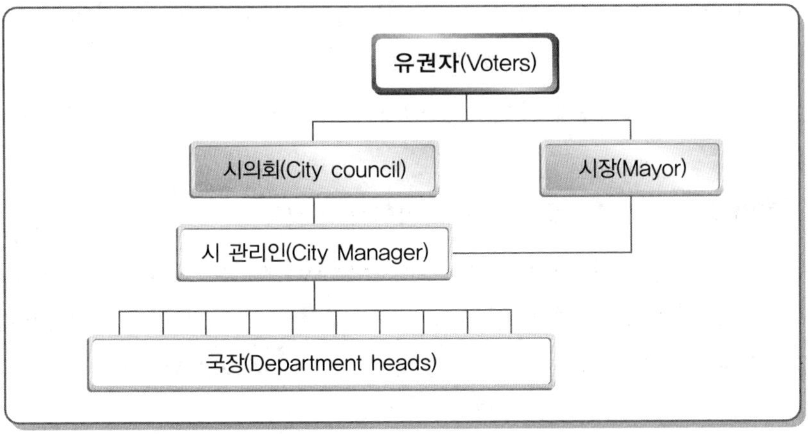

2. 우리나라 지방정부의 기관구성

우리나라의 지방정부의 기관구성은 전형적인 기관대립형으로 의회-단체장 직선형이다. 지난 1990년 지방의회를 설치한 데 이어 1995년 6월 29일 단체장을 직선함으로써 완전한 자치제를 시행하고 있다. 기관대립형 지방정부를 운영한 경험이 20년에 가깝다. 기관대립형에서는 의회와 단체장이 각기 창과 방패와 같은 권한을 가지고 견제와 균형을 유지한다. 의회가 집행기관에 대하여 가지는 권한과 단체장이 의회에 대하여 가지는 권한이 그것이다.

1) 집행기관에 대한 의회의 권한

지방의회는 의결권을 가지고 있는데 이것이 집행기관에 직 · 간접적 견제력을 발휘할 수 있다. 직접적인 견제력을 발휘할 수 있는 의결권에는 조례의 제정 · 개정 및 폐지, 예산의 심의 · 확정, 결산의 승인 등이다. 이와 함께 법령에 규정된 것을 제외한 사용료 · 수수료 · 분담금 · 지방세 또는 가입금의 부과와 징수, 기금의 설치 · 운용, 대통령령으로 정하는 중요 재산의 취득 · 처분, 대통령령으로 정하는 공공시설의 설치 · 처분, 법령과 조례에 규정된 것을 제외한 예산 외의 의무부담이나 권리의 포기, 청원의 수리와 처리, 외국 지방자치단체와의 교류협력에 관한 사항, 그 밖에 법령에 따라 그 권한에 속하는 사항에 대한 의결권을 행사함으로써 집행기관에 간접적인 영향을 미칠 수 있다(지방자치법 제39조①).

지방의회는 매년 1회 그 지방자치단체의 사무에 대하여 시 · 도에서는 14일의 범위에서, 시 · 군 및 자치구에서는 9일의 범위에서 감사를 실시하고, 지방자치단체의 사무 중 특정 사안에 관하여 본회의 의결로 본회의나 위원회에서 조사하게 할 수 있다(지방자치법 제41조①). 또한 감사 또는 조사와 제3항의 감사를 위하여 필요하면 현지 확인을 하거나 서류제출을 요구할 수 있으며, 지방자치단체의 장 또는 관계 공무원이나 그 사무에 관계되는 자를 출석하게 하여 증인으로서 선서한 후 증언하게 하거나 참고인으로서 의견을 진술하도록 요구할 수 있다. 지방의회는 매년 1회 그 지방자치단체의 사무에 대하여 시 · 도에서는 14일의 범위에서, 시 · 군 및 자치구에서는 9일의 범위에서 감사를 실시하고, 지방자치단체의 사무 중 특정 사안에 관하여 본회의 의결로 본회의나 위원회에서 조사하게 할 수 있다(지방자치법 제41조④). 지방의회가 행사하는 의결권과 행정사무 감사권 및 조사권은 집행기관을 견제하기 위한 창이다. 이에 대하여 집행기관은 균형을 유지하기 위한 방패를 가지고 있다.

2) 의회에 대한 집행기관의 권한

지방의회가 지방자치단체의 최고의 의사결정기관이며 집행기관은 집행권만을 가지고 있다는 점에서 보면 지방의회는 집행기관보다 우위에 있는 것이라 할 수 있다. 따라서 지방의회가 집행기관의 업무수행을 저해할 수 있는 상황도 예측할 수 있다. 이에 대항할 수 있는 권한이 집행기관에 주어져야 균형을 이룰 수 있다.

집행기관이 의회에 대하여 가지고 있는 권한에 재의요구권이 있다. 먼저 지방의회에서 의결된 조례안에 대하여 이의가 있을 때에는 조례안을 이송 받은 20일 이내에 이유를 붙여 지방의회로 환부하고 그 재의를 요구할 수 있다. 그러나 단체장은 조례안의 일부에 대하여 또는 조례안을 수정하여 재의를 요구할 수는 없다. 지방의회가 재적의원 과반수의 출석과 출석의원 2/3 이상의 찬성으로 전과 같은 의결을 하면 그 조례안은 조례로서 확정된다. 조례제정 외에도 지방자치단체의 장은 지방의회가 월권 또는 법령에 위반되는 의결을 했다고 인정되는 때에는 그 의

결사항을 송부 받은 날로부터 20일 이내에 이유를 붙여 재의를 요구할 수 있다. 이때 재적의원 과반수 출석과 출석의원 2/3 이상의 찬성으로 의결을 하면 그 의결사항은 확정된다(지방자치법 제107조).

지방자치법은 지방의회가 법령을 위반하는 의결을 했을 경우, 집행기관이 대응할 수 있는 권한으로 제소권도 인정하고 있다. 지방의회의 의결이 법령에 위반되거나 공익을 현저히 해한다고 판단될 때에는 재의결된 날로부터 20일 이내에 대법원에 제소할 수 있다. 이 경우 의결의 효력은 대법원의 판결이 있을 때까지 정지된다(제172조). 지방의회의 월권이나 법령위반 등에 대해서는 관할 집행기관과 상급기관장(광역단체에 대해서는 주무부장관, 기초단체에 대해서는 광역단체장) 그리고 대법원에 이르기까지 3단계의 견제장치가 있다고 할 수 있다.

또한 지방의회의 의결이 예산상 집행할 수 없는 경비가 포함되어 있거나, 법령상 지방자치단체에서 의무적으로 부담해야 할 경비를 삭감하는 경우, 비상재해로 인한 시설의 응급복구를 위하여 필요한 경비를 삭감할 때에는 20일 이내에 그 이유를 붙여 재의를 요구할 수 있다. 지방의회는 재적의원 과반수의 출석과 출석의원 2/3 이상의 찬성으로 의결사항을 확정할 수 있다(지방자치법 제108조).

또한 단체장에게는 선결처분권이 있다. 즉, 단체장은 지방의회의 의결을 거쳐야 하는 사안이라 할지라도 주민의 생명과 재산보호를 위하여 긴급하게 필요한 사항으로서 지방의회가 성립되지 아니한 때, 지방의회를 소집할 시간적 여유가 없는 때, 지방의회에서 의결이 지체될 때에는 선결처분을 할 수 있다. 이때에는 다음 회기에 이를 의회에 보고하고 승인을 얻어야 한다(지방자치법 제109조). 이에 더하여 지방의회가 새로운 회계연도가 개시될 때까지 예산안을 의결하지 못한 때에는 법령이나 조례에 의하여 설치된 기관 또는 시설의 유지 및 운영, 법령 또는 조례상 지출의무의 이행, 이미 예산으로 승인된 사업의 계속에 필요한 경비는 전년도에 준하여 집행할 수 있다(지방자치법 제131조)고 하여 집행기관의 계속적인 예산집행권을 인정하고 있다. 집행기관이 의회에 대하여 가지고 있는 균형적 권한은 그 폭이 상당히 넓다고 할 수 있다.

제5장

정부 간 관계

제1절 영국의 정부 간 관계

1. 영국 정부 간 관계의 역사적 전개

영국은 지방정부에 관해 모순되는 헌법적 전통을 가지고 있다. 한편으로는 의회의 우월한 지위를 인정하는 단일국가(unitary state)이며 동시에 지방의 독립성을 인정한 오랜 전통이 있다는 점에서 그렇다. 중앙과 지방정부는 각기 대항할 수 있는 권한을 가지고 있다. 따라서 정부 간에 존재하는 책임과 통제의 관계는 중앙이 지시하고 지방이 복종하는 단순한 계층(hierarchy)의 문제가 아니라 대등한 당사자 간의 다소 불편한 협력관계이다(Elcock, 1982: 43).

'다소 불편한 협력관계'란 영국에서의 정부 간 관계를 함축적으로 표현한 것이다. 이 표현이 함축하고 있는 의미를 이해하기 위해서 정부 간 관계가 변화해 온 역사적 과정을 인과관계에 비추어 살펴볼 필요가 있다. 어느 한 시점의 정부 간 관계는 그 시점까지의 상황이 영향을 미친 것이기 때문이다. 정부 간 관계는 이상적 기준에 맞춰 규정하고 집행한 것이라기보다는 변화하는 상황에 적응하고자 노력한 시대적 산물이다.

영국과 웨일즈에 존속해 온 전통적인 지방정부는 앞서 논의했듯, 카운티, 패리쉬, 그리고 버러이다. 카운티의 기능은 법과 질서의 유지였으며, 이후 교도소와 교량의 유지에 따르는 행정적 기능이 추가되었다. 버러는 카운티나 패리쉬와는 다른 상당한 자치권을 초기부터 헌장에 의해 부여받고 있었다. 스스로의 판사와 재판소를 가질 권리, 시장을 개설할 수 있는 권리, 의회에 대표를 둘 수 있는 권리가 그것이다. 패리쉬의 중요한 기능은 도로의 유지(1555년 도로법)와 빈민구제(1601년 빈민법)였다(Richards, 1983: 12).

이들 세 종류의 지방정부는 1800년대 전반까지도 상당한 독립성을 가지고 그 스스로의 기능을 수행해 왔으며, 지방정부들 간의 분리의식이 대단히 강했기 때문에 지방정부 사이에 서로 연계된 책임을 나누어 가진 지방정부체제(local government system)라 할 만한 것은 성립되어 있지 않았다. 1800년대 전반부까지의 정부 간 관계는 카운티 판사가 패리쉬의 공무원들에 대한 감독권을 행사하고 있었을 뿐, 중앙정부의 통제는 없었다(Richards, 1983: 11). 따라서 정부 간 관계 역시 특별히 주목할 만한 내용은 없으며, 중앙정부의 관점에서는 자유방임적 관계였다고 할 수 있을 것이다.

그러나 이렇게 단순한 지방정부체제로는 1800년대 이후 교역의 증가, 산업혁명 그리고 인구의 증가에 따른 사회적 문제를 해결할 수 없게 되었다. 1700년대부터 이미 육로에 의한 수송량은 증가하고 있었고, 패리쉬 정부가 비효율적으로 관리하는 도로로는 증가된 교통을 감당할 수 없게 되었다. 더욱이 가장 많은 비용이 소요되고, 논란이 많은 빈민구제도 공정하게 수행하지 못하고 있었다. 1800년대 전반기까지는 지방서비스의 확립된 체제로서 논의할 만한 것이 없었다(Richards, 1983: 14-15).

1832년에 빈민법위원회가 임명되고, 이 위원회의 권고에 따른 1834년의 수정빈민법(The Poor Law Amendment Act 1834)은 빈민구제의 새롭고 통일된 기준을 제정하였다. 그리고 이 수정빈민법에 따라 설치된 빈민법위원회(the Poor Law Commission)는 런던에 소재한 중앙기구로서 전 빈민구제체제를 감독하게 되었으며, 이것이 구체적인 지방서비스에 대한 중앙통제(central control)의 시작이었다(Richards, 1983: 15-16).

빈민구제와 함께 당시의 긴급한 현안은 보건문제였다. 빈민법위원회의 총장이었던 Edwin Chadwick은 질병이 가난의 가장 중요한 원인이며, 따라서 질병의 원인을 제거하는 것이 가난 퇴치의 한 방법이라고 굳게 믿었다. 오물과 불결함 그리고 상 · 하수도의 부족 등 믿기 어려울 정도의 비위생적인 실상이 보고되고, 이를 개선하기 위하여 우선 상 · 하수도 서비스를 제공하기 위한 지방위원회의 설립을 인가하는 공중위생법(The Public Health Act 1848)이 1848년에 제정되었으며 여기에도 중앙통제의 요소가 들어있었다(Richards, 1983: 15-16).

늘어나는 행정 서비스를 원활하게 공급하기 위하여 중앙의 통제가 증대되는 것과 함께 특별행정기관(ad hoc authority)도 도입되었다. 유료도로기금(the turnpike trusts), 배수 및 법과 질서의 효과적인 유지를 위한 개선위원회(the Improvement Commissioners), 빈민구제를 위한 빈민법조합(poor law unions)은 특별행정기관의 효시라 할 수 있는 제도들이다. 특히 빈민법위원회는 전국을 관장하는 특별행정기관의 효시이다(Richards, 1983: 14, 16). 이와 같이 1800년대 전반 이후에는 지방정부에 대하여 중앙정부가 제한적으로 개입하였다. 지방정부의 권한을 최대한 보장하되 행정 서비스를 최소한 전국적으로 통일된 수준에서 유지하기 위한 현실적 필요성 때문이었다. 사실 지방주의 시대는 그 기간이 매우 짧았고 중앙집권의 강화가 지속적으로 이루어졌다고 할 수 있다.

1950년대에 들어서면서 정부 간 관계는 대단히 순조롭고 조화로운 협력자(partnership) 관계로 유지되었다. 지방정부의 증대된 지출을 포함하여 공공지출이 매년 증가하였다. 이에 따라 지방정부들은 서비스를 확장할 수 있었으며, 기준은 개선되었고, 더 많은 공무원을 고용할 수 있었다. 지출의 증가 속도와 우선순위에 관하여 중앙과 지방 사이에 견해 차이는 있었지만 심각한 대립은 없었다. 중앙과 지방정부들은 공공서비스가 증대되고 그 기준이 향상되어야 한다는 점에 의견을 함께 하고 있었으며, 이와 같은 인식은 정당들(보수당과 노동당)도 함께 인식하고 있었다(Jones, 1985: 3). 이 기간의 평화로운 정부 간 관계는 순조로운 경제 성장이 복지정책의 확대에 따른 지방정부의 지출증대를 감당할 수 있었으며 이에 대한 정당 간의 이견이 작았던 것에 그 이유가 있다.

1974년의 유가 인상, 불경기의 시작과 함께 평화로운 정부 간 관계는 더 이상 유지될 수 없게 되었다. 파티(party)가 끝난 것이다. 집권 노동당은 복지정책을 확대하고자 했지만, 이는 경제적 여건 때문에 어려운 일이었다. 오히려 지방정부의 지출을 포함하여 공공부문의 지출을 축소해야만 했다. 이때 노동당 정부가 지방정부에 의한 서비스의 팽창을 통제했던 방법은 '조합주의(corporatism)'라고 할 수 있다. 중앙정부의 정책결정과정에 지방정부들을 더욱 밀접하게 참여시킴으로써 이들을 설득하는 방법을 택했기 때문이다. 이를 위해 지방정부 재정에 관한 협의위원회(the Consultative Council on Local Government Finance)를 1975년에 설치했으며 이 위원회는 재무장관과 지출부처의 장관들 그리고 지방정부의 대표들로 구성되었다. 중앙정부는 이 위원회를 통하여 지방정부들의 신뢰를 확보하는 한편, 지방에 대한 중앙정부의 보조금(grants)을 삭감하여 중앙정부 자체의 공공지출을 축소하고, 지방정부들에 대해서는 구체적 지출정책에 간여하지 않고도 그들의 지출을 축소할 수 있었던 것이다. 지방정부에 대한 노동당 정부의 성공적인 재정축소는 경제성장을 추진하기 위해 공공부문의 지출을 축소해야 한다는 여론조성에 성공한 것과 상당수의 지방의회들에서 노동당이 다수당이었다는 점에도 힘입은 결과라 할 수 있다(Jones, 1985: 3-5). 이 기간의 정부 간 관계 역시 정당 및 경제적 상황에 크게 영향을 받은 것이다. 1979년 노동당의 집권이 끝나고 정권은 다시 Thatcher가 이끄는 보수당에 돌아갔다. 이에 따라 1979년 이후의 정부 간 관계는 새로운 양상을 보이게 된다.

보수당 정부의 지방정부에 대한 대처방식은 노동당과는 크게 달랐다. 이들은 지방정부들의 지출과 거시경제정책에 관해 총량개념을 사용했던 노동당 정권과는 달리 개별 지방정부의 개별지출정책에 직접 간여하였고 이를 위해 정액보조금(block grant)제도를 시행하였다. 그러나 그 결과는 지방정부의 총체적 지출 증가로 나타났다. 이에 따라 중앙정부는 보다 강력한 통제를 가했다. 지방세 증가를 억제하는 '지방세 상한제(rate-capping)'가 그것이다. 지방세 상한제는 1983년 선거 시의 보수당의 공약이기도 했는데, 이를 공약으로 선택한 것은 지방정부의 지출정책과 지방 민주주의에 대한 보수당의 시각을 보여주는 것이었다. 즉 보수당은 지방정부의 지출이 과다하며, 중앙정부가 보조금을 통해 이를 제한하는 데에는 한계가 있을 뿐만 아니라, 지방주민들이 지방선거를 통하여 지방세(rate) 결정에 영향을 미치는 지방 민주주의도 더 이상 기능하지 않기 때문에 중앙정부가 개입해야 한다고 생각했던 것이다. Thatcher 정부는 중앙통제를 크게 강화했다(Jones, 1985: 6-13). 그 결과 1979년 이후, 정부 간 관계(지방정부의 역할에 관한 이슈)는 가장 치열한 정치적 대결의 중심이었다(Savage and Robins, 1990; Elcock, 1994: 5에서 재인용).

1974년 이후 영국의 정부 간 관계는 방법에 차이는 있을지라도 기본적으로 중앙정부의 권한이 강화되는 방향으로 변화하였다. 이러한 변화에 영향을 미친 네 가지 중요한 요인이 있다. 첫째, 영국은 실용적인 정당들에 의해 통치되는 단일국가이기 때문에 중앙정부는 지방정부의 협조와 효율성에 의해 성과가 결정되는 정책 분야를 포함해서 지속적으로 목표를 설정해야 한다. 중앙정부에 의한 목표 설정이 정부 간 관계에 미치는 영향은 정책의 주된 목적이 지출의 확대가 아니라 축소일 때 더욱 커지게 된다. 그리고 영향의 방향은 중앙정부 권한의 강화인 것이다. 둘째, 정부 간 관계의 형성은 중앙정부가 지방정부들보다 상대적으로 더 단일하다는 점에 영향을 받는다. 잉글랜드와 웨일즈의 중앙정부에는 지방정부들에 대해 주된 책임이 있는 5개 성(환경 · 교육 및 과학 · 보건 및 사회복지 · 교통 · 내무)과 공공지출과 조세에 관한 일반적인 감독권을 가진 재무성이 있을 뿐인데 비하여 런던을 제외한 잉글랜드와 웨일즈에는 422개의 자치적인 지방정부들이 전국적으로 조직된 3개의 협회에 의해 대변되고 있다. 지방정부들이 단결하여 중앙정부와의 관계를 형성하는 것이 아니라 대변될 수밖에 없기 때문에 중앙의 권한이 강화된다. 셋째, 정부 간 관계는 영국의 정치체제에 있어서의 정당성(partisanship)에 따라 영향을 받는다. 특히 중앙–지방 관계의 맥락에서 보아 영국의 선거정치는 지방자치를 발전시키는 데 기여한 것이 없다. 지방선거에서의 유권자들은 지방의 쟁점에 의해서가 아니라 중앙의 정치적 쟁점에 따라 투표하며, 지방의회의원의 선출은 중앙정부에 대한 중간평가의 성격을 가지기 때문이다(우리나라의 1995년 6월 27일의 지방선거 결과와 그 이후의 지방선거에 대해서도 이같이 평가할 수 있다). 그 결과 야당이 지방정부를 지배하게 되는 상황은 흔한 일이다. 끝으로 정부 간 정치적 관계를 재정적 관계와 분리시킬 수는 없다. 지방정부가 중앙정부의 보조금에 의존하게 될 수록, 정치적 관계가 어떻게 설정되든, 지방정부는 중앙정부와 대등한 것이 아니라 아쉬운 또는 하위의 입장이 된다(Alexander, 1982: 148–150).

정부 간 관계가 형성되어 온 역사적 과정에서 우리가 얻을 수 있는 지적 유산은 실질적으로 정부 간 관계에 영향을 미치는 요인은 매우 다양하다는 점이다. 행정수요의 질 · 양적 변화, 경제와 정치적 상황, 문화적 특성 등은 모두 정부 간 관계에 특히 강력한 영향을 미치는 요인이다. 이들 다양한 요인에 의한 영향은 제도로 정착되기도 했고, 한 시대의 정치적 쟁점으로서 새로운 변화를 초래하기도 했다. 이제 제도로서 정착된 것을 살펴보면 다음과 같다.

2. 정부 간 관계의 제도적 근거

1) 법적 근거

중앙과 지방의 정부 간 관계를 규정하는 일차적 근거는 법률에 있다. 중앙정부에 의한 지방정부 통제의 법적 근거(legal basis)는 지방정부는 법률에 의해 명백하게 부여된 권한 외에는 아무런 권한이 없다는 데 있다. 지방의회들은 그들의 모든 업무에 대한 법적 근거, 즉 법률적으로 부여된 권한에 속한다는 점을 입증할 수 있어야 한다. 만일 지방의회가 그 권한의 범위를 넘는 업무를 추진할 경우 그 업무는 ultra vires 원칙에 의해 무효화 된다(Richards, 1983: 116).

Ultra vires는 '권한 외(outside 혹은 beyond the powers)'란 의미를 가지고 있다(Elcock, 1982: 47). 이 원칙은 국왕으로부터 헌장(royal charter)을 부여받은 버러들에는 적용되지 않던 것인데, 버러 의회의 지출권한을 제한한 1835년 법률(the Act of 1835)에 의해 버러들도 사실상 ultra vires 원칙의 적용 대상이 되었다. 1835년 법률은 버러 의회가 의회법(an Act of Parliament)에 의해 지출권한을 행사할 수 있도록 한 것이다. 이 법은 버러가 ultra vires 원칙의 적용을 받는다는 점을 명시한 것은 아니지만 지출권을 제한함으로써 사실상 같은 결과를 초래한 것이다. 나아가 1972년 지방정부법(the Local Government Act 1972)에 의해 버러의 특권적 지위는 소멸하고 모든 지방정부는 ultra vires 원칙의 적용을 받게 되었다(Keith-Lucas & Richards, 1978: 28-30).

Ultra vires는 정부 간 관계에서 중앙정부의 우월적 지위를 확인해 주는 오랜 원칙이다. 이 원칙에 더하여 1972년 지방정부법에 따라 의회는 지방정부를 창설할 수 있고, 폐지할 수도 있으며 그들의 권한과 영역을 변경시킬 수도 있게 되었다(Elcock, 1982: 47). 영국에 있어 중앙정부의 지방정부에 대한 우월적 지위는 제도적으로나 실질적으로 확고하다.

이 원칙 외에도 의회는 지방정부로 하여금 특정한 업무를 수행하도록 하는 많은 개별 법령을 제정해 왔다. 1944년의 교육법(1944 Education Act)이 그 한 예인데, 이 법에 따르면 지방교육기관은 그 관할 구역 안의 모든 학령기 아동들을 교육시켜야 하며 이를 이행하지 않을 때에는 법원의 명령(a writ of mandamus)을 받아 이를 이행해야만 한다(Chandler, 1991: 32-33). 중앙정부는 지방정부로 하여금 원하지 않는 일을 하지 못하도록 할 수 있을 뿐만 아니라 원하는 일을 강제할 수도 있는 것이다. 이처럼 중앙정부는 지방정부에 대해 우월적 권한을 행사하고 있다. 그러나 중앙정부가 지방정부를 지배하고만 있는 것은 아니다. 그것은 지방정부들에게도 원하는 일을 할 수 있는 권한을 부여받을 수 있는 길이 열려있기 때문이다.

대부분의 의회 법률은 모든 지방정부에 공통적으로 적용되는 것이지만, 특정한 지방정부에 대하여 특정한 업무를 수행하도록 하는 법률도 있다. 이것을 개별법(Private Acts)이라 하는데, 일반적으로 지방정부의 요청에 따른 것이다. 19세기 말엽 많은 카운티와 버러들이 이 법을 통하여 전기와 가스를 생산 · 공급권을 포함하는 통상권을 부여받았다. 이러한 권한들은 소멸되거나 일반법에 통합되었으나 아직도 그 유습이 남아있다. 예를 들어 Hull은 그 자신의 통신 서비스를 운영하고 있으며, 논쟁의 여지가 상대적으로 적고 지역개발을 위한 사안들에 관해서는 아직도 개별법이 제정될 수 있다(Chandler, 1991: 32-33). 물론 개별법이 중앙정부의 입법절차를 거쳐야 하고 그 예가 많지 않다는 점에서 지방정부의 자치적 권한이 이로써 강화되어 있다고까지는 할 수 없으나, 지방정부의 요구가 받아들여지는 통로가 역사적으로 존속해 왔다는 점에서 영국의 정부 간 관계를 이해하고 평가하는 데 참고해야 할 중요한 제도이다.

한편, 대부분의 법률은 포괄적인 규정으로 이루어진다. 구체적이고 현실적인 모든 내용을 구체적으로 규정하는 것이 대단히 어렵기 때문이다. 그리고 이런 포괄적인 법률을 집행하는 것은 의회가 아니라 행정부이다. 따라서 행정부는 재량을 가질 수밖에 없으며, 정부 간 관계에서 중앙부처의 영향력을 중요한 요인의 하나로 고려해야 한다.

2) 중앙부처

중앙부처에 의한 지방정부의 통제는 크게 3단계로 나누어 그 목표와 범위가 변화해 왔다. 이것은 역시 경제적 상황과 정치 및 사회의 상황이 변화함에 따른 것이라 할 수 있다.

1939년 이전까지는 대다수의 지방정부들이 규모가 작고 재정적으로 취약했으며, 고위 공무원들의 전문적 자질이 부족했기 때문에 중앙정부의 관심은 지방행정의 질적 측면에 집중되었다. 따라서 이 시기에 중앙정부가 목표로 한 것은 지방행정의 질적 향상이었고, 이 목표에 따라 통제의 범위도 결정된 것이다. 이때의 중요한 통제 대상 중 하나는 자본투자비의 재원확보를 위한 기채신청이었으며, 이 신청에 대해 중앙정부는 투자계획이 합당한 것인지를 세밀하게 검토하여 가부를 결정했다. 19세기 중에 감사(inspection)제도가 개발되었다. 학교의 교사들이 그 대상이었다. 내무성에서 파견되는 경찰감사관들이 지방경찰의 효율성을 감사하기 시작한 것도 이때 부터였다. 지방의회는 지방경찰서장과 보건소장을 중앙의 동의 없이 해임할 수 없게 되었다. 이들이 지방유지의 영향력에서 벗어나 주어진 임무를 완수하도록 하기 위한 조치였다. 회계에 관한 기록을 적법하게 유지하고 불법적인 예산지출을 방지하기 위한 디스트릭트 회계감사(District Audit)제도도 도입되었다(Richards, 1983: 122). 이 시기의 중앙통제는 위에서 설명한대로 지방행정의 질적 수준을 향상시키기 위한 사무통제를 중심으로 구성되었다. 지방주의자들의 시대가 지나가고 지방에 대한 자유방임적 대응도 시대적 요청에 따라 변화하지 않을 수 없었다.

1939년부터 1945년 사이의 전시에는 전쟁물자의 동원으로 지방정부의 사업이 대폭 축소될 수밖에 없었다. 전쟁이 끝나고도 자원 부족 현상이 상당 기간 지속되었기 때문에 지방정부가 시행할 수 있는 건축공사를 할당하는 등의 사업 제한이 지속되었다. 이에 더하여 노동당 정부는 지방 서비스의 전국적인 통일성과 기준을 향상시키고자 하였다. 따라서 지방정부의 정책에 영향을 미치는 중앙의 정치적 압력이 전 지방정부에 가해지기 시작했다(Richards, 1983: 122-123). 중앙의 정치적 압력은 복지국가를 지향하면서 더욱 강화될 수밖에 없었다. 그러나 앞서 논의했듯, 1950년부터 1970년대 초반까지는 중앙정부의 개입이 강화되면서도 경제적 상황이 순조로웠기 때문에 지방정부의 지출은 꾸준히 확대되고 정부 간 갈등은 줄어들었다. 이 시기는 대단히 평화로운 정부 간 관계가 지속된 기간이었다. 1970년대 초반을 지나면서 경제상황이 악화되기 시작함에 따라 중앙정부의 통제는 다시 강화되기 시작하고 정부 간 관계도 긴장되었다.

1970년 중반 이후 현재에 이르기까지 중앙통제의 중요한 목표는 지방정부에 대한 지출 억제였다. 내각이 전반적인 경제정책을 관장했으며, 사업과 우선순위를 고려할 때 이미 방대해진 지방예산을 도외시 할 수 없었다. 보수당과 노동당은 공히 지방정부의 지출을 줄여야 한다는 원칙에 공감하고 있었으나, 보수당이 보다 적극적이었다. 중앙의 지방지출에 대한 영향력은 기능에 따라 그리고 서비스의 분야에 따라 서로 달랐다. 분명한 것은 지출액수가 큰 서비스가 보다 많은 통제를 받았다는 점이다(Richards, 1983: 122-123). 지방정부에 대한 재정적 통제는 현재까지 지속되고 있으며, 세계화의 결과에 따라 보다 심화되리라는 것이 일반적인 예측이다.

중앙부처의 지방정부에 대한 통제의 목표는 지방 서비스의 질적 향상에서 지방정부에 의한 지출의 억제로 변화해 왔다. 이 목표에 따라 통제의 수단도 설정된 것으로 볼 수 있다.

경찰, 소방 그리고 교육과 같은 기본적이면서 중요한 지방정부의 서비스가 지역에 따라 질과 양에 다양한 차이를 보인다면 이는 심각한 문제일 것이다. 따라서 중앙정부는 이들 서비스의 최저 기준을 정하고 감독관을 통하여 최저 기준이 확보되도록 노력하는 것이다. 모든 경찰관서(police authorities)는 매년 관할 지방정부가 경찰보조금(police grant)을 받기 전에 Home Office의 감사를 받아야 한다. 감사관은 경찰력이 효율적이고 적절하게 운용되는지에 관해서는 물론 주민들에 의해 제기된 경찰에 대한 불만의 처리에 이르기 까지 세세한 부문에 대해 전반적으로 감사한다. 왕실학교감사(Her Majesty's Inspectors of Schools)는 학교의 효율성을 감사할 뿐 아니라 교육에 있어서의 가능한 개선방법과 새로운 방법들에 관하여 조언도 할 수 있다. 학교 감사관들은 학교 발전과 의사소통의 통로 역할도 수행하는 것이다. 이러한 종류의 감사를 부처별 감사(departmental inspectorates)라 하며, 중앙통제의 중요한 수단이다(Elcock, 1982: 52).

중앙부처에 의한 재정통제는 자본적 경비(capital expenditure)에 관한 통제, 중앙 보조금(central grants)에 의한 통제, 회계감사(audit), 지방세 제도에 관한 통제, 일반적 지출에 대한 부처의 승인에 따른 통제 등이 있다.

3. 이 론

이제까지 정부 간 관계의 역사적 전개과정과 그 결과로 형성된 제도를 살펴보았다. 영국의 경우 미리 정해진 원칙 없이 상황의 변화에 대처하는 과정에서 정부 간 관계가 전개되어 왔다. 이 대처 과정은 살아 움직이는 현상으로 중앙부처와 지방정부의 직업공무원, 중앙과 지방의 선출직 공무원, 그리고 각급 의회의 의원들, 사법부 등이 참여한다. 따라서 정부 간 관계는 이들의 인식과 행태에 따라 크게 영향을 받는다.

예를 들어, 지방정부에 대한 중앙정부의 태도는 부처에 따라 다를 수 있다. J.A.G. Griffith는 이를 세 가지 유형으로 분류했다: 첫 번째 유형은 자유방임(laissez-faire)적 관계이다. 이 유형은 중앙부처가 지방정부에 대해 가능한 최소한으로만 개입하고자 하는 입장을 유지함에 따라 형성된다. 지방정부들이 실수를 통해 스스로 교훈을 얻는 것이 중앙부처가 자주 개입하여 잘못을 교정해 주는 것 보다는 더욱 효과적이라는 것이 그 이유이다. Griffith가 책을 쓰면서(1960년대 중반) 이러한 입장을 가지고 있는 유일한 중앙부처로 생각했던 것은 보건성(Ministry of Health)이었으나, 현재에는 이 입장을 가지고 있는 중앙부처는 없을 것이다. 두 번째 유형은 규제적(regulatory) 태도이다. 정부 간의 규제적 관계는 중앙부처가 서비스의 기준을 유지하고, 지방정부들에 대해 국가의 정책의 시행을 확보하기 위한 것이다. 세 번째 유형은 촉진적(promotional) 태도이다. 이는 중앙부처가 지방정부들을 설득하거나 또는 강요하더라도 부처의 정책을 채택하도록 하고, 국가의 정책이 효율적이고 효과적으로 수행될 수 있도록 노력하는 입장이다. 교통성(Ministry of Transport)의 경우, 교통문제는 국가적 문제라는 관점에서 도로의 보수와 개설의 우선순위는 국가적 기준에서 결정되어야만 한다는 입장을 가지고 있었다. 1960년대에는 촉진적 유형이 중앙 부처들의 일반적인 입장이었다(Griffith, 1966. Elcock, 1982: 53에서 재인용).

일상적으로 행해지는 이 과정의 인과관계(이론화)를 밝히는 것은 어려운 일이다. 이러한 어려움을 무릅쓰고 정부 간 관계를 이해하기 위한 이론적 노력을 지속해 왔다. 그중 대표적 이론은 다음과 같다.

1) 대리인모형과 협력자모형: 고전이론

영국 정부 간 관계에 관해 기본적으로 논의해 온 논점 중 하나는 지방정부가 중앙정부에 대해 가지는 지위 또는 성격이 무엇인가에 관한 것이었다. 이 논점에 대한 1950년대와 1960년대의 주장들은 대리인모형(代理人模型, agent model)과 협력자모형(協力者模型, partnership model)이다. 대리인모형에 따르면, 지방정부는 중앙 부처들의 감독 하에 국가의 정책을 집행하는 대리인에 불과하며, 지방정부의 재량권은 거의 없다는 것이다. 반면, 협력자모형은 지방정부와 중앙부처는 의회의 우월성하에 동등한 자격을 갖는 주체이며 지방정부는 그 스스로의 정책을 고안하고 집행함에 있어 상당한 재량권을 가진다는 것이다(Rhodes, 1983: 14).

대리인모형에 입각하여 정부 간 관계를 분석하면, 지방정부 공공지출의 유형이 부와 자치단체의 규모에 관계없이 지방정부에 따라 상당한 차이를 보이고 있다는 점을 설명하기 어렵다. 더욱이 지방정부의 재정적인 중앙 의존도가 높아가는 추세에서도 지방정부의 예산지출 행태에 주목할 만한 차이를 보이고 있는 점도 설명할 수 없다. 중앙정부가 강력한 통제수단(지방정부에 대한)을 보유하고 있는 것은 사실이지만 그 행사는 임의적이다. 앞서 논의했듯 중앙부처에 따라서 통제의 강도는 차이를 보이고 있는 것이다. 따라서 일률적으로 대리인모형을 적용하기 어렵다. 동시에 지방정부에 따라 중앙의 통제를 수용하는 정도에 차이가 있다. 매연통제(smog control), 종합교육(comprehensive education), 유아교육(nursery education), 주차비(parking meters), 상수도 불소첨가(fluoridation) 등의 정책에 부응하는 정도는 지방정부에 따라 다르다(Rhodes, 1983: 17-18). 그러나 이러한 비판에 근거하여 협력자모형을 주장하는 데에도 한계가 있다.

지방정부들이 예산 지출행태에 차이를 보이는 것이 반드시 중앙의 개입을 배제한 지방의 자치적 선택이라는 근거가 없다. 오히려 중앙정부가 지방 간의 차이를 전제로 이를 장려할 수 있는 것이다. 지방정부에 따라 중앙의 통제를 수용하는 정도가 다른 것은 사실이지만, 모든 지방정부가 중앙정부와 갈등을 유발하는 것도 아니다(Rhodes, 1983: 18–20). 대리인모형이나 협력자모형은 정부 간 관계를 극단적으로 특성화한 것으로 꼭 같이 정부 간 관계의 다양한 측면을 포괄적으로 설명할 수 없을 뿐만 아니라, 특히 정부 간 관계의 동태적 과정을 설명할 수 없는 단점이 있다. 이러한 이론적 단점을 보완하려는 또 하나의 시도를 권력-의존모형에서 찾을 수 있다.

2) 다원론

다원론(多元論, the pluralist model)적 주장의 일반적 특성은 다음과 같이 요약할 수 있다. ① 사회의 구성원인 개인은 그들의 이익을 총괄적으로 조직하는 집단의 구성원이 됨으로써 정치에 참여한다. 사회는 이러한 다양한 집단으로 구성된다. ② 각 집단은 스스로의 이익, 정치적 및 기타의 자원, 그리고 지도력(지도자)을 가지고 있다. ③ 대립적인 세력(집단)과 집단 간의 경쟁을 통해 사회적 균형점(optimum)에 접근하는, 그리고 사회적 균형을 확보하는 정책이 결정된다. ④ 여러 가지의 잠재적 이해를 가진 다양한 압력집단이 있다. ⑤ 개인은 중복적으로 집단에 가입하여 복수의 이익을 추구한다. ⑥ 사회적으로, 의사결정에 관한 기본적인 합의가 있다. ⑦ 사회에는 다양한 불평등이 있지만 이들은 비누적적(non-cumulative)이며, 사회의 모든 구성원은 특정 자원에서 최소한의 상대적 우월성을 가진다. ⑧ 사회는 권력이 다양한 사람들에게 분산되어 있는 개방체제이다(Carmichael, 1995: 20).

위의 특성에서도 알 수 있듯, 다원론자들은 권력이 경쟁을 통해 배분된다고 생각한다. 또한 지방정부를 이익집단으로 이해하며, 정부 간 관계를 다양한 수준의 정부가 서로의 이익을 극대화하기 위한 경쟁관계로 파악하는 것이다. 참여자들이 각기 경쟁에서 우위에 설 수 있는 잠재적 능력을 가지고 있듯, 중앙정부라 해서 절대적 우위에 있는 것도 아니다.

이런 점에서 정치적 권력은 사회적 혹은 경제적 권력에 따라 배분되지 않는다. 각 수준의 정부사이에 불평등이 있을 수 있지만 이것은 비누적적인 불평등이며, 따라서 경쟁에서도 전승할 수 없는 대신 전패도 없다. 이러한 이유로 다원론자들은 정책과정을 점증적이라고 주장한다(Carmichael, 1995: 20). 다원론적 정부 간 관계에 관해서는 다원론에 대한 일반적 비판이 그대로 적용될 수 있다.

3) 권력-의존 모형 또는 정부 간 관계 모형

정부 간 관계 모형(intergovernmental relations model)이라고도 부르는 권력-의존 모형(權力-依存模型, power-dependence model)은 5가지의 명제(proposition)를 전제로 하고 있다. ① 모든 조직은 자원을 확보하기 위해 다른 조직에 의존할 수밖에 없다. ② 조직이 목표를 달성하려면 자원을 교환해야만 한다. ③ 조직 내부의 의사결정은 다른 조직에 의해 제한되지만 지배적인 연합(dominant coalition)은 상당한 재량권을 가진다. ④ 지배적인 연합은 교환과정을 규제하기 위하여 알려진 게임의 법칙 안에서 전략을 채택한다. ⑤ 상호작용하는 조직들의 목표와 상대적인 잠재적 권력에 따라 재량권의 정도에 차이가 생긴다. 이 명제들에 따르면, 중앙과 지방 그리고 협회와 중앙부처와의 관계는 자원을 확보하기 위한 협상(bargaining)으로 특징지을 수 있다(Rhodes, 1986: 17).

이 모형으로 정부 간 관계를 파악할 때, 중요한 협상의 대상은 권위(authority) 혹은 법적 자원(legal resources), 돈(money) 또는 재정적 자원

(financial resources), 정치적 정당성(political legitimacy) 혹은 정치적 자원(political resources), 정보(informational resources), 조직적 자원(organizational resources)의 다섯 가지이다. 권위란 기능을 수행하거나 서비스를 제공할 수 있는 법률적 · 재량적 권리를 의미한다. 돈은 조세, 서비스 공급에 따른 공공요금, 그리고 차관을 통해 공공조직이 확보한 자금을 뜻한다. 정치적 정당성이란 공적 의사결정 구조에 참여하는 것과 선거를 통하여 도출된 정당성에 근거하여 대표들에게 부여되는 대중적 지지를 구축할 권리를 뜻한다. 정보는 통계자료를 소유하고 이의 수집과 전파를 통제할 수 있는 권한을 의미한다. 조직적 자원이란 인원, 기술, 토지, 건물, 물자와 장비의 소유와 이를 통해 중간자를 통하지 않고 직접 행동할 수 있는 능력을 뜻한다(Rhodes, 1986: 17).

권력-의존 모형 역시 정부 간 관계를 지나치게 단순화하고 있다는 비판을 받고 있으며 이를 그 주장자인 Rhodes도 인정하고 있다. 우선, 협상의 대상인 자원은 무기와 보상이라는 두 가지 속성을 가지고 있다. 자원을 얻기 위하여 협상하는가 하면, 협상의 무기로서 자원을 활용하기도 하는 것이다. 더욱이 무기로서의 자원과 보상으로서의 자원이 고정되어 있는 것도 아니다. 따라서 자원은 개별 정책결정권자의 신념과 인식에 따른 '주관적'인 것이며, 그 배분의 기준 역시 이슈와 시점에 따라 상대적이며 대단히 유동적이다. 다음, 협상과 자원을 강조함으로써 상호의존적 관계에 있어서의 기본적인 불평등의 문제에 관한 인식을 흐리게 할 수 있다. 사실상 중앙정부는 독점적인 법적 자원을 가지며, '패권주의적 지도력(hegemonic leadership)'을 행사할 수 있고 게임의 법칙을 변경할 수 있는 것이다. 한마디로 협상은 대등한 관계에서 이루어질 수 없다. 셋째, 권력-의존 모형이 중앙부처와 지방정부 간의 '자원의 교환'에 초점을 두는 것은 교환의 양적 측면을 부각할 뿐 그 맥락과 배경에 소홀할 수밖에 없게 된다(Rhodes, 1986: 19-21).

제2절 미국의 정부 간 관계

1. 미국 정부 간 관계의 역사적 전개

미국은 독립 당시부터 중앙정부의 권한을 제한하여 개인과 주의 권한을 확보하는 데 큰 노력을 기울였다. 그러나 독립 이후의 역사는 연방 권한의 확대 과정으로 이해할 수 있다.

Wright는 미국의 정부 간 관계(연방체제)가 역사적으로 진행되어 온 과정을 7단계로 정리하고 있다: 1930년대와 그 이전의 갈등(conflict) 단계; 1930년대와 1950년대 사이의 협력적(cooperative) 단계; 1940년대와 1960년대 사이의 집권화(concentrated) 단계; 1950년대와 1960년대 사이의 창조적(creative) 단계; 1960년대와 1970년대 사이의 경쟁적(competitive) 단계; 1970년대와 1980년대 사이의 계산적(calculative) 단계; 1980년대와 1990년대의 계약적(contractive) 단계(Wright, 1988: 65-118). 각 단계는 그 시대의 정부 간 관계에 있어 주된 문제점, 정부 간 관계의 참여자들의 인식, 정부 간 관계를 형성하는 규칙(rule of game), 정부 간 관계를 지칭하는 은어(metaphor), 그리고 절정기간 등이 설명되어 있다. 이를 요약해서 소개하면 아래와 같다.

1) 갈등 단계: 19세기~1930년대

갈등 단계(conflict phase)의 정부 간 관계에 있어 문제의 중심은 정부의 권한과 영역의 적정한 범위를 확정하고 공직자들의 행위의 적정한 범위를 규정하는 데 있었다. 갈등 체제의 확립에 영향을 미친 초기의 고전적인 대법원 판례는 재정 정책에 관한 것이었다. 그것이 McCulloch vs. Maryland 케이스인데 헌법의 '필수적이며 적정한' 조항에 대한 대법원의 해석과 은행의 설립에 관한 연방 정부의 권한을 확인한 점에서 중요한 판례로 남아있다. 이 판결을 주도한 대법원장(Chief Justice)은 John Marshall이었다. 이 케이스에 대한 그의 판결은 중앙 정부에 TKO 승을 안겨준 것이었을 뿐만 아니라 그의 국가주의적 견해와도 일치되는 것이었다. 그의 판결은 은행의 설립 권한이 연방 정부에 있다는 점을 확인한 데서 더 나아가 Maryland주 입법부가 허가받지 않은 금융기관이 발행한 은행 채권(bank notes)에 대해 과세한 것을 무효화했던 것이다. 이것은 향후 150여 년간의 중앙과 주 그리고 지방정부 사이의 조세권에 관한 다툼의 시발이었으며 이 다툼에서 중앙정부의 우월적 입장을 확인한 것이기도 하다. 권한의 영역과 범위에 관한 논쟁은 연방과 주에 국한된 것은 아니었다. 주와 지방 정부의 관계에도 이 논쟁은 파급되었다. 지방정부에 대한 주정부의 우월적 지위를 확립해 준 것이 Dillon의 판결이었다.

갈등 단계의 정부 간 관계는 이처럼 권력의 배분에 관한 정부들 사이의 적대적이고 배타적이며 경쟁적인 인식, 법률과 규칙, 그리고 법원에 의한 판결을 게임의 법칙으로 운영된 것이다. 이를 켜 케이크(layer-cake) 연방주의라 하는 이유는 여기서 비롯된 것이다. 갈등 단계는 19세기에서 1930년대까지 유지되었다. 이 시기를 거치며 미국은 연방의 위위를 확립한 것이다. 초기 건국의 아버지들이 우려했던 전제적 중앙정부를 방지할 수 있었던 것은 이러한 갈등을 현실적 상황을 고려하여 현명하게 해소했기 때문이라고 평가할 수 있다.

2) 협조적 단계: 1930~1950년대

국내 · 외의 도전에 효과적으로 대처하기 위하여 정부의 모든 공직자들이 보다 밀접하게 협조하는 것은 자연스러운 일이다. 1930년대에서 1950년대에는 협조체제를 형성하고 유지할 수밖에 없는 상황이 전개되었다. 세계대공황과 제2차 세계대전이 이 기간에 있었기 때문이다.

1933년에 국가자원기획위원회(National Resources Planning Board)가 창설되어 주와 지방정부 수준에서 괄목할 만한 정책을 시행했다. 1935년에는 연방과 주정부가 합동으로 실업보상사업(the joint national-state unemployment compensation program)을 시행했다. 그 중요한 정책 수단은 면세(tax credits)였다. 공황시대에는 공식에 근거한(formula-based) 12개가 넘는 조건부 보조금(conditional grant-in-aid) 제도를 시행하여 주와 지방정부의 자금 수요를 충족시키고자 하였다. 1940년대의 세계대전과 1950년대의 한국전쟁은 민방위 체제의 유지와 전쟁 물자를 조달하기 위한 배급제 등 여러 가지 사업을 정부 간 협력 체제를 통하여 수행했다.

협조적 단계(cooperative phase)의 정부 간 관계가 형성되도록 영향을 미친 요인은 공황과 그 이후의 경제 재건이라는 국내 상황과 세계대전 및 한국전쟁이라는 국제 상황이었다. 협조적 정부 간 관계는 이들 국내·외의 도전에 대응하기 위한 참여자들 간에 협조(collaboration), 보완(complementary), 상호성(mutuality), 지원적(supportive) 인식을 바탕으로 국가적 기획, 공식보조금(formular grant), 면세(tax credits)를 게임의 법칙으로 하여 형성되었다. 이 단계 정부 간 협력 관계의 주요한 수단은 재정적(fiscal)인 것이었으며, 정부 간 관계를 함축적으로 표현하는 용어는 대리석 케이크(marble cake)였다. 이는 켜 케이크가 켜마다 분리된 것과는 달리 연방체제는 색깔을 달리하되(정부의 수준에 따라) 불가분의 전체라는 의미가 내포되어 있다.

3) 집중화 단계: 1940~1960년대

Truman 행정부 이후 Kennedy 행정부에 이르기까지 미국의 정부 간 관계는 지속적인 집권화 경향을 보였다. 이러한 경향은 여러 가지 요인에서 비롯된 것이다. 특히 공황과 전쟁 후인 이 기간에는 각종 정부

서비스와 기간시설(physical development) 수요가 크게 증가하였다. 공항 · 병원 · 고속도로 등의 건설과 빈민지역의 정화, 도시재개발 등의 사업과 폐기물 처리시설 및 도서관 건축 등이 중요한 사업 과제였다. 특히 1950년대 후반 국방과 관련한 교육의 중요성이 소련의 위성발사 성공(Sputnik)에 자극받아 더욱 강조되었다.

1946년부터 1961년 사이에 서비스 제공과 기간시설을 건설하기 위해 21개의 조건부 보조금(grant-in-aid) 사업이 시행되었다. 이를 위한 연방재원이 연방정부에 의해 배분되었기 때문에 연방정부는 마치 커다란 물탱크와 같고 여기에 특정사업을 위한 조건부 보조금이라는 수많은 수도꼭지가 연결된 것과 유사한 모양이었다. 때문에, 이 시기의 정부 간 관계를 '수도꼭지(water-tap) 연방주의'라고도 한다.

1946년부터 1961년 사이에 수도꼭지 연방주의 시대의 현안은 서비스와 기간시설에 대한 수요의 증가였고, 참여자들은 이를 직업주의 · 객관성 · 중립성 · 기능주의적 인식을 바탕으로 해결하고자 했다. 이에 따라 정부 간 관계를 조율하는 게임의 규칙은 조건부 보조금과 서비스 기준의 유지였다.

이러한 사업들을 효과적이고 효율적으로 수행하기 위하여 실용적이고 기능적인 전문가 집단의 영향력이 증대되었다. 1950년대를 전문가 국가(professional state)라 하는 것은 이 때문이다. 그리고 이러한 서비스의 품질을 관리하고, 그 결과에 따라 보조금을 지급하는 업무는 법률보다 행정적 규제와 규칙에 의해 수행되었다. 이것이 집중화 단계(concentrated phase)를 초래한 한 이유이다.

한편, New Deal 정책의 가장 중요한 효과는 중산층으로 하여금 정부의 사업 수행 능력과 그 긍정적 측면에 대하여 참으로 절실하게 의식하도록 했다는 점에 있다. 나아가 '정부는 중산층의 특정한 서비스 욕구에 부응할 수 있어야 한다'는 정치적 인식이 정부 간 관계에 큰 영향을 미쳤다. 중산층의 인식에 대한 정치권의 효과적 대응은 제2차 세계대전 이후 시작되었으며 도시화와 함께 강화되었다.

도시화가 급속히 추진됨에 따라, 도시와 농촌의 경계인 교외(suburbia)지역의 학교 · 하수시설 · 도로 등의 서비스에 대한 수요가 대폭 증가했다. 문제는 중앙의 지원(연방 보조금)을 받으면서 지방(주)의 자치권을 보존하는 데 있었다. 이때의 정부 간 관계는 전문직주의(professionalism), 객관성(objectivity), 그리고 중립성(neutrality)이라는 중산층의 가치에 부합되었다. 정치보다는 객관적 사업의 필요성이 더욱 중시되었던 것이 이유의 하나이다.

이와 함께 의회의 내부조직도 개편되었다. 이 시기의 중요한 변화로 평가할 수 있는 것은 명확한 업무영역을 갖는 상임위원회(standing committee)의 설립이다. 의회의 상임위원회는 곧 특정사업의 예산 확보에 큰 영향을 미치는 통로가 되었다.

4) 창조적 단계: 1950~1960년대

이 기간에 적용된 '창조적'이라는 용어는 한편으로는 Johnson 대통령의 구호였던 '창조적 연방주의(Creative Federalism)'에서, 다른 한편으로는 정부 간 관계에서의 새로운 시도에서 비롯된 것이다. 다음의 세 가지 새로운 시도는 주목할 만하다: 사업기획; 사업보조금; 시민참여. 사업기획(program planning)은, 주 또는 지방의 종합적인 기획은 보조금을 받기 전에 제출하고 승인을 받아야만 한다는 연방정부의 법적 · 행정적 규정이다. 사업보조금(project grants)제도는 공식보조금(formular grant)과 달리 보조금을 관리하는 행정관(grant administrator)에게 개별적인 사업에 대해 계획을 제출하도록 요구할 수 있는 권한을 부여했다. 시민참여(citizen participation)는 경제적 약자와 소수인종의 경제적 기회를 증대시키고자 '가능한 최대한의 참여'라는 구호 아래 사업을 추진한 것이다.

이 기간에 보조금 사업은 폭발적으로 증가하였다. 1961년 현재 1958년 이전에 입법 조치된 40여개의 보조금 사업이 그대로 존속하고 있었으며, 1969년에는 150여개의 중요한 사업이 있었고, 400개의 위임 사업이 있었고, 1,300여개의 연방보조사업이 있었다. 그야말로 보조금 사업이 만개했던 시절이었기고, 그래서 백화만개(flowering) 연방주의라고도 한다.

이 시기에 실용적이고 기능적인 전문가 집단의 영향력이 증대되었다. 보조금 사업에는 두 가지 목표가 있었다. 하나는 도시 및 대도시의 문제 해결이고, 다른 하나는 경제적 평등의 실현이었다. Johnson 정부는 빈민이 없는 위대한 사회(Great Society)의 건설을 시대적 사명으로 생각했다. 이 사명을 효율적으로 수행하기 위해 도입한 것이 비용-효과성(cost-effectiveness)을 중시하는 PPBS였다. 1965년 Johnson 대통령은 PPBS를 연방의 전 업무에 도입했다. 이에 따라 보조금 사업에도 기획 개념이 중시되었다. 이를 통해 연방과 주 그리고 지방의 목표를 서로 밀접하게 연계시키려 했다.

한편, 빈민을 구제하여 위대한 사회를 구현하려 했던 국가적 목표는 정부 간 관계 참여자의 공통된 인식이었다. 이 목표를 수행하기 위한 막대한 자원은 보조금의 형태로 배분되었기 때문에 보조금확보술(grantmanship) 또한 정부 간 관계에 대한 일반적 인식이었다. 이러한 인식을 바탕으로 정부 간 관계는 사업기획(program planning), 사업보조금(project grants), 그리고 적극적 참여(citizen participation)를 통해 운영되었다.

5) 경쟁시대: 1960~1970년대

보조금의 수많은 분화(proliferation), 전문가와 참여지향적인 고객 사이의 충돌, 약속과 결과 사이의 괴리, 도시 관리의 어려움, 그리고 국제적인 난제 등은 모두 1960년대 말기 어려운 상황의 원인이었다. 이에 따라 정부 간 관계도 새로운 국면으로 접어들었다. 경쟁시대(competitive phase)가 그것이다. 정부 간 관계에 있어 경쟁시대란 직업관료(사업 관리자)와 주 및 지방정부의 선출직 공직자 사이의 긴장을 의미한다. 이들의 중심 가치는 중립적 능력(neutral competence)이었다. 한편, 주와 지방정부의 선출직 공직자들은 Big Seven이라고도 불리는 7대 공익집단(the seven public interest groups, PIGs)을 구성하여 그들의 주장을 집단으로 관철하려고 했다. 7대 공익집단은 주정부협의회(Councils of State Governments), 전국주지사협회(National Governors' Association), 전국주의회회의(National Conference of State Legislatures), 전국카운티공무원협회(National Association of County Officials), 전국시연맹(National League of Cities), 미국시장회의(U.S. Conference of Mayors), 국제시관리협회(International City Management Association)을 뜻한다. PIGs는 세입공유, 보조금 통합 등에 관해 공통의 이해를 가지고 있었기 때문에 대통령의 지도 원칙(executive-leadership doctrine)을 재확인하고 사업 전문가의 중립적 능력의 원칙에 도전하였다. 이것이 경쟁의 한 측면이다.

경쟁의 또 다른 측면은 사업들 사이의 경쟁이다. 대부분의 사업은 기능별로 연방과 주 그리고 지방정부에 이르기까지 수직적인 관리체계를 유지했다. 예를 들어 고속도로, 복지, 초 · 중등교육, 병원, 정신건강, 고등교육, 등의 사업은 연방과 주 그리고 지방정부를 일괄하여 시행 · 관리하였다. 따라서 마치 나무판자로 만든 담장과 같이, 연방과 주 그리고 지방정부를 여러 개의 사업이 수직으로 연결하는 형태가 되었다. 이때의 정부 간 관계를 함축하는 은어로 나무담장 연방주의(Picket-fence federalism)를 사용한 것은 여기에 이유가 있다. 이들 각 사업에 관련된 전문가와 공무원들은 공통의 이해관계를 가지게 되고 이들 사이의 경쟁도 유발되었다. 이것이 사업들 사이의 경쟁이다.

이에 따라 참여자들이 가졌던 정부 간 관계에 대한 인식은 의견의 불일치, 긴장, 그리고 경쟁이었다. 또한 경쟁시대에는 지나치게 분화된 보조금의 조화, 관료적 행태, 행정(관리)능력, 사업의 결과, 효과적인 서비스 전달, 그리고 시민의 접근통로 등이 점검해야 할 문제점이었다. 이들 당시의 현안에 대한 정치권의 대응은 행정적 성과, 공공재와 서비스의 전달체계와 관련한 조직적 구조, 그리고 보조금 제도 등에 초점을 둔 개혁이었다.

먼저 보조금 제도에 두 가지 변화가 있었다. 첫째, 수많은 보조금을 정액보조금(block grants)과 특별세입교부금(special revenue sharing)제의 도입으로 통합했다. 둘째, 사업의 효과성을 증가시키고 연방공무원들과 경합하는 선출직 공직자들의 입지를 강화함으로써 주와 지방정부를 강화시키기 위한 일반세입교부금(general revenue sharing)제를 도입한 것이 그것이다. 이와 함께 조직 개편도 중요한 대응 방안의 하나였다.

6) 계산시대: 1970~1980년대

1975년 New York 시의 재정 파탄은 여러 가지 문제를 노출시켰다. 중요할 뿐만 아니라 많은 재원이 소요되는 공공정책의 결정에 관한 책임소재를 분명히 하기 어려운 문제, 지방정부의 파산, 재정상의 제약과 의존, 이에 따른 연방정부의 역할, 일반 국민의 신뢰 등은 미국의 정치체제와 정부 간 관계에 있어서의 당면 문제들이었기 때문에 New York 시의 상황은 미국의 정치체제와 정부 간 관계의 축소판이라 할 수 있었다.

지방재정의 어려움도 비단 New York 시만의 문제는 아니었다. 이에 대한 연방정부와 주정부의 대응은 여러 가지로 나타났다. 그중 하나는 재량보조금(discretionary aid)제도였다. 이 제도는 일반보조금(general aid)과 정액보조금(block grants)으로 구성되며 이들 보조금은 공식에 근거하여 배부되었다. 그리고 보조금의 배분과 관련된 법률 용어는 보조금에 대한 참여자들의 마음가짐을 변경시키는 의미가 함축되어 있었다. "수급권(entitlement)"이라는 용어를 사용했기 때문이다. 이는 자치단체가 보조금을 받을 수 있는 법적 권리가 있다는 의미이다. 주와 지방정부들이 보조금을 받기 위해 소송을 제기할 수 있는 단서가 된 것이다.

일반보조금과 관련된 기법의 하나는 우회(bypassing)였다. 즉, 연방자금을 주정부를 거치지 않고 지방정부에 직접 배분한 것이다. 이 기법이 초래한 결과는 연방정부가 재채기를 하면 주와 지방정부들은 폐렴에 걸린다고 할 정도의 깊은 재정적 의존이었다.

대여(loans)는 계산시대(calculative phase)의 정부 간 관계를 운영하는 세 번째 방법이었다. 두 가지 대여가 있었다. New York 시에 대한 대여와 학생들에 대한 학자금 대여였다. New York 시에 대한 일시 대여금은 재무부 장관의 시 재정 전반에 관한 감독을 조건으로 한 것이었다. 이에 따라 연방정부의 고위관리가 주와 지방재정에 간여하는 관행이 정착되었다.

이와 함께 사선규제(cross cutting regulation)가 이 단계의 정부 간 관계를 운영하는 네 번째 방법이었다. 주와 지방정부가 보조금확보술(grantsmanship)이나 임기응변(gamesmanship)을 발휘하기 위해서는 연방등록(Federal Register)이나 연방내부지원목록(Catalog of Federal Domestic Assistance)에 관한 충분한 사전 지식을 갖추어야만 했다. 이러한 상황에 대한 정부 간 관계 참여자들의 행태는 계산 또는 전략적인 것이었다. 1970년대 계산시대에 대한 또 다른 명칭이 전략(strategic) 단계인 것은 이러한 이유 때문이다. 이 당시 참여자들의 행태를 몇 가지로 요약할 수 있다. 첫째, 주와 지방정부들은 연방보조금을 얻는 이익과 함께 그 비용에도 관심을 보이기 시작했다. 보조금에는 조건이 따르고 이를 충족시키려면 자체 재원이 소요되기 때문이다. 둘째, 공식에 근거한 보조금(formula grant)도 계산/전략적인 행태를 유발시켰다. 몇 개의 공식을 변경함으로써 연방보조금의 배분에서 유리한 입장을 차지할 수 있기 때문이었다. 이를 공식게임(formula game)이라고도 한다. 셋째, 1970년대의 긴축관리(cutback management)를 위한 기술개발과 제약을 극복하기 위해 계산적이고 전략적인 행태가 유발되었다. 넷째, 학생들에 대한 학자금 지원제도가 주정부들에 이익을 안겨주었다. 학자금 융자에서 주정부가 이익을 얻을 수 있었던 이유는 연방정부가 사금융의 자발적 참여를 유도하는 데 실패하자 주와 지방정부가 이를 대행하고 연방정부가 대납해주는 이자차액을 얻을 수 있었기 때문이었다. 끝으로 정부 간 관계에 있어 규제의 중요성이 증가하면서 이에 응하지 않을 때의 위험도 증가하였다. 또한 규제에 부응하는 데에는 막대한 자금이 소요되었다. 이 역시 전략적 행태를 초래한 원인이 되었다.

한편, 이러한 시대적 상황에 따라 정부 간 관계에 대한 참여자들의 인식이 형성되었다. 이 시기 정부 간 관계에 대한 참여자들의 인식은 세 가지로 요약할 수 있다: 임기응변(gamesmanship); 교환성(fungibility); 과중한 부담(overload). 임기응변은 정부 간 관계의 참여자들이 보조금을 확보하기 위해 전략적으로 행동하는 것을 의미한다. 교환성이란 어떤 목적으로 받은 재원을 다른 목적을 수행하기 위한 재원으로 전용하거나 변경할 수 있는 능력을 뜻한다. 과중한 부담은 본래 현대 민주주의 정부는 책임이 지나치게 크다는 광범위한 의미로 사용되었으나 이 시기 미국에서는 이 용어가 정부의 성과, 지나친 비용, 비효과성, 그리고 과도한 규제를 비판하는 의미로 사용되었다. 앞서 논의한 이 시기에 정부 간 관계를 운영했던 수단들을 생각하면 참여자들의 인식은 당연한 것이라 할 수 있다.

이 시대의 상황과 인식을 반영하고 있는 연방주의에 관한 함축적 표현은 전면연방주의(facade federalism)이다. 이 조어에서 facade란 단어는 본래의 두 가지 의미가 함께 사용된 것이다. 하나는 건물 등의 전면이란 의미가 그대로 사용된 것인데, 각 수준의 행정수반, 입법부 그리고 사법부가 광범위하게 정부 간 관계에 참여했던 것을 나타낸다. 다른 하나는 가공의 또는 잘못된 전면이란 의미이다. 정부 간 재원의 교류에서 다른 참여자들을 속여서 이익을 얻기 위하여 고안된 혹은 가공의 전면을 내세우는 경우가 흔히 있었던 점을 표현하기 위한 것이다. 또한 권력이 지나치게 연방정부의 고위직에 집중되어 연방주의가 대단히 약화됐던 상황을 나타내기 위한 것이다.

7) 수축단계: 1980~1990년대

1980년대에 들어서면 네 가지 유형의 긴축이 나타난다. 첫째는 연방부조의 감소이다. 연방부조는 불변가격, GNP 비율, 주와 지방정부 세입 비율 등의 기준에서 모두 감소했다. 둘째, 주와 관할 지방정부의 관계에서 지방정부의 자치권이 감소됐다. 주정부의 중앙집권화 현상이 초래된 것이다. 셋째, 사법부의 판결과 의회의 법률이 주와 지방정부의 행위(자치권)을 제한했다. 넷째, 민영화의 증가로 정부의 직접적인 서비스 제공이 축소된 것을 들 수 있다. 이 시기를 의미하는 은유가 수축(contractive)인 이유들이다.

이 시기에 정부 간 관계에 영향을 미친 또는 당면하고 있던 문제는 다음과 같다. 첫째, 연방적자(federal deficit)는 정부 간 관계, 특히 재정적 측면에 심각한 영향을 미쳤다. 연방의회는 전반적인 지출수준을 낮춰야 하는 상황에 직면하여 강제 교환원칙을 적용했다. 강제 교환원칙이란 새로운 세출항목을 신설하기 위해서는 기존의 사업이나 세출을 줄여야 하는 제로섬 상황(zero-sum situation)을 의미한다. 재정적 제약은 연방정부에만 국한된 것이 아니었다. 둘째, 연방부조의 삭감과 변화가 많은 문제를 초래했다. 우선 정부 간 관계의 기본적인 성격이 변화했다. 이것은 제도적 변화라 할 수 있는데 연방정부의 정책형성과 관할 지방정부의 정책결정에 주정부의 역할이 증대된 것이 그것이다. 특히 관할 지방정부에 대한 주정부의 집권화가 초래되었다. 셋째, 1980년대 정부 간 관계의 사법적 환경은 연방보조금법, 주와 지방의 공무원과 정부의 책임, 그리고 주와 지방정부가 저지른 헌법과 법률위반에 대한 시정 등의 문제들에 관한 쟁송이다. 이들 문제에 대한 사법적 판단의 결과는 제도적으로 약자인 직업공무원을 정부 간 관계에서 일어나는 갈등과 이론을 조정하고 화해시키는 주역으로 부상시킨 것이었다. 넷째, 주와 지방정부의 공무원들은 연방법원으로부터 책임과 의무를 부여받았을 뿐만 아니라 의회의 법률과 행정적 규제에 의해서도 의무를 부여받았다. Reagan행정부의 규제완화 노력에도 불구하고 정부 간 관계의 규제는 증가했다.

이러한 상황에서 정부 간 관계에 대한 참여자들의 인식을 요약해 보면 다음과 같다. 연방과 주의 관계를 재편하려는 대통령의 노력은 공격적이고 집요했기 때문에 공격적이라는 인식이 있었다. 연방정부의 변화는 보조금의 삭감과 병행된 것이고 이를 채찍질 연방주의(whiplash federalism)라고도 표현했다. 채찍질은 주와 지방정부의 행태에 크게 영향을 미쳤다. 우선 지방정부들은 연방의 자금원에 의지할 수 없게 됨에 따라 주정부에 보다 많이 의존하게 되었고, 갑작스러운 채찍질에 대한 이론적(異論的, contentiousness) 인식과 방어적(defensiveness) 인식이 형성되었다. 갑작스러운 채찍질(재정보조의 삭감)에 대비한 준비가 필요했고, 내가 왜 채찍을 맞아야 하느냐에 관한 이론은 소송으로 이어졌다. 쟁송적(litigiousness)이라는 인식은 이 때문에 형성된 것이다.

수축단계(contractive phase)이러한 시대적 속성을 가진 연방주의에 대한 은유적 표현에는 채찍질 연방주의, 사실상 연방주의(de facto federalism), 망원경 연방주의(telescope federalism)가 있다. 사실상의 연방주의란 정부 간 관계에서 재정적 관계가 심각하게 축소되고 주와 지방정부의 자급자족을 강조하는 형식적 관계가 보다 두드러진 점을 나타내기 위한 것이다. 망원경 연방주의란 정부 간 관계의 사법적 환경을 나타내는 은유이다. 주와 지방정부의 활동에 연방재판소가 보다 많이 개입함에 따라 중앙의 연방재판소가 지방정부의 활동에 대해 망원경을 통해 개입한다는 것인데, 망원경에 두 개의 눈구멍이 있듯 연방재판소는 적법절차(due process)와 동등보호조항(equal protection clauses)의 두 원칙에 따라 판결한다.

2. 연방주의: 연방정부와 주정부의 제도적 근거

1) 연방정부의 권한과 한계

미국에서는 주정부와 연방정부의 관계를 연방주의(federalism)로 표현하며, 주정부와 관할 지방정부의 관계는 작은 연방주의(little federalism)로 표현한다. Dillon's Rule에 의해 지방정부는 주 의회의 산물이라는 점이 판례로 확립되어 있다. 따라서 연방체제 안에 단일국가의 요소가 주와 지방정부 사이에 존재하고 있다. 한편, 주정부 간 · 지방정부 간 관계는 이를 수평적 연방주의(horizontal federalism)라 한다. 그리고 이들 각 수준 정부 간의 관계를 총칭하여 IGR이라 한다.

연방체제는 단순히 국가(nation)와 주(state)정부가 존재한다는 점에서 성립하는 것은 아니다. 보다 중요한 것은 헌법이 국가의 통치권을 국가와 주정부에 실질적인 기능과 함께 배분하고 있다는 점에 있다. 국가와 주정부는 그 권력을 서로 주고받는 것이 아니라 헌법으로부터 부여받는다. 그리고 헌법에 규정된 국가와 주정부 간의 권력배분은 통상의 입법절차에 의해 변경될 수 없다. 예를 들어, 국가나 주의 입법부에 의해 변경될 수 없다(Burns, et al., 1990: 31).

따라서 연방주의는 구성정부들(constituent governments)이 헌법상의 계약(compact)을 통하여 중앙정부를 창설하되, 구성정부들의 행위를 규제할 수 있는 권한을 주지 않는 연맹(confederations)과는 다르다. 연맹체제에서는 중앙정부가 구성정부들을 위한 법률을 제정하지만 이는 구성정부들의 지시에 따른 것일 뿐이다(Burns, et al., 1990: 32).

미국의 헌법을 제정한 건국의 아버지들은 현재 연맹(confederate) 형태의 정부라 불리는 것을 지칭하는 의미로 연방(federal)이라는 용어를 사용했으며, 오늘날 "연방(federal)"이라는 용어는 흔히 국가를 의미하는 것으로 이와 혼용되고 있다(Burns, et al., 1990: 32). 중앙 또는 국가정부를 흔히 연방정부[1)]라 하는 것도 이에 따른 것이다.

헌법상 입법 · 행정 · 사법권은 국가(연방정부)에 귀속되어 있다. 이것을 명시된 권한(express powers)이라 할 수 있다. 헌법은 또한 이들 명시된 권한으로부터 무리 없이 유추할 수 있는 묵시적 권한(implied powers)을 의회에 위임했다. 의회가 가지는 묵시적 권한의 헌법적 근거는 필수적이며 적정한 조항(necessary and proper clause)이다(Article I, Section 8). 헌법 제1조제8항은 명시된 권한과 위임된 다른 권한을 수행하기 위하여 필수적이며 적정한 모든 법률을 제정할 수 있는 권리를 의회에 부여한 것이다. 또한 전쟁선언, 조약체결, 대사의 교환을 포함하는 외교권은 헌법상 명문의 규정은 없으나 중앙정부에 고유한 권한(inherent powers)으로 이해되고 있다. 이에 더하여 중앙정부의 우월성은 헌법 제6조에 의해 확립되어 있다. 이 조항에 따르면 연방정부의 규칙과 법률이 주와 지방정부의 법률이나 규칙에 우선한다(Burns, et al., 1990: 37). 연방정부는 명시적 권한, 묵시적 권한, 그리고 고유권을 가질 뿐만 아니라 주정부에 대한 우월성(national supremacy)도 확립되어 있지만, 이 권한의 행사에는 한계가 있다.

1) 이 책에서는 연방정부와 중앙정부 또는 국가정부라는 용어를 같은 의미로 사용한다.

헌법은 연방정부의 권한 행사, 특히 조세권과 주 간 교역의 규제에 관한 권한의 행사는 주의 책임을 수행하는 능력을 저해하지 않는 방법으로 이루어져야 한다고 규정하고 있다. 연방정부는 또한 모든 주가 공화국 형태의 정부(republican form of government)를 가질 수 있도록 보장해야 한다. 아울러 연방정부는 모든 주를 폭동으로부터 보호해야 할 책임을 진다. 의회가 위임한 바에 따라 미국의 대통령은 주의 적법한 당국의 요청에 따라, 긴급한 경우 요청이 없더라도, 폭동의 진압을 위해 군대의 출동 등 필요한 조치를 취할 수 있다(Burns, et al., 1990: 39-40).

2) 주정부의 권한과 한계

미국의 헌법에 따르면, 주정부는 중앙정부에 부여되지 않은 모든 권한을 행사할 수 있다. 즉, 헌법의 규정에 의해서 또는 법원의 해석에 따라 중앙정부에 배타적으로 부여된 권한 이외의 모든 권한은 국법과 상치되지 않는 한 주정부가 행사할 수 있는데 이를 주정부의 동시적 권한(concurrent powers)이라 한다. 예를 들어, 각 주는 중앙정부와 함께 조세를 징수할 수 있고 주 내에서의 교역을 규제할 수 있다. 일반적으로 주는 중앙정부와 동일한 세목으로 징수할 수 있다. 다만, 주정부의 조세로 인해 주 간 교역에 부적절한 부담이 초래되거나 연방정부 업무에 개입되거나 연방법 집행에 어려움이 초래되거나 미국이 맺은 협정의 조건이 축소돼서는 안 된다. 이들 사안에 대한 판단은 사법부에 의한다. 이외에도 주정부가 수행할 수 없는 세 가지 행위가 헌법에 명시되어 있다. 즉, 외국과 조약을 체결할 수 없다. 다음, 개인에게 선박의 나포와 보복을 허용하거나 또는 개인에게 다른 나라의 선박과 상품을 약탈할 수 있는 면허를 줄 수 없다. 마지막으로, 화폐와 신용화폐를 발행하거나 혹은 부채 상환을 위해 금화와 은화를 제외한 다른 어떤 것도 발행할 수 없다. 이에 더하여 주정부는 연방의회의 동의 없이 다음의 다섯 가지 행위를 할 수 없다. 수출입 관세를 부과할 수 없다. 외국 선박에 대해 과세할 수 없다. 평화 시에 군대와 함정을 보유할 수 없다. 국내에서의 정치적 권력을 증대시키는 결과를 초래하는 계약을 외국이나 타 주와 맺을 수 없다. 지체할 여유가 없이 현존하는 위험 상황이나 침공을 받지 않는 경우 이외에 전쟁을 할 수 없다(Burns, et al., 1990: 38-39).

위의 논의를 통해 볼 때 미국의 연방주의체제에서 연방정부의 주정부에 대한 우월적 지위가 헌법상 확립되어 있는 것은 명백하지만, 이 원칙이 처음부터 확립된 것은 아니었다. 건국 후 200여년에 걸친 시행착오와 환경의 변화에 적응해 온 긴 과정을 거쳐 확립된 것이다.

3) 작은 연방주의: 주정부 간 관계

주정부 간 관계는 4가지 기본적인 원칙에 의해 유지된다. 첫 번째 원칙은 성실한 신뢰와 신용(full faith and credit)이다. 이 원칙에 따라 모든 주 법원은 다른 주 법원의 민사에 관한 판결을 존중해야 하며, 그 공공서류나 증명을 인정해야 한다. 두 번째 원칙은 주 간 특권과 면제(interstate privileges and immunity)이다. 이 원칙에 따라 모든 주는 다른 주의 주민에게도 그 주의 주민과 꼭 같은 권리와 면제를 적용해야 한다. 세 번째 원칙은 범인인도(extradition)이다. 모든 주는 다른 주에서 범죄를 저지른 범인을 관할권이 있는 주에 인도해야 한다. 네 번째 원칙은 주 간 계약(interstate compacts)이다. 이 원칙은 주 간 분쟁의 해결방법에 관한 것이다. 즉, 모든 주는 다른 주와의 갈등을 법원이나 상호 계약에 의해서만 처리해야 한다. 무력에 의한 갈등의 해결을 인정하지 않고 있는 것이다(Burns, et al., 1990: 40-41).

한편, 주정부와 지방정부의 관계는 Dillon’s Rule에 의해 규정된다. Dillon의 판결은 주와 지방정부의 권력관계에 관한 가장 고전적인 개념 규정이라 할 수 있는 것으로 그 요지는 다음과 같다. 첫째, 지방정부의 권리에 관한 관습법은 없다. 둘째, 지방자치단체는 주정부의 창조물이며, 그 창설과 폐지는 주정부의 재량에 속한다. 셋째, 지방자치단체의 권한은 명시된 것에 한한다. 넷째, 지방자치단체는 주 의회의 의지를 차용하는 주체에 불과하다(Wright, 1988: 40).

연방체제하에서 주정부사이는 수평적 관계, 그리고 주와 지방정부의 관계는 주정부의 일방적 우위가 확립된 것으로 큰 논란의 여지가 없다. 따라서 연방체제에서의 논의의 핵심은 주의 권리에 관한 것이다. 주의 권한에 관한 서로 다른 주장이 연방주의에 관한 다음의 3가지 중요한 이론이다.

3. 이 론

미국의 정부 간 관계에 관한 이론은 두 개의 차원으로 논의할 수 있다. 하나는 연방주의 자체에 관한 이론이다. 연방주의에 관한 이해는 그 자체로 중요한 학문의 대상이며, 동시에, 정부 간 관계를 이해하는 배경이기도 하다. 따라서 연방주의에 관한 이론들을 먼저 살펴보고 정부 간 관계에 관한 이론을 논의한다.

1) 연방주의에 관한 이론의 전개

(1) 계약이론

1787년에 제정된 미국의 헌법은 연방과 주정부 간 관계의 본질적 내용에 관한 논란을 해결하지 못했다. 건국 초기의 주정부 옹호론자들이 주장했던 헌법상 논점은 주권(sovereignty)은 절대적이며 불가분이며 주에 있다는 것이었다. 연맹 헌법(Articles of Confederation)하에서의 동맹(The Union)은 주권을 보유한 주 사이의 계약에 따른 것으로 국민에 의해 직접 설립된 것이 아니라는 것이다. 따라서 연방 의회의 권한은 헌법상 명백히 위임된 사항에 국한되며 헌법을 해석하는 권한도 대법원이 아니라 주에 있다는 것이다. 그러나 남북전쟁(Civil War) 이후 주정부 옹호론자들은 계약이론(契約理論, compact theory)을 포기할 수밖에 없었다. 전쟁이 끝난 후 텍사스와 화이트 사이(Texas vs. White)의 소송에서 대법원은 주와 동맹과의 관계는 해체할 수 있는 것이 아니기 때문에 텍사스 주는 동맹에서 탈퇴한 적이 없으며 그렇게 할 수도 없는 것이라고 선언했다. 이에 따라 주의 우월성이나 계약이론은 그 근거를 상실했다(Berman, 1994: 32). 계약이론은 주정부의 권리를 강화해야 한다고 주장하는 사람들이 크게 의존했던 이론이다. 사실상 이 이론에 따르면 중앙정부는 주 정부의 창조물에 지나지 않는다. 주 정부의 우월성은 당연한 귀결이었다. 주정부 옹호론자들이 의지했던 또 다른 이론이 이중연방주의이다.

(2) 이중연방주의

이중연방주의(二重聯邦主義, dual federalism)는 주와 연방정부가 분리된 영역에서 각기 권한과 최고의 지위를 가진다는 이론이다. 주의 권한에 속하는 영역은 수정 헌법 제10조에 의해 보호받는다. 모든 정부 권력이 연방과 주정부에 배분되기 때문에 어느 한편의 권력 증가는 다른 편의 권력 감소를 의미한다. 이중연방주의의 전성기에는 정부의 기능을 연방과 주 정부에 배분하는 역할과 두 정부의 권한 영역을 보호하는 역할이 대법원에 의해 수행되었다. 특히 1890년대와 1930년대 후반 사이에 대법원은 '연방체제의 심판(umpire of the federal system)'으로서 의회의 활동을 제한하는 데 스스로의 권한을 사용하였다. 그 이유는 의회의 활동이 헌법이 주 정부에 부여한 권한과 배치된다는 데 있었다. 1930년대 후반 이후 대법원은 연방정부의 우월성과 연방정부의 권한 확대를 옹호했다. 이와 같이 이중연방주의는 연방과 주 관계에 대하여 특정한 책임을 수행하기 위한 권한을 누가 갖느냐는 문제에 초점을 둔 형식적이며 법률적인 접근방법이라 할 수 있다(Berman, 1994: 32).

(3) 협력적 연방주의

협력적 연방주의(協力的 聯邦主義, cooperative Federalism)는 특정한 문제를 해결하기 위하여 모든 정부의 자원을 공동으로 이용해야 할 필요성을 강조하는 데 그 특징적 성격이 있다. 따라서 이 이론이 제기하는 실용적인 문제는: 교통과 교육체계의 개선, 혹은 범죄 등의 다양한 문제를 해결함에 있어 어떻게 연방 · 주 · 지방정부의 최선의 협조체제를 구축하느냐에 관한 것이다. 따라서 협력적 연방주의는 정형적인 권한의 배분보다는 실질적인 최선의 협력체제 운영에 보다 깊은 관심을 기울이게 된다. 이에 따라 어느 수준의 정부가 어떤 업무를 수행해야 하느냐의 판단도 사법부로부터 의회로 이관된다. 연방체제의 심판 역할이 의회로 넘어 온 것이다. 협력적 연방체제의 출현으로 주와 지방 정부의 권한은 의회의 결정에 따라 변화하게 되었다. 앞서의 이중연방주의와 협력적 연방주의의 차이점은 아래와 같다(Berman, 1994: 33-34).

⟨표 5-1⟩ 이중연방주의와 협력적 연방주의의 차이

이중연방주의	협력적 연방주의
정부의 기능에 대한 연방-주 정부 간 경쟁	기능의 수행에 있어 정부 간 책임의 공유
주 정부의 권한에 초점을 둠	공동의 문제에 초점을 둠
정부 간 관계에 대한 법률적 접근	정부 간 관계에 대한 실용적 접근
대법원이 연방체제의 심판 역할을 수행	의회가 연방체제의 심판 역할을 수행

연방주의에 관한 이론들은 정부 간 관계에 필연적 영향을 미친다. 아래에서 이를 살펴보자.

2) 정부 간 관계 이론

(1) 대등권위모형

대등권위모형(對等權威模型, coordinate authority model)은 지방정부는 주정부에 종속·의존적인 관계를 가지되 주와 연방정부는 대등한 권한을 가지는 것으로 본다. 이 모형은 지방정부는 주정부에 종속된 것으로 보고, 연방정부와 주정부의 권력관계에 초점을 두고 있다. 그리고 연방과 주정부는 상호 독립적이며 권위의 유형은 자치라 한다. 이 모형은 연방제의 초기 상황을 반영하고 있는 것으로 정부 간 관계의 현실을 지나치게 단순화하고 있어 현실적 설명력이 대단히 부족하다. 이를 그림으로 표시하면 아래와 같다(Wright, 1988: 40-43).

[그림 5-1] 대등권위모형

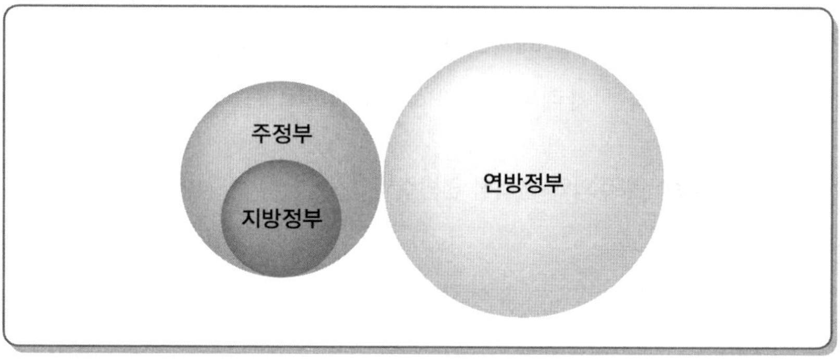

(2) 포괄권위모형

[그림 5-2]와 같이 표시될 수 있는 포괄권위모형(包括權威模型, inclusive authority model)은 연방, 주, 그리고 지방정부가 각기 권한을 가지되 계층제에 따라 집권화된 연방주의를 나타낸다. 이 모형에 따르면 어느 정부든 권한을 확대하려면 두 가지 방법 중 하나를 선택할 수밖에 없다. 다른 수준의 정부가 가지고 있는 권한을 축소하거나(zero-sum game), 권한 자체를 확대하는 방법(non–constant–sum game)이 그것이다. 여기서 권한 자체를 확대한다는 것은 재정 확대로 해석하면 된다. 그러나 국가재정을 확대하여 각급 정부의 권한을 증대시키는 것은 대단히 제약적일 수밖에 없다. 특히 요즈음과 같은 재정 긴축기에는 각급 정부가 선택하는 정부 간 관계의 전략이 영합게임의 전략으로 변화한다. 이 모형은 기본적으로 정부 간 관계의 계층적 측면을 강조하는 것인데 학자에 따라서는 미국의 정부 간 관계의 현실을 상당한 정도 반영하고 있다고 주장하는 경우도 있지만 앞서의 대등권위모형과 함께 극단적 모형이라 할 수 있다(Wright, 1988: 40, 43–45).

[그림 5–2] 포괄권위모형

(3) 중복권위모형

중복권위모형(重複權威模型, overlapping–authority model)은 위에 소개한 두 가지의 극단적 모형과는 다른 중간 입장을 취한다. 이 모형은 각급 정부가 일정한 권한을 가지고 있으나, 독립적으로 행사할 수 있는 권한 범위는 비교적 협소하며, 따라서 협상과 교환을 통해 각급 정부의 권한이 조정된다는 입장이다. 이와 함께 정부 간 관계는 지방–지방, 주–지방, 지방–연방, 연방–주 사이의 관계를 포괄하는 것으로 파악한다. 각급 정부가 합의에 이르기 위하여 택하는 전략은 협상일 수밖에 없다. 정부의 공직자들 사이의 접촉과 교환은 협조적인 동시에 경쟁적이다. 이들 사이의 관계를 결정해 주는 요인은 정책의제나 문제, 선출직과 임명직에 따른 공직자의 차이, 참여자의 당파성, 대표하는 지역(지방, 주, 국가)이다. 중복권위모형은 분쟁이 있고 이 분쟁이 협상을 통해 해결되는 정부 간 관계의 현실에 비추어 가장 적합한 이론적 틀이다. 공공선택론은 이 모형의 또 다른 해석이라고 할 수 있다(Wright, 1988: 40, 49-59).

◈ [그림 5-3] 중복권위모형

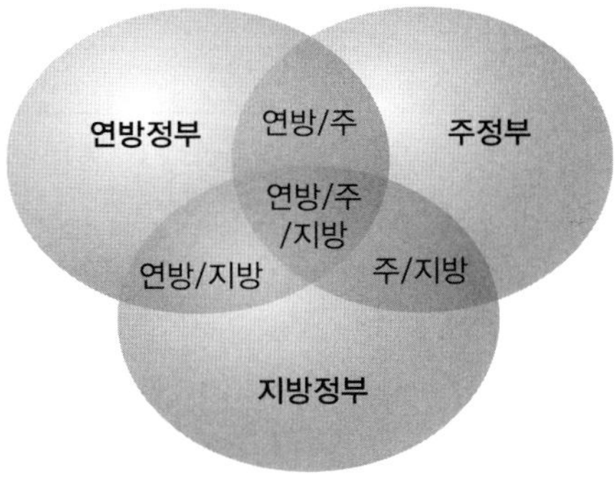

(4) 공공선택론

공공재를 생산 · 제공하는 것은 모든 수준의 정부와 특별지방자치단체가 참여하여 각기 서로 다른 일련의 서비스를 주민/소비자들에게 판매하는 공공서비스산업(public service industries)이라 할 수 있다. 이 산업에의 참여자들은 시장에서와 같은 교환관계를 유지할 수 있다. 예를 들어, 조세경쟁 · 재정이전(fiscal transfer) · 서비스 하청 등을 통해 서로에게 생산적인 정부 간 협조를 촉진시킨다. 참여자들 사이의 갈등은 법원 · 입법 · 비공식 조정 등을 통해 해소한다. 서로 다른 공공재와 서비스를 가지고 꼭 같은 사람들에게 봉사하는 다수의 정부는 공공서비스산업에 있어서의 다수의 기업인 것이다. 이들 간의 경쟁은 상대적으로 효율적이고 주민의 요구를 보다 적극적으로 수용하는 정부를 만드는 데 도움이 된다(Bish, et al., 1973: 111).

중복권위모형은 협상-타협(negotiated-agreement)으로 해석할 수 있고, 공공선택(public choice)적으로 해석할 수도 있다. 이들 간의 차이는 정부 간 관계가 진행되는 상황에 참여자 공동의 목표 혹은 지배적인 목표가 있느냐를 인정하는 정도의 차이이다. 협상-타협적 접근은 갈등과 무질서가 정부 간 관계가 진행되는 상황의 특성임에도 불구하고 공동의 목표가 있어야만 한다고 가정한다. 반면에, 공공선택적 접근은 공동의 목표가 있다고 인정하는 경향이 매우 약하다(Wright, 1988: 58).

제3절 우리나라의 정부 간 관계

우리나라는 중앙집권체제하에서 계층제적 · 권위주의적 정부 간 관계를 유지해 왔다. 1990년 지방의회를 운영하기 시작하여 1995년 단체장을 직선함으로써 완전한 지방자치제를 시행했지만 그 기간은 짧다. 따라서 정부 간 관계가 역사적으로 형성되었다고 하기는 어렵다. 지방자치제를 시작하면서 중앙정부가 지방정부들에(광역과 기초 포함) 대하여 가지는 권한과 광역지방정부가 기초지방정부들에 대해 가지는 권한 그리고 지방정부 간 관계에 이르기까지 법에 명문으로 규정하였다. 이것은 중앙집권체제의 유산, 선진국들의 경험에서 우러나온 제도에 대한 학습을 종합한 것이다.

1. 국가와 시 · 도(광역정부)의 권한

지방자치법 제9장은 국가와 시 · 도(광역정부)가 지방정부에 대하여 행사하는 권한을 규정하고 있다. 이때 국가는 중앙정부를 함축하며 중앙정부는 모든 지방정부를, 시 · 도는 각 시 · 도 관할 영역의 기초지방정부에 대하여 행사하는 권한으로 이해해야 할 것이다.

중앙행정기관의 장과 시 · 도지사는 지방정부를 지도하고 지원할 수 있다(지방자치법 제166조). 특히 지방정부에 위임한 국가사무에 관하여는 시 · 도에서는 주무부장관의, 시 · 군 및 자치구에서는 1차로 시 · 도지사의, 2차로 주무부장관의 지도 · 감독을 받는다. 시 · 군 및 자치구나 그 장에게 위임하여 처리하는 시 · 도의 사무에 관하여는 시 · 도지사의 지도 · 감독을 받는다(지방자치법 제167조)고 하여 위임사무에 관하여는 감독권까지 상위 정부에 부여하고 있다.

중앙정부는 지방자치단체장이 사무에 관하여 위법 · 부당한 명령과 법령에 위반되거나 현저히 부당하여 공익을 해치는 처분을 할 경우 시 · 도에 대하여는 주무부장관이, 시 · 군 및 자치구에 대하여는 시 · 도지사가 기간을 정하여 서면으로 시정할 것을 명하고, 그 기간에 이행하지 아니하면 이를 취소하거나 정지할 수 있다(지방자치법 제 169조). 같은 조항에서 지방자치단체의 장이 이의가 있으면 그 취소처분 또는 정지처분을 통보받은 날부터 15일 이내에 대법원에 소를 제기할 수 있다고 하여 단체장의 방어권을 보장하고 있다.

그럼에도 불구하고 이 조항은 몇 가지 이유로 문제가 있다. 자치단체의 사무는 위임사무와 자치사무가 있는데 이를 명확히 구분하지 않고 있다. 다만, '자치사무의 경우 법령에 위반한 것에 한한다'(지방자치법 제169조③)고 하여, 자치권을 보다 더 보호하고는 있다. 그러나 위임사무와 자치사무에 공히 적용될 수 있는 '법령에 위반하는' 조건은, 법령에 위반하는 여부의 판단주체에 혼란을 초래하고 있다. 법치국가에서, 그리고 사법권의 독립이 인정되는 민주국가에서, 법령에 위반되는지를 해석 · 판단할 수 있는 유일한 주체는 사법부여야 한다. 중앙정부의 주무부 장관이나 시 · 도지사가 특정 지방자치단체의 사무에 관한 그 장의 명령이 위법이라고 판단하더라도 이는 사법부의 해석을 전제로 해야만 삼권분립의 원칙이 유지될 수 있다. 따라서 이 조항은 삼권분립의 원칙에 위배되며 위헌이다(김도창, 1978: 47-48; 정세욱, 1993: 232). 특히 이러한 중앙정부의 주무부 장관과 시 · 도지사의 처분에 대해 이의가 있는 지방자치단체의 장은 대법원에 제소할 수 있다는 조항은 심각한 행정편의주의에 입각한 것이다. 삼권분립의 원칙이나 헌법에 위배되는 중앙정부의 권한은 사법부(헌법재판소)의 판단에 따라 바로 잡아야 할 것이다.

국가와 시 · 도는 단체장이 법령의 규정에 따라 그 의무에 속하는 국가위임사무나 시 · 도위임사무의 관리와 집행을 게을리 하면 시 · 도에 대하여는 주무부장관이, 시 · 군 및 자치구에 대하여는 시 · 도지사가 기간을 정하여 서면으로 이행할 사항을 명령할 수 있다. 단체장이 이를 이행하지 않으면 주무부장관이나 시 · 도지사는 그 지방자치단체의 비용부담으로 대집행하거나 행정상 · 재정상 필요한 조치를 할 수 있다. 이의가 있는 단체장은 이행명령서를 접수한 날부터 15일 이내에 대법원에 소를 제기할 수 있다. 이 경우 지방자치단체의 장은 이행명령의 집행을 정지하게 하는 집행정지결정을 신청할 수 있다(지방자치법 제170조). 안전행정부장관 또는 시 · 도지사는 지방자치단체의 자치사무에 관하여 보고를 받거나 서류 · 장부 또는 회계를 감사할 수 있다. 이 경우 감사는 법령위반사항에 한하여 실시한다(지방자치법 제171조). 여기서도 감사의 조건으로 법령위반사항을 명기한 것은 앞서의 논의와 같은 이유로 위헌조항이라 할 수 있다. 필요한 경우, 또는 법령위반의 가능성이 있는 때 감사할 수 있다고 하면 될 것이다.

국가와 시 · 도는 지방자치단체의 집행부뿐만 아니라 의회에 대해서도 권한을 가지고 있다. 지방의회의 의결이 법령에 위배되거나 공익을 현저히 해한다고 판단될 때에는 시 · 도에 대하여는 안전행정부장관이,

시 · 군 · 자치구에 대하여는 시 · 도지사가 재의를 요구할 수 있고, 재의의 요구를 받은 지방자치단체의 장은 지방의회에 이유를 붙여 재의를 요구하여야 한다(지방자치법 제172조①). 안전행정부장관 또는 시 · 도지사는 재의결된 사항이 법령에 위반된다고 판단됨에도 당해 지방자치단체장이 소를 제기하지 아니하는 때에는 당해 지방자치단체의 장에게 제소를 지시하거나 직접 제소 및 집행정비결정을 신청할 수 있다. 이 조항에도 법령에 대한 판단주체에 혼란이 있고 이에 대한 논의는 앞서의 것과 같다.

2. 감사원의 감사

감사원은 필요적 검사사항의 하나로 지방자치단체의 회계를 검사한다(감사원법 제22조①). 이와 함께 선택적 검사사항의 하나로 감사원이 필요하다고 인정하거나 국무총리의 요구가 있는 경우에는 지방자치단체를 위하여 취급하는 국가 또는 지방자치단체의 현금 · 물품 또는 유가증권의 출납, 지방자치단체가 직접 또는 간접으로 보조금 · 장려금 · 조성금 및 출연금 등을 교부(交付)하거나 대부금 등 재정 원조를 제공한 자의 회계, 또 이들이 보조금 · 장려금 · 조성금 및 출연금 등을 다시 교부한 자의 회계를 검사할 수 있다(감사원법 제23조). 감사원은 지방자치단체의 사무와 그에 소속한 지방공무원의 직무를 감찰할 수 있다(감사원법 제24조①).

감사원은 직접 감사 · 감찰할 뿐 아니라 자치단체의 자체감사업무의 발전과 효율적인 감사업무의 수행을 위해 필요한 지원을 할 수 있다. 하기도 한다. 감사원은 자체감사업무의 발전과 효율적인 감사업무의 수행을 위하여 필요한 지원을 할 수 있다. 이에 따라 지방자치단체(특별시 · 광역시 · 특별자치시 · 도 및 특별자치도만 해당한다) 장은 필요한 경우 감사의 중복을 피하기 위하여 감사계획 등에 관하여 감사원과 협의한다(감사원법 제30조의2 ①, ②).

이제까지 논의한 대로 우리나라의 상위정부(중앙 및 광역정부)는 지나치게 강력한 권한을 지방정부에 대해 행사하고 있으며, 이는 자치제도 본래의 이념에 어긋나는 것이다. 지방정부에 대한 통제의 상당부분은 당해 자치단체 주민에게 돌려줌으로써 선거라는 절차를 통하여 선출직 공직자들이 주민에게 직접 책임질 수 있는 길을 보다 넓혀야 한다. 이중, 삼중의 권한으로 무장한 중앙정부가 지방정부의 운영 성과를 보장하는 것도 아니다. 또 최종적인 책임을 지는 것도 아니다. 그렇다면 헌법과 삼권분립의 원칙에 위배되는 부분과 중복되는 부분, 그리고 지나친 감독 및 개입을 완화해 나가는 노력이 필요할 것이다.

3. 정부 간 협력과 분쟁조정

한편 정부 간 관계는 중앙–지방만을 의미하는 것도, 권력관계만을 의미하는 것도 아니다. 지방정부 간 관계도 있으며 협력과 분쟁을 조정하기 위한 제도적 장치도 있기 때문이다. 우리나라는 특별시 · 광역시 · 도 · 제주특별자치도 · 세종특별시를 광역자치단체로 하고 시 · 군 · 자치구를 기초자치단체로 하는 2계층 지방정부 구조를 가지고 있다. 따라서 정부 간 관계는 중앙–지방, 광역–광역, 광역–기초, 기초–기초로 이루어질 수 있다.

협력과 분쟁을 조정하기 위한 제도적 장치란 지방자치법 제168조가 규정하고 있는 협의조정제도와 같은 법 제8장이 규정하고 있는 지방정부 상호간의 관계를 뜻한다. 이를 살펴보자.

1) 중앙행정기관과 지방자치단체 간 협의조정

중앙행정기관의 장과 지방자치단체장이 사무를 처리할 때 의견을 달리하는 경우 이를 협의 · 조정하기 위하여 국무총리 소속으로 위원장 1명을 포함하여 13명 이내의 위원으로 구성한 행정협의조정위원회를 둔다(지방자치법 제168조).

이 조항은 국가와 지방의 관계 중 법에 명문으로 규정되지 않은 경우의 이견을 조율하기 위한 것이다. 사실상 중앙정부는 지방정부에 대하여 우월적 지위에 있으므로 협의조정을 거쳐야 하는 경우는 많지 않을 것이다.

2) 지방자치단체 간의 협력과 분쟁조정

지방자치단체는 다른 지방자치단체로부터 사무의 공동처리에 관한 요청이나 사무처리에 관한 협의 · 조정 · 승인 또는 지원의 요청을 받으면 법령의 범위에서 협력하여야 한다(지방자치법 제147조). 그럼에도 불구하고 지방자치단체 상호 간이나 지방자치단체의 장 상호 간 사무를 처리할 때 의견이 달라 다툼이 생기면 다른 법률에 특별한 규정이 없으면 안전행정부장관이나 시 · 도지사가 당사자의 신청에 따라 조정할 수 있다. 다만, 그 분쟁이 공익을 현저히 저해하여 조속한 조정이 필요하다고 인정되면 당사자의 신청이 없어도 직권으로 조정할 수 있다(지방자치법 제148조①). 이 조항은 지방정부 간 관계에 있어서도 상위수준 정부의 강력한 권한을 인정하고 있다. 다만, 이때 안전행정부장관이나 시 · 도지사가 조정하는 것이 아니라 지방자치단체중앙분쟁조정위원회나 지방자치단체지방분쟁조정위원회의 의결에 따라 조정하여야 한다(지방자치법 제148조③)고 하여 객관성을 확보할 수 있는 제도적 장치를 첨가하였다.

제148조제1항에 따른 분쟁의 조정과 제156조제1항에 따른 협의사

항의 조정에 필요한 사항을 심의 · 의결하기 위하여 안전행정부에 지방자치단체중앙분쟁조정위원회(이하 "중앙분쟁조정위원회"라 한다)와 시 · 도에 지방자치단체지방분쟁조정위원회(이하 "지방분쟁조정위원회"라 한다)를 둔다. 중앙분쟁조정위원회는 다음 분쟁을 심의 · 의결한다: 시 · 도 간 또는 그 장 간의 분쟁; 시 · 도를 달리하는 시 · 군 및 자치구 간 또는 그 장 간의 분쟁; 시 · 도와 시 · 군 및 자치구 간 또는 그 장 간의 분쟁; 시 · 도와 지방자치단체조합 간 또는 그 장 간의 분쟁; 시 · 도를 달리하는 시 · 군 및 자치구와 지방자치단체조합 간 또는 그 장 간의 분쟁; 시 · 도를 달리하는 지방자치단체조합 간 또는 그 장 간의 분쟁. 지방분쟁조정위원회는 중앙분쟁조정위원회가 심의 · 의결하지 않는 지방자치단체 · 지방자치단체조합 간 또는 그 장 간의 분쟁을 심의 · 의결한다(지방자치법 제149조).

3) 지방자치단체의 장 등의 협의체

시 · 도지사, 시 · 도의회의 의장, 시장 · 군수 · 자치구의 구청장, 시 · 군 · 자치구의회의 의장은 상호 간의 교류와 협력을 증진하고, 공동의 문제를 협의하기 위하여 전국적 협의체를 설립할 수 있다(지방자치법 제165조①).

앞서 지적했듯 우리나라는 비교적 단기간에 정부 간 관계를 규율하는 상세한 법률을 제정했다. 그러나 바람직한 정부 간 관계는 법규를 완비하는 것만으로 이루어지지 않는다. 지방자치제도는 다양한 참여자들이 함께 운영하는 것이기 때문에 이들 모두의 조화로운 협력과 냉철한 가치판단 그리고 현실의 어려움을 지혜롭게 해결하는 과정을 통해 바람직한 정부 간 관계를 확립할 수 있다.

제6장

지방재정

제1절 정부 간 재정불균형

1. 수직적 재정불균형

1) 현 황

정부 간 재정불균형(fiscal disparities among levels of government)에는 두 종류가 있다. 그 중 하나가 수직적 재정불균형(vertical fiscal disparities)이다. 수직적 재정불균형이란 중앙과 지방정부 사이의 재정

〈표 6-1〉 지방재정의 규모와 비중추이

(단위: 조 원, %)

	2006	2007	2008	2009	2010	2011
총재정(A)	304.9	318.5	359.8	405.9	394	414.7
중앙(B)	203.6	206.6	234.9	268.4	254.2	273.7
지방(C)	101.3	111.9	124.9	137.5	139.8	141
GDP	908.7	975	1026.4	1065	1173.2	1235.1
C/A	33.2	35.1	34.7	33.9	35.5	34.0
C/GDP	11.1	11.5	12.2	12.9	11.9	11.4
A/GDP	33.6	32.7	35.1	38.1	33.6	33.6
C/B	49.8	54.2	53.2	51.2	55.0	51.5

출처: 디지털예산회계시스템 https://www.digitalbrain.go.kr/kor/view/statis/statis04_01_01.jsp?code=DB01040101.
지방재정고 http://lofin.mospa.go.kr/lofin_stat/budget/gyumo/Gyumo_SoonChong_01.jsp.
e-나라지표 http://www.index.go.kr/egams/stts/jsp/potal/stts/PO_STTS_IdxMain.jsp?idx_cd=2736.

적 격차를 의미한다.

수직적 재정불균형은 총 재정 중 지방재정이 차지하는 비율, 국민총생산 중 지방재정이 차지하는 비율, 중앙재정에 대한 지방재정의 비율, 국세와 지방세의 비율 그리고 역사적 추이 등의 기준으로 측정할 수 있다. 〈표 6-1〉과 〈표 6-2〉는 이러한 기준에 따른 우리나라의 수직적 재정불균형을 요약해 보여준다.

〈표 6-1〉에서 보면, 우리나라의 수직적 재정불균형은 상당히 크다. 물론 지방재정의 총액이 꾸준히 증가하고 있고, 총재정에서 지방재정이 차지하는 비율도 증가 추세에 있으며, 총 GDP에서 지방재정이 차지하는 비율도 역시 증가 추세를 보이고 있다. 그러나 이것이 지방재정의 양적 증가일 뿐, 지방의 재정능력이 증가한 것은 아니라는 점이 문제이다. 이 점은 국세와 지방세의 비교에서도 드러난다.

〈표 6-2〉에서 보듯 지방세 수입은 총액으로나 비율로나 대단히 낮다. 총 조세에서 지방세가 차지하는 비율은 10%에도 미치지 못하다가

〈표 6-2〉 국세와 지방세의 규모와 비중추이

(단위: 조 원, %)

	2006	2007	2008	2009	2010	2011
총조세(A)	179.3	205	212.8	209.7	226.9	244.7
국세(B)	138	161.5	167.3	164.5	177.7	192.4
지방세(C)	41.3	43.5	45.5	45.2	49.2	52.3
GDP	908.7	975	1026.4	1065	1173.2	1235.1
C/A	23	21.2	21.4	21.6	21.7	21.4
C/GDP	4.5	4.5	4.4	4.2	4.2	4.2
A/GDP	19.7	21	20.7	19.7	19.3	19.8
C/B	29.9	26.9	27.2	27.5	27.7	27.2

출처: e-나라지표 http://www.index.go.kr/egams/stts/jsp/potal/stts/PO_STTS_IdxMain.jsp?idx_cd=1123.
e-나라지표 http://www.index.go.kr/egams/stts/jsp/potal/stts/PO_STTS_IdxMain.jsp?idx_cd=2736.

1990년대에 들어서서 겨우 20%에 달했다. 2006년에는 23%를 차지하고 있으나 2011년에는 21.7%로 낮아졌다.

2011년 지방세는 총 조세의 21.4%에 총액으로 52조 3,000여억 원에 불과하다. 그러나 〈표 6-1〉에서 보면 2011년도 지방재정이 총재정에서 차지하는 비율이 34%이며 총액으로는 141조 원에 달한다. 이 차액의 대부분은 결국 중앙정부에 의해 보전되는 것으로 이것이 수직적 재정불평등의 크기이다. 지방의 세입능력이 증가하지 않은 상황에서 지방재정 총액이 증가하는 것은 지방의 중앙 의존도가 증가하는 것으로 볼 수 있다. 비록 지방재정과 지방세가 총액으로 증가하고 있다고 해도, 비율로 보아 중앙과의 격차와 의존도는 좁혀지지 않고 있다.

2) 수직적 재정불균형의 원인과 대책

중앙과 지방정부 간의 재정불균형은 여러 가지 원인에 의해 초래된다. 첫째는 중앙정부의 기능 확대이다. 1940년대부터 1980년대까지 중앙과 지방의 기능배분에 영향을 크게 미친 두 가지 요인은 복지국가 개념의 확대 · 강화와 Keynesian의 규제주의적 경제정책이라 할 수 있다. 이에 따라 중앙의 재정기능도 확대되었다. 둘째, 조세체계도 수직적 불균형의 원인이다. 지방정부가 자체 재원을 확보할 수 있도록 국세의 지방세 전환을 추진해 왔다면, 지방의 세입원이 확대되어 수직적 불균형이 완화 될 수 있었을 것이다. 물론 지방의 경제력이 일반적으로 낮을 뿐만 아니라 격차가 있다는 점을 고려하면 국세의 지방세 이양이 반드시 적절한 수직적 불균형 완화 방법이라 하기 어려운 점도 있다. 지방간 경제적 격차가 심하다면, 국세의 지방세 전환은 수평적 재정불균형을 더욱 심화시킬 가능성이 있기 때문이다. 셋째, 지방의 세입능력이 낮음에도 불구하고 세출은 꾸준히 증가해 온 것이 수직적 불균형의 또 다른 원인이다. 서구의 경우, 지방의 세출이 증가한 데에는 다음과 같은 세 가지 이유가 있다. 첫째, 지방정부의 인건비가 꾸준히 상승해 왔다. 지방정부의 서비스는 기계로 대체할 수 없는 노동집약적 인적 서비스(personal-service)가 차지하는 비중이 높다. 경찰, 소방, 교육 등이 그 예이다. 그런데 장기적으로는 제조업 부문의 임금 인상이 서비스 부문의 임금 인상을 유발하며 이에 따라 지방정부의 임금 부담도 상승한다. 이것이 Baumal의 모형에 따른 임금 상승과 지방정부의 지출 증가 사이의 상관성이다. 둘째, 지방정부는 독점적으로 서비스를 생산한다. 따라서 경쟁에서 제외되고, 이는 혁신하려는 의지와 노력의 둔화로 이어진다. 이것이 지방정부의 생산성을 떨어뜨리고 지출의 증가를 초래한다. 물론 분권화된 정부체제는 정부(지방) 간 경쟁을 유발하고, 실험의 비용을 떨어뜨려 혁신을 촉진하기 때문에 지방정부의 생산효율성을 증대시킨다는 주장도 있다는 점을 생각하면 Baumal의 주장에 전적으로 동의하기는 어려울지 모르나, 분권화된 정부체제가 지방정부의 효율성을 '보장'하는 것은 아니라는 점에서 이 주장의 타당성을 가볍게 평가할 수 없다. 끝으로, 지방정부 서비스의 양적 증대가 공공지출의 증가를 초래했다. 경제가 성장하고 소득이 늘면 모든 정상재에 대한 수요가 증가한다(소득효과, income effect). 이것은 지방정부 서비스에 대한 수요곡선을 오른쪽으로 이동시킨다. 이때 제조업 부문의 생산성은 증가하지만, 지방정부의 인적 서비스의 생산성은 크게 증가하지 않기 때문에 지방정부 서비스의 상대가격은 상승한다(대체효과, substitution effect). 대체효과는 지방정부 서비스에 대한 수요를 소득효과에 의해 오른쪽으로 이동된 수요곡선의 위쪽으로 이동시킬 것이다. 이때 소득효과가 대체효과보다 크면 수요의 증가로 귀결되고 지방정부 서비스의 양적 증가가 초래된다(Sullivan, 1990: 448-452).

이들 원인은 우리나라 지방정부에도 적용할 수 있으며, 우리의 경우, 이외에도 다른 원인들이 있음을 이해해야 한다. 이에 관하여는 뒤에서 논의할 것이다. 이렇게 초래된 수직적 불균형을 완화하기 위해서는 국세와 지방세의 조정, 지방정부의 조세노력, 지방정부 운영의 효율화, 지방경제개발 등의 대안이 두루 추진되어야 한다.

2. 수평적 재정불균형[1)]

1) 수평적 재정불균형의 추이

수평적 재정불균형(horizontal fiscal disparities)이란 지방정부 간 재정능력의 차이를 말한다. 지방정부의 재정력은 지방정부의 경제력에서 나온다. 따라서 수평적 재정불균형은 지역 간 경제력의 차등에서 비롯된다. 이는 모든 국가, 모든 시대에 있어 온 현상이다(Echols, 1979: 357).

수평적 재정불균형에 따라 "어떤 지역의 주민이 보다 많은 자원과 혹은 낮은 비용(지방세)이라는 축복을 받은 지역의 주민들보다 훨씬 더 높은 조세(지방세)부담을 감수하거나, 아니면 훨씬 낮은 수준의 정부(지방정부)서비스를 받거나, 혹은 두 고통을 동시에 겪는" 결과가 초래된다(Bradbury, et al., 1984: 151).

지역 간 경제적 불균형은 여러 가지 기준으로 측정할 수 있다. 직접적이고 정확한 기준은 지역별 평균소득이다. 지역별 평균소득은 개인과 지역의 복지와 함께 지역의 경제성장도 나타내 준다(Bendavid, 1972: 29-30). 현재까지도 우리나라에는 지역별 평균소득에 관한 통계 자료는 없다. 다른 기준으로는 지방정부의 세입능력(Bradbury, et al., 1984: 151)과 지역별 총생산(GRP)이 있다. 여기서는 도별 총농산물생산, 도별 지방세수입, 도별 총산업생산, 도별 소득대체자료를 중심으로 도 간 경제적 불평등의 추이를 살펴보자.

---

1) 이 부분은 필자의 박사학위 논문의 일부(Chap. VI)를 수정 · 보완한 것이다. Chung, Chungmok.(1988). "Local Autonomy in Korea : Myth and Reality", Ph. D. Disser., the Graduate School of the University of Maryland.

〈표 6-3〉 농업부문의 GNP 비중과 농업가구의 총 가구 대비 비중

(단위: %)

년 도	GNP에서 차지하는 농가생산의 비율(a)	총가구수에서 농가구가 차지하는 비율
1910~12	84.6	83.0
1919~21	78.6	–
1929~31	63.1	78.4
1939~41	49.6	–
1949	–	71.1
1955	44.9	61.8
1960	39.9	58.3
1966	36.7	54.1
1970	24.5	45.9
1975	17.9	35.3

출처: Keidal, III, 1981: 26
(a) 1910~41는 현재가로 계산한 것임. 나머지는 1970년도 가격으로 계산한 것임.
1910~12 자료는 신뢰성이 제한적임.

〈표 6-4〉 도 간 농가구당 농업 생산의 불평등 지수

년 도	Theil의 불평등 지수
1921~25	0.004
1926~30	0.004
1931~35	0.012
1936~40	0.031
1941~45	0.037
1946~50	0.011
1951~55	0.012
1956~60	0.009
1961~65	0.009
1966~70	0.008
1971~75	0.008

출처: Keidal, 1981: 46

〈표 6-3〉은 1910년부터 1975년까지 농업부문이 GNP에서 차지하는 비중을 보여주고 있다.

위 두 표에서 알 수 있듯, 우리나라는 1910년대부터 30년대 초기까지는 농업생산의 GNP 비중이 약 85%에서 63%까지 차지하는 농업경제국가였다. 1955년까지만 해도 농업의 대 GNP 비중이 45%였으나 1975년에는 18%로 하락한 것에서도 알 수 있듯, 농업위주의 우리나라 산업구조는 1955년을 기점으로 크게 변화했다.

이러한 지역 간 불균형은 현재까지도 존속 중이다. 이는 지방 간 경제적 불평등을 유추할 수 있는, 아래 표에 요약한 광역자치단체의 지방

〈표 6-5〉 지방자치단체 재정자립도(순계규모)

(단위: %)

	2011	2012	2013
서울	90.3	90.2	88.8
부산	56.4	57.4	56.6
대구	53.5	52.8	51.8
인천	69.3	71	67.3
광주	47.5	46.6	45.4
대전	57.2	58.3	57.5
울산	69.1	71.2	70.7
세종	–	–	38.8
경기	72.5	72.6	71.6
강원	27.5	26.9	26.6
충북	32.7	34.2	34.2
충남	35.4	35.5	36
전북	24.5	26	25.7
전남	20.7	21.4	21.7
경북	28.1	28.3	28
경남	42.6	43.3	41.7
제주	25.1	28.5	30.6
단체별평균	51.9	52.3	51.1

출처: 지방재정고 http://lofin.mopas.go.kr/lofin_stat/budget/jipyo/Jipyo_Jarip_02.jsp

재정자립도를 보면 더욱 분명하다. 2013년 전남의 21.7%에서 서울 88.8%에 이르기까지 심각한 불균형을 보이고 있다.

기초자치단체는 더욱 심각한 양상을 보이고 있다. 아래 표에서 보듯 228개 시 · 군 · 자치구 가운데 150개 시 · 군 · 자치구가 30% 미만의 재정자립도를 가지고 있다. 이들 표는 재정자립도가 전반적으로 낮지만 그 가운데에도 특히 낮은 자치단체와 소수의 높은 자치단체, 그리고 중위권에서도 상당한 격차가 있음을 보여주고 있다.

〈표 6-6〉 2012년도 지방자치단체 재정자립도

(단위: 단체수, %)

구 분	합 계	구성비	시 · 도	시	군	자치구
10% 미만	12	4.9	–	1	11	–
10~30% 미만	145	59.4	7	36	69	33
30~50% 미만	59	24.2	3	24	5	27
50~70% 미만	23	9.4	4	13	–	6
70~90% 미만	5	2.0	2	–	–	3
합 계	244	100	16	74	85	69

출처: e-나라지표 http://www.index.go.kr/egams/stts/jsp/potal/stts/PO_STTS_IdxMain.jsp?idx_cd=2458&bbs=INDX_001&clas_div=C&rootKey=1.48.0
주) 이 표에는 세종특별자치시가 포함되어 있지 않다.

뿐만 아니라 자치단체 간 재정자립도의 격차는 비단 수도권과 지방만의 문제가 아니라는 점을 아래 표에서 확인할 수 있다. 물론 호남, 강원, 충청 지역의 재정자립도가 특히 더 열악하지만, 서울 25개 자치구 중 노원구와 강북구는 하위 3순위에 속하고 있다. 이는 지역 간 경제적 불평등이 단순히 지방과 수도권의 문제가 아니라는 점을 보여주고 있다.

◈ 〈표 6-7〉 지역 간 재정자립도 불균형

(단위: %)

	해당 단체명
0 이상~10 미만	전북고창군, 전남함평군, 전남고흥군, 전북남원시, 전남해남군, 경북영양군, 전남신안군, 전북순창군, 전남장흥군, 전남곡성군, 강원고성군, 전남완도군
10 이상~20 미만	전남강진군, 경북군위군, 전남구례군, 전남무안군, 경북영덕군, 전북장수군, 경북의성군, 경북봉화군, 강원화천군, 전남보성군, 경안거창군, 전북김제시, 경남산청군, 경남함양군, 전북임실군, 전남영광군, 경남합천군, 전남진도군, 강원철원군, 경북청도군, 경북예천군, 경북청송군, 전북정읍시, 충남청양군, 경남남해군, 전북부안군, 전북무주군, 강원양양군, 경북상주시, 충남서천군, 강원영월군, 경북울진군, 강원인제군, 충북보은군, 경북울릉군, 경남하동군, 인천강화군, 부산영도구, 전북진안군, 강원횡성군, 강원양구군, 충북영동군, 충남부여군, 강원평창군, 전남본청, 충북괴산군, 부산서구, 충북옥천군, 전남장성군, 경남창녕군, 광주동구, 충남홍성군, 충남예산군, 경북성주군, 강원삼척시, 충남공주시, 광주남구, 전남담양군, 경북고령군, 경남의령군, 대전동구, 충남논산시, 경북안동시, 경남고성군, 광주북구, 부산북구, 대구남구, 충남단양군, 경북영천시, 강원동해시, 강원홍천군, 전남나주시, 인천옹진군, 충북증평군, 충남태안군, 충북충주시, 경북영주시, 충남금산군, 경남밀양시, 부산동구, 경남사천시, 경북김천시
20 이상~30 미만	경기동두천시, 경북문경시, 대전중구, 강원속초시, 충남보령시, 전남순천시, 충북제천시, 전북본청, 대구서구, 강원강릉시, 대전대덕구, 울산중구, 강원정선군, 경남통영시, 대구동구, 강원도본청, 경북본청, 서울노원구, 충남계룡시, 전남영암군, 전북익산시, 광주광산구, 경기연천군, 대구북구, 전남화순군, 부산사하구, 광주서구, 경남함안군, 경기양평군, 경북칠곡군, 경북경주시, 부산남구, 전북완주군, 부산연제구, 충남연기군, 대전서구, 전북군산시, 충북음성군, 부산사상구, 전남목포시, 경기가평군, 부산동래구, 경북경산시, 인천부평구, 충북본청, 경남진주시, 강원태백시, 충북진천군, 부산금정구, 제주도본청, 인천남구, 강원원주시, 인천계양구, 경기포천시, 충남본청, 가원춘천시, 대구달서구, 충남서산시, 인천동구, 대구수성구, 서울강북구, 부산진구, 충남당진시
30 이상~40 미만	서울도봉구, 전남여수시, 서울중랑구, 서울은평구, 부산중구, 부산수영구, 전북전주시, 서울강서구, 부산해운대구, 충북청원군, 경기양주시, 서울성북구, 서울관악구, 부산기장군, 대구중구, 대구달성군, 울산북구, 경남본청, 서울구로구, 울산동구, 서울광진구, 경기의정부시, 대전유성구, 충북청주시, 경남김해시, 서울양천구, 경기여주군, 전남광양시

	해당 단체명
40 이상~50 미만	경기안성시, 서울서대문구, 인천남동구, 광주본청, 서울동대문구, 경남거제시, 경기남양주시, 경남창원시, 서울금천구, 경남양산시, 경북포항시, 경기이천시, 인천연수구, 서울강동구, 서울동작구, 부산강서구, 경북구미시, 인천서구, 경기오산시, 울산울주군, 충남아산시, 충남천안시, 경기과천시, 경기구리시, 대구본청, 경기의왕시, 경기파주시, 울산남구, 경기안산시, 서울마포구, 경기하남시
50 이상~60 미만	서울성동구, 경기부천시, 경기광명시, 인천중구, 대전본청, 부산본청, 경기군포시, 경기평택시, 경기고양시, 경기김포시, 서울영등포구, 경기광주시, 경기시흥시, 경기안양시, 경기화성시
60 이상~70 미만	경기용인시, 경기수원시, 서울용산구, 경기도본청, 경기성남시, 서울송파구, 울산본청, 서울종로구
70 이상~80 미만	인천본청, 서울중구
80 이상~90 미만	서울강남구, 서울서초구, 서울본청

출처: 지방재정고 http://lofin.mopas.go.kr/lofin_stat/budget/jipyo/Jipyo_Jarip_03.jsp

2) 원 인

1960년대까지도 총가구수에서 농가구가 차지하는 비율이 약 60%였다. 이렇듯 비중이 높은 농업생산과 농가구 수를 기준으로 한다면, 1960년대까지의 도 간 경제적 불평등은 도별 농업의 발달수준에 원인이 있다고 추정할 수 있다.

〈표 6-4〉는 도 간 농가구당 평균생산에 있어 Theil의 불평등 지수[2]를 보여주고 있다. 일제 말기와 한국전쟁 기간 전후를 제외한 50여 년 간의 Theil의 불평등 지수는 지극히 안정적이다. 적어도 1960년대 중반까지는 도 간 경제력이 평등했다고 추정할 수 있다. 이 추정은 다음의 연구 결과에 비추어 보아도 타당하다. "소득재분배 목표는 부차적인 것

2) Theil의 불평등 지수란 Theil에 의해 개발된 계산 방법에 의한 것으로 0에서 1까지이며, 지수 0은 완벽한 평등을 나타내고 지수 1은 완벽한 불평등을 나타낸다. 그러나 이 지수는 절대적 평가를 위한 것은 아니며, 다만 상대적인 것으로 국가 간의 비교 또는 국가의 시대 간 비교에 유용하게 사용될 수 있다.

이다. 부와 소득은 근대화 기간이 시작(1960년 중반 이후)될 당시만 해도 대단히 고르게 분포되어 있었기 때문이다. 제2차 세계대전 이후 일본의 추방, 한국전쟁, 교육제도, 그리고 토지개혁은 개발도상국의 기준에서 보아 평등한 부와 소득의 분배에 공헌했다”(Bahl, et al., 1986: 220-221). 바꿔 말하면, 1960년대까지만 해도 부와 소득이 불평등하게 배분될 여지가 없이 모두가 가난했다고 하는 것이 보다 정확한 표현일 것이다. 따라서 1960년 이후 도 간 경제적 불평등이 초래되었다면 이는 산업화에 따른 것이라는 점이 분명해 진다.

도 간 경제력의 불평등은 1970년대를 기점으로 급격히 증가했다. 〈표 6-5〉는 여러 가지 기준에서 측정한 Theil의 불평등 지수가 1960년대의 그것에 비해 수십 배에서 수백 배 증가했음을 보여주고 있다.

그리고 그 가장 중요한 원인은 산업의 불평등한 발달에 있다. 특히 1960년대 이후 우리나라의 경제개발이 중앙정부의 주도로 이루어졌다는 점을 생각하면, 중앙정부는 수평적 재정불균형에 책임이 있다(Henderson, 1968: 198, Cole & Lyman, 1971: 31, 186).

과거에 지방자치제를 시행하면 지방정부들이 지역 간 경제적 격차를 해소하는 데 크게 기여할 것이라는 일부 정치인의 주장이 있었다. 우리나라의 경우 지역 간 경제적 격차를 초래한 가장 큰 원인은 중앙정부에 있으며 이를 완화할 수 있는 보다 큰 능력을 가지고 있는 것도 중앙정부라는 점에서 동의할 수 없는 주장이다. 중앙정부가 집중 투자하여 경제가 발전한 선발지역과 그렇지 못한 후발지역이 같은 조건에서 경쟁하는 것은 부당하기 때문이다. 지방자치를 하더라도 국세를 징수하여 후발지역을 보조하는 정책이 필요하다. 이는 재정분권을 유보하는 부분적 분권이 필요하다는 의미이다. 따라서 지방자치가 지역 간 경제적 격차를 완화할 것이라는 주장은 그 당시로서 지나치게 포괄적이었다.

이제까지 우리는 정부 간 재정불균형의 현황과 원인 그리고 대책에 관하여 살펴보았다. 지방경제의 저개발과 세원이 국세에 편중된 것이 정부 간 수직적 재정불균형의 가장 큰 원인들이다.

◈ 〈표 6-5〉 도 간 산업생산, 국세징수액, 지방세징수액, 그리고 소득대체자료에 따른 불평등지수*

년 도	Index(a)	Index(b)	Index(c)	Index(d)
1970	0.1812	N.C.	N.C.	N.C.
1971	0.1863	N.C.	N.C.	0.25
1972	0.1801	0.1473	0.0872	N.C.
1973	0.1785	0.1294	0.0779	0.16133
1974	0.1860	0.1525	0.0724	N.C.
1975	0.1666	0.1391	0.0627	0.05466
1976	0.1872	0.1167	0.0569	0.03546
1977	0.1878	0.1142	0.0671	0.02405
1978	0.1796	0.1263	0.0671	0.01405
1979	0.1758	0.1275	0.0493	0.00712
1980	0.1588	0.1141	0.0377	0.02128
1981	0.1824	0.1134	0.0399	0.33218
1982	0.1750	0.1114	0.0413	0.31962
1983	0.1710	0.1106	0.0705	0.30624
1984	0.1780	N.C.	N.C.	0.29324

* Theil 지수임.

(a) 도별 산업 총생산에 따른 도 간 불평등 지수
(b) 도별 국세 징수액에 따른 도 간 불평등 지수
(c) 도별 지방세 징수액에 따른 도 간 불평등 지수
(d) 도별 소득 대체 자료에 따른 도 간 불평등 지수. 소득 대체 자료로 사용된 것은 1970~79년까지는 1인당 TV 수상기 보유 대수이며, 1980~84년까지는 1인당 자가용 승용차 보유 대수임.

제2절 지방세

1. 지방세의 특성

1) 경쟁성

지방정부들은 경쟁한다. 중앙정부로부터 보조금을 더 많이 받기 위해 경쟁하고, 주민과 기업을 더 많이 유치하기 위해 경쟁하며, 지방세를 낮추기 위한 경쟁도 한다. 이 중 지방세를 낮추는 경쟁을 지방세의 경쟁성(tax competition)이라 한다. 지방세는 지방정부가 생산한 지방공공재라는 상품의 가격이기 때문이다. 가격을 낮춰야 판매를 늘려 시장점유율을 높일 수 있다. 지방정부에 있어 시장점유율을 높인다는 것은 기업과 주민을 보다 많이 유치하는 것이고 이를 통해 지역의 경제적 기반을 확충하려는 것이다.

지방세 경쟁의 결과에 대해서는 상반되는 주장이 있다. 하나는 조세경쟁의 결과 지방정부들이 지방세를 지나치게 낮추기 때문에 적정수준 이하의 공공지출을 초래한다는 비관적 견해이다. 다른 하나는 조세경쟁으로 인해 공공지출이 지나치게 낮아지는 결과가 초래되지는 않으며 지방정부들이 지방세에 상응하는 편익을 제공하기 위해 최선을 다해 노력하도록 자극하기 때문에 분권화된 정부체제의 경제적 효율성을 확보하는 데 도움을 줄 것이라는 낙관론이다.

비관적 견해는 세출부문을 고려하지 않은 결함이 있다. 즉 지방정부가 훌륭한 지방공공재를 생산하고, 이를 통해 기업과 가계가 얻는 편익이 지방세보다 같거나 크다면, 지방정부가 지방세를 올리더라도, 기업과 가계가 이주해 나가지는 않을 것이다(Browning & Browning, 1983: 468-469). 그리고 무엇보다도 이제까지 지방세를 지나치게 낮춰 필수적인 지방공공재조차 생산하지 못한 지방정부는 없다. 이런 점들에 비추어 낙관론이 타당하다. 지방세뿐만 아니라 가능한 모든 부문에 경쟁이 도입되어 분권화된 정부체제가 지방공공재 생산의 대리시장(surrogate market) 역할을 할 수 있어야 한다.

2) 수출성

지방정부는 개방경제체제이기 때문에, 다시 말해, 사람과 물건이 자유롭게 이동하기 때문에 어떤 지방정부가 부과하는 지방세를 타 자치단체의 주민이 납세하는 경우가 발생할 수 있다. 더 나아가 지방정부가 보다 적극적으로 타 자치단체의 주민들에게 지방세를 전가시킨다. 이를 지방세 수출(local tax exporting)이라 한다. 미국 Florida주의 경우가 이를 잘 설명해 준다. Florida주는 부동산 등의 재산세를 경감하는 대신 서비스 산업에 중과세하고 있다. 풍부한 관광 자원을 지방세정에 활용하는 것이다. 재산세를 경감함으로써 다른 주의 거주자들이 보다 싼 가격에 자연환경이 훌륭한 Florida에 별장 등의 부동산을 소유할 수 있다. 따라서 Florida 주의 부동산 수요가 증가하며, 이에 따라 투자가 늘고 이는 Florida의 경제력을 강화시켰다. 이에 더해 관광객의 방문이 많다는 점을 활용하여, 이들이 주로 소비하는 서비스 산업에 중과세함으로써 타 주에서 온 관광객들에게 지방세를 수출한다(Browning & Browning, 1983: 473-474). 물론 주민들의 소비세 부담도 증가하지만 주경기의 활성화에 따른 혜택과 소비세 부담을 능가하는 주정부 서비스를 향유할 수 있기 때문에 이에 대한 불만의 여지는 적다.

지방세의 수출에 따른 결과는 다양하다. 우선 최종적인 지방세 부담이 납세자들 간에 어떻게 배분되는지를 확인하기가 어려워진다. 지방세를 성공적으로 수출하는 지방정부의 세출은 증가할 것이다. 세출의 일부를 실질적으로는 지방세를 수입한 타 자치단체의 주민이 부담하기 때문이다. 따라서 형평의 원칙에 어긋난다. 지방정부들은 지방세를 수출하려고 노력하기보다는 지방정부 간 건전한 경쟁과 상호협조에 더욱 노력해야 한다. 다만 지방세정 담당자는 지방세의 수출 가능성과 그 방법 그리고 결과에 관해 분명히 이해해야 할 것이다.

지방세의 수출 가능성과 서로 다른 세율이 결합하면 불법산업을 유발하기도 한다. 미국의 주들은 담배에 대해 서로 다른 소비세를 부과하고 있다. 이에 따라 담배 가격이 주에 따라 상당한 차이가 있다. 1980년대에는 동북부의 New York, Massachusetts, Connecticut 등의 주는 담배 소비세가 높기 때문에 담배가격도 비싸며, Kentucky, North Carolina 등의 주는 담배 소비세가 낮고 따라서 담배 가격도 싸다. 담배 가격이 싼 주로부터 담배를 밀수입하여 판매한다면 이는 불법이다. 주간 교역으로서도, 밀수입한 담배를 판매하는 것도 불법이다. 그러나 이익은 상당히 많이 남는다. 조직범죄(마피아)의 주된 수입원 중 두 번째가 담배 밀수입이라는 연구결과는 이 점을 명백히 보여준다(Browning & Browning, 1983: 466-467). 이와 같이 분권화된 정부체제의 운영이 범죄를 유발하는 사회적 효과를 가지고 있다는 점도 간과해서는 안 된다.

3) 납세자이동성

납세자이동성(taxpayer mobility)은 지방세의 경우 납세자가 이동함으로써 지방세를 피할 수 있는 가능성을 뜻한다. 예를 들어 담배에 높은 소비세를 부과하는 지방의 주민이 담배에 소비세를 부과하지 않아 상대적으로 가격이 싼 지방에서 담배를 산다면 거주지의 지방세를 납부하지 않을 수 있다. 지방세 중 소비세는 특히 이런 가능성이 높다. 따라서 지방정부가 재정을 확충할 목적으로 소비세를 인상할 경우 이를 피할 수 있는 가능성이 얼마나 큰지를 반드시 고려해야 한다. Washington, D.C.의 경우는 이 점을 분명하게 보여준다.

시의 재정상 어려움을 타개하기 위해 1980년 8월 Washington, D.C.는 gallon당 10센트의 휘발유 소비세에 대해 추가로 6% 인상했다. 그 결과 Washington, D.C.의 휘발유 가격은 인근 Maryland와 Virginia 주의 가격에 비해 6% 인상되었다. 3개월 이내에 Washington, D.C.의 휘발유 판매량은 33% 감소하였고, 조세수입은 20%만 증가했다. 장기적으로 많은 주유소가 문을 닫고, 조세 수입은 오히려 감소될 것이 분명해졌다. 같은 해 12월 당시 Washington, D.C.의 시장 Marion Barry는 "조세가 실효성이 없다는 압도적 근거와 … 휘발유 소비자와 주유소 경영자들에게 부당한 어려움을 끼쳤기 때문에" 휘발유세 인상을 철회할 수밖에 없었다(Browning & Browning, 1983: 467-468). 휘발유는 가격 비탄력적이다. 바꿔 말해, 가격이 올라도 소비가 크게 줄지 않는다. 따라서 Washington, D.C. 정부가 이 품목의 소비세를 인상하여 재정수입의 확충을 기대한 것은 큰 잘못이 없다. 그러나 소비세를 올리지 않은 인근 주의 휘발유는 완벽한 대체재라는 점을 고려하지 않은 것은 큰 실수였다. 납세자이동성이 지방세정에 고려되어야 할 중요한 요인이라는 점은 명백하다. 이러한 지방세의 특성을 전제로 지방세의 원칙을 살펴보자.

2. 지방세 원칙

지방세도 조세의 일종이므로 일반적인 조세의 원칙이 그대로 적용된다. 이와 함께 Spahn은 다음과 같은 7가지 지방세의 원칙과 범위를 제시하고 있다.

1) 지방 책임

지방 책임(local accountability)은 지방공공재 생산과 소비에 관련된 참여자들의 책임을 포괄하는 의미이다. 우선 지방정치인과 의회는 자치적인 정책 수립과 세율을 결정할 수 있어야 하며, 이를 위하여, 자주 재원을 가져야 한다는 뜻이다. 권한과 책임을 분명히 하는 것이다. 지방주민들 또한 지방세를 반드시 부담해야 한다. 그들은 스스로가 원하는 것을 얻기 위해 정당한 가격(지방세)을 지불해야 하는 것이다. 이는 민주적 대표성과 경제적 효율을 추구하기 위해 필수적인 요소이다. 따라서 이 원칙은 소득세와 재산세를 선호한다. 지방세 부담을 타 지역으로 전가할 수 있는 가능성이 희박하기 때문이다(Spahn, 1995: 222-3).

이 원칙은 민주적 대표성과 경제적 효율을 위해 필수적인 요인이다. 지방정부가 생산하는 지방공공재와 그 가격인 지방세를 스스로 결정할 수 있고, 스스로 확보한 재원으로 지방공공재를 생산하기 때문에 생산자(지방정치인과 의회)와 소비자(지방주민)가 함께 무엇을, 얼마나, 어떻게 생산할 것인지를 결정하기 위해 보다 적극적으로 참여하고 평가할 것이기 때문이다. 이것은 지방정치인을 선출하고 다음 번 선거에서 이들의 업적을 평가하는 지방선거과정에 보다 적극적으로 참여한다는 의미를 포함하고 있기 때문이다. 다만 지나치게 이상적이라 현실적으로 기대하는 것이 쉽지 않다는 단점이 있다.

2) 편익-지방세 연계

편익-지방세 연계(benefit-tax link) 원칙은 특히 공공재 생산에 관한 지방세의 효율성을 강조한다. 이 연계가 강력해야 공공재 생산의 대용시장(quid-pro-quo market)에서 지방세가 가격 역할을 할 수 있기 때문이다. 이 원칙에 적합한 지방세는 사용료(service fees), 사용자 부담금(user charges), 수혜자 기여금(contributions of beneficiaries) 등이다. 이 원칙에서 보면 여행자들이 지방공공재에서 얻는 혜택에 대한 가격을 지불하는 것이라는 점에서 여행세(a tourist tax)도 적합한 지방세이다. 한편, 편익이 확산되는 지방공공재의 경우에는 당해 지방정부들을 포괄하는 지역(region)의 주민들에게 지방세를 부과해야 할 것이다. 여기에 포함될 수 있는 것이 상수와 가스 그리고 쓰레기 처리 등일 것이다(Spahn, 1995: 223-4).

공공재의 문제는, 앞서의 논의에 따르면, 소비자가 선호를 밝히지 않고 무임승차하려고 하기 때문에 시장에서의 생산이 불가능하다는 것이었다. 그 결과 정부가 개입하여 생산하면 다양한 이유로 비효율이 초래된다. 분권화 정부체제는 대용시장 역할을 하는 것으로 지방세가 시장의 가격 기능을 해야 한다. 이를 위해서는 지방세를 편익과 연계시킬 필요가 있다. 편익에 직접 그리고 강력하게 연계되어 있어야 필요한 만큼 최소한의 비용으로 생산할 수 있기 때문이다. 다만, 사용료, 사용자 부담금, 그리고 수혜자 기여금을 지방세로 볼 수 있느냐의 문제가 있다.

3) 비왜곡

모든 세금은 시장의 배분 결정에 영향을 미치지 않는 중립적인 것, 다시 말해 비왜곡(non-distortion)적 이어야 한다. 대부분의 조세가 이 원칙을 충족시키지 못한다. 하지만 시장의 선택은 국내에 제한되며 이 제한이 비중립성에 대항하는 장벽으로 작용한다. 지방수준에서는, 어떻든, 납세자들이 언제나 세원을 낮은 세율을 적용하는 지방으로 옮겨서 고율의 지방세를 피할 수 있기 때문에 이 원칙이 특히 중요하다. 이것이 수평적 지방세 경쟁을 일으켜 지방정부가 전혀 지방세 수입을 늘릴 수 없는 파멸적 결과를 초래할 수도 있다. 지방정부들 사이의 수평적 지방세 경쟁은 두 가지 측면이 있다: 하나는 지방세율의 다양성에 규율을 부과 한다; 그리고 다른 지방으로 이전하기 어려운 세원에 대한 징세를 제한한다. 모든 지방정부가 동일한 지방세율을 부과하면 첫 번째 문제는 사라진다. 중앙정부의 입법이나 지방정부들 사이의 수평적 협력으로 이를 달성할 수 있다. 다만, 단일 지방세율은 지방 책임 원칙과 충돌하고,

따라서 피해야 한다. 더욱이 지방세율의 지역적 다양성이 공공서비스의 지역적 차이를 반영한 것인 한 납세자들이 받아들일 것이다. 그러므로 편익-지방세 원칙 범위 안에서라면 지방세율의 다양성은 바람직하며 가능하다. 파멸적 결과도 중앙정부가 지방세율에 하한을 입법화하면 막을 수 있다. 두 번째 문제는 부동지방세원을 선택할 때 논의된다. 세원을 다른 영역으로 이동할 수 없는 한 징세는 중립적이고 효율적이다. 이 원칙은, 이에 따라, 주거 원칙에 근거한 지방재산세와 지방소득세를 강력히 지지한다. 특히 지방토지세는 이 원칙에 따른 이상적인 후보이다. 다만, 토지는 물리적으로 부동이지만 그 가격은 그렇지 않다. 토지가격의 산정과 지방세원 선정, 그리고 면세는 지방정부의 권한에 속한다. 따라서 어느 지방정부든 이를 조작하여 비효율적인 지방세 경쟁을 벌일 수 있다. 이를 방지하기 위해서는 중앙정부가 토지가격 산정 등에 관한 표준 규정을 입법하는 것이 바람직하다(Spahn, 1995: 224–5).

4) 지역적 형평과 장기 효율

지방 징세는 지방정부들 사이의 배분 정의(distributional justice)를 위한 이유로 지역적으로 공평한 세입 유형을 반영하는 것이 이상적이다. 이것은 가치판단이지만 사회적 형평과 국가의 단합이 정치적 안정을 강화할 것이기 때문에 정치적 정당성을 가진다. 마치 자원이 전국에 걸쳐 불평등하게 분포되어 있듯, 영역 내에 불평등하게 배포되어 있는 세원에 대한 지방세는 적합하지 않다. 영역 내에 불평등하게 분포되어 있는 세원을 그 지방만 독점적으로 사용하는 것이기 때문이다. 그러나 지역적 형평(regional equity) 원칙을 실현하는 것은 어렵다. 대부분의 세원이 불평등하게 배분되어 있기 때문이다. 지방 경제 활동과 밀접하게 연계된 지방유통세(turnover tax)는 이 원칙에 부합하는 지방세이다. 한편, 지역적 형평 원칙은 부동 지방세원을 효율적이라고 평가하는 중립성에 위배된다. 토지같이 부동성을 가진 세원은 중립성의 관점에서 우수한 세원이지만 이런 자원이 없는 지역의 입장에서는 불공평하기 때문이다. 특히, 편익과 지방세 연계의 관점에서 자원에 대한 지방세 부과는 바람직하지 않다. 지방공공서비스와 기반시설을 자원세로 충당하는 것은 장기적으로 지방의 복지 수준을 높이기도 어렵고 자원이 고갈할 것이기 때문에 장기적으로 가용한, 바꿔 말해 장기 효율(long-term efficiency)이 있는 세원도 아니기 때문이다(Spahn, 1995: 225-6).

5) 세원의 신뢰성과 안정성

지방정부는 세원의 신뢰성과 안정성(reliability and stability of tax bases)이 확보되어야 서비스를 제공하고, 지속적으로 기반시설을 확대할 수 있다. 세입의 부족을 메우기 위해 지방정부가 차입을 할 수 있어야 하지만 반복적이거나 거시경제정책을 목표로 하는 것은 바람직하지 않다. 특히 거시경제정책은 지방정부가 수행해도 되는 기능이 아니다. 지방사업세(local business tax)는 경기가 유동적이기 때문에 세입 안정성의 관점에서 좋은 지방세라 하기 어렵다(Spahn, 1995: 226-7).

6) 묵시적 보험으로서의 지방세 공유

우리는 유동적이고 불안정한 세입보다는 믿을 수 있고 안정적인 세입을 원할 것이다. 보험을 드는 것은 믿을 수 있고 안정적인 것을 확실한 것으로 만들기 위한 것이다. 이를 위해 기꺼이 보험료를 부담한다. 지방정부도 다양한 방법으로 세입 안정화를 추구한다. 변덕스러운 세입원을 보다 신뢰할 수 있고 안정적인 것으로 바꾸는 것이 그 하나이다. 세입 위험과 구조적 불확실성 때문에 지방정부는 상위 수준 정부와 지방세를 공유한다. 이것이 보험으로서의 기능이며 묵시적 보험으로서의 지방세 공유(tax-sharing as implicit insurance)이다(Spahn, 1995: 227).

7) 행정적 단순성

크던 작던 지방정부는 지방세를 관리한다. 상대적으로 작은 지방정부는 세입 단위당 비용이 높다. 따라서 작은 규모의 지방정부일수록 단순한 지방세 체제가 필요하다. 행정적 단순성(administrative simplicity)은 많은 지방세에 적용하기 어렵다. 지방소득세, 지방부가가치세, 지방사업세는 대부분의 원칙에 부합하지만 지방 수준에서 관리하기는 다소 어렵다. 지방세로서 가장 이상적인 재산세조차 복잡한 자산평가 규정 때문에 행정적 단순성 원칙에서는 낮은 평가를 받을 수밖에 없다. 그러나 해결 방안이 없는 것은 아니다. 첫째, 지방세를 행정 상황에 따라 맞춤형으로 고안하는 것이다. 예를 들어, 지방사업세를 국가적으로 표준화된 징세 기준에 맞추어 징수하는 것이다. 이는 국가의 기준을 차용하여 단순화한 것이다. 둘째, 기존 행정 절차를 지방세 정책에 활용할 수 있다. 예를 들어 지방소득세를 중앙정부의 소득세와 연계하여 징수하거나 복잡한 절차를 거치는 재산세를 상위 정부에 위임하여 징수하는 것이 그것이다(Spahn, 1995: 228).

지방정부의 자주적이고 효과적인 활동을 보장하기 위해서는 세입이 충분하고 안정적이어야 한다. 주민의 복지수준을 지속적으로 증진시키기 위해서는 재원의 증가가 필수적이므로 이에 대응할 수 있도록 신장성이 있어야 한다. 지방정부의 특수성을 반영하여 탄력적으로 지방세정을 운영할 수 있어야 한다. 자치의 기본은 주민들의 적극적인 참여에 있는 만큼 재정부담도 고르게 분담해야 한다. 나아가 주민들이 향유하는 편익에 부응한 재정분담이어야 한다. 지방세정을 탄력적으로 운영하려면 자주성의 한계와 범위가 명확해야 한다. 이제 지방세의 특성과 원칙을 전제로 국세와 지방세의 배분기준을 살펴보자.

3. 배분기준

정부를 유지하고 다양한 기능을 수행하려면 세입이 필요하며, 가정 기본적인 정부의 세입원은 조세이다. 분권화된 정부체제를 운영하려면 모든 수준의 정부가 각기 고유의 세입원을 확보해야 하므로 정부들에 세원을 배분해야 한다.

중앙과 지방정부에 세원을 배분하는 기준은 학자에 따라 다양하다. 누진성, 안정성, 보편성, 이동성, 정주성, 명확성, 신장성, 전가성, 세원관리 등의 기준을 제시하고 있다. 라휘문은 학자에 따라 달리 주장되는 기준을 아래 표와 같이 요약하고 있다(1996: 23).

〈표 6-6〉 학자에 따른 배분기준

배분기준	Musagrave & King	McLure	Owens & Norregaard
누진성	○		○
안정성	○		○
보편성	○	○	
이동성	○	○	○
정주성	○	○	
명확성			○
신장성			○
전가성			○
세원관리			○

4. 지방세의 평가기준

조세는 국민들에게 부과하는 직접적인 경제적 부담이며, 경제활동은 물론 부와 소득의 분배에 중요한 영향을 미친다. 역사적으로 조세정책은 국가의 성패에 영향을 미치는 가장 중요한 요인의 하나로 인식되어 왔다. 조세를 평가하는 이유의 하나가 여기에 있다.

조세를 평가하는 일반적 기준은 조세의 효율성(tax efficiency), 조세의 형평성(tax equity), 조세의 전가(tax shifting), 그리고 세수 탄력성(revenue elasticity)이다(Blair, 1990: 510-511). 지방세는 조세의 일종이므로 이들은 지방세에도 적용된다.

경제학자들은 전통적으로 사경제부문의 활동을 왜곡시키지 않는 조세를 효율적인 것이라 생각했다. 예를 들어 소득세는 그 세율이 높을수록 근로시간을 단축시키는 의도하지 않은 효과를 나타내기 때문에 비효율적이며, 인두세(a head tax)는 근로시간을 줄여 조세부담을 경감시킬 수 없기 때문에 효율적이다. 그러나 공해세(polluting tax)는 의도적으로 사적 경제활동을 변경(공해를 유발하는 경제활동을 억제)시키고자 하는 것이기 때문에 공해세에 의해 사적 경제활동을 의도적으로 왜곡하여 공해배출을 감소시켰다면 이는 효율적이라 평가할 수 있다(Blair, 1991: 510-511).

조세의 형평성은 담세능력(ability to pay)과 편익향유원칙(benefits-received principle)이라는 두 가지 기준을 포함한다. 담세능력이란 납세자의 경제적 능력에 맞는 조세를 부과해야 한다는 것이다. 따라서 경제적 능력이 같은 사람은 동등한 조세를 부과해야만 하며, 경제적 능력이 같지 않은 사람에게는 다른 조세를 부과해야만 한다(Equals should be treated equally and unequals should be treated unequally). 편익향유원칙은 정부의 사업으로부터 발생한 편익이 수혜자에게 직접 전달되고 그 가격이 쉽게 결정되는 경우 가장 유용하게 적용될 수 있다. 차량용 휘발유에 대한 세금은 휘발유의 소비는 도로의 사용을 전제로 한다는 가정에 따라 편익향유원칙에 근거한 조세이다(Blair, 1991: 511). 여기서 담세능력은 분임성의 구체적 기준이며 편익향유원칙이란 응익성을 의미한다.

조세의 형평성을 평가할 때 반드시 고려해야 할 점이 조세의 전가이다. 조세의 형평성을 평가하기 어려운 이유는 실제 세금을 납부해야 할 사람이 이를 소비자 또는 생산자에게 전가할 수 있기 때문이다. 수요와 공급의 탄력성이 전가의 가능성과 폭을 결정해 준다. 만약 소비자들이 비탄력적인 수요를 가진 상품에 조세가 부과된다면, 이 조세는 소비자들에게 가격상승의 형태로 전가될 가능성이 매우 높을 것이다. 가격이 상승하더라도 소비가 줄지는 않을 것이기 때문이다. 반대로 수요의 탄력성이 높을 경우, 조세의 전가는 어려울 것이다(Blair, 1991: 511–512).

[그림 6-1] 우리나라의 조세체계

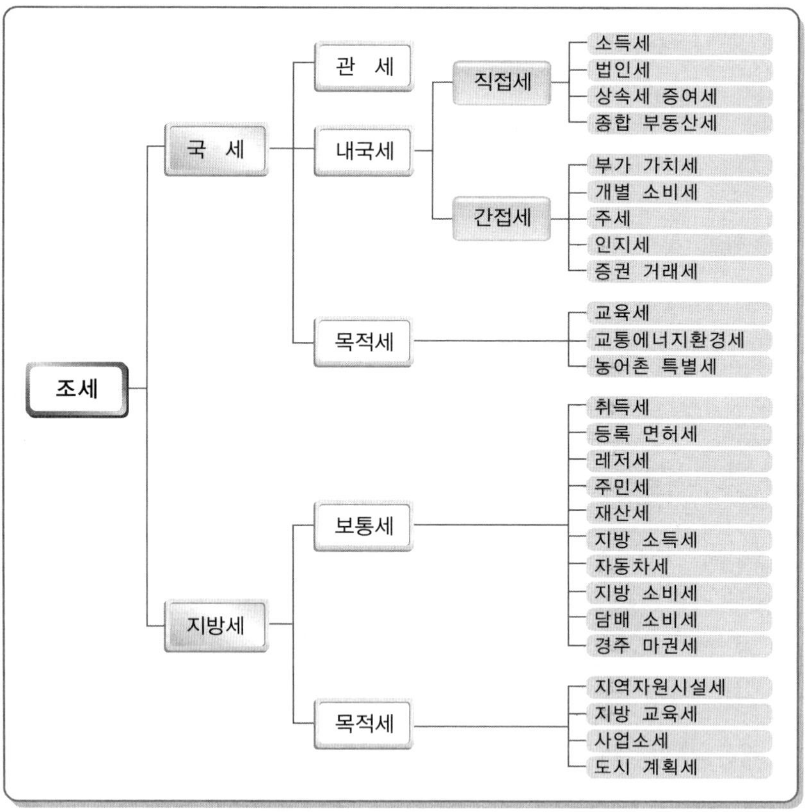

세수의 탄력성은 경제의 성장에 따른 조세수입의 신장 비율을 의미하는 것으로 이는 다음의 공식으로 측정한다.

조세 수입의 탄력성(RE) = 조세수입의 변화율/국민소득 변화율

대부분의 지방정부는 국민소득이 변화함에 따라 최소한 비례적으로 세수가 증가하고 동시에 불황에도 세수에 큰 영향을 초래하지 않는 안정적이며 신장성이 있는 세원을 확보하고자 한다. 그러나 하나의 세원에 신장성과 안정성이 동시에 갖추어지기는 어렵다(Blair, 1991: 513). 따라서 위험을 분산하는 지방세정이 되어야 한다.

5. 지방세의 경제적 효과

미국의 경우 지방세 중에서 가장 전통적인 것은 재산세와 소비세이다. 이와 함께 소득세와 사용자 부담금이 지방세에서 차지하는 비중이 높아져 왔다. 이들 지방세의 경제적 효과를 간략하게 살펴보면 다음과 같다.

1) 재산세의 경제적 효과

일반적으로 재산세의 효율성은 높지 않다고 평가하고 있다. 재산세는 자산가치의 평가액에 따라 부과되므로, 세금이 많아질 것을 우려해 건물의 보수나 개선을 뒤로 미룰 수 있기 때문이다. 건물을 훌륭한 상태로 유지하는 편익은 확산된다는 점을 고려하면, 비효율성은 보다 높아진다. 그러므로 대지에 대한 재산세율을 구조물에 대한 세율보다 높이고, 지역별로 재산세 징수액에 따라 세출액을 연계시키는 정책을 도입하고, 구조물 개선 투자액에 대한 조세 감면제를 시행한다면 재산세의 비효율성은 개선될 수 있다(Blair, 1991: 513-514).

한편, 주택에 대한 재산세는 역진적(regressive)이다. 가난한 사람일수록 소득의 보다 많은 부분을 주택에 소비해야 하기 때문이다. 재산세를 능력에 따른 조세로 보기도 어렵다. 재산이 많은 사람이라도 부동산이 적으면 적은 세금만을 내기 때문이다. 뿐만 아니라 구조물의 경우 같은 자산 가치를 가지고 있더라도 지역에 따라 다른 세금을 내게 된다. 이것은 소득 계층을 지역적으로 분리시키는 결과를 유발할 수 있다. 그러나 재산세의 역진성은 전가의 문제를 규명해야만 보다 정확하게 평가할 수 있다(Blair, 1991: 513–514).

재산세의 전가에 관해서는 전통적 견해(the traditional view)와 수정적 견해(the revisionist view)의 두 가지가 있다. 전통적 견해에 따르면 거주용 구조물에 대한 재산세는 단기적으로 수요와 공급이 변하지 않기 때문에 전가될 수 없다는 것이다. 그러나 장기적으로는 구조물의 공급이 감소하기 때문에 임차인이 지방세를 부담하는 전가가 이루어진다. 상업용 구조물의 경우도 장기적으로는 소비자와 자원의 소유자들에게 전가된다. 이와 같은 전통적 견해에 대한 부분적 수정의견이 대립하고 있다. 그러나 지방세의 전가에 관한 단기적 분석에 있어서는 두 견해 사이에 차이가 없다. 차이점은 장기적 분석의 결과에 있다. 수정적 견해에 따르면 구조물에 대한 전국적인 과세는 장기적으로 자본의 소유자에게 전가된다고 한다. 예금은 수익률에 영향을 받지 않기 때문에 자본의 총공급은 비탄력적이라는 점에 근거한 것이다. 만일 재산세가 올라 자본이 부동산 시장으로부터 이탈하여 다른 부문에 투자된다면, 자본 공급의 총량에는 변화가 없을 것이다. 따라서 장기적으로는 자본의 소유자가 재산세를 부담한다는 논리이다. 지방정부 간 재산세율이 다르기 때문에 장기적으로는 재산세율이 높은 지역의 부동산 공급량이 감소할 것이지만, 임차인들의 이동성 때문에 이들에게 재산세를 전가하기는 어렵다. 상업용 구조물에 대한 재산세의 전가 역시 같은 결론에 이르게 된다

(Blair, 1991: 515-516).

이와 같은 분석에 근거하여 재산세의 부담은 자본가에 귀속되고 상업용 구조물의 경우 당해 업종의 재화와 용역의 소비 및 공급의 탄력성에 의할 것이기 때문에 일률적인 결론을 얻기는 어렵다. 다만 재산세, 특히 주거용 재산세의 경우 전가가 쉽지 않다고 할 수 있다.

재산세는 소득에 대해 비탄력적이다. 소득의 변화에 따른 영향을 크게 받지 않는 안정적인 세원이다. 반면, 세수의 신장성은 낮다(Blair, 1991: 517).

2) 소비세의 경제적 효과

소비와 관련한 조세의 경제적 효율성도 높지 않다. 소비세로 인해 다른 사경제 활동이 영향을 받기 때문이다. 소비세가 부과되면 소비는 감소한다. 소비의 감소는 우선 생산요소(노동, 토지 자본)시장에 영향을 미친다. 장기적으로 이동성이 있는 생산요소들은 소비세의 영향을 피해 갈 것이지만, 이동성이 전무한 토지는 그 영향을 그대로 받을 수밖에 없다. 따라서 토지가는 하락하고 소비세의 일부가 토지 소유자에게 전가된다. 이에 따라 소비세는 지역 경제에 부정적 영향을 미친다. 소비의 감소가 생산과 고용의 감소로 이어질 수 있기 때문이다. 지역 경제는 소비세율에 특히 민감하게 반응한다. 기업과 각국의 지방자치단체 간 이동성은 상당히 높기 때문이다(Sullivan, 1990: 483-484).

소비세 역시 역진적 요소가 강하다. 가난한 사람일수록 소득의 높은 비율을 소비할 수밖에 없기 때문이다. 이를 시정하기 위하여 생활필수품 등에는 소비세를 면제할 수 있다. 그러나 면제되는 상품의 수가 늘수록 비과세 상품에 대한 소비가 증가할 것이기 때문에 조세의 효율성은 떨어진다. 그러므로 형평과 효율 간의 상각관계는 불가피하다(Blair, 1991: 517).

소비세의 전가는 수요와 공급의 탄력성에 근거한다. 수요가 탄력적일수록 소비세를 소비자에게 전가하기는 어려워진다. 따라서 이 경우에는 보다 많은 소비세를 생산자가 부담하게 된다. 그러나 공급이 탄력적일수록 보다 많은 소비세가 소비자들에게 전가된다(Sullivan, 1990: 482-483).

소비세의 세입은 소득의 증가에 비례하여 증가한다. 따라서 세수의 탄력성이 비교적 높다. 그리고 조세 행정이 단순하고 비용 역시 저렴하다는 장점이 있다(Blair, 1991: 517). 소비세가 조세 행정이 단순하고 비용이 저렴한 만큼 조세 대상 품목을 잘 선정하면 단기간에 재정수입을 확충하는 데 용이하다. 수요의 가격 탄력성이 작은 상품일수록 세율을 올리더라도 소비가 감소하지 않을 것이기 때문에 세수는 크게 증가한다.

3) 소득세의 경제적 효과

소득과 관련된 조세는 두 가지이다. 하나는 소득세(income tax)이고 다른 하나는 봉급세(payroll tax)이다. 소득과 봉급은 똑같은 수입이지만 소득은 보다 범위가 넓은 포괄적 수입을 의미하고 봉급은 말 그대로 급료로서의 수입이다.

미국의 경우 소득세는 연방과 주정부의 세원이고, 봉급세는 지방정부의 세원이다(Blair, 1991: 517). 우리나라의 경우 주민세는 개인과 법인에 대한 정액세인 균등할과 소득세, 법인세, 농지세의 부가세인 소득할로 구분되는데 바로 이 소득할 부분이 봉급세라 할 수 있다. 예를 들어 서울 송파구에 거주하면서 청주에 있는 직장에 근무할 경우, 근무지인 청주에서 봉급을 수령할 때 주민세의 소득할 부분을 납부하며, 주민등록지인 서울시 송파구에서도 균등할 부분을 납부한다. 소득세나 봉급세의 경제적 효과를 분석하는 데 참고할 또 다른 요소는 이들 지방세는 기업과 주민의 유치와 밀접한 관련이 있다는 점이다. 이 점을 염두에 두고 소득세와 봉급세(주민세 소득할)의 경제적 효과를 살펴보자.

지방정부가 부과하는 소득세는 그 지방의 고용을 감소시킨다. 고용의 감소는 수요의 감소와 유휴시간의 값이 상대적으로 하락함에 따라 근로자 스스로 근로시간을 단축하는(공급의 감소) 두 부분의 총합일 것이다. 그리고 그 정도(고용이 감소하는 정도)는 세율에 따라 결정된다.

소득세와 봉급세는 누진적(progressive) 세율을 적용하기 어렵다. 높은 누진 세율을 적용하면 기업과 가계가 이주해 버릴 것이기 때문이다. 따라서 이들 지방세는 비누진적이기 쉽다(Blair, 1991: 517). 이점에서 다른 조세, 특히 소득세는 지방정부 간 조세 경쟁과 밀접한 관련이 있으며 기업과 가계의 거주지 결정(locational decision making)에 큰 영향을 미치는 요인이다. 그러므로 소득세는 지방공공재 소비 행태에 영향을 미치는 비효율적 조세라 할 수 있다. 예를 들어 대도시의 빈민 구역은 이주 경비를 부담할 수 있는 재력이 있는 거주자들은 떠나고 이주할 경제적 능력이 없는 빈민들이 남아 도시의 재정을 더욱 압박하는 요인이 된다. 세입원은 주는 데 반해 지방정부 서비스 수요는 오히려 증가할 것이다. 앞서 언급했듯 소득세에 누진세율을 적용하기 어려운 만큼 형평성이 확보된 것으로 보기 어렵다. 다만, 봉급세의 경우 담세능력과 편익원칙에 부합한다는 점에서 형평성이 있다.

소득세는 국세인 경우 세액의 대부분을 소득자가 부담한다. 노동의 공급이 상대적으로 비탄력적이기 때문이다. 그러나 지방정부에 의해 부과되는 소득세의 경우에는 주민의 이동성을 고려해야 한다. 근로자들은 이주함으로써 소득세를 피할 수 있기 때문이다. 따라서 소득세 중 근로자가 부담하는 부분은 국세에 비해 줄어든다. 지방 소득세의 전가가 더 어려운 것이다.

소득세와 봉급세에 고려해야 할 점이 두 가지 있다. 하나는 지방정부 간 세원의 공유에 관한 문제이고 다른 하나는 지방정부 간 조세경쟁에 관한 문제이다. 지방정부 간 세원을 공유한다는 것은 납세자의 근무지와 거주지가 다르기 때문에 벌어지는 현상이다. 한 납세자가 근무지에서 봉급세를 납부하더라도 대부분의 봉급을 거주지에서 사용한다면, 근무지의 자본이 역외로 유출되는 것이다. 거주지에서는 봉급세를 내지는 않지만 대부분의 봉급을 거주지에서 소비하므로 거주지의 지역경제에 도움을 주는 것으로 이해할 수 있다. 총체적 결과를 분석하기는 대단히 어렵다. 이어지는 문제는 자치단체 간 재정부담의 배분이 대단히 불분명해진다는 점이다.

6. 우리나라 지방세의 문제점과 대책

1) 지방세 체제의 현황과 문제

우리나라 지방세의 문제는 다양하다. 첫째, 지방 주민들의 담세 능력이 취약할 뿐 아니라 차이가 심하다는 점이다. 둘째, 이에 따라 지방정부에 자주적인 지방세권을 부여하기도 어렵다. 자주적인 지방세권을 부여하는 것은 국세의 지방 이전도 포함될 것인데 이는 수평적 경제적

〈표 6-7〉 우리나라 지방세 체제

	특별/광역시세	도 세	시·군세	구 세
보통세	취득세	취득세	담배소비세	등록면허세
	레저세	등록면허세	주민세	재산세
	담배소비세	레저세	지방소득세	
	지방소비세	지방소비세	재산세	
	주민세		자동차세	
	지방소득세		馬劵稅	
	자동차세			
목적세	지역자원시설세	지역자원시설세	도시계획세	사업소세
	지방교육세	지방교육세	사업소세	

불균형을 더욱 확대시킬 가능성이 있기 때문이다. 셋째, 자주적인 지방세권이 부족하다(김경환, 1992: 95-96)는 점 등을 들 수 있다.

2) 대 안

공공선택의 관점에서 지방세 기능을 정의한다면, 이를 대리가격이라 할 수 있다. 주민들은 지방세와 지방서비스를 패키지로 구입하는 소비자이기 때문이다. 따라서 지방세는 수익자 부담(분임성과 응익성)원칙이 가능한 분명해야 한다. 분권화된 정부체제의 경제적 효율성을 달성하려면 생산자와 소비자가 공히 가격에 대해 가능한 정확한 정보를 알아야 한다. 세원조정은 이 점을 고려해야 한다.

세원이 지방에 따라 다르게 분포되어 있다는 점 역시 고려해야 한다. 국세의 일부를 지방세로 재배분할 경우 수평적 재정불균형이 심화되는 원치 않는 결과가 초래될 수 있기 때문이다. 이러한 점들이 충분히 반영된다면 세원의 조정은 수직적 불균형을 완화할 수 있는 훌륭한 대안의 하나이다.

따라서 세원을 지방재정을 확충하되 수평적 재정불균형을 완화할 수 있도록 조정해야 한다. 국세 중 소득세를 지방세로 이양하되 이를 광역세(도세와 특별시 · 광역시세)로 배정하면 도 간 재정불균형을 완화하면서 지방재정의 확충을 기할 수 있다(라휘문, 1995: 240).

우리나라 지방세제의 자주성 부족은 지방세의 세목, 세율, 과표산정, 감면범위, 징세방법 등에 대해 지방세법과 중앙정부가 직접 통제하기 때문이다. 지방정부의 자주적 지방세권이 거의 인정되지 않는다. 이런 경우, 지방세가 대리가격 기능을 수행할 수 있는 길이 원천적으로 막혀있는 것이다. 자주적 지방세권을 점차 확대해야 한다.

제3절 정부 간 재정 이전

중앙정부가 지방정부의 부족한 재정을 조정하기 위하여, 또는 중앙정부가 의도하는 정책의 집행을 보장하기 위하여 정부 간 재정 이전이 이루어진다. 우리나라는 기획재정부가 보조금 제도를, 안전행정부가 교부금 제도를 통해 정부 간 재정 이전(intergovernmental fiscal transfer)을 담당하고 있다. 이 절에서는 먼저 보조금의 종류와 경제적 효과를 살펴본 다음 우리나라의 보조금과 지방교부금제도를 살펴본다.

1. 보조금(grants)의 종류와 그 경제적 효과

1) 무조건부보조금

무조건부보조금(unconditional grants)은 아무런 조건이나 제약이 없는 정액(lump-sum)보조금이다. 무조건부보조금의 예는 일반재원공유(general revenue sharing)이다. 이 유형의 보조금에는 몇 가지 경제적 효과가 따른다. 그리고 이들 효과를 중위투표자(median voter)의 선호에 대한 결과를 검증함으로써 예측할 수 있다. [그림 6-2]는 중위투표자 갑의 예산선과 보조금의 효과를 도시한 것이다.

갑의 원래의 예산선은 AB이다. 이때 갑의 효용을 극대화시키는 균형점은 E점이다. E점에서 갑은 25만원의 지방세를 내고 지방정부가 제공하는 각종 서비스를 향유하며 45만원을 기타의 사적재를 구입함으로써 그의 효용을 극대화시킨다는 의미이다. 갑이 살고 있는 지역의 지방정부는 일인당 평균 20만원의 중앙정부 보조금을 지급받았다. 따라서 갑의 예산선은 CD로 우 상향하였다. 그리고 갑의 효용을 극대화하는 새로운 균형점은 F가 되었다. F에서 갑은 30만원을 지방세로 내고 나머

◈ [그림 6-2] 일인당 20만원의 무조건부보조금의 경제적 효과

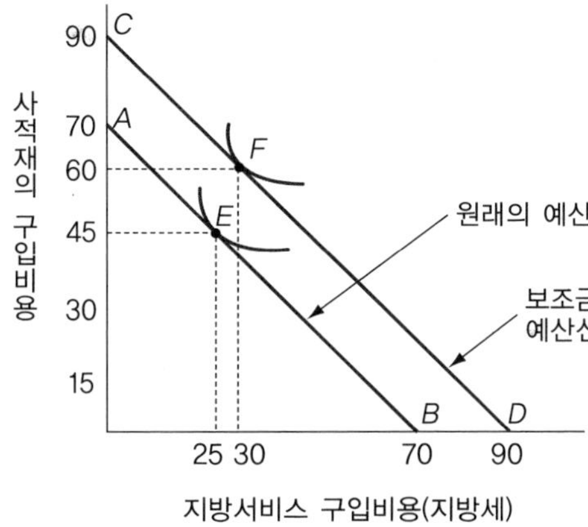

지 60만원을 사적재를 구입함으로써 보다 높은 효용수준에 도달하게 되었다(Sullivan, 1990: 489–490).

중앙정부가 갑에게 보조금을 지급한 것은 물론 아니다. 그러나 조건없는 보조금을 받은 지방정부는 이를 주민들의 효용을 극대화하는 방법으로 사용할 것이므로 지방세를 줄이게 될 것이다. 주민들은 이에 따라 동량의 지방정부 서비스를 보다 싼 지방세로 소비할 수 있게 되거나, 더 많은 서비스를 같은 액수의 지방세로 소비할 수 있게 되거나, 아니면 보다 더 많은 서비스를 보다 싼 지방세로 소비할 수 있게 될 것이다. 위 그림의 갑은 지방세 30만원에 보다 더 많은 서비스를 소비하면서 사적재에 60만원을 소비할 수 있게 되었다. 무조건부보조금은 주민의 효용을 증가시키는 강력한 효과를 가지고 있다.

그러나 이러한 예측은 단순화한 제한적 분석이다. 지방공무원의 예산극대화 성향에 따른 끈끈이 효과(flypaper effect) 때문이다. 끈끈이 효과란 파리 잡는 끈끈이 종이에 파리가 잡히듯, 보조금을 수령한 지방정부가 보조금의 사용을 주도한다는 의미이다(Sullivan, 1990: 491). 따라서

20만원이 전액 갑의 소득 증가 효과로 이어지지는 않을 것이다. 어느 정도의 소득 증대 효과가 있을 것인가는 경우에 따라 다를 것이며 실증적 분석이 필요할 것이며, 위의 단순화한 분석의 정확성도 이에 따라 결정될 것이다. 끈끈이 효과에 의해 감소되는 것은 틀림이 없지만, 무조건부 보조금이 주민의 소득 증대 효과를 가진다는 점도 분명하다. 한편, 앞서 논의했듯 분권화된 정부체제에는 수평적 불평등이 초래될 수 있는 가능성이 내재되어 있다. 무조건부보조금은 주민들의 소득 증대 효과를 가지고 있기 때문에 수평적 불평등을 완화할 수 있는 효과적인 대안이 될 수 있다.

2) 조건부보조금

조건부보조금(conditional grant)은 항목별(categorical) 보조금이라고도 하며, 정액보조금이고, 특정한 사업을 위해서만 사용되어야 하는 조건이 붙어있다. 예를 들어, 교육, 복지, 보건과 병원, 고속도로, 주택, 지역개발 등의 사업에 소요되는 재원을 보조해 주는 것이다(O'Sullivan, 1993: 362). 사업별 보조금은 다시 사업 내 세부 항목으로 사용처가 지정된다.

조건부보조금의 경제적 효과는 앞의 그림을 조금 변형하여 분석할 수 있다. 예를 들어 갑이 살고 있는 지역의 지방정부에 일인당 평균 20만원의 조건부보조금이 중앙정부로부터 주어졌다고 가정하자. 갑의 예산선은 AB에서 AGD로 변화한다. 따라서 GD가 갑의 새로운 예산선이다. 조건부보조금이 특별교육을 위한 것이라 가정하면, 20만원을 특별교육에 사용하고 나머지를 특별교육을 포함한 다른 모든 재화와 용역을 구입하는 데 사용할 수 있기 때문에 AB와 같은 기울기를 가지는(평행하는) GD가 새로운 예산선이 되는 것이다. 그러나 CG에는 도달할 수 없다. 20만원의 사용처가 이미 확정되어 있기 때문이다. 따라서 중위투표

[그림 6-3] 일인당 20만원의 조건부보조금의 경제적 효과

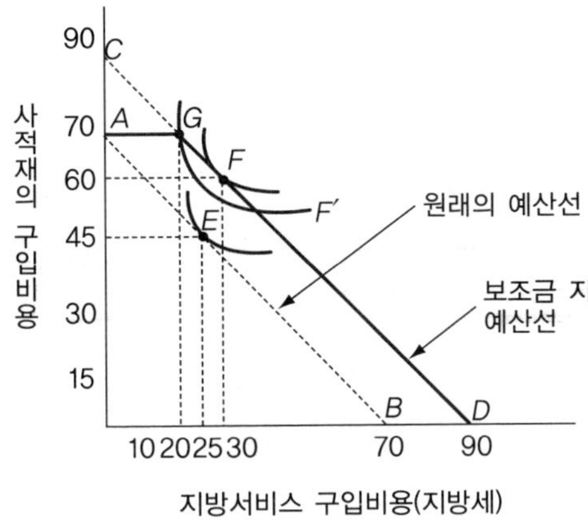

자의 선호에 따라 30만원을 특별교육에 투자하고(10만원을 더 부담하고) 나머지 60만원을 다른 재화와 용역을 구입하는 데 사용하게 되므로 갑의 효용수준은 무조건부의 경우와 같다(Sullivan, 1990: 491–492).

그러나 특별교육에 투자하고자 하는 금액이 특별보조금 20만원보다 적을 경우에는 무조건부보조금의 경제적 효과와 다르게 된다. 이때의 무차별 곡선은 G점에 접하게 되고 갑의 효용수준은 하락하게 된다(Sullivan, 1990: 493). 갑의 효용수준이 F에서 F′로 하락한 것은 조건부보조금에 의해 특별교육의 과소비가 초래됐기 때문이며, CG로의 이동이 불가능해졌기 때문이다. CG로의 이동이 불가능해졌다는 것은 선택의 자유가 제한됐다는 의미이며, 이것은 중앙정부의 부정주의(paternalism)로 이해할 수 있다. 모든 경우에 적용되는 것은 아니나, 조건부보조금은 선택의 자유를 제한함으로써 경제적 비효율을 초래할 수 있다. 또한 지역 간 수평적 형평을 해칠 수 있다. 특히 사업의 성격이 생활에 필수적인 것일 때 그렇다. 부자 지역의 주민들이 가난한 지역의 주민들과 꼭 같은 혜택을 입는 것이기 때문이다. 그러나 특정 서비스의 공급수준에

있어 전국적 통일성을 유지하기 위해서는 효과적인 보조금이라 할 수 있다.

3) 정율보조금

정율보조금(matching grant)은 특정 사업에 대해 지방정부가 지출하는 금액에 상응(matching)하는 금액을 지원하는 것이다. 정율이란 상응의 비율을 정한다는 의미로 이해할 수 있다. 정율보조금은 지원하는 비율에 따른 차이가 있을 것이나, 크게는 지원금의 비율만 정하고 지방정부가 얼마를 지출하든 그 금액에 대해 정해진 비율의 보조금을 지원하는 무제한정율보조금과 상한이 정해진 정액정율보조금으로 나눌 수 있다. 지원비율을 1 : 1로 가정하고 이 두 가지 정율 보조금의 경제적 효과를 분석해 보자.

(1) 무제한정율보조금

무제한정율보조금(open-ended matching grants)은 당해 사업의 가격을 50% 할인하는 효과가 있다(지원비율이 1:1 이므로). 당해 사업을 특별교육이라 가정한다면, 특별교육의 공급가격이 반으로 하락하는 것이다. 따라서 지방정부는 특별교육에 지출해야 하는 자체재원을 다른 사업에 전용할 수 있으며, 주민들 역시 특별교육에 소비해야 할 금액의 일부를 다른 소비재를 구입하는 데 사용할 수 있게 되는 것이다. 아래 그림과 같이 갑의 예산선은 1의 기울기에서 1/2의 기울기를 가지는 선으로 변화한다. 특별교육의 가격이 반으로 하락했기 때문이다. 특별교육이라는 정부서비스는 정상재(normal good)이므로 가격이 하락하면 소비는 증가한다. 이에 따라 특별교육에 대한 소비액은 25만원에서 40만원으로 증가한다. 그러나 이 40만원에 대해서는 중앙정부가 반을 부담한 것이므로 실부담액은 20만원에 불과하다. 따라서 70만원의 소득 중 50만원은 특별교육 이외의 소비재를 구입하는 데 사용할 수 있으므로 효

◈ [그림 6-4] 일인당 20만원의 무제한정율보조금의 경제적 효과

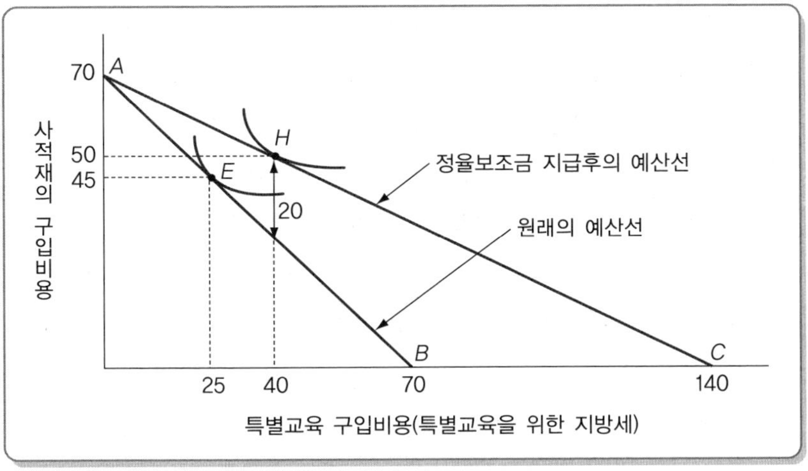

용의 수준도 E에서 H로 상승한다(Sullivan, 1990: 493).

20만원의 무제한정율보조금은 같은 금액의 조건부보조금보다 더 큰 소비유발 효과(대상 사업, 여기서는 특별교육에 대해)를 가진다. 무제한정율보조금은 소득효과와 대체효과를 동시에 가지기 때문이다. 무제한정율보조금 때문에 특별교육의 상대적 가격이 반으로 하락했기 때문에 특별교육에 소비해야 할 금액을 다른 소비재 구입에 대체할 수 있게(대체효과) 되었으며, 더 나아가 특별교육을 포함한 다른 모든 정상재의 구입여력(소득효과)을 증대시킨다(Sullivan, 1990: 493).

무제한정율보조금은 형평의 문제와도 중요한 관계가 있다. 지방정부의 재정능력에 따라 차등 지급할 수밖에 없기 때문에, 지방정부 간 빈익빈 부익부 현상을 심화시킬 수 있다. 그러나 주민의 복지 수준 향상을 위해서는 효과적인 수단이 될 수 있다. 선택의 자유를 제한하는 것은 아니기 때문이다. 따라서 이 보조금을 도입하려면, 대상 사업을 특히 주의깊게 선정하여 지방정부 간 형평이 유지될 수 있도록 배려해야 한다.

(2) 정액정율보조금

정액정율보조금(closed-ended matching grants)은 보조금을 지급하는 정부가 상한을 정해 그 이상을 초과하는 금액은 지방정부가 지출하더라도 보조해 주지 않는다. 아래 그림에서 보듯, 일인당 평균 보조금이 30만원을 상한으로 할 때, 지방정부가 30만원 이상을 특별교육에 투자하더라도 보조금은 최대 30만원까지만 지급한다. 따라서 이때의 보조금 수령 후 갑의 예산선은 굽은(kinked) 모양이 된다. 굽은 점은 상한액이다. 보조금 상한 30만원에 해당하는 지방정부 지출 30만원을 합하면 총 지출 60만원이 되며 여기까지는 특별교육의 상대적 가격이 반으로 하락하기 때문에 예산선의 기울기가 1/2이 되겠지만, 이 이상 지출해도 보조금을 지급해 주지 않기 때문에 이 점을 지나서는 예산선이 굽고 기울기는 다시 1이 되어 보조금을 받기 이전의 원래 예산선과 평행하게 된다. 이 보조금의 경제적 효과는 예산선이 굽기 전과 후의 두 가지로 분석해야 한다. 즉, 희망하는 특별교육 투자비의 합이 60만원 미만일 때에는 무제한정율보조금과 경제적 효과는 같다(E에서 H로). 그러나 이를

◈ [그림 6-5] 일인당 30만원의 정액정율보조금의 경제적 효과

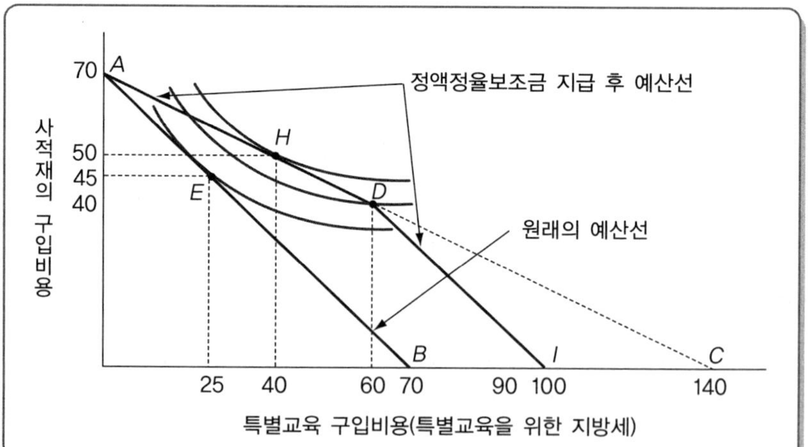

초과할 때, 실질소득효과와 대체효과는 무제한정율보조금보다 작다(E에서 D로). 실질소득이 무제한정율보조금보다 작고, 특별교육의 상대적 가격이 무제한정율보조금보다 높기 때문이다(Sullivan, 1990: 495).

정액정율보조금은 무제한정율보조금보다 복지수준을 향상시키는 효과는 적다. 그러나 지방정부 간 형평의 문제를 발생시킬 수 있는 가능성 역시 적다. 따라서 무제한정율보조금의 형평상 문제점을 완화시킨 것이 정액정율보조금이라고 할 수 있다.

4) 통합보조금

통합보조금(block grants)이란 여러 가지의 조건부보조금을 통합한 것이다. 교육에 관한 모든 조건부보조금을 묶어 단일의 보조금으로 통합한 것이 그 예가 될 수 있다. 통합보조금은 조건부와 무조건부보조금의 장점만을 선택적으로 결합하려는 시도로 볼 수 있다. 교육사업을 위한 여러 개의 조건부보조금들을 일반적인 교육목적 보조금으로 통합하여 배분하되, 배분된 보조금의 범위 내에서 구체적인 교육사업에 할당하는 액수는 지방정부가 스스로 결정하도록 하기 때문이다(Sullivan, 1990: 496). 즉, 자율적 선택권을 확대하는 대신 조건부보조금이 가지고 있는 개별적 사업에 대한 통제력은 축소한 것이라 할 수 있다. 이런 점에서 통합보조금의 경제적 효과는 객관적으로 분석하기 어렵다. 통합보조금의 구체적 내용에 따라 분석해야 한다.

위에서 살펴본 것과 같이 여러 가지의 보조금은 각기 다른 경제적 효과를 가지고 있고, 그 장점과 단점도 다양하다. 분권화된 정부체제에는 여러 가지 경제적 문제가 있으며, 보조금 제도는 장점을 최대한 살린다면 이를 완화할 수 있는 훌륭한 정책 수단이 될 수 있다.

보조금제도는 지방재정조정방법의 하나이다. 우리나라에서는 국고보조금제도를 포함하여, 지방교부세제도와 지방양여금제도를 지방재정

조정제도의 중요한 수단으로 활용하고 있다. 다음에 우리나라 지방재정 조정제도의 현황과 문제 그리고 대책을 간략하게 살펴본다.

2. 우리나라의 지방재정조정제도의 현황

1) 지방교부세제도

지방교부세제도는 지방자치단체의 행정 운영에 필요한 재원(財源)을 교부하여 그 재정을 조정함으로써 지방행정을 건전하게 발전시키기 위한 것이다(지방교부세법 제1조). 이 제도는 1951년 4월 1일 제정 · 공포된 「臨時地方與稅法」을 모태로 한다. 그 후 1961년 지방교부세법이 제정되었고, 이어 십 수회에 걸쳐 개정되었다. 이 법의 목적은 재정 능력에 많은 편차를 보이는 지방자치단체들이 동일한 행정 운영을 할 수 있도록 보장하기 위한 것이므로 국가의 행정 기준을 담보하기 위한 재정 이전이다.

① 지방교부세의 종류

교부세에는 보통교부세 · 특별교부세 · 분권교부세 및 부동산교부세의 4종류가 있다(지방교부세법 제3조). 이들은 각기 재원을 가지고 있다. 가장 중요한 재원은 내국세이다. 내국세는 국내에서 징수하는 모든 국세이다. 이처럼 국세를 징수하여 재원이 부족한 지방정부의 기본적인 행정 운영에 필요한 재원을 보조함으로써 지방재정을 조정하는 것과 관련하여 두 가지 중요한 고려 사항이 있다. 첫째, 국세를 지방세로 이양하면 수직적 재정 불균형을 완화할 수 있다는 주장이 있다. 그러나 그렇게 할 수 없는 현실적 이유가 있다. 그것은 많은 지방정부들의 경제적 기반이 너무 취약하여 국세를 이양 받아 지방세로 하더라도 세수를 늘릴 수 없기 때문이다. 둘째, 이와 관련하여 지방자치를 하면 지역 간 경제적 불균형을 완화할 수 있다는 주장도 있었다. 이 주장이 옳지 않다는 것을 여기서도 확인할 수 있다. 뿐만 아니라, 지방자치를 하더라도 중앙정부가 오히려 집권을 강화하여(조세 기능) 경제적으로 어려운 지방을 보조해야 한다.

② 지방교부세법 제4조에 따르면 보통교부세의 재원은 목적세 · 종합부동산세와 다른 법률에 따라 특별회계의 재원으로 사용되는 세목의 해당 금액을 제외한 해당 연도 내국세의 19.24%와 내국세 예산액과 그 결산액의 차액으로 인한 교부세의 차액을 정산한 금액을 더한 금액에서 분권교부세액을 뺀 총액의 96%이다. 특별교부세 재원은 목적세 · 종합부동산세와 다른 법률에 따라 특별회계의 재원으로 사용되는 세목의 해당 금액을 제외한 해당 연도 내국세의 19.24%에 내국세 예산액과 그 결산액의 차액으로 인한 교부세의 차액을 정산한 금액을 더한 금액에서 분권교부세액을 뺀 총액의 4%이다. 분권교부세 재원은 해당 연도의 내국세 총액에 내국세 예산액과 그 결산액의 차액으로 인한 교부세의 차액을 더한 금액의 0.94%이다. 부동산교부세 재원은 종합부동산세법에 따른 종합부동산세 총액에 종합부동산세 예산액과 그 결산액의 차액으로 인한 교부세의 차액을 더한 금액이다.

③-1 보통교부세의 교부

보통교부세는 해마다 기준재정수입액이 기준재정수요액에 못 미치는 지방자치단체에 그 미달액을 기초로 교부한다. 다만, 자치구의 경우에는 기준재정수요액과 기준재정수입액을 각각 해당 특별시 또는 광역시의 기준재정수요액 및 기준재정수입액과 합산하여 산정한 후, 그 특별시 또는 광역시에 교부한다(지방교부세법 제6조①). 기준재정수요액이란 각 측정항목별로 측정단위의 수치를 해당 단위비용에 곱하여 얻은 금액을 합산한 금액으로 한다. 측정항목 및 측정단위는 대통령령으로 정하고, 단위비용은 대통령령으로 정하는 기준 이내에서 물가변동 등을 고려하여 안전행정부령으로 정한다(지방교부세법 제7조).

기준재정수입액은 기준세율로 산정한 해당 지방자치단체의 보통세 수입액으로 하며 기준세율은 지방세법에 규정된 표준세율의 100분의 80에 해당하는 세율로 한다. 그리고 이 기준에 따라 각 지방자치단체의 기준재정수입액이 매우 불합리한 경우에는 이를 보정하여야 한다(지방교부세법 제8조).

이 기준으로 보통교부세를 교부하는 데에는 몇 가지 문제가 따를 수 있다. 첫째, 안전행정부장관이 특별시와 광역시의 자치구를 위한 보통보조금을 직접 교부하지 않고 특별시와 광역시를 거치는 것은 특별한 이유가 없으며, 현재의 금융 및 정보 시스템을 감안하면 행정의 낭비라 할 수 있다. 둘째, 보통교부금은 법정 교부기준이 있는 중앙정부의 의무적 교부금이다. 이렇게 확보된 재원이 있을 때 그 수혜자는 최선의 자구노력을 게을리 할 여지가 다분하다. 이는 같은 법 제8조의3에 규정한 건전재정운영을 위한 자체 노력을 반영하고자 하는 것이 그 반증이다. 자체 노력에는 예산을 절약하기 위한 노력과 자체 지방세 수입을 늘리는 노력이 당연히 포함될 것이다. 그러나 예산 절감은 공무원들의 사익 추구에 배치되고 지방세 수입 노력은 지방선출직공직자들의 사익추구에 어긋난다. 예산 절감과 지방세수 증대가 지방주민들의 혜택을 감소하는 결과를 초래한다면 그들 또한 이를 원치 않을 것이다. 교부금 교부는 중앙정부, 특히, 안전행정부가 지방정부에 대해 가지고 있는 권한이며 영향력을 행사할 수 있는 근거이다. 이를 축소하는 것은 그들의 권한과 영향력이 함께 축소할 수 있다는 의미이다. 따라서 보통교부액을 줄이기 위하여 누구도 적극적으로 노력하지 않을 수 있고, 결과는 예산(국세로 조성된)의 낭비이자 납세자 부담의 증가이다.

③-2 특별교부세의 교부

특별교부세는 특별한 재정수요가 있는 지방자치단체, 보통교부세의 산정기일 후에 발생한 재해를 복구하거나 재해예방을 위한 특별한 재정수요가 생기거나 재정수입이 감소한 경우, 국가적 장려사업, 국가와 지방자치단체 간에 시급한 협력이 필요한 사업 또는 지역 역점시책 등 특별한 재정수요가 있을 경우를 위한 것이다.

특별교부세는 대단히 정치적이며 자의적인 교부금이다. 특별한 재정수요란 문구가 그렇다. 특별한 것이 무엇인가? 그 구체적 내용을 확정하지 않고 정치적 · 자의적으로 해석할 수 있는 항목을 근거로 예산을 사용하는 것은 적절치 않다. 또한 재해 복구는 국가 예산의 예비비로 할 수 있는데, 구태여 특별교부세로 해야 할 이유도 없다. 재정수입이 감소한 경우라는 문구도 구체적이지 않다. 자의적 해석이 가능한 이러한 예산 사용은 가능한 지양해야 한다. 특별교부세 교부에 관한 안전행정부장관의 권한이 지나치게 방대하다는 점 또한 문제이다.

③-3 분권교부세의 교부

분권교부세는 국고보조사업을 이양 받은 지방자치단체에 이양사업과 관련된 인구 등의 통계자료와 종전의 국고보조금 지원수준 등을 고려하여 교부한다(지방교부세법 제9조의2).

③-4 부동산교부세의 교부

부동산교부세는 지방자치단체에 전액 교부하여야 한다(지방교부세법 제9조의3).

2) 보조금제도

"보조금"이라 함은 국가 외의 자가 행하는 사무 또는 사업에 대하여 국가가 이를 조성하거나 재정상의 원조를 하기 위하여 교부하는 보조금(지방자치단체에 대한 것과 기타 법인 또는 개인의 시설자금이나 운영자금에 대한 것에 한한다) · 부담금(국제조약에 의한 부담금은 제외한다) 기타 상당한 반대급부를 받지 아니하고 교부하는 급부금으로서 대통령령으로 정하는 것을 말한다(보조금의 예산 및 관리에 관한 법률 제2조1). 이 정의에 따르면 보조금제도는 국가가 지방자치단체에 대하여 업무 수행 경비에 충당하기 위하여 용도를 특정하여 교부하는 특정재원보전제도라 할 수 있다. 우리나라의 경우 앞서 논의한 교부세가 사실상 무조건부보조금에 해당하며, 보조금은 용도가 특정되는 조건부가 대부분이다.

제3편

세계화와 지방주의

영국에서 발간되는 주간지 The Economist는 1994년 10월 1일자의 서베이 기사 'The Global Economy'에서 향후 25년에 걸쳐 과거 100여 년 동안 경험하지 못한 큰 경제력의 변화가 있을 것이라고 예측했다. 이것은 앞으로 25년 이내에 경제력에 따른 국가의 순위가 크게 바뀔 것이라는 예측이다.

2012년 추정치 GDP(PPP) 규모에 따른 1위부터 15위까지의 국가 순위는 유럽연합, 미국, 중국, 인도, 일본, 독일, 러시아, 브라질, 영국, 프랑스, 이탈리아, 멕시코, 한국, 캐나다, 스페인이다(CIA, the World Factbook, http://www.cia.gov/liabrary/publications/the-world-factbook/rankc 이하 불명).

이 변화는 자본주의 경제체제의 구조적 개편이 범세계적으로 진행되는 데 따른 결과의 하나이며, 구조적 개편의 내용은 생산과 판매의 양식이 변화하는 것이다. 생산과 판매는 경제의 핵심이다. 그 양식은 우리들의 모든 생활에 심대한 영향을 미친다. 이 영향권에는 국가 간의 관계, 국가(중앙정부)의 중요 임무, 중앙과 지방정부 간 권한의 배분, 문화 등의 다양한 부문이 포함된다.

세계화(globalization)는, 학자들에 따라, 다양하게 이해할 수 있다: 첫째, 세계관 · 상품 · 아이디어 · 문화의 다른 측면 등을 교환하면서 이루어지는 국제적인 통합 과정; 국가와 문화자원을 세계적으로 교환하는 수준을 증가시키는 과정; 인터넷을 포함한 교통과 통신 기반시설의 발달이 세계화의 핵심으로 경제 · 문화 활동의 국가 간 상호의존도를 확대하는 것이다(http://en.wikipedia.org/wiki/Globalization 2013.6.13. 검색).

이들 정의에 따르면 세계화는 다양한 양상으로 전개되고 있다는 점을 확인할 수 있다. 다국적 기업, 국제 교역, 조세 천국, 해외여행, 국제 스포츠, 불법 국제 교역, 경제적 세계화 등이 세계화가 이루어지는 양상들이다. 이러한 세계화에 대하여는 찬 · 반론이 대립하고 있다. 그러나 교통과 통신의 발달로 이미 좁아진 세계는 세계화 이외의 대안은 없을 것이다. 인구가 늘고 부가 증가했다는 의미에서, 세계는 좁아지기만 한 것이 아니라 커지기도 했다. 커진 세계에서 어떻게 살아남을 것이며, 더 나아가, 풍요로운 나라를 만들 것인가?

그 해답이 지방화에 있다. 지방주의(localism)란 세계화 과정에서 변화하는 또는 진화하는 지방의 역할과 기능을 밝혀주는 의미이다. 지방주의를 충실히 이해하고 이를 현실에 적응하는 것이 지방화라 할 수 있다. 이제 그 구체적 내용을 살펴보자.

제7장

지방자치와 자본주의 경제체제의 구조적 개편

제1절 자본주의 경제체제의 구조적 개편과 그 원인

1. 포디즘[1]의 한계

포디즘(Fordism)은 자동차와 가전제품 그리고 기타의 내구성 제품 등을 포함하는 중요한 소비제품의 대량생산체제를 의미한다. 조립라인 기법, 부품표준화, 반자동화를 개발함으로써 대량생산이 가능했다. 동시에 생산요소 중 노동요소는 작업의 일상화(routinization), 보다 세분된 작업, 기계에 맞춘 작업속도에 따라 비숙련공과 반숙련공을 채용할 수 있도록 재편되었다(Stoker, 1989: 142). 이는 포디즘 시대의 생산자들이 보다 싼 가격에 대량생산할 수 있는 체제를 갖추었으며 특히 비숙련공에 의지하는 노동의 비율을 높여 생산비를 절감할 수 있었다는 의미이다.

그러나 포디즘 시대의 대량생산은 대규모 노동자 집단, 대량소비, 대량생산체제에 필수적인 대규모 투자의 위험부담을 줄이기 위한 대기업의 출현을 초래하거나 이를 전제로 한 것이다.

이와 함께 대량생산과 판매에 필요한 여건을 갖추기 위해 교육, 보건, 주택, 기간설비 등의 부문에 있어 국가의 역할이 증대되었다. 국가

---

1) Castells는 'Fordism'이라는 용어를 오해의 소지가 있다고 하여 Industrialism이라는 용어를 사용한다 그러나 그는 Fordism이 오해의 소지가 있는 이유를 구체적으로 밝힌 것은 아니다. 그에 따르면 Industrialism은 경제적 발전 양식의 하나로 대량생산과 대량소비 그리고 대기업에 의존한 경제적 발전단계를 의미한다(1989: 17-19). Fordism이라는 용어의 의미가 Industrialism의 의미와 다르지 않을 뿐만 아니라 널리 쓰이고 있는 용어이다. 여기서는 Fordism이라는 용어를 사용한다.

의 역할 증대란 곧 규제를 의미하는 것이고 포디즘 시대는 규제주의자들의 전성기이기도 하다(Stoker, 1989: 143-144). 포디즘의 이러한 특징은 포디즘의 한계로 이어진다. 포디즘에 의한 더 이상의 경제성장이 어려워진 것이다.

앞서의 논의에서 함축적으로 개진되었듯 대량생산체제에서는 규모의 경제가 생산성을 확보하는 한 축이었다. 그러나 대량생산은 장기적으로 시장의 고갈과 함께 과잉생산으로 이어졌다. 포디즘의 대량생산체제에서 생산성을 확보해 주던 또 다른 축은 조립라인과 기계의 속도에 맞춘 작업에 비숙련노동자들을 고용할 수 있었던 데 있다. 그러나 이들은 결근률, 퇴직률, 지방에 한정된 노동쟁의의 가능성이 보다 높았다. 포디즘 초기의 고임금정책에 힘입어 자신의 생산품에 대한 고객이 되어주었던 비숙련노동자들은 점차 서비스 부문을 포함한 다른 산업에 적합하지 않게 되었다(Stoker, 1989: 144).

포디즘의 위기는 여러 부문에서 감지되고 있었다. 그 중 하나는 실업의 증가이다. 영국의 경우, 총생산에서 차지하는 제조업과 서비스산업의 비율이 변화해 왔다. 1979년에서 1987년 사이에 제조업 부문의 비중은 27%에서 24%로 감소한 반면, 서비스 부문은 56%에서 59%로 증가했다. 이에 따라 같은 기간 제조업 부문의 고용비율은 30%에서 22%로 감소했고, 서비스 부문의 고용은 59%에서 67%로 증가했다(Campbell, 1990: 14) 총생산에서 서비스 부문이 차지하는 비중이 증가한 것이다. 이것은 생산양식이 변화한 것이고 고용의 양식에도 심각한 영향을 미쳤다.

미국의 경우도 유사한 상황에 있었다. 1986년 현재 서비스 부문이 차지하는 고용과 총생산에서의 비중은 각각 71%와 68%였다(Quinn, 1987: 119; Castells, 1989: 127). 1979년부터 1987년 사이에 제조업 부문에서만 190만의 실업이 발생했으며, 그 중요한 이유는 대외 경쟁력의 상실이라 할 수 있다. 제조업체는 지역적으로 불균등하게 위치하고 있다. 따라서 제조업 부문에서 발생한 실업은 이들 업체가 위치하는 지역에 그 영향이 보다 심각하게 미치므로, 실업의 발생은 지역적으로 다른 수준을 보였다(Castells, 1989: 314).

이 같은 현상은 비단 미국이나 영국만 경험했던 것은 아니다. 제조업 부문의 고용 감소와 서비스 부문의 고용 증가, 그리고 전체적인 고용 감소는 세계적인 현상이었다(Time, Feb. 7, 1994: 36). 구체적 내용은 국가에 따라 그리고 한 국가라도 지역에 따라 차이를 보였으나, 실업의 증가라는 증상은 포디즘의 한계라는 동일한 병인에서 비롯된 것이었다.

포디즘의 한계를 극복하고 지속적인 성장을 이룩할 수 있는 가능성을 새롭게 드러나는 변화에서 찾을 수 있다. 1960년대부터 새로운 생산양식과 사회조직이 출현할 변화의 가능성이 보이기 시작했다. 이 변화는 국가에 따라 다르고, 그 구체적 내용도 아직은 불투명하다. 그러나 그 방향은 예측할 수 있다. 소규모(small batch) 생산과 틈새판매(niche marketing) 그리고 즉각적인 시장 선호 충족이 그 한 예이다. 로봇 컴퓨터에 의한 자동화, 그리고 정보 · 통신 기술의 발달에 따라 가능하게 된 것이다. 다품종 소규모 생산을 의미하는 유연한 생산체제와 틈새판매란 이렇듯 대규모의 시설투자로 대량생산하는 포디즘과는 달리 생산투자비가 하청업체로 분산되고, 소비자들의 다양한 선호를 가능한 최소한의 틈새까지 충족시키는 체제를 의미한다. 그 초기 단계의 예를 Benetton에서 찾을 수 있다. 인터넷을 통해 유럽에 있는 대리점의 판매 정보를 확보한 본사는 하청업체들에게 품목별 생산량을 조정해 줄 수 있었다(Stoker, 1989: 145-146). 원청업체와 하청업체 사이의 기능의 분산과 전문화 그리고 이에 따른 생산효율의 증대와 함께 틈새판매에 따른 배분효율의 증대를 이룬 것이다. 유연한 생산체제는 무엇보다도 정보기술의 발달에 따라 가능해 졌다.

유연한 생산체제의 또 다른 예는 적시제(just in time)에 있다. 일본의 토요타 자동차회사는 수백 개의 부품 납품회사들을 거느리고 있다. 토요다 자동차는 사실상 이들 부품업체들이 납품하는 부품들을 조립하는 기능만 수행한다고 해도 과언이 아닐 정도이다. 부품공급업체들은 필요한 양의 부품을 조립라인의 필요한 위치에 필요한 시간에 맞추어 공급한다. 적시제는 자본절약적인 생산방법이다. 부품을 재고로 확보하고 있을 필요가 없으며, 질적인 문제도 공급자와 주문자 사이의 상호협력과 계약조건에 따라 보장될 수 있다(Cooke, 1990: 30). 적시제의 핵심적인 조건 역시 정보와 통신 기술에 있다. 원청과 수백 개에 달하는 하청업체 간의 복잡한 의사소통이 인터넷을 통해 자동으로 처리될 수 있기에 가능한 것이다. 한때 미국 자동차 산업 근로자들의 적대감을 살만큼 효율적이던 토요타가 어려움에 처한 것은 현대 산업과 경영 환경의 눈부신 빠르기를 반영하는 것이다.

위에서 언급한 유통과 생산체제의 변화는 정보 · 통신 기술의 발달 없이는 불가능한 것이었다. 기업은 대규모 시장이 고갈되면서 생산 역시 소규모로 전환해야만 했고, 판매는 분할된 틈새판매로 전환할 수밖에 없으며, 이를 위해서 정보와 통신의 필요성이 증가될 수밖에 없었다. 큰 폭으로 증가한 정보와 통신에 대한 수요를 오히려 싼 가격에 충족시킨 것은 고도로 발달한 정보 · 통신 기술이었다. 정보의 중요성이 증가한 것과 자본주의 경제체제의 개편은 밀접한 관련이 있다. 포디즘의 전성기에 이미 정보와 통신의 중요성이 축적되고 있었는데, 생산과 소비 그리고 정부개입(state intervention)의 세 영역에서 그 이유를 살펴보면 다음과 같다(Castells, 1989: 18).

생산영역에서는 생산의 주체인 대기업의 출현 자체가 정보의 중요성을 증대시키고 있었다. 대기업이 대량생산을 주도하고 중앙집권적 조직을 관리하기 위해서는 정보뿐 아니라 여러 채널을 통한 '정보의 흐름'이 필요했다. 생산과정 자체도 정보의 중요성을 증대시켰다. 이 시대 생산성을 증가시키는 원천은 자본과 노동으로부터 과학, 기술, 그리고 관리와 연계된 '다른 요소들'로 이전되었다. 그리고 그 중 가장 중요한 것이 정보처리였다.

소비 영역에서도 정보와 통신의 역할은 증대되었다. 시장이 확대됨에 따라 판매자와 소비자 사이의 거리가 증가했고, 이 양자를 결합하기 위해 다양한 채널을 통한 정보 수집과 배분이 필요했다.

복지국가가 형성됨에 따라 보다 많은 상품이 일용품이라기보다는 권리로 인식되고 국가가 이들을 직 · 간접적으로 생산하거나 관리했다. 복지국가가 형성되면서 대부분의 사람의 대부분의 행위에 영향을 미치는 정보유통체제를 촉진시켰고, 거대 관료제를 초래했으며, 결과적으로 정보처리 부문에 수백만의 고용을 창출했다. 경제와 사회활동에 대한 정부의 규제는 지난 50여 년간 크게 팽창했으며 이에 따라 행정은 전반적으로 새롭게 변했다. 그리고 국가의 개입은 정보의 흐름으로 구성되고 정보에 근거한 결정과정이 되었다. 포디즘 시대에 이미 그 중요성이 축적되기 시작한 정보기술은 포디즘의 한계를 극복함에 있어 결정적 역할을 수행하게 된다. 이를 보다 포괄적으로 표현한다면, "후기포디즘으로 전환하는 데에는 신기술혁명(the new technological revolution)이 기여한 바 크다"고 할 수 있을 것이다. 후기포디즘의 구체적 내용은 아직 확정된 것이 아니다. 그러나 그 방향을 확인할 수는 있을 것이며 이를 위해서 신기술혁명의 내용과 그 영향을 살펴볼 필요가 있다.

2. 신기술 혁명과 후기포디즘

인류는 인공두뇌(cybernetics)에 이어 가상공간(cyberspace)을 창조했다. 흔히 그렇듯 공상과학 소설가들은 가상공간이란 기술에 있어 획기적인 개념들을 창조하였다. Gibson이란 공상과학소설가가 가상공간이란 표현을 처음으로 사용한 사람이다. 그는 video 게임에 열중하는 어린이들을 보면서, 그들이 스크린 뒤에 어떤 실제의 공간이 있다는 믿음을 가지는 것으로 생각했다. 그 공간을 Gibson은 가상공간이라 했던 것이다. 1989년에 이르러 가상공간이라는 용어는 Internet에 연결된 수백만 대의 컴퓨터가 형성하는 회선사회(online community)를 표현하는 데 사용된다(Time, Special Issue, May, 1995: 4).

인류의 생활에 커다란 영향을 미칠 가상공간은 몇 단계에 걸친 기술적 진화로 가능하게 된 것이다. 1960년대부터 1980년대 후반에 이르기까지의 20년에 걸친 일련의 과학·기술적 발달은 새로운 기술체계(technological paradigm)를 형성하였다 이 신기술체계의 핵심은 1947년의 트랜지스터(transistor), 1957년의 집적회로(integrated circuit), 1959년의 평면공정(planar process), 그리고 1971년의 마이크로프로세서(microprocessor)에 있다(Castells, 1989: 12).

용량이 획기적으로 증가되고 가격이 파격적으로 감소한 컴퓨터는 하드웨어와 소프트웨어에 있어서의 정보처리를 혁명적으로 진전시켰다. 원거리 통신(telecommunications)은 처리장치들(processing units) 간의 연계를 가능하게 하여 신기술을 전파하고 최대한 활용할 수 있게 해줌으로써 정보체제(information system)를 형성하는 데 중심적인 기능을 하였다(Castells, 1989: 12).

이런 신기술체계의 특성은 두 가지로 요약할 수 있다. 하나는 신기술의 핵심은 정보처리에 초점을 둔 것이라는 점이다. 두 번째는 신기술의 효과 역시 산출물이 아니라 과정(process)에 미친다는 것이다. 기술이란 궁극적으로는 새로운 지식을 적용함으로써 새로운 활동을 수행할 수 있는 능력이나 또는 기존의 활동을 보다 잘 수행할 수 있는 능력으로

압축되는 것이기 때문에 모든 기술적 혁명의 핵심적 요소는 정보와 지식이다. 즉, 새로운 정보와 지식을 바탕으로 하여 새로운 산출(새로운 생산방법이나 새로운 원료의 개발 등)을 만들어 내는 데 있다. 이런 관점에서 보면 신기술체계는 성격을 달리 한다. 이 체계의 원료와 산출은 모두가 정보이기 때문이다. 집적회로가 하는 일은 정보처리의 정확성과 복합성을 동시에 증가시키면서 처리시간을 단축하는 것이다. 즉, 보다 복잡한 정보처리를 보다 빠르고 정확하게 수행하는 것이다. 컴퓨터가 하는 일은 입력된 정보를 처리하기 위하여 요구되는 일련의 지표를 저장된 정보를 활용하여 수행함으로써 새로운 정보를 창출하는 것이다 원거리통신이 하는 일은 이들 정보를 전파(transmit)하여 보다 싼값과 빠른 시간에 그리고 거리에 관계없이 교환 · 처리되는 정보의 흐름을 가능하게 하는 것이다. 따라서 신기술체계는 정보를 원료로 하여 새로운 정보를 만들어 내고 이를 전 세계적으로 유통시키는 것을 의미한다. 이런 점에서 신기술체계는 '정보기술체계(informational technological paradigm)'로 바꿔 부를 수도 있다(Castells, 1989: 12-13).

대부분의 중요한 기술혁명에서와 같이 신기술체계에 의한 기술혁신의 중요한 효과는 과정에 미친다. 증기기관과 전기의 발명에 따른 변화를 생각해 보자. 양자의 경우 가장 핵심적인 요소는 에너지(energy)였다. 그런데 전기와 증기기관이 점차 생산, 분배, 수송 그리고 경영의 모든 과정에 스며들면서 전체 경제와 전 사회를 혁명시켰던 것이다. 에너지 혁명이 새로운 상품을 만들어낸 것은 틀림이 없지만, 그보다는 사회의 여러 가지 과정에 미친 영향이 훨씬 더 큰 것이다(Castells, 1989: 14).

정보혁명이라 할 수 있는 신기술체계 역시 과정에 관한 것이다. 산출물과는 달리 과정은 인간행위의 모든 영역에 파고든다. 모든 곳으로 정보가 흐를 수 있도록 함으로써 전 사회 조직의 물질적 근거를 변화시킨다. 따라서 신기술체계는 체계 자체가 아니라 인간의 행태와 사회적 조직을 규정하는 강력한 중재자와 요소로써 우리의 생산, 소비, 관리, 삶과 죽음의 모든 양식을 변화시킨다. 정보혁명과 생산과 소비 그리고 정부 규제에서 정보처리 기능이 가지는 발군의 역할이 결합하여 정보형 성장 양식(informational mode of development)으로 전환되는 것이다. 이 양식에 따라 새롭게 재편되고 있는 자본주의는 다음의 특성을 가진다 (Castells, 1989: 23–28).

생산과정에서 생긴 잉여 중 괄목할 만큼 많은 몫을 자본이 차지하게 된다. 이는 자본과 노동의 역사적이고 전통적 권력 관계가 반전되는 것이고 1930년대와 1940년대에 이룩했던 사회적 평화를 부정하는 것이다. 자본가들의 이 기본적인 목표는 아래 제시되는 노동 시장에 내포된 몇 가지 특성에 의해, 그리고 노동 과정의 근본적 재편이라는 수단에 의해 생산성과 착취를 동시에 증가시킴으로써 달성되는 것이다. 노동시장에 내포되어 있는 특성은 다음과 같다: ① 기술의 개량에 따라 생산성이 증가하고, 증가된 생산성에 따른 이익은 자본가에 유리하도록 불평등하게 배분 된다; ② 임금, 사회보장혜택, 근로조건의 안전성 등은 함께 감소된다; ③ 낮은 임금과 보다 완화된 규제 등의 조건에 따라 생산 활동이 임금이 싼 지역과 국가로 분산된다; ④ 비공식 경제의 규모가 중앙은 물론 주변지역에서도 극적으로 확대된다(비공식적 경제란 제도적인 체제에 의한 규제에서 벗어난 소득을 유발시키는 행위들을 의미한다. 대부분의 비공식적 경제는 예를 들어, 사회보장세의 회피와 근로자를 보호하는 법률의 위반과 같은 복지국가의 법규들의 해체와 함께 발달하는 것이다); ⑤ 여성, 소수인종, 이민자 등이 차지하는 비중이 높아지도록 노동시장이 개편 된다; ⑥ 노동조합의 세력이 약화된다.

국가개입(규제)의 초점이 정치적 정당성과 사회적 재분배로부터 정치적 지배와 자본 축적이 강조되는 방향으로 전환됨에 따라 그 양상도 심각하게 변화한다. Keynes 모델에 있어 자본가의 성장을 규제하는 것은 중요한 목표였었다. 이를 위해 복지정책을 확대하고, 직 · 간접적으로 공공부문의 고용을 창출함으로써 노동력의 재생산에 기여함은 물론 수요를 진작시키는 수단을 채택했던 것이다. 그러나 새로운 유형의 국가 개입은 1970년대에 시작된 자본주의 체제개편이라는 긴급 상황에 대처하기 위해 보다 더 직접적으로 자본의 축적에 초점을 두고, 국가와 사회의 관계에 있어 정당성보다는 지배에 우선순위를 둔다. 국가가 자본주의를 지원하는(기업 또는 자본가들이 개편되는 자본주의 경제체제에서 살아남도록) 새로운 양식은 다음과 같다: ① 노동 과정에 대한 사회적 · 환경적 통제의 완화를 포함한 많은 활동에 대한 탈규제(deregulation); ② 공공부문의 축소와 민영화; ③ 기업과 고소득 계층에 유리한 역진적 세제 개편; ④ 새로운 정보형 경제의 기반을 형성하는 고기술(high-technology) R&D와 선도 산업에 대한 국가의 지원. 이러한 국가의 지원은 일반적으로 기간시설(infrastructure)과 연구에 대한 재정적 지원과 유리한 재정정책이라는 두 가지 형태로 이뤄진다; ⑤ 국방의 강화와 국방 관련 산업의 확장(여기에는 국방과 관련한 수요를 증대시키는 것은 복지정책의 쇠퇴에 따른 공공부문의 축소와 낮은 임금에 따른 수요의 축소라는 두 가지 원인에 의한 시장의 축소를 보완하려는 의미도 포함된다); ⑥ 영향을 받는 집단의 정치적 힘과 국가에 따라 차이는 있겠지만, 복지정책은 축소될 것이다; ⑦ 균형예산의 추구와 통화정책을 통한 긴축 재정.

자본주의의 구조적 개편은 수익률을 증가하고 체제를 확대함으로써 새로운 시장을 개척하기 위해 모든 경제적 활동의 국제화를 가속시킴으로써 이루어지는 것이다. 사실상 자본주의 경제체제는 이것이 시작될 때부터 국제적 경제체제였다. 그러나 1950년부터 꾸준히 진행되어 온 자본주의의 국제화는 1970년과 1980년대에 이르러 보다 가속적으로 이루어지고 있다. 자본주의의 국제화란 자본과 노동력의 이동, 생산 과정, 시장의 상호 개방, 국민국가를 국제적 경쟁을 지원하는 요소로서 활용하는 것 등을 의미한다. 자본주의의 국제화에 따라 수익성은 다음의 이유로 증대 된다: ① 자본가는 전 세계를 대상으로 투자와 생산의 최적 조건을 갖춘 지역을 찾아 투자할 수 있다; ② 장소와 시간에 구애받지 않는 자본 투자가 가능하게 되어 비록 불안정성은 증가한다 하더라도 자본회전율이 극적으로 증가하며 수익률도 강화 된다; ③ 국제화 과정이 진행됨에 따라 새로운 시장이 개발되고 국경을 초월하여 시장들이 연계되므로, 사회들의 수직적 분화와 시장의 수평적 동일화가 증가된다.

이상 논의한 것 같이 대량생산과 대량소비에 근거한 포디즘이 한계에 도달하고, 이를 극복하는 데 신기술혁명이 크게 기여하면서 경제체제 특히 생산과 판매의 양식과 과정이 크게 변화했다. 이러한 변화는 여러 가지 결과를 초래할 것이다. 그 결과의 하나인 지방주의는 우리의 논의와 밀접하게 관련되어 있다.

제2절 자본주의 경제체제의 구조적 개편에 따른 결과: 지방주의[2)]

1. 후기포디즘과 유연한 생산체제[3)]

유연한 생산체제의 성격 중 지방주의(localism)와 특히 관련이 있는

2) 자본주의가 구조적으로 개편되는 과정에서 그 주체로서의 지방의 중요성에 대한 인식이 확산되어 왔다. 여기에는 몇 가지 이유가 있다. 우선 포디즘 이후의 자본주의 경제체제의 생산양식이 바뀜에 따라 지방의 역할이 강화되었다. 특히 생산의 주체로서의 입장이 더욱 강화된 것이다. 이러한 입장의 강화는 지방경제개발에까지 이어졌다. 지방은 더 이상 변방으로 고립되어 있지 않다. 오히려 중심 역할이 강화되었다. 그 가장 중요한 이유는 후기포디즘 사회가 문화의 중요성을 강조하기 때문이다. 모든 지방은 독특한 생활양식을 가지고 있고 이것이 문화의 본질이다. 따라서 모든 지방은 스스로 문화의 중심이다. 이런 점에서 지방은 변방인 것만은 아니라 중심이기도 하다.

이러한 현상을 지방주의라 하는데 지방주의가 새롭게 도래한 것으로 볼 수 있다. 그러나 오늘의 지방주의는 중세 봉건사회의 지방할거나, 1900년대 초기 지방자치가 정착되던 당시 영국이 경험했던 지방시대와는 크게 다르다. 지방주의란 지방이 새로운 역할을 수

것은 노동의 공간적 분업이다. 생산 과정이 전 세계를 대상으로 분산되어 무한 경쟁을 촉발할 뿐 아니라, 지방은 스스로 이 과정에서 수행할 자신의 역할을 규정할 수 있어야 한다. 요즈음 우리나라의 광역지방정부들이 추진하고 있는 투자 유치는 바로 전 세계로 분산된 생산 과정에서 스스로의 역할을 규정하는 노력이다. 이는 지방경제개발과 직결된 활동이기도 하다.

2. 후기포디즘과 지방경제개발

한편, 경제성장을 보다 효과적으로 유지하기 위해서는 적극적인 경제개발이 필요하다. 특히 변화된 경제체제에 적응하기 위한 경제개발의 필요성은 더욱 절실하다고 할 수 있다. 지역경제도 예외가 아니다. 포디즘 시대에는 지역경제개발의 문제를 중앙정부에 크게 의존했다. 그러나 후기포디즘 사회에서는 중앙정부가 지역경제를 개발할 수 있는 능력에 한계가 있을 뿐만 아니라 의지도 제한적일 수밖에 없기 때문에, 지방정부가 주도적으로 지역경제개발을 추진해야 한다. 이것이 후기포디즘 사회에서 지방중심성이 강화될 수밖에 없는 또 다른 이유이다.

지방경제개발에 관한 이론은 지난 30여 년간 크게 변화했다. 과거의 지역경제개발이론이 경제적으로 낙후한 지역을 개발하는 데 초점이 두어졌었다면, 이제는 세계경제의 재편과정에서 초래되는 선진 산업지역의 경제적 문제들까지도 함께 다루어야 하기 때문이다.

지역 간 경제적 차이는 모든 국가, 모든 시대에 발견되는 일반적 현

행해야하며 중앙정부와 지방정부의 관계가 새롭게 전개되는 현상을 지칭하는 것으로 이해할 수 있다. 이는 세계화의 결과의 하나일 뿐 아니라 당연한 논리적 귀결이기도 하다. 세계화와 지방화가 맞물려 진행되고 있다는 점에서 이를 세방화(世方化, glocalization)라고도 한다.

3) 이 부분에 관하여는 다음 장의 후기포디즘과 지방경제개발이론 항목에서 보다 상세히 논의한다.

상이다(Echols, 1979: 357; Malecki, 1991: 1). 지역 간 격차는 경제적으로 열등한 지역의 주민들에게 그렇지 않은 지역의 주민들보다 훨씬 무거운 조세부담을 지우거나, 훨씬 낮은 공공서비스만을 향유하도록 하거나, 아니면 두 가지 부담을 동시에 지우는 것이다(Bradbury, et al., 1984: 151). 지역 간 경제적 격차의 완화는 대부분의 국가들에서 정치 · 경제적 현안이 되어 온 것이 사실이다.

지역 간 경제적 격차는 경제개발속도의 차이, 부존자원의 차이, 중앙정부의 정책, 지역 간 연계(interregional linkages) 등의 다양한 원인이 그 이유이며(Modi, 1982: 34), 이에 따른 다양한 완화 방안이 시행되어 왔다. 그리고 1970년대 중반까지도 완화의 주도자는 중앙정부라고 인식되었다.

그러나 이러한 인식은 IBRD와 World Bank 등 국제기구의 자금과 기술지원을 받아 중앙정부 주도하에 경제개발정책을 시행했던 저개발 국가들에서 그 효과가 한계에 부딪치자 지방의 참여가 중요시되고(Rondinelli, 1983, Rondinelli, 1978, Rondinelli and Ruddle, 1978, Boodhoo, 1976), 세계경제가 재편되면서 지방의 주도적 역할이 강조되는 것으로 변화될 수밖에 없었다.

지역경제개발정책은 분권의 맥락에서도 논의의 중요한 주제로 부상했다. 위에서 논의한 것과 같이 지방경제개발에 있어 지방의 역할이 큰 기여를 한 것으로 평가받지는 못했던 것이 사실이다. 그러나 다음의 세 가지 이유로 이러한 인식이 크게 변화했다. 첫째, 1980년대 이후 유럽과 북미 여러 나라에서 지방정부에 의한 경제개발활동이 크게 증가하고 이에 대한 인식이 고조됨은 물론 지속적으로 확대되는 추세에 있다. 둘째, 지방경제에 직접적인 영향을 미치는 경제적 변화에 따른 압력이 증가되고 있다 셋째, 분권화된 정부가 지방기업의 이익을 증대시키는 보다 적합한 수준의 정책결정권자라는 인식이 확산되고 있기 때문이다

(Bennett, 1990: 221).

이러한 인식이 확산되고 있는 이유의 하나는 분권화된 정부의 장점에 관한 고전적인 주장에서 찾을 수 있다. 즉, 분권화된 정부체제에서는 상대적으로 적은 비용으로 단일국가체제에서 시행하기 어려운 입법과 행정에서의 실험을 할 수 있다는 것이다. 실험 대상인 지방정부는 여러 가지 기준에서 규모가 작기 때문이다(Bryce, 1891: 344-345, Benson, 1991: 15에서 재인용).

환경, 복지, 지역경제개발정책 등의 분야에서 다양한 정책 수단이 집행될 수 있는데 그 주체가 지방정부라면 당연히 그 구체적 내용들은 다를 것이고 그 결과는 전국적으로 공유될 수 있다. 어느 한 지방정부의 성공한 사례는 귀납적인 도움을 다른 지방정부들에 줄 수 있고 실패한 경우는 다른 지방정부들이 전철을 밟지 않도록 해 줄 수 있기 때문이다. 이러한 맥락에서 분권화된 정부체제가 공공부문의 혁신에 크게 기여할 수 있다는 Oates(1990: 52 in Bennett, 1990)의 주장은 타당하다.

이제까지의 논의에서 분명히 드러난 것은 후기포디즘 사회에서의 경제개발은 시장과 지역사회가 중심이 되어 추구해야 한다는 점이다. 따라서 지방중심성 또는 지방주의는 지방이 새로운 권리를 획득한 것으로 또는 새로운 지방시대가 도래한 것으로 생각하기보다는 새로운 의무의 부담이라는 점을 특히 유념해야 한다. 그리고 새로운 의무의 부담이란 지방 스스로의 노력으로 지방경제를 성장시켜야 한다는 것이다.

3. 후기포디즘의 문화 중심성

세상은 점점 커지면서 작아졌다: 인구, 국가의 수, 부(wealth)는 증가했지만, 속도는 빨라져서 거리는 줄어들었다(Khanna, 2009: ix). 거리가 줄었다는 것은 모든 종류의 이동과 그 비용이 줄었다는 의미이며 자본주의 경제체제의 구조적 개편의 동력이자, 동시에 결과이기도 하다.

이에 더하여 소련연방이 사회주의 경제체제를 포기하고 시장경제로 전환하였고 연방도 해체함으로써 경제활동에 있어서의 정치적 영역 제한이 해제되었다. 그간 시장경제체제와 사회주의경제체제로 양분된 경제적 영역이 하나로 통합된 것이다. 세상이 더 커진 것이다. 극소수의 예외를 제외하고 세계가 하나의 경제적 질서에 순응하여 물질적 생활을 영위하고 있다는 점에서는 작아진 것이기도 하다.

이념에 따라 적과 동지로 명백히 구별하던 국가 간의 블록화 현상이 사라지고, 경제적 이해관계에 따라 국가 간 그리고 지방간 협력체제가 형성되고 있다는 점에서 후기포디즘 사회는 가치중립(value free)적 속성을 내포하고 있다고 볼 수 있다. 유럽동맹(EU), 유럽경제지역협정(EEA), 유럽통화동맹(EMU), 북미자유무역지대(NAFTA), 아시아 태평양 협력체(APEC) 등이 국가 간 협력체제의 예일 것이며, 지방간 협력체제의 예는 옛 Hansa 동맹의 부활인 '신 한자동맹'에서 찾아 볼 수 있다. 발트 해 연안국들의 지방이 중심이 되어 문화협력과 교류를 촉진하기 위한 「아르스발티카」, 환경단체들의 모임인 「클린발트」, 민간경제단체들 간의 「한자 경제회의」, 53개 대학이 참여한 「발트연안 대학총장회의」, 경제와 환경 분야의 저명인사들이 모인 「북유럽클럽」 등이 그것이다(조선일보, 1994, 4. 13., 2).

자본주의 경제체제의 구조적 개편이 경제부문에서 중점적으로 이루어지는 현상이라는 점에는 의문의 여지가 없다. 그럼에도 불구하고 이를 문화 중심적이라고 이해하는 이유는 국가 간의 관계에서 이념을 중심으로 형성된 국가 간 블록화 현상이 문화(culture) 또는 문명(civilization)단위의 블록화 현상으로 대체될 가능성이 있으며, 경쟁과 갈등은 여전히 내재되어 있을 뿐만 아니라, 충돌의 가능성도 있기 때문이다. 여기서 충돌이란 전쟁, 특히 이슬람 국가들과 서방 기독교 국가들 사이의 전쟁 가능성을 의미한다(Huntington, 1993: 23-29).

한편, 교육기회의 증대와 경제성장에 따라 보다 향상된 삶의 질을 추구하게 되고 따라서 문화적 활동에 관한 욕구는 필연적으로 증대될 것이다. 그러나 인류가 동일한 생활양식으로 통일될 수는 없다. 오히려 지방의 전통문화를 유지 · 계승하는 가운데 다양한 외방문화를 배우고 즐기게 되리라는 것이 상식적인 예측이라 생각한다. 각국이 치열하게 전개하고 있는 문화부문에서의 경쟁이 이를 반증하는 것이다. 과학과 문명의 진보에 따라 교통과 통신의 상대적 가격은 저하되어 왔고, 인적 · 물적 국제적 교류가 팽창해 온 과정을 생각한다면 크게 무리한 예측이라 할 수는 없을 것이다. 특히 영국의 에든버러, 독일의 뮌헨, 오스트리아의 빈 등지에서의 문화행사가 세계 각국의 시민들이 참여하는 세계적 축제가 되고 있는 것이 이러한 예측의 타당성을 뒷받침해 준다고 하겠다.

뿐만 아니라 문화는 경제와도 밀접한 영향을 주고받는다. 문화를 '삶의 양식'이라(한국문화예술진흥원 문화발전연구소, 1990: 13)고 광범위하게 정의할 때, 경제적 수준이 증가함에 따라 문화가 발전한다는 인과관계가 성립될 수 있을 것이다. 지역의 경제는 기업이나 주민의 거주지 선택에 따른 영향으로부터 자유로울 수 없다. 그리고 지역의 문화수준은 그 지역으로의 기업이나 주민의 이주결정(locational decision)에 중요한 영향을 미치는 변수로 이해되고 있다. 예를 들어 지난 10여 년간 미국 내의 많은 대기업들이 Texas주의 Dallas시로 그들의 본사를 이전하였다. 많은 사람들이 이 도시를 사전에 방문하여, 이전하더라도 문화적 고립을 느끼지 않을 수 있다는 점을 확인할 수 있었기에 가능한 일이었다고 한다(한국문화예술진흥원 문화발전연구소, 1990: 51). 따라서 문화수준은 경제수준을 향상시키는 데 기여할 수 있다는 역의 인과관계도 성립될 수 있으므로 상보적 관계에 있다.

이와 같이 후기포디즘 사회는 문명단위의 블록화와 대립, 문화적 삶의 보다 적극적 추구라는 문화적 속성을 가지고 있다. 문화적 삶의 추구는 전체 국가보다는 지방을 중심으로 이루어질 수밖에 없다. 따라서 후기포디즘 사회의 문화중심성은 지방주의를 강화하는 한 원인이 된다.

4. 후기포디즘과 복지국가의 재고

1980년대까지는 야경국가와 행정국가를 거쳐 복지국가를 지향하는 과정에서 복지정책의 확대가 꾸준히 추진되어 왔다. 복지국가로의 지향은 정치적 평등의 이념을 경제적 평등으로 확대한 것이며 경제적 평등이 실현되지 않는 한 정치적 평등을 이룩하기 어렵다는 데 그 명분이 있었다. 민주화가 어느 정도 성숙함에 따라 인간의 생활에 미치는 경제적 중요성에 대한 인식이 보다 강화된 것으로도 이해할 수 있다.

복지국가란 국가기관을 통하여 시민들에게, 단순히 시민이라는 이유만으로, 재화와 용역을 재분배하는 역할을 정당성의 기본적 원칙의 하나로 삼는 것을 그 특징으로 한다. 이러한 점에서 복지국가란 하나의 정치적 현상이다. 그러나 1980년대에 들어서서 급속히 진행되고 있는 세계적인 경제의 구조적 개편과정에서 1945년 이후 산업 민주주의의 한 지주였던 복지국가의 개념이 도전에 직면해 있다(Castells, 1989: 229).

미국의 경우, 과거 10년간의 여론 조사 결과의 대부분은 복지국가의 기본적 제도, 특히 가장 큰 비용이 소요되는 사회보장(Social Security)제에 대해서는 지속적인 지지를 보여주고 있으나 '복지'라는 명목의 소득이전에 대해서는 반대하고 있음을 보여주고 있다. 이것은 근로자들에 대한 주요 보장제도에 대해서는 찬성하지만, '공짜 점심(free-lunch)', 또는 '게으른 빈자(lazy poor)'에 대해서는 반대하는 개인주의적

(individualism) 이념으로 이해할 수 있다. 복지국가에 대한 의도적인 정치적 공격은 일반적인 사회보장제도와 빈자를 위한 특정한 정책 사이의 이념적 혼돈에서 비롯된 것이다(Castells, 1989: 231). 이러한 경향은 tea party movement로 확대되고 있다.

후기복지국가와 그에 맞는 행정체제를 지향하고자 하는 노력은 미국에서만 보이고 있는 특이한 현상은 아니다. 유럽에서도 영국의 'Thatcher 혁명'을 시발로 이러한 현상이 진행되고 있다. 앞서 지적한 후기포디즘 사회가 지방중심으로 진행될 수밖에 없는 6가지 이유는 결과적으로 서유럽에서의 복지국가와 관련한, 그리고 동유럽에서의 국가관료제의 역할에 관한 정책문화(policy culture)의 변화를 초래했다. 정책문화는 행정행위의 정당성(legitimacy)을 확보하는 지배적인 준거틀(framework)이자 신념(beliefs)이다. 준거틀에 의해 한편으로는 정치적 지도자, 정당, 이익집단, 행정, 그리고 국가 공무원들 사이의 갈등이 조절되고 다른 한편으로는 개인과 가정 그리고 기업 간의 갈등이 조절된다. 정책문화가 변경되면, 국가와 그 행정의 정당성에도, 지역적 근거(territorial base)를 포함하여, 근본적인 변화가 초래된다(Bennett, 1989: 46).

정책문화의 변화가 지역에 미치는 영향은 정부 행위의 중점이 두 가지 방향으로 변화한 데서 찾을 수 있다. 첫째는, 국가가 직접적으로 서비스를 제공하는 것보다는 개별적인 행위를 진작하고, 비영리조직(non-profit organization)의 활동과 시장의 동향 사이에 '견제와 균형'을 확보하기 위하여 적절하게 규제된 환경을 조성하는 것으로 변화하였다(정부행위의 중점이). 둘째, 일반적으로 정치적으로 보수적인 시기(19세기 말이나 1920년대)에는 지방정부의 역할이 강조되었고, 진보적인 시기에는 중앙정부에 더 크게 의존하였다 현재의 정책문화는 바로 지방정부의 역할이 보다 강조되는 것으로 변화했다(Bennett, 1989: 46). 따라서 복지

정책의 축소는 지방정부의 역할 증대로 이어진다.

관료들은 예산극대화자(budget-maximizer)로서의 행태와 이에 따른 비효율적인 예산의 증대는 결국 시장의 기능을 약화시킨다. 이를 방지할 수 있는 방편의 하나는 시장 원리(market discipline)를 중앙과 지방정부에 도입하는 것이다. 시장 원리란 경쟁을 의미하는 것으로 정부의 공공재 생산에 경쟁을 도입하는 것을 의미한다. 이는 지방정부 수준에 보다 더 효과적으로 적용될 수 있다(물론 현실은 이와 다를 수 있다). 국민들의 선호에 보다 효율적으로 부응하기 위하여 많은 국가들이 도입한 시장 원리의 방법들로는 다음과 같은 것들이 있다: ① 하청, 기준통제(control of standard), 경쟁 입찰 등 민간부문 계약자들에 대한 규제; ② 협동(cooperative), 협회(associations), 기금(trusts), 비영리조직(non-profit organizations); ③ 임의단체와 자선단체; ④ 민관협력(Public-private partnership); ⑤ 범국가 부문(parastate sectors) 등의 활용(Bennett, 1989: 47).

자본주의 경제체제의 구조적 재편은 중앙과 지방정부의 역할과 기능에도 많은 영향을 미치고 있다. 특히 지방정부에 미치는 영향은 주목할 만하다. 이는 자치제도의 운영과 관련하여 매우 중요한 변화이다. 이제까지의 논의에서도 지방정부의 역할이 변화하는 이유와 방향 등이 어느 정도 드러났다. 아래에서 이를 좀 더 구체적으로 살펴보자.

제3절 후기포디즘 시대의 지방정부: 지방자치의 새로운 시대

1. 포디즘 시대의 지방정부

포디즘 시대의 정치 · 경제적 상황이 지방정부의 조직과 관리에 미친 영향은 대단히 크다. 포디즘 시대에 지방정부에 가장 큰 영향을 미친 것은 복지정책의 대대적인 확대였다. 복지정책의 확대에 따라 지방정부는 점차 일련의 서비스를 직접 공급하는 조직으로 변모되었다. 이에 따라 제공하는 서비스를 중심으로 지방정부가 조직되고 관리되는 것은 당연한 일이었다. 이때 조직과 관리의 기본적인 원칙은 통일성, 계층제 그리고 기능주의였다. 이 원칙들은 계획된 서비스를 안정적으로 공급하는 데 초점을 맞춘 것이었다(Stewart, 1989: 172-173).

이 원칙들은 복지 서비스를 안정적으로 공급하는데 기여한 만큼 다음과 같은 여러 가지 문제를 야기했다: ① 지역사회만의 문제와 필요에 초점을 맞추기보다는 계획된 서비스의 공급조건만 중요하게 고려했다; ② 지역사회만의 필요와 문제에 대한 명확한 전략의 결핍을 초래했다; ③ 정책과 성과를 검증하는 데 실패했다; ④ 지방정부 서비스의 소비자이자 시민으로서 대중의 접근을 차단하고, 그들로부터 교훈을 얻는 데 어려움을 초래했다; ⑤ 운영방법의 효과적 개선을 위해 지나치게 상세한 통제장치를 운영함으로써 조직상의 여유를 감소시켰다; ⑥ 이와 함께 지방정치인들은 지역을 대변하기보다 서비스의 생산자를 대변한 것 등의 다양한 문제가 초래됐다(Stewart, 1989: 174-175). 이는 통일성과 계층제 그리고 기능주의에 입각해 지방정부를 운영했기 때문에 당연히 초래될 수 있는 문제들이다.

한편, 포디즘 시대 지방정부들의 정치 · 경제적 상황은 복지정책의 확대와 재정팽창 그리고 이를 뒷받침할 수 있는 경제성장으로 특징지을 수 있다. 지방정부의 재정지출은 이 시대에 크게 증가했다. 지방정부의 재정지출 증가는 중앙정부의 지원에 힘입은 것임은 재언의 필요가 없는 사실이다. 이 시기의 정부 간 관계도 이러한 상황을 반영하듯 평화로웠다. 그러나 이것이 특히 앞서 언급한 여러 가지 문제와 함께, 자본주의의 구조적 개편에 대응하는 지방정부의 역량을 증진하는 데 도움이 되었던 것은 아니다.

전통적인 대규모 시장 중심, 대기업, 중앙정부의 주도에 의한 개발과정에 지나치게 의존한 결과, 토착적인 혁신 능력과 유연성으로 범세계적인 경제의 재편이라는 도전에 대처하기 위한 지방의 역량은 꾸준히 약화되어 왔다. 이러한 상황은 중앙의 정책에 의해 더욱 악화되었다. 중앙의 정책은 경제의 성장기에는 성장의 지역적 배분을 촉진했을지라도 경제의 재편기에 요구되는 지방의 혁신 능력을 강화하고 유연성을 증가시키는 데에는 실패한 것이다(Stöhr, 1990: 2).

더욱이 후기포디즘에서의 정치 · 경제적 상황은 지방정부에 더욱 어려울 것이다. 이에 대응하기 위해서는 이제까지의 방법이 아니라 지방 스스로의 혁신 능력과 유연성을 증가시켜야 한다는 것을 의미한다. 이러한 혁신과 유연성조차도 지방이 주도적으로 추진해야 한다. 이러한 상황을 만든 후기포디즘의 정치 · 경제적 상황을 살펴보자.

2. 후기포디즘 시대의 정치 · 경제적 여건

자본주의 경제체제가 구조적으로 변화하면서 정치와 경제에 미친 영향 중 가장 중요한 것은 분권화 현상이다. 정치에 있어 분권화의 구체적 내용은 두 가지로 요약할 수 있다. 하나는 직접민주제(또는 참여민주제)의 강화이다. 직접민주제의 강화는 유권자 개개인의 선호를 정책결정과정에 보다 적극적으로 반영하려는 것을 의미한다. 이는 정치인과 관료에 의해 저질러진 지속적인 부정과 부패, 조세부담의 정도에 비해 터무니없이 저조한 복지정책의 효과 등 대의민주제의 결함에 대한 유권자들의 혐오감에서 비롯된 것이기도 하다. 그러나 이러한 경향이 강화된 것은 자본주의 경제체제의 구조적 개편에 따라 정부투자의 우선순위가 변화하고, 정치인과 관료의 비효율이 더욱 문제될 수밖에 없기 때문이다.

개인통신수단의 발달은 훨씬 저렴한 가격으로 직접민주적 요소를 도입할 수 있게 해 줄 것이다. 정치에 있어 분권화의 또 다른 내용은 지방정부 주도 또는 권한강화이다. 지방정부의 주도는 중앙정부나 혹은 지방정부의 희망이나 의도와는 무관하다. 근본적으로는 중앙정부의 역할과 기능이 변화하기 때문에 지방정부에 대해 행사해 왔던 권한을 지방정부에 되돌려 줄 수밖에 없게 된 것이다. 복지정책의 쇠퇴와 군비의 확충 그리고 사회간접자본의 건설 등이 중앙정부의 기능에 변화를 초래하는 요인들이다. 이와 같이 지방정부의 주도는 상황의 변화에 따른 것이다.

경제에 있어 분권화는 정부에 의한 규제주의적 경제 운용이 그 효과를 상실함에 따라 점차 시장기능에 보다 많이 의존하게 되는 변화를 뜻한다. 정치인과 특히 관료에 의해 주도되어 온 규제적 경제정책의 효과는 대단히 불만족스러운 수준에 머물러 있었기 때문이며, 새로운 생산 및 판매양식은 규제적 경제정책의 효과를 더욱 감소시켰기 때문이다. 지방정부의 주도권 회복에 영향을 미친 정치 · 경제적 상황을 요약하면 다음과 같다.

① 정치적 압력: 긴축재정

모든 정부는 재정을 긴축하도록 강요받고 있다. 정치인과 관료들은 재정 증가에 대한 납세자들의 저항을 물리치는 것이 점차로 어려워지고 있다는 점을 체험하고 있다(Bennett & Krebs, 1991: 12). 앞서 언급한 tea party movement가 저항의 한 실례이다. 이에 따라 중앙정부는 재정지출을 줄이는 노력을 지속하게 되고, 이는 지방정부에 대한 보조금의 감소로 이어진다. 지방정부는 점차 증가된 비율의 자립도를 추구할 수밖에 없다. 그러나 지방세의 증가도 똑 같은 이유로 어렵다는 점을 생각한다면, 지방경제개발의 중요성, 지방정부의 효율적인 재정운영의 중요성이 증가할 수밖에 없다.

② 정치적 압력: 환경보호

유권자들의 환경의 중요성에 대한 인식이 증가함에 따라 환경의 질을 보다 높은 수준으로 유지하라는 정치적 압력(요구)이 증가되고 있다. 이러한 정치적 요구를 수용하기 위해 가장 중요한 것이 지방이다. 대부분의 환경정책은 지방에서 집행되기 때문이다. 환경에 관한 정치적 압력은 규제의 계획, 지방 수준에 적합한 산업의 수용, 수용된 산업의 입지 선정 등의 여러 가지 정책결정에 큰 영향을 미친다(Bennett & Krebs, 1991: 12).

③ 중앙정부 보조의 축소

이제까지의 논의에서도 분명하듯 이제 지방은 스스로 살 길을 찾아야 한다. 중앙정부가 지방을 재정적으로 지원하는 것이 어렵기 때문이다. 미국의 경우 지방정부들에 대한 연방정부의 재정지원은 꾸준히 감소되어 왔다. 1980년 카운티정부에 대한 연방정부의 재정지원은 카운티정부 재정수입의 약 9%에 달했는데 1989년에는 이것이 약 2% 정도로 감소했다. 시정부에 대한 연방의 재정지원도 약 14%에서 약 5% 정도로 감소되었다(Hula, 1993: 24).

지방정부에 대한 중앙정부의 재정지원의 축소는 이유가 있으며, 미국에만 국한된 현상도 아니다. 경제체제가 재편됨에 따라 경제개발도 정보형으로 변화될 수밖에 없다. 정보형 경제개발의 전제인 정보 · 통신기술은 정부에 심각한 변화를 초래한다. 모든 나라가 이 영향에서 예외일 수 없으며, 재정부담이 늘어날 수밖에 없다. 정보형 경제개발은 사회간접시설 투자가 필수적이기 때문이다.

이에 더하여 국방비의 부담이 증가할 것이다. 군비부담의 증가는 기술의 발달과 군사적 대립의 증가에 기인한 것이다. 기술의 눈부신 발달은 기존의 방위체제를 무력화할 것이며 따라서 기술적 군비경쟁이 새롭게 시작되어 방위비 부담이 증대될 수밖에 없다(Castells, 1990: 29-30). 소련의 군사적 모험주의가 종식된 것도 아니다. 오히려 발틱 제국에서의 소련의 군사적 행태는 이에 대한 반발의 시작으로 볼 수 있다(Strauss, 1990: 316). 앞서 논의한 문명 간의 충돌 가능성까지 고려하면, 군비경쟁이 증대되고 이로 인한 재정부담은 늘어날 것이다.

우리나라의 경우도 예외는 아니다. 미국과의 방위금 분담 협상에서 지속적인 비율 증가 압력을 받고 있다. 이에 따라 중앙정부의 재정부담이 증가됨에 따라 지방정부에 대한 재정보조가 어려워짐은 물론, 자치단체장의 직선에 따라 자치단체들이 더욱 이익집단화 할 것이기 때문에 지방정부들이 중앙정부로부터 재정보조를 받기가 더욱 어려워질 것이다.

④ 규제주의적 경제정책의 효과감소

경제구조 또한 유연한 생산체제와 소규모 분할판매체제로 전환될 것이기 때문에 중앙집권적 경제정책의 실효성은 감소한다. 지역의 실업문제만 하더라도 중앙정부가 개입하여 완화하는 것이 어렵다. 기업들은 가장 유리한 생산과 판매조건을 갖춘 지역을 국내는 물론 세계를 대상으로 찾을 것이기 때문이다 이는 중앙정부가 정책적으로 지역경제를 성장시키기 어렵다는 점을 의미하는 것이다.

이제 지방정부는 스스로의 힘으로 경제체제 개편에 적응할 수 있는 조건을 갖춰야 함은 물론 지방경제를 성장시켜야 한다. 이것이 자본주의적 경제체제의 구조적 개편이 세계적으로 진행되면서 동시에 지방정부에 새롭게 부과된 역할이며 의무인 것이다. 이를 위해서는 재원이 필요한데 중앙으로부터 만족할 만한 지원을 기대하기는 어렵다. 앞서도 언급했듯 중앙정부의 보조금에 대한 지방정부 간의 경쟁이 가열됨은 물론 중앙정부의 재정적 부담도 증가되었기 때문이다.

따라서 지방정부는 새로운 경제체제에 적응하기 위한 준비에 소요되는 재정적 부담과 지방경제를 성장시키기 위한 재정부담을 역내에서 지방정부 스스로 마련해야 한다. 그러므로 민간자본의 활용방안을 강구해야 하며 이 점에서 민관협력의 중요성을 다시 확인할 수 있다.

⑤ 지방정부의 재정적 부담증가

중앙정부와의 재정적 관계 이외에도 지방정부의 재정부담이 증가할 수 있는 요인이 있다. 그것은 변화중인 자본주의 경제체제의 새로운 경쟁법칙에서 파생되는 효과들이다.

우리나라의 경우 84개 군(2013년 1월 1일 현재)의 대부분은 농어촌이라 할 수 있다. 농어촌의 경우 FTA에 따른 소득 및 세수감소 등의 영향이 있을 것이다.

Green Round에 따르면, 공해배출을 억제하기 위한 여러 가지 생산규제가 예측된다. 이에 대응하기 위해서는 기술개발과 자본투자가 필요할 것이다. 지방의 중소기업들로서는 이것이 큰 부담이 될 수 있으며, 생산비의 증가와 이에 따른 대외 경쟁력의 약화로 이어질 가능성이 있는 것이다.

제8장

지방경제개발

제1절 지방경제개발이론

1. 지방경제개발

경제개발은 판매가 가능한 재화와 용역을 생산하기 위해 자원을 동원함으로써 부(富)를 창출하는 과정(process)을 의미한다(AEDC, 1984: 18; Bingham & Mier, 1993: vii에서 재인용). 지방경제개발(local economic development)은 지방에서 부를 창출하는 과정이다. 그러나 이를 성취하기 위한 전략적 목표는 변화해 왔다. 환경에 대한 인식이 변화하고, 과학과 기술이 놀라울 정도로 발전했기 때문이다.

지방경제개발에 관하여 몇 가지 이론적 논의가 있다. 지방에서 부를 창출하는 과정의 주도자가 누구여야 하는가에 관한 것이 그 중 하나이며 이에 관해 대립되는 학파가 있다. 하향식 개발학파와 상향식 개발학파가 그것이다. 하향식 개발학파는 다시 지역개발의 가격균형모형과 동적 불균형론 그리고 정치-경제적 견해의 세 가지 학설로 나뉜다. 상향식 개발학파는 영역별 개발론, 기능적 개발론 그리고 농역개발론으로 나뉜다(Nelson, 1993: 27-54). 이들을 간략하게 살펴보자.

2. 하향식 개발이론

하향식 개발학파(development-from-above school)는 중앙정부가 주

도적으로 계획하고 집행하는 지역개발을 지지하며, 특정지역에서 출발한 경제개발의 효과가 전체 지역으로 확산된다고 주장한다. 중앙정부의 주도하에 성공적인 경제개발을 이룩했던 한국, 싱가포르 등은 이 학파의 정당성을 입증해 주는 실례였다. 하향식 개발학파는 상당한 기간 영향을 미쳤다. 1970년대 중반까지도 후진국 경제개발의 가장 중요한 주도자는 중앙정부라는 인식이 팽배했다. 심지어 경제개발을 위해서는 어느 정도 민주주의를 희생시킬 수밖에 없다는 주장까지 대두되었다.

하향식 개발학파는 수출시장, 외부로부터의 투자, 이주(migration) 등의 외적 요인에 의한 자극을 받아 지역이 개발된다고 가정한다. 이 학파의 주장은 다음의 몇 가지 이론으로 나뉜다.

1) 지역개발의 가격균형모형

지역개발을 설명하는 가격균형모형은 여러 가지이다.

Heckscher(1919), Ohlin(1933) 그리고 Balassa(1961)는 이동성이 있는 생산요소들은 최고의 이윤이 발생하는 지역(locations)을 찾는다는 점에 근거하여 지역개발의 가격균형화모형(price equalization models of regional development)을 개발했다.

Myrdal(1957)은 축적적 인과관계론(the theory of cumulative causation)을 제시했다. 이 이론은 선-후진(leading-lagging) 접근법이다. 선진지역은 입지, 간접자본 등의 상대적 장점을 가지고 있다. 선진지역의 투자는 지속적으로 증가하지만 후진지역에는 거의 투자가 이루어 지지 않는다. 후진지역에 투자가 이루어지더라도 경제적 지배를 유지하려는 선진지역의 엘리트에 의해 통제된다. 후진지역의 숙련공, 교육수준, 지도적 기업가 등은 선진지역에 흡수되고, 인재난도 이어진다. 그러나 선진지역이 피할 수 없는 양상의 하나는 선진지역은 후진지역으로 확산한다는 점이다. 대부분의 후진지역(lagging regions)은 최소한 자연자원은 선진지역(leading region)보다 풍부하기 때문에 투자를 유치할 수 있고, 그 결과 지역개발이 일어난다. 세류효과(trickle effects)는 중앙(centers)으로 부터 배후지(hinterlands)로 또는 핵심(core)으로 부터 주변부(peripheral)로 분산되는 과정에서 볼 수 있다.

Perroux와 Hirschman(1958)이 개발한 성장거점(growth pole)개념은 성장거점 혹은 중심지(growth center)가 확장됨에 따라 배후지(hinterland)도 성장하게 된다는 주장이다. 축적적 인과관계론과 성장거점론을 결합한 것이 Richardson의 자동성장중심지모형(autonomous growth centers model, 이하 AGC)이다. 그는 전국적인 AGC모형을 제시하고 있다. AGC들의 입지와 경제력의 축적도가 다르기 때문에 시간이 흐름에 따라 이들의 성장율이 달라진다. 그 결과 새로운 AGC로 자본이 전환되며 오래된 AGC는 경제력이 약화된다. 서서히 오래된 AGC로부터 새로운 AGC와 그 배후지로 자본과 인구의 전환이 시작된다. 배후지의 성장은 이렇듯 AGC의 성장과 밀접한 관계가 있다는 것이 이 모형의 주장이다.

가격균형모형은 몇 가지 점에서 비판의 여지가 있다. 첫째, 저개발지역일수록 투자이윤이 높을 것이라는 가정은 반드시 적용될 수 있는 것은 아니다. 이 가정이 언제나 적용될 수 있는 것이라면 아직도 남아있는 저개발지역을 설명하기 어렵다. 저개발지역은 투자이윤이 높다는 우연에 저개발지역은 개발된다는 필연을 기대하는 것이다. 저개발지역일수록 자연자원이 풍부하다는 가정도 반드시 그런 것은 아니다. 자연자원이 없이 개발되지도 않은 지역이 있기 때문이다. 따라서 저개발지역이면서 자연자원이 풍부하지 않은 지역의 개발에 관한 논의는 결여되어 있다. 무엇보다도 지역의 상황에 따른 투자이윤율, 자연자원 등의 수동적 조건을 바탕으로 지역개발의 가능성을 논의하고 있다는 한계가 있다.

2) 역동적 불균형

자본주의 속성의 하나는 개량지향성이다. 낡은 생산품과 그 생산과정은 보다 시의적절하고 효율적인 것으로 대체된다. 선진지역의 기간시설도 세월이 가면 낡은 것이 된다. 따라서 어느 시점에서는 저개발지역에 투자하는 것이 보다 효율적일 수 있다. 역동적 불균형(dynamic disequilibrium) 이론은 이 과정을 거쳐 저개발지역이 개발된다고 주장한다. 이 이론은 여러 가지의 주기 이론들로 구성되어 있다. 우선 Schumpeter와 Vernon 등에 의한 생산품 생명주기 이론(product life-cycle theory)이 역동적 불균형 개념에 까지 확대되었다. 새로운 상품이 개발 · 유통되면, 충분한 수요가 있는 다른 지역에서도 이를 생산 · 판매하게 된다. 이 과정에서 혁신능력이 있는 지역의 경제는 개발된다. 다음으로 선진지역의 기간시설이 시간이 지나면서 노후하고 이에 따라 투자의 이윤율이 낮아지기 때문에, 새로운 기업이 저개발지역에 출현하게 되며 이런 과정을 거쳐 선진과 저개발지역이 뒤바뀌는 지역 생명주기 이론(regional life-cycle theory)도 Weinstein 등에 의해 주장되었다. 그리고 Nelson과 Rosenfeld는 지역 생명주기 이론의 또 다른 변형으로 선진지역은 시간이 가면 스스로 쇠퇴하고 이때쯤 저개발지역이 다시 경제적으로 부상한다고 주장했다.

다양한 주기이론을 포함하고 있는 역동적 불균형이론도 혁신이라는 능동적 역량이 시간이 지남에 따라 쇠퇴할 수밖에 없는 운명적 과정에 대한 논리적 설명이 결여되어 있다. 지역의 경제적 성장과 쇠퇴에 대한 사후적 설명이라는 한계를 벗어나기 어렵다.

3) 정치-경제학적 견해

정치-경제학적 견해(political-economic view)는 지역 간의 경제적 불평등을 계급적 관점에서 이해하고 있으며 이를 몇 가지로 요약할 수 있다. ① 도시는 배후지역에 투자하되 그 자원을 착취하고 이를 통해 부를 누릴 수 있는 방법에 따라서 한다. 예를 들어 농촌의 저축은 높은 이자 때문에 도시로 유출되는 것이다. ② 생산의 공간적 차별화(spatial differentiation of production)는 대규모 생산체제에 자본이 집중되기 때문이지 자연자원이 지리적으로 불평등하게 배분되어 있거나 혹은 수송가격의 차등 때문이 아니다. ③ 도시에서 저개발지역으로의 자본의 흐름은 오직 이윤을 고려하여 결정될 뿐 사회적 편익의 극대화를 위한 것이 아니기 때문에 저개발지역의 일부는 늘 투자대상에서 제외되기 마련이다. ④ 자본은 이동할 수 있는 것이기 때문에 착취가 가능한 지역으로 이동한다. 이와 같은 견지에서 대기업이나 연금공단과 같은 투자기관 등이 지역 간 개발의 배분을 지배한다는 주장도 있다. 이는 대기업과 연금공단 등이 활동하고 있는 선진지역이 산업과 경제에 대한 통제력을 지속적으로 유지 · 강화하여 계속해서 성장한다는 주장이다.

이 견해가 현상에 대해 설득력 있게 설명하고 있는 것은 사실이다. 그러나 선진지역이 최초로 성립한 원인에 대해서는 설명이 결여되어 있다. 뿐만 아니라 저개발지역의 개발 가능성에 관한 논의가 불가능하다. 따라서 선진지역의 경제적 쇠퇴는 물론 저개발지역의 경제적 성장은 설명하기 어려운 한계를 가지고 있다. 계급적 관점을 무리하게 도입하는데 따른 필연적 결과이다. 이 견해는 선진지역과 저개발지역의 양립과 순환에 대한 인과론적 설명이 불가능한 자가당착적 한계를 벗어날 수 없는 단점이 있다.

하향식 개발학파에 공통적인 주장은 국부의 확대를 통해 지방부를 점증적으로 증가시킨다는 것이지만 현실적 결과는 이 주장과 큰 차이가 있다. 개발효과가 전체 지역으로 확산된 것이 아닐 뿐만 아니라 확산되더라도 지역 간 불균형 특히 선진지역과 저개발지역 간의 경제적 불균형은 오히려 심화되는 결과를 초래했다. 이에 따라 저개발지역 주민들의 경제적 고통은 물론, 지역 간 정치적 위화감도 유발되었다. 이는 여러 나라에서 공통적으로 발견된 현상이었다.

하향식 개발론에 따라 IBRD와 World Bank 등의 국제기구도 거점 중심, 중앙집권식의 후진국 개발 프로젝트를 시행해 왔다. 그러나 그 성과는 만족할 만한 것이 아니었다. 결국 하향식 개발 전략을 수정하여 여러 지역을 동시에 개발하고, 개발계획의 수립단계에서부터 지역의 의사를 반영하여 적극적 참여를 유도하는 등 지역경제개발에 있어 지역 주도의 중요성을 인정하게 되었다(Rondinelli, 1983, Rondinelli, 1978, Rondinelli and Ruddle, 1978, Boodhoo, 1976). 이 과정에서 상향식 개발학파가 힘을 얻었다.

3. 상향식 개발학파

상향식 개발학파는 하향식 개발학파에 대립하는 것은 아니다. 이 두 학파의 중요한 차이점은 다음과 같다. 첫째, 하향식 개발이 집권적인 데 비해 상향식 개발은 분권적이다. 둘째, 하향식 개발이 중앙의 개발 엘리트와 국제원조기구 등 소수에 의해 거점지역이 선정되고 전략이 수립·집행되는 데 반해 상향식 지역개발은 거점보다는 다수의 지역에서 지역의 의견과 특성을 가능한 충분히 반영한 전략을 수립하여 집행한다. 따라서 절차와 방법에 있어서는 상향식 개발이 보다 민주적이다. 셋째, 당연히 하향식 개발이 총량 개념의 경제성장을 지향하는 데 반해 상향식 개발은 지역의 특성에 적합한 성장을 추구한다. 이와 같은 상향식 개발학파는 세 가지 중요한 이론을 포함하고 있다.

1) 영역개발

영역개발(territorial development)이론의 주장은 다음과 같이 정리할 수 있다. 첫째, 지역기획(regional planning)이 성장 중심지로부터 배후지로 개발이 확산되도록 촉진하지 않는다면 적어도 조화시키는 역할을 수행한다. 둘째, 지역기획은 성장 중심지와 배후지의 상호작용을 개선한다. 셋째, 지역개발(regional development)은 투자를 유도하고 생산품을 수출함으로써 저개발지역에까지 새로운 투자가 확대되도록 분권화하는 성장 중심지들에 의해 이루어진다. 셋째, 영역개발(territorial development)은 바로 이들 성장 중심지를 그 배후지와 결합함으로써 이루어진다. 영역개발은 걸러내기(filtering-out) 과정을 통해 변방이나 배후지의 저개발단계를 보다 높은 개발단계로 끌어올리는 데 주된 관심이 있다.

영역개발론은 선진지역의 저개발지역에 대한 지배를 인정하고, 저개발지역이 스스로의 사회 · 경제적 조건을 통제할 수 있는 범위에 대해 고려하지 않는다는 점에서 하향식 개발론과 큰 차이가 없다. 다만 하향식 개발론에서 성장거점이 일방적으로 배후지의 개발에 기여한다는 주장과 달리 상향식 개발론에서는 이를 상호작용으로 인식하고 있다는 점은 인정해야 한다.

2) 기능개발

기능개발(functional development)이론은 지역개발은 생산능력을 중시하는 성장(generative growth)을 도모하기 위한 선택된 지역자원의 활용을 통해 이룩할 수 있다는 근본적인 가정에서 출발한다. 미국 남동부의 테네시 계곡 개발청(TVA)과 북서부의 Bonneville 전력청(Bonneville Power Administration)이 기능개발의 두드러진 예이다. 양자 공히 보다 싼값에 전력을 생산하고 수상교통을 보다 효율화하기 위하여 수로를 활용하였다. 이러한 노력에 힘입어 이들 지역에 괄목할 만한 투자가 이루어지고, 산업시설이 건설되었으며, 주민들의 전입이 증가하고, 경제적 번영이 강화되었다. 기능개발론은 지역이 가지고 있는 주된 기능을 중심으로 지역을 조직함으로써 보다 높은 개발 단계로 끌어올리는데 주된 목표가 있다.

기능개발 역시 선진지역의 저개발지역에 대한 지배를 인정하고 있다. 이 점에서 영역개발과 차이가 없다. 더욱이 기능개발은 의회의 승인을 필요로 하는 투자 사업을 전제로 하고, 따라서 경제는 성장할 수 있지만 사후적인 감독과 승인을 지속적으로 받아야 하는 종속적 측면이 있다.

3) 농역개발

영역과 기능에 따른 개발은 지역 스스로가 사회 · 경제적 조건을 통제할 수 있는 범위를 고려하지 않는 단점이 있다. 따라서 이 두 접근방법에 대한 주된 비판은 이들이 선진지역이 후진지역을 지배한다고 전제한다는 데 있다. 이러한 문제를 보완하는 농역(農域, agropolitan)이란 합리적으로 규정할 수 있는 공동의 문화 · 정치 · 경제적 영역을 의미한다.

농역 제도는 합리적인 면접(face-to-face) 의사결정의 기회를 확보하기 위하여 2~10만 명 사이의 규모로 조직된다. 앞서 소개한 두 이론과는 달리, 농역 개발(agropolitan development)은 경제적 · 사회적으로 바람직한 개발 유형을 지역 스스로 결정할 수 있도록 한다. 이 이론은 유토피안 사상에 뿌리를 두고 있으며 특히 Odum과 Moore의 문화적 지역주의(cultural regionalism)에 관한 저술들로 부터 깊은 영향을 받았다. Odum과 Moore는 문화적 지역주의를 보존할 수 있어야만 산업화 과정에서 지역이 살아남을 수 있다고 주장했다. 1970년대 중반까지도 이 이론은 지역개발 정책에 아무런 영향도 미칠 수 없었다. 그러나 그 이후 지역개발을 단순히 선진지역과 후진지역의 상호작용을 강화하는 것에서 경제적 연계를 재편함으로써 지역의 사회적 · 정치적 정체성을 강화하는 것으로 이해하려는 의식적 노력이 시작되었고 이것이 농역 개발론의 기본적인 초점이다. 이러한 초점을 가진 농역 개발론의 내용은 다음과 같이 요약할 수 있다. 첫째, 자연자원에 대한 강화된 통제권을 가정한다. 이에 따라 재활용할 수 있는 자원은 소출을 유지하고 영구적인 경제적 기반이 될 수 있도록 관리한다. 풍부한 노동력과 부족한 자본을 가지고 있는 덜 개발된 지역에서는 노동집약적인 기술을 사용하여 자원을 활용한다. 둘째, 수입할 수밖에 없는 재화와 용역을 자급할 수 있도록 노력한다. 이 노력에는 훈련, 인공부화, 특정 산업의 육성 등이 포함된다. 셋째, 농역 간 또는 농역과 성장 중심지가 아니라 농역 내부의 접근성(accessibility)을 높이기 위한 고속도로망을 건설한다. 넷째, 지역의 삶의 질을 높여주는 수출산업을 육성한다. 다섯째, 개인적 희생을 사회가 공유할 수 있는 공동의 이익을 생산하는 것으로 간주하는 사회적 의식을 계발한다. 한 예가 역내의 예금은 비록 이윤율이 낮더라도 역내에 투자하는 것이다. 여섯째, 지역문화와 사회적 정향을 강화하고, 지속적인 도전에 대응할 수 있도록 구성원들을 대비시킬 수 있는 사회교육 과정을 신설한다는 것이다.

농역 개발론은 유토피안 사상에 뿌리를 두고 있듯 지나치게 비현실적이라는 결함을 가지고 있다. 인위적으로 2~10만 명 규모로 농역을 조직하기는 어렵다. 내부의 접근성을 높이기 위하여 고속도로망을 건설하거나, 투자이윤이 낮음에도 불구하고 역내에 투자해야 한다는 것은 경제개발을 비경제적 논리로 추구하는 것이며, 실현 가능성도 지극히 낮다고 할 것이다. 더욱이 통신과 교통수단의 발달에 비추어 지역적 특성을 폐쇄적으로 유지하는 것도 대단히 어려운 일이다. 농역 개발론은 상향식의 정도가 가장 높으나 지나치게 이상에 치우친 결함을 메우기 어렵다.

4. 후기포디즘과 지방경제개발이론

Bennet은 후기포디즘 사회의 경제개발이 보다 시장중심적이고 지방분권적으로 이루어질 수밖에 없는 구체적인 이유를 제시하고 있다: ① 특정이익집단의 정치적 지지를 확보하기 위한 과다한 정부사업(political pork-barrel); ② 관료와 정치인들의 공공서비스 제공 주체로서의 효과성에 대한 재평가; ③ 자립을 저해하는 지나친 정부의 개입; ④ 중앙/연방정부에 대한 지나친 의존으로 지방정부의 자립의지, 지역주도, 자발적 참여, 자조 의식의 저하; ⑤ 정부서비스 생산비의 지속적 증가; ⑥ 지나친 복지부문 공공지출에 대해 증가하는 거부감(1990: 12-13) 등이 그것이다.

이에 더하여 시장이 세계화하고, 이것이 산업구조에 미치는 충격, 이에 따른 경제재편과 실업, 재정압박, 이에 대한 지방정부의 성공적 대응을 요구하는 지방주민의 요구 증가, 강화된 환경에 대한 관심, 복지정책의 재편, 인적자원의 강조, 인구구성의 노령화에 따른 압박 등으로 지방정부 주도의 지역경제개발이 촉진되고 있는 것이다(Bennet & Krebs, 1991: 8-11).

기존의 지방경제개발에 관한 이론들에 공통적인 문제점이 있다면 기술과 민간부문의 중요성을 간과한 것과 자본주의 경제체제의 구조적 변화에 따른 영향을 포함하지 않은 것이라 할 수 있다. Bennett과 Krebs는 자본주의 경제체제의 구조적 변화가 영국과 독일에 미친 영향을 다음과 같이 요약했다. ① 유럽의 국가들과 영국, 독일 그리고 유럽 이외의 국가들 사이에 상호의존성이 크게 증가했다. 따라서 시장이 개방되고 경쟁이 국제화했다. 이를 시장의 국제화(internationalization of markets)라 할 수 있다. ② 생산체제도 대규모 생산체제에서 상품의 짧은 생명주기(shorter product life cycle), 다품종 소량생산, 소규모 시장에 적합한 주문식의 단위 생산체제로 변화했다. 이 변화는 바로 새로운 산업, 소규모 생산공장, 유연한 생산방식, 특히 R&D와 판매 부문에 있어 원청과 하청기업 간의 전략적 협조의 증가를 촉진했다. 이것이 시장조건의 변화가 산업의 구조에 준 충격이다. ③ 시장의 국제화와 변화된 시장 환경에 따른 결과로 수많은 산업지역이 쇠퇴하게 됨으로써 구조적 변화가 초래되었다. 쇠퇴된 산업지역에 실업이 증가한 것은 필연적 결과였다. ④ 이들 지역에서 지방재정에 대한 압박이 가중되었다. ⑤ 이러한 상황에서 경제개발활동에 있어 지방정부의 적극적인 참여(local activism)를 촉구하는 압력은 증가했다. ⑥ 환경보호에 대한 정치적 압력이 증가했을 뿐만 아니라 경제적 변화에 따라 환경을 보호하는 기술적 가능성이 증가하고 환경보호의 적정한 수준이 지방이라는 인식도 확대되었다. ⑦ 영국의 경우 직업훈련에의 참여를 높이는 방향으로 그리고 새로운 직업훈련과 기업창립위원회에 책임을 분산하는 방향으로 복지정책이 재편되었다. ⑧ 복지정책의 구조적 재편과 함께 인적 자원의 중요성이 강조되었다. ⑨ 노동시장에 유입되는 젊은 인구가 감소했다(1991: 10-11). 이러한 상황은 반드시 영국과 독일에 국한된 것으로 보기 어렵다(1991: 8-11). 이들의 논의에서 다음을 재삼 확인할 수 있다.

1) 생산양식의 변화와 중소기업의 중요성

생산양식의 변화는 앞에서도 상세히 논의한 것으로 다품종 소량 생산체제로, 대기업과 중소기업 간의 하청체제로의 변화가 그 핵심적 내용이다. 지방경제개발과 관련하여 특히 주목해야 할 것은 후기포디즘 경제체제에서는 중소기업이 대단히 중요하다는 점이다. 그 이유를 간략하게 살펴보자.

일본의 산업구조 가운데 재미있는 현상의 하나는 대부분의 기업들이 계열을 이루고 있다는 것이다. 계열이란 원청으로서의 대기업과 하청으로서의 중소기업의 관계를 의미한다. 이들의 계열은 그 관계가 지극히 안정적이고 호혜적인 가운데 대기업은 하청업체인 중소기업을 보호하는 역할까지 수행한다. 계열의 장점은 첫째, 대기업과 중소기업이 위험부담을 공유함으로써 중소기업이 보다 과감하게 모험적인 R&D에 투자할 수 있다. 둘째, 재정적으로 연계되어 있기 때문에 장기적인 사업의 수행에 유리하다. 셋째, 종적 그리고 횡적 계열화에 의해 기술개발을 위한 정보수집 비용을 최소화함으로써 R&D가 보다 싼 가격에 이루어진다(Iwao, 1990: 151-162). 세계적으로 가장 많은 기술특허를 가지고 있는 것이 일본의 중소기업들이라는 점에서 계열의 장점과 국가경제는 물론 지방경제개발에 있어 중소기업의 중요성을 확인할 수 있다.

이는 이미 일본 기업에서만 볼 수 있는 현상은 아니다. 자본과 기술이 흐름을 형성하고 노동의 공간적 분업이 이루어진다는 것은 바로 이를 뜻하는 것이다. 이것이 변화한 자본주의 경제체제의 한 단면이다. 지방경제개발을 이룩하려면 바로 이 흐름에 참여할 수 있어야 하고, 참여하려면 중소기업을 육성해야 한다.

우리나라는 대기업이 중소기업을 보호하지 않는 나라로서 국제적인 명성을 얻고 있으나, 경쟁력을 유지하기 위해서는 중소기업과의 협력이 중요하다는 점을 깨닫기 시작했다는 보도가 있다. 생명공학(biotechnology) 분야의 독자적인 기술로 대기업에 대한 두려움 없이 중소기업을 운영하는 박한오 사장의 경우를 소개하면서 한국의 재벌들도 중소기업과 협조할 수 있는 가능성이 있다고 보도했다(the Economist, July 6th-12th 1996: 57-58). 이 가능성이 최근의 경제민주화 혹은 대기업과 중소기업의 상생 노력으로 이어질 수 있다면 참으로 다행스러운 일일 것이다. 이는 지방경제개발과 관련해서도 대단히 중요한 의미가 있다.

지방경제개발과 관련하여 중소기업의 중요성과 중소기업의 생존을 위한 기술의 중요성을 분명히 인식해야 한다. 물론 대기업이 중소기업을 기업의 동반자로서 인식하고 상부상조하는 건전한 관계를 다져주어야 하겠지만, 중소기업은 스스로의 생존을 위해 기술 개발에 전력을 기울여야 한다. 그리고 여기에 지방 스스로의 힘과 노력에 의한 경제개발의 가능성이 있다. 지방도 중소기업은 육성하고 보호할 수 있기 때문이다.

2) 중소기업과 기술의 중요성

중소기업의 생존을 위해서 기술은 필수적이다. 그러나 기술의 중요성은 여기에만 있는 것은 아니다. 다른 모든 생활처럼 우리의 경제도 과학과 기술의 발전과 함께 성장한 것이다. Kondratieff는 50년 주기로 신기술의 부침(boom and bust)이 이루어진다고 주장했다. 그의 이름을 딴 50년 주기의 신기술 물결은 다음과 같다.

위 표에서 보듯 시대에 따라 그 시대의 경제를 주도하는 핵심 기술과

〈표 8-1〉 Kondratieff의 4물결

	처음 1787-1845	둘째 1846-95	셋째 1896-1947	넷째 1948-2000(?)
핵심 개량	동력직기; 정련(puddling)	Bessemer식 제철*; 증기선	교류 (alternating current); 전등; 자동차	트랜지스터; 컴퓨터; 정보전환기술(convergent information technology)
핵심 산업	면직; 제철	제강; 기계; 조선	자동차; 전기공학; 화학	전자; 컴퓨터; 통신; 우주항공; 생산서비스 (producer service)**
산업 조직	소규모 공장; 자유방임	대공장; 자본집중; 주식회사	거대공장; 포디즘: 연합 (cartels); 자본조달	거대공장과 소규모공장의 혼재(하청); 다국적
노 동	기계적 노동 (machine minders)	숙련노동(craft labor)	비숙련 노동	숙련과 비숙련(bipolar)
지 리	도시로의 이주 (炭田과 항구)	탄전도시의 성장	연접(連接)도시 (conurbations)의 시대	교외도시 (suburbanization); 탈도시화; 새로운 산업지역

	처음 1787-1845	둘째 1846-95	셋째 1896-1947	넷째 1948-2000(?)
국제 관계	영국	독일과 미국의 경쟁; 자본 수출	미국과 독일 주도; 식민지화	미국의 주도; 일본의 도전; 신흥공업국의 부상; 새로운 국제적 분업
역 사	유럽전쟁; 초기 철도부설	북미대륙의 개방; 범세계적 수송과 통신	세계대전; 초기 대량소비; 대공황	복지국가; 전쟁국가; 조직적인 R&D
국가의 기능	최소(군/경찰)	초기 제국주의	제국주의; 과학과 교육	

출처: Hall and Preston(1988: 22), Malecki, 1991: 166-167에서 재인용.

*: Bessemer가 고안한 풍로식 제철방법.

**: 생산서비스(producer service)란 다음의 세 가지 범주로 구분하는 서비스를 의미한다. ① 정보처리, R&D, 자문(consulting), 공학기술(engineering), 법률서비스, 구매. ② 수송이나 쓰레기 처리와 같은 제품과 관련된 서비스. ③ 복지, 청소, 안전, 여행과 숙식 등 사람에 대한 서비스(Malecki, 1991: 61).

산업이 있다. 현대의 핵심 산업은 전자, 컴퓨터, 통신 우주항공, 생산자 서비스 등이며, 자본이 부족한 중소기업이 여기에 참여하려면 기술력을 향상시켜야 한다. 그리고 기술을 습득하는 방법과 과정은 다양하다.

3) 기술 습득의 방법과 과정

기술은 R&D에서만 얻어지고 진보하는 것은 아니다. 특히 기술적 혁신(technological innovation)은 배움의 과정 혹은 여러 가지 과정의 복합이다. 많은 기술적 진보가 생산 활동 자체의 부산물이었다. '생산을 통한 배움(learning by doing)'은 이 현상을 나타내는 것이다. 한 상품과 이를 생산하는 데 사용된 기계의 디자인과 성능에 대한 점증적 이해와 생산성의 점진적 증가는 '사용하면서 배우는(learning by using)' 범주에 포함된다(Malecki, 1991: 146-147).

배우기 위해서는 R&D 범주에 속하지는 않는 직접적 노력과 투자도 필요하다. 이 배움의 가장 기본적인 유형은 '조작하면서 배우는(learning by operating)' 것이다. 두번째는 '변화하면서 배우는(learning by changing)' 것이다. 셋째, 기술의 성능을 검증하고 기록하면서 배울 수 있다. 넷째, 외부에 의존하는 것으로 훈련을 통한 배움'(learning by training)'이다. 다섯째, '고용을 통해 배울 수(learning by hiring)' 있다. 끝으로 '탐색을 통한 배움(learning by searching)'은 조직의 정보 추구력과 이를 통한 배움을 의미하는 것으로 R&D를 의미한다(Malecki, 1991: 147-148).

기술 습득의 방법과 과정은 다양하며 R&D는 그 중 하나일 뿐이다. 자본이 충분히 축적되어 있지 않고, 기술수준이 낮은 지방에서도 기술을 개발하고 습득할 수 있는 방법은 있다. 문제는 어떻게 기술의 중요성과 이를 배우려는 적극적인 자세를 지방의 지역사회에 진작시키느냐에 있다.

기술을 배우고 발전시키기 위해서도 지방에 뿌리를 둔 기업이 필요하다. 지방기업을 육성하려면 기업가 정신을 가진 기업인들을 양성해야 하고 그들이 활발하게 활동할 수 있는 분위기도 조성해야 한다. 지방에서의 창업과 모험적인 투자를 장려하고, 그 위험부담을 공유할 수 있는 방안을 강구하여 기업가 정신을 함양함으로써 지방경제개발을 추구해야 한다. 그러나 지방정부는 이를 위한 충분한 재원을 확보하기 어렵다. 따라서 민 · 관 협력이 중요한 것이다.

4) 기업가 정신과 민 · 관 협력의 중요성

이제까지의 논의에서 지방경제를 개발하는 주체는 중앙정부, 준정부조직(quasi-governmental organizations, GUANGO), 비영리조직(non-profit organizations)의 공부문 위주에서 시장과 지방정부, 그리고 사부문 위주로 변화했다. 지방경제개발에서 중소기업이 차지하는 중요성이 큰 만큼 기업가 정신이 필요하다. 부족한 재원으로 지역사회에 혁신과 개발의 진취적 분위기를 진작시키기 위해 긴밀한 민 · 관 협력이 이루어져야 한다.

5) 환경과 경제개발

환경의 오염과 그 피해가 누적됨에 따라 환경에 대한 관심은 점차 고조되어 왔다. 특히 대부분의 도시에서 환경의 문제가 누적되면서 환경에 대한 인식은 더욱 절실한 것이 되었다. 대부분의 인구는 열악한 환경에 처해 있다. 그들은 대기와 수질오염, 폐기물, 황폐한 토지, 소음과 혼잡 등의 문제에 직면해 있는 것이다. 이들 도시의 환경문제는 도시들이 경제적 분업화를 성공적으로 이룩하는 과정에서 발생한 환경비용을 내부화(internalize)하는 데 실패했기 때문에 초래된 것이다(OECD, 1990: 30–31).

이렇듯 환경오염은 경제성장 또는 인구증가와 밀접하게 관련되어 있다. 늘어나는 인구의 증가된 경제적 수요를 충족시키기 위해 경제를 성장시켜야 하고 경제를 성장시키려면 환경의 오염이나 혹은 파괴가 불가피한 것이다. 오늘날 인류가 직면해 있는 가장 어려운 문제는 "어떻게 증가하는 세계 인구에 보조를 맞추어 경제를 지속적으로 성장시킬 것이고, 어떻게 우리의 세계를 폐기물로 황폐화시키지 않으면서 발전도상국의 삶의 수준을 인정할 만한 수준으로 끌어 올릴 것이며, 어떻게 우리들의 에너지원을 고갈시키지 않으면서 그리고 우리의 환경을 치명적으로 오염시키지 않으면서 이 모든 과제를 수행할 것인가"이다(Fritsch, et al, 1994: 3).

환경과 개발의 조화가 그 해결책이다. 경제개발에 있어 지속성은 이러한 관점에서 이해할 수 있는 개념이다. 환경과 개발을 위한 세계위원회(World Commission on Environment and Development)에서 1987년 Brundtland 보고서를 발간한 이래 지속성(sustainability) 개념은 지방과 중앙정부 그리고 국제기구에 의한 환경정책의 발전에 크게 영향을 끼쳤다(Agyeman & Evans, 1994: 8-9).

'지속적인 경제개발(sustainable development)'은 그 의미가 진화하고 있어(evolving) 정의하기가 대단히 어려운 용어이다. 가장 일반적으로 사용되는 것은 Bruntland Commission의 정의이다. 유엔환경계획(United Nations Environmental Programme, UNEP)과 지방환경선도국제위원회(International Council for Local Environmental Initiatives, ICLEI)는 이 정의를 더욱 발전시켰다. 지속적인 경제개발에 대한 이들의 정의를 살펴보자(Hams, et al, 1994: 2-3).

Bruntland 보고서는 지속적인 경제개발이란 '미래 세대가 스스로의 필요를 충족할 수 있는 능력을 훼손하지 않고 현 세대의 필요를 충족시키는 개발을 의미하는 것'이라고 정의했다. UNEP는 이에서 더 나아가 지속적인 경제개발이란 '지구의 생물 보존체계의 능력이 손상되지 않는 범위 내에서 인간의 삶의 질을 향상시키는 것'이라 정의한다. ICLEI는 기본적인 환경, 사회, 경제적 서비스를 지역사회의 모든 주민들에게 공급하되 이 공급체제가 의지하고 있는 자연환경과 사회체제의 존립을 위협하지 않는 것을 지속적인 경제개발이라고 정의했다(Hams, et al, 1994: 3).

지속적인 경제개발의 핵심은 친환경적인 개발이다. 기술이 발달함에 따라 경제개발에 따라 환경의 피해를 과거에 비해서는 괄목할 만큼 줄일 수 있게 되었다. 더욱이 지방은 환경오염이 이루어지는 또는 이를 막을 수 있는 현장이다. 뿐만 아니라 지방주도의 경제개발이 불가피한 상황에 있다. 따라서 지방정부는 친환경적으로 경제를 개발할 수 있도록 최선을 다해야 한다.

이제까지의 논의는 지방경제개발에 관한 새로운 이론을 제시하기보다는 자본주의 경제체제의 구조적 변화에 대응하여 지방경제개발을 추구할 수 있는 구체적 방안을 모색하는 데 그 목적이 있다. 이를 바탕으로 후기포디즘의 지방경제개발의 전략적 목표에 관해 살펴보자.

제2절 지방경제개발의 전략적 목표

1. 전략적 목표의 동태성

앞서 언급했듯 경제개발은 부와 고용을 창출하는 것이 궁극적인 목표이다. 그러나 부와 고용의 창출이라는 궁극적인 목표를 달성하기 위해서는 전략적 목표를 설정해야 한다. 부와 고용의 창출이라는 궁극적인 목표가 직접적으로 달성되는 것이 아니기 때문이다. 부와 고용의 창출은 경제가 개발되는 과정의 최종 결과이다. 따라서 경제개발의 전략적 목표란 최종 목표에 이르기 위한 방법으로 생각할 수도 있다.

경제개발의 전략적 목표는 학파에 따라, 그리고 시대에 따라 다르다. 예를 들어 상향식 개발론의 기본적인 목표는 문화, 자원, 풍경, 그리고 기후에 의해 결정된 영역 내에서 생활의 모든 측면을 통합함으로써 지역적 자치권을 창출하는 데 있다. 반대로, 하향식 개발론은 선진지역이 저개발지역으로 확산되고, 저개발지역의 자원들이 선진지역에 의해 보다 잘 활용될 수 있도록 기능적 통합을 목표로 하고 있다. 지역적 자치권이나 기능적 통합은 지역내부와 고용의 창출이라는 최종목표를 달성하기 위한 전략적 목표이다. 미국의 1960년대 경제개발의 목표는 경제적 불평등의 완화였다. Johnson정부의 재분배를 목표로 한 복지정책이 활발하게 시행된 것도 이때 부터였다. 1960년대의 우리나라는 나누어야 할 케이크가 참으로 보잘것없이 작은 모두가 가난한 시절이었기 때문에 재분배를 생각할 여유가 없었던 것은 물론 경제적으로도 대단히 평등했던 시절이다. 앞서 언급했듯, 비슷한 경제 수준의 다른 국가들과 비교해도 보다 평등한 나라였다. 이 빈곤 상황에서 벗어나고자 했던 것이 1960년대에 시작된 일련의 경제개발5개년계획이었다. 이때는 총량 개념의 부와 고용의 창출이 지상의 과제였다. 중앙정부의 주도하에 외자를 도입하여 특정한 거점을 중심으로 경제개발에 박차를 가한 끝에 경제성장은 어느 정도 이룩할 수 있었다. 이어 도래한 문제는 개인 간, 지역 간 부와 소득의 불평등이었다. 특히 지역 간 경제적 불평등은 영·호남 간 정치적 갈등의 한 원인이었다.

물론 지역 간 경제적 불균형은 모든 국가, 모든 시대에 목격되는 일반적 현상이다(Echols, 1979: 357; Malecki, 1991: 1). 그리고 그 원인도 경제개발속도의 차이, 부존자원의 차이, 중앙정부의 정책, 지역 간의 연계(interregional linkages) 등 다양하다(Modi, 1982: 34). 우리나라의 경우, 중앙정부의 정책과 이에 따른 경제개발속도의 지역 간 차이가 중요한 원인이다. 지역 간 경제적 불균형은 경제적으로 열등한 지역의 주민들에게 그렇지 않은 지역의 주민들보다 훨씬 무거운 조세부담을 지우거나, 훨씬 낮은 공공서비스만을 향유하도록 하거나, 아니면 두 가지 부담을 동시에 지우기(Bradbury, et al, 1984: 151) 때문에 이를 완화해야 한다.

하향식 개발론은 지역 간 경제적 불평등의 완화에 도움을 주는 이론이 아니었다. 반면에 상향식 개발학파의 주장에는 지역의 특수성과 여론 등을 고려하여 개발정책을 수립하고 집행하는 등 분권적 요소가 포함되어 있다.

1990년대의 지방경제개발은 자본주의 경제체제가 재편되는 과정에서 드러난 특성에 적응하고, 지속적인 성장체제를 구축하는 것이어야 한다. 자본주의 경제체제가 재편되는 과정은 현재도 진행 중에 있어 그 성격을 명백하게 밝히기는 어렵지만, 가장 중요한 특성의 하나는 분권화된 경제체제라는 것이다. 따라서 분권화 경제체제에 적응할 수 있는 경제개발이어야 한다.

한편, 지속가능 성장(sustainable growth)이란 경제개발이 장기적으로 지속될 수 있는 것을 의미한다. 모든 경제개발이 자연과 환경의 파괴를 전제로 하는 것이라는 점에서, 경제개발에 의한 지속적인 성장을 이룩하려면 자연과 환경의 파괴를 가능한 최소로 하면서 개발해야 한다. Jacobs와 Scott이 지속가능 경제(sustainable economy)란 절제된 경제(constrained economy)를 의미한다고 주장(1992: 262)한 것은 이러한 맥락에서 이해해야 한다. 자연과 환경의 파괴를 최소화하는 것이 지속가능 성장을 위한 충분조건은 아니다. 외부(중앙정부)의 도움 없이 스스로의 자본과 기술로 성장을 지속할 수 있어야 한다. 지방경제개발의 목표는 이러한 지속적인 성장체제를 갖추는 것이어야 한다.

분권화된 경제체제에 적응하면서 동시에 지속적인 성장체제를 구축한다는 것은 대단히 어렵다. 지방에 충분한 자본과 기술이 축적되어 있지도 않으며, 중앙정부로부터의 지원을 기대하기도 어렵기 때문이다. 따라서 분권화체제로 급변하는 상황 속에 지방이 생존하기 위해서는 형평 지향적 경제개발, 지방정부 경제개발 능력의 강화, 인적자원 중심의 경제개발, 친환경적 경제개발을 추진해야 한다.

2. 형평지향적 경제개발

지속적인 성장체제로서의 경제개발을 이룩하기 위해서는 역내 구성원들의 적극적 참여가 필수적이다. 적극적인 참여를 위해서는 구성원들 사이에 갈등의 여지가 적을수록 바람직하고, 갈등의 원인을 해소하기 위한 효과적인 방법의 하나는 개인 간 경제적 불균형의 완화이다. 작은 지역사회에서는 개인 간 경제적 불균형이 더욱 큰 문제가 될 수 있다. 이를 완화하기 위해서 형평지향적 경제개발이 필수적이다.

이에 더하여 중앙정부에 의한 복지정책이 감소할 것이라는 점은 이미 언급했다. 그러나 이것은 개인 간 경제적 불균형이 해소되었기 때문이 아니다. 복지정책을 위한 정부지출의 증가에 대해 납세자들의 거부감이 증대하고 군비와 기간시설을 위한 정부지출이 급격히 증가하기 때문이다. 따라서 지방의 복지정책은 지방정부와 민간의 부담으로 전환될 것이다. 지방정부 단위의 적극적 복지정책의 시행은 한계가 있지만, 경제개발에 따른 과실이 보다 형평하게 배분될 수 있도록 최선을 다해야 한다.

형평지향적 경제개발을 이룩하는 방법은 지방정부 경제개발 능력의 강화와 인적자원의 개발에 있다. 지방정부들이 스스로의 능력을 강화하여 스스로 경제를 개발할 수 있을 때, 지방 간 경제적 격차를 가장 이상적인 방법으로 해소할 수 있다. 지방사회가 적극적인 인적자원을 개발하여 이들이 경제적으로 자립할 수 있을 때, 시장 외적 의사결정에 따른 시장의 비효율을 감소하면서 개인 간 경제적 불균형을 완화할 수 있다.

3. 지방정부 경제개발 능력의 강화

이제 지방이 스스로의 노력으로 자기 지역의 경제를 개발해야 하는 이유는 많다. 첫째, 지방경제에 대한 중앙정부의 개입능력과 효과성이 동시에 떨어진다는 점은 여러 번 논의되었다. 둘째, 생산양식이 유연한 체제로 변화한다는 것은 중앙정부의 개입 능력과 효과성이 동시에 떨어지는 한 원인일 뿐만 아니라 지방 스스로의 노력이 보다 효과적일 수 있는 한 근거이다. 셋째, 중앙정부의 개입능력과 효과성이 동시에 떨어지고 생산양식이 유연한 체제로 변화한다는 것은 중소기업을 중심으로 한 시장경제체제의 강화를 예고하는 것으로 이해할 수 있다. 시장경제체제가 강화되고 중소기업의 중요성이 증가한다는 것은 경제체제가 보다 분권화된다는 것을 의미한다. 분권화된 경제체제에서 지방 스스로의 역할이 증대되는 것은 피할 수 없는 현실이다. 이 모든 것은 대기업을 중심으로 한 규제주의 경제체제의 퇴조와 함께 중앙 또는 중앙정부의 역할이 축소되고 지방과 지방정부의 역할이 증대되는 신자유방임의 도래를 예고하는 것이라 할 수 있다. 시장의 역할이 증대되지만, 후원자 또는 협조자로서의 지방정부의 중요성은 줄어들지 않을 것이다. 이 변화에 크게 기여한 것은 정보와 통신의 발달이며, 이 변화 속에 생존하고 더 나아가 번영하기 위해서는 지방의 능력을 강화해야 한다.

어떤 점에서 체제분석은 복잡한 '블랙박스(black box)'를 만드는 것과 같다. 아무리 정교하게 만들든 이 상자는 원료를 산출물로 전환하는 역할을 수행한다. 성장기제(growth machine)란 지방정부와 조합(노동조합 등의), 수도와 가스 등 지방에 근거한 사업적 이해, 신문, 부동산 개발업자, 중심가를 재건하고 안전한 중산층 지역을 건설하려는 소매상 등의 모든 지방 기업인들의 연합체이다. 성장 기제란 체제 분석론의 관점에서는 지방경제개발의 블랙박스이다. 이 상자는 개발론자들이 해결해야 하는 문제의 본질에 관한 가정을 함축하고 있다. 명백한 가정의 하나는 지방정부의 효과성(지방경제개발에 있어)이 정치적인 이유로(상자안의 수많은 참여자를 생각할 것) 제한적이라는 것이다. 이에 대한 처방은 조정 또는 조화(coordination)이다(Mier and Bingham, 1993: 293). 지방정부는 역내의 모든 이해관계를 조정하고 조절하는 가운데 각기 지방경제개발에 참여하여 잠재력을 충분히 발휘할 수 있도록 해야 한다.

한편 지방경제개발에 있어 기술의 중요성은 아무리 강조하고자 해도 지나칠 수 없다. 기술의 중요성은 다시 인적자원의 중요성으로 이어진다.

4. 인적자원 중심의 경제개발

시장경제체제가 강화되어 경제체제가 더욱 분권화되고, 기술의 중요성이 증대되는 상황에서 인적자원의 중요성은 그 어느 때 보다도 강조되어야 한다. 혁신과 개혁 그리고 기술개발은 자본만으로 이루어지는 것이 결코 아니기 때문이다. 인적자원 중심이란 인적자원을 적극적으로 개발하고 이들을 중심으로 지방경제를 개발해야 한다는 의미이다.

미국이 경쟁력을 상실한 중요한 원인은 인적자원을 경시했기 때문이다. 시민 개개인의 기업가 정신, 재능, 기술(skills), 교육, 훈련의 총량과 배우고, 협력하고, 혁신하며, 문제를 해결하려는 그들의 의지를 고려한다면 국가경제개발의 핵심적인 요인은 바로 사람이다(O'Toole and Simmons, 1989: 275).

지방의 경제개발은 기술과 자원이 모두 부족한 가운데 이루어질 수밖에 없다. 따라서 역내의 모든 자원을 지방경제개발에 효율적으로 동원할 수 있어야 한다. 지방 민간부문에서 기술개발을 위한 인적자원과 기업가 정신의 함양 등 개발의 필요성은 다양하다. 또한 지방공직자의 경우 혁신적인 지방 사업을 기획하고 이를 수행하기 위해 역내 민간자본을 유치하는 등의 새로운 역할을 수행하기 위해서는 공직자들의 능력개발이 시급하다. 이와 함께 공공부문의 생산성을 혁신하기 위한 인적자원의 개발 필요성도 높다.

5. 환경효율적 경제개발

앞서 논의한 바와 같이 환경을 보호하면서 경제를 개발해야 한다. 다시 말해 개발(경제)과 보호(환경)라는 상충하는 두 가치를 조화시키기 위해서 환경효율(eco-efficiency)적 경제개발이 특히 중요하다. 환경효율이란 자연과학적 기술 개념으로서 환경보호와 경제개발의 조화가 가능한 기술적 조건을 의미하며, 현재의 기술 수준으로 이는 가능한 일이다(이에 관한 상세한 논의는 Fritsch, et al, 1994 참조). 이를 기업의 관점에서 보다 쉽게 풀이할 수 있다. 즉, 경제와 환경 양 부문이 최상의 상태를 유지하기 위한 연결고리가 환경효율이라는 것이다. 환경효율은 기업과 환경 그리고 현 세대와 무수히 계속될 미래 세대의 필요를 연결해 주는 고리이다. 효율은 기업들을 경쟁하도록 할 것이다. 이 경쟁은 자연자원의 사용을 최소로 하는 경쟁이며 여기에 가장 높은 가치를 부여하는 것이다. 이는 세계의 대량빈곤을 극복하는 데 필수적이다(Fritsch, et al, 1994: 160).

더 나아가 Fritsch와 그 동료들은 환경효율을 달성하기 위해 사회의 각 부문이 노력해야 할 구체적 방안을 제시하고 있다(1994: 155-180). 이를 간략하게 살펴보면 다음과 같다.

논의의 편의를 위해 상업, 산업, 서비스, 농업, 산림업 등의 부문에서의 모든 상업 활동을 기업이라고 정의하자. 그리고 대다수의 환경보호자들은 환경파괴의 주범은 기업이라고 주장한다. 얼핏 보아 근거는 충분하다. 우선 모든 기업은 자연자원을 활용한다. 이들은 자연자원을 낭비하고 비효율적으로 사용한다. 대부분의 기업이 환경을 오염시키거나 다른 기업이 오염시키는 것을 돕는다(기업인 은행은 공해를 배출하는 공장의 건설자금을 빌려주고, 종이를 생산하는 기업은 소매상들이 과대 포장하는 것을 돕는다).

기업들이 이처럼 활동하는 데에는 이유가 있다. 이들은 사회의 법테두리 안에서 활동하는 것이다. 따라서 사회가 변화해야 이들을 변화시킬 수 있다.

소비자들이 환경효율적인 상품을 선호해야 한다. 보험회사들은 환경효율적인 기업을 보다 더 보호해야 한다. 은행들도 환경효율적인 기업에 보다 많은 대출을 해주어야 한다. 근로자들, 특히, 유능한 근로자일수록 환경효율적인 직장을 선택해야 한다. 더욱 엄격한 환경보호법이 제정되어야 한다. 환경효율적인 기업이 보다 많은 혜택을 받을 수 있도록 조세 등의 경제제도가 변화해야 한다. 그래서 최고경영자(Chief Executive Officer)는 환경보호최고책임자(Chief Environmental Officer)가 되어 모든 의사결정에 환경을 고려하도록 해야 한다.

시장도 변화해야 한다. 흔히 환경오염을 외부비용이라는 용어로 호도하고 있다. 이를 기업비용에 포함시키도록 해야 한다. 외부비용은 수학적으로 정확하게 계산하는 것이 대단히 어렵고 때로는 불가능하다. 그러나 현 수준의 지식과 관행으로 가능한 한 이를 계산해서 기업비용에 포함시켜야 한다. OECD 회원국들은 오염자 배상원칙(Polluter Pays Principle, PPP)에 동의했다. 이는 환경을 오염시킨 주체가 오염에 따른 피해를 전액 배상해야 한다는 원칙이다. 이와 같이 기업의 환경오염에 의한 피해를 전액 기업이 배상하도록 규제해야 기업은 이들 비용을 최소화할 것이다.

국가는 교역에 참여하지 않는 한 성장할 수 없다. 국가가 경제적으로 성장하지 않는 한 환경을 보호하고, 환경오염을 제거하며, 혹은 자원의 효율적 사용을 도모할 수 있는 경제력을 가질 수 없다. 이 점에서 자유무역은 환경보호에 긍정적일 수도 있고 부정적일 수도 있다. 자유무역이 환경에 악영향을 미치지 않도록 해야 한다. 이를 위해서는 환경오염비용을 기업활동비용에 포함시키는 목표, 즉 PPP를 국제적으로 적용하도록 해야 한다. 무역과 환경보호 사이에 갈등이 초래되지 않도록 무역과 환경보호가 부딪치는 합법적인 접점을 찾아내 국경을 넘는 환경문제를 식별해야 한다. 그래서 환경오염에 대해 국가 간에 책임을 분담하도록 해야 한다.

가장 중요한 것은 환경 효율적이며 따라서 지속적인 경제개발 방법의 모색은 지방의 주도하에 이루어져야 한다는 점이다. 여기에는 물론 주의 깊게 계획되고 장기적인 안목의 국제적 협력이 필수적인 요인이다.

이제까지 지방경제개발에 관련된 이론적 접근과 자본주의 경제체제의 구조적 개편이 미치는 영향의 분석을 통해 후기포디즘하의 지방경제개발의 전략적 목표에 관해 논의했다. 다음에 이들 전략적 목표를 달성하기 위한 사회적 기반에 관해 논의한다.

제3절 지방경제개발의 사회적 기반

1. 지방경제개발과 기업가 정신

1) 기업가와 기업가 정신

기업가는 오래된 용어이다. A. Smith의 제자였던 Say는 이 용어를 사용하여 1800년대 초기 자원을 덜 생산적인 곳으로 부터 더 생산적인 곳에 투자하여 부를 창출하는 사람을 묘사하는 데 사용했다. 그는 부의 창조자는 생산자가 아니라 기업가라고 믿었다(Fisher, 1983: 9).

기업가에 관한, 가장 널리 인정받는 Schumpeter의 정의는 기업가란 혁신자이면서 불균형의 원천이라는 것이다(Leibenstein, 1978; O'Farrell, 1986; Thomas, 1987; Malecki, 1991: 318에서 재인용). 기업가가 혁신을 통해 기존의 상태보다 더 큰 이윤을 확보할 수 있는 한, 그는 불균형의 원천일 수밖에 없다.

기업가 정신은 무엇을 의미하는가. 정신이란 개인적 속성이다. 따라서 기업가 정신이란 성공적인 기업가의 일반화된 속성이나 행태에서 찾을 수 있을 것이다.

Hébert and Link와 Kent는 위험부담(risk taking), 자본조달(supplying capital), 경영능력(competent or superior management) 그리고 혁신능력(innovativeness)을 기업가의 4가지 특성으로 정의했다. 이들의

정의에는 전통적으로 자본가들의 역할이었던 위험부담과 자본조달이 기업가의 특성으로 포함되어 있다. 이에 반해 Kirzner는 주식매매(arbitrage), 투기(speculation) 그리고 혁신을 기업가의 주요한 3가지 활동으로 제시하여 자본가와 기업가를 구별했다. 주식매매는 시장에 따른 주식의 가격 차이에 대한 지식을 전제로 시차를 거의 두지 않고 매매하는 것으로 혁신이나 위험부담 또는 자본조달과는 관계가 없다. 시차를 두어 주식을 매매하는 것이 투기이며 이도 혁신과는 무관하다. 반면, 혁신은 종전에는 사용되지 않던 조직, 생산방법 혹은 상품을 창조하는 것을 의미한다(Malecki, 1991: 317-318). 이제까지의 다양한 정의를 근거로 기업가 정신이란 혁신을 통해 불균형을 초래함으로써 부를 창조하는 것이라 정의하자.

2) 기업가 정신과 지방경제개발

역사적으로 지방경제개발은 기업 활동에 유리한 환경을 조성하여 기업을 역내로 유치함으로써 경제적 기반(economic base)을 유지하려는 노력으로 추진되었다(Fitzgerald, 1993: 125). 그러나 앞서 언급했듯, 어떤 기업이든 유치만하면 자동적으로 경제가 개발되는 것은 아니다. 생산의 증가 즉 경제성장은 자본의 축적, 노동생산성의 증가, 그리고 기술의 진보라는 세 가지 독립적인 요소에 의해 이루어지는 것이다(Landau, 1989: 485). 그리고 성공적인 기업만이 이들 세 가지 독립적 요소들을 증가시키는 데 기여할 수 있기 때문이다. 기업가 정신에 투철한 기업인이 기업을 성공시킬 수 있는 것이다. 따라서 지방경제개발에 기업의 역할이 중요하다면 이는 곧 기업가 정신 그리고 기업인이 중요하다는 의미의 또 다른 표현이라 할 수 있다. Coffe와 Polèse의 주장도 이와 같다.

Coffey와 Polèse는 다음과 같은 지방경제개발의 4단계를 제시하면서 그 중심에 기업가 정신(entrepreneurship)을 두었다. 첫 번째 단계는 지방 기업가 정신의 출현이다. 이어 대기업의 지방공장이 폐쇄되면서 발생한 실업을 대체하는 지방기업이 성장 · 확장한다. 셋째 단계는 지방기업을 지방이 통제하도록 한다. 끝으로 자치적 지방통제구조와 지방서비스 산업 부문을 확립한다(Malecki, 1991: 326). 이들의 견해에 따르면, 기업가 정신은 지방경제개발의 견인차이다. Schumpeter가 경제개발의 가장 핵심적인 요인으로 혁신을 강조한 것이나, Coffey와 Polèse가 지방경제개발의 4단계에서 기업을 핵심적 위치에 둔 것은 모두 같은 의미로 이해해야 한다.

Schumpeter의 관점에서 보아도 경제개발은 혁신(기업가 정신)을 핵심적 요소로 하는 진화의 과정이며, 혁신은 사회적 과정이다. 즉, 진화로서의 사회적 과정이 경제개발이다. 이것이 단순히 기술적이거나 혹은 단순히 경제적인 것은 아니다. 이 사회적 과정의 속도와 방향을 결정하는 요소들에 대한 지식은 아직도 대단히 불충분하다. 그럼에도 불구하고 분명한 것은 가장 중요한 요소는 기업가와 기업이라는 점이다(Kurz, 1992: 89). Schumpeter에 있어 혁신은 기업을 통해 가장 효과적으로 추진되는 것이기 때문이다.

그러나 실패한 기업가는 혁신은 물론 불균형의 원천이 될 수 없다. 실패한 기업가는 지방경제의 부담이지 개발의 주체는 아니다. 보다 많은 기업가가 보다 많은 혁신을 이룩하고 보다 큰 불균형을 창조할수록 보다 성공적인 지방경제개발이 이루어질 수 있다. 지방은 기업가 정신의 보호와 육성을 통한 지방경제개발을 추진해야 한다.

3) 기업가 정신의 보호와 육성

기업가는 기업가 정신을 가진 사람들이며 그들의 활약과 성공은 그들이 속해 있는 지방의 경제개발의 원동력이다. 기업인의 모든 활동은 이윤을 목표로 한다. 그들이 지방경제를 개발하기 위하여 기업 활동을 하는 것은 아니다. 그러나 성공적인 기업은 지방의 경제를 개발하기 위해 필수적인 만큼, 기업인들이 성공적으로 활동할 수 있는 방안을 강구해야 한다. 기업가들은 불균형을 창조해야 이윤을 얻을 수 있고 불균형을 창조하기 위해서 혁신해야만 한다. 혁신은 기업인들의 생존 방법인 것이다. 따라서 이들이 혁신할 수 있는 데 유리한 환경을 조성해 주는 것이 필요하다.

Schumpeter에 따르면, 기업가적 혁신은 5가지 방법 중 어느 하나에 따라 이루어진다. 첫 번째 혁신의 방법은 새로운 상품을 도입하거나 또는 기존의 상품에 새로운 품질을 도입하는 것이다. 식혜나 대추차 등의 새로운 음료가 개발되는 것과 라면의 품질이 꾸준히 향상되는 것이 그 예라 할 수 있다. 둘째, 새로운 생산방법을 도입하여 생산성을 높이고 이윤을 확대하는 것이다. 포디즘식의 대량생산체제의 도입은 거의 전 인류의 생활양식에 커다란 변화를 초래했을 뿐만 아니라 포드사에도 막대한 이윤을 남겨주었다. 셋째, 새로운 시장을 개척하여 이윤을 확대할 수 있다. 벌거벗은 아프리카 원주민들에게 의류를 소비하도록 판매활동을 하는 것이 예가 될 수 있을 것이다. 넷째, 원자재의 새로운 공급원을 확보하여 생산비를 절감할 수 있다면 이윤이 확대될 것이다. 다섯째, 어떤 산업에서든 새로운 방법으로 조직을 운영하여 경영비를 절감할 수 있다면 이윤이 확대될 것이다(Malecki, 1991: 318). 기업인들이 기업 활동은 바로 이들 방법에 의한 혁신이므로 이들이 혁신하는 데 유리한 사회경제적(socioeconomic) 환경을 조성해 주면 되는 것이다.

기업가(entrepreneur)들의 혁신에 도움을 주는 사회경제적 요인은 다양할 것이지만 혁신이란 경쟁의 결과라는 점에서 그 전제조건인 시장에의 진퇴(entry/exit)에 관한 개인적 자유가 확립되어야 한다는 점을 들 수 있다. 이에 더해 개방체제(인적, 물적 교류뿐만 아니라 자본의 이동이 자유롭다는 의미의)가 유지되어야 자원을 새로운 대상에 사용할 수 있다. 둘째, 개인의 창의와 노력이 시장에서 정당한 평가를 받을 수 있도록 혁신에 대한 동기유발과 보상체제가 확립되어야 한다. 한시적 독점에 의한 막대한 이윤도 보장되어야 한다. 셋째, 혁신에 대한 사회적 승인이 유지되어야 한다. 다시 말해 모든 혁신은 어느 한 개인이나 집단에게 무거운 비용을 부과한다는 점을 사회적으로 인정해야 한다. 따라서 정부는 혁신을 추적하고 특정한 혁신은 제한해야 한다. 기술적 자유방임은 장기적으로는 혁신에 부정적인 영향을 미치기 때문이다. 넷째, 어떤 시점에서든 전통적인 문제를 극복하기에 적합하지만 동시에 새로운 발전에는 장애가 될 수 있는 제도를 유연하게 유지해야 한다. 재산권, 노사관계 등을 사회적 논쟁의 대상으로서 상황에 따라 적절하게 조절할 수 있는 것이며 이념이나 금기여서는 안 된다. 다섯째, 근본적인 변화를 인지하고 대응하기 위해 기업들은 높은 수준의 교육 및 활발한 R&D 활동을 해야 한다(Kurz, 1992: 89).

이상의 논의는 특정 지역에 국한된 것이라기보다는 전체 사회를 대상으로 한 것이다. 따라서 지방에서 역내 기업가 정신을 보호 · 육성하기 위한 방안에 관해서도 살펴보아야 한다.

첫째, 지방의 기업가들이 어려움을 겪을 수 있는 부문을 지역사회에서 공동으로 협력하는 방안이 필요하다. 위험부담과 자본의 부족은 특히 지역사회 공동으로 부담할 수 있어야 한다. 둘째, 지방의 신상품이나 품질을 개선한 상품을 역외로 수출할 수 있어야 한다. 셋째, 지방의 자연조건이나 환경을 기존의 상품이라 가정하고 이를 개발하여 새로운 품질의 상품으로 만드는 등의 혁신을 원활하게 수행할 수 있는 민 · 관 협력 체제를 확립해야 한다. 이를 실현하려면 지방정부가 먼저 변화해야 한다.

4) 기업가 정신과 지방정부

앞서 논의한 것과 같이 기업가 정신은 혁신을 통해 불균형을 창조하고 불균형을 통해 이윤을 추구하는 것을 말한다. 공공부문에서 기업가 정신을 논의한다는 것은 불필요하고 불가능한 것으로 생각해 왔다. 그러나 이러한 전통적인 관념은 변화하고, 기업가 정신은 지방공직자들에게 시대적 정신으로 요구되고 있다. 이는 미국 지방자치단체의 역할이 극적으로 변한 역사적 사실에서도 입증되고 있다.

Morris는 미국 지방자치단체가 수행하는 역할의 변화를 다음과 같이 요약했다. 혁명전쟁(Revolutionary War) 이전의 미국 지방자치단체의 주된 역할은 상업과 교역에 있었다. 19세기 말엽에는 상업과 교역에 있어서의 역할이 부수적인 것으로 축소되어 민간기업과 주의회에 종속되었다. 제2차 세계대전 후 도시는 토지이용계획의 수립과 일련의 사회적 서비스의 공급 책임을 지게 되었으나 1980년대에는 1차적 부의 창출에 직접 연계된 새로운 역할을 수행하도록 요구되고 있다. 현대의 기술이 그 방법을 제공할 것이고 지방재정의 축소와 물가상승이 그 유인(incentive)을 제공할 것이다(1983: 61-62).

부의 창출이라는 새로운 임무를 수행하기 위해 자치단체는 기업가적 단체로 변화해야 한다는 것이 Morris의 주장에 함축된 의미이다. 그러나 이 주장은 지방정부가 기업가와 같이 이윤을 추구하는 조직이라고 확대해서 이해할 수 있는 것은 아니다.

지방정부는 공조직으로서 이윤을 추구할 수 없으며, 다만 보다 싼 값에 보다 양질의 지방정부 서비스를 제공함에 있어 개혁적인 기업가 정신을 활용해야 한다. 대기업도 소기업의 속성을 조직에 스며들도록 함으로써 '기업가적'일 수 있다. 특히 이런 기업가적 속성을 'intrapreneurial'이라 한다(Malecki, 1991: 318). 지방정부도 기업가 정신을 조직에 스며들게 함으로써 '기업가적'으로 지방경제개발을 추구할 수 있다. 그러나 지방정부는 하나의 조직체로서 조직체가 직접 이러한 역할을 수행하는 것은 아니다. 방법론적 개인주의(methodological individualism)를 전제로 해야 한다. 실질적으로 역할을 수행하는 주체는 지방공직자들이라는 의미이다. 따라서 지방공직자는 변화된 지방정부의 역할을 수행할 수 있는 역량을 배양해야 한다. 이 역량을 기업가적 지방공직자의 특성이라 할 수 있을 것이다. 이 점에 관해서는 다음 장에서 논의한다.

기업가 정신이 지방공직자들의 시대정신으로 자리 잡기 위해서는 지방정부에 대한 전통적 인식이 먼저 변화해야 한다. 일반적으로 지방정부의 임무는 서비스의 제공에 있다고 주장해 왔다. 그러나 지방정부의 임무는 지역사회의 합의를 도출하기 위한, 지역주민의 요구와 욕망을 확인하기 위한, 이를 충족시킬 수 있는 가용한 지역사회의 자원을 동원하기 위한 토론장을 제공하는 데 있다(Gaebler, 1983: 7). 지방정부는 집단적 의사결정(collective decision-making)을 촉진하기 위한 중개자로서의 역할도 수행해야 한다.

이 토론장은 지역의 누구에게나 개방되어야 한다. 지방경제개발의 방향 그리고 구체적 방법은 이러한 토론장에서의 중요한 의제로서 충분히 논의되고 합의에 기초를 두어 결정함으로써 주민들이 적극적으로 참여할 수 있어야 한다. 이것이 지방의 모든 자원과 역량을 동원하고, 활력을 불어 넣어 상호간의 상승효과(synergy)를 얻을 수 있도록 하는 방법의 하나이다. 지방의 자원은 풍족하지 못한 경우가 대부분이라는 점을 고려한다면 부족한 자원을 최대한 효율적으로 활용할 수 있는 방법일 수도 있다. 이런 이유 때문에도 지방정부는 지방의 민간부문과 긴밀한 협조체제를 유지할 수 있어야 하고 이를 통해 지방경제를 개발해야 한다. 기업가적인 지방정부는 민 · 관 협력 체제를 확립할 수 있는 정부를 의미한다.

2. 지방경제개발과 민 · 관 협력

민 · 관 협력의 개념을 정확하게 정의하기는 쉽지 않다. 민 · 관 협력에 관한 특정한 행정법규나 일반 법률이 있는 것도 아니고, 독특한 재정제도, 조직구조, 또는 운영 방법을 가지고 있는 것도 아니기 때문이다(Harding, 1990: 108). 그러나 민 · 관 협력은 다양한 목적을 위해 이루어져 왔다. 미국의 경우 1970년대 저개발지역과 쇠퇴하는 도시 주변부의 경제개발을 촉진하기 위해 시도된 사업들을 의미한다. 즉, 이때의 민 · 관 협력이란 정부가 승인한 사업에 참여하는 민간기업들을 정부가 지원하는 것을 의미했다. 공공부문의 관심은 고용의 창출이었으나, 이 기간은 제조업이 쇠퇴하는 시기였기 때문에 대부분 실업이 증가한 도시의 호텔, 사무실용 건물 등의 부동산 사업에 중점을 두었다. 이 시기 민 · 관 협력의 대표적 예는 연방도시개발사업보조금(The federal Urban Development Action Grant, UDAG) 사업이었다(Bingham & Mier, 1993: viii).

'협력(partnership)'이란 용어는 영국과 독일에서도 지방의 경제개발을 촉진하기 위한 노력에 흔히 사용하는 용어이다. 의미는 특정한 경제개발 목표를 달성하기 위해서 함께 노력하는 참여자들 사이의, 약간의 비공식적인 경우를 제외하고는, 공식적인 협정(agreement)을 의미한다. 따라서 협력에는 공동의 목표를 이루기 위해 함께 노력하는 협력자 사이의 협정과 계약 당사자들이 합의한 특정 목표가 명시된 법률상의 계약이 포함된다. 협정 당사자가 될 수 있는 참여자들은 다음과 같다. 기업들, 기업들의 모임(예를 들어, 상공회의소, chambers of commerce), 자발적 모임(예를 들어, 지역의 기업들, Businesses in Community, BiC), 협동조합(co-operatives), 노동조합, 지방정부, 지역정부, 중앙정부 등이다. 이들 다양한 참여자들에 의한 8가지 유형의 협력이 있다(Bennet &

Krebs, 1991: 82–84).

① 단일기업 주도의 경제개발

기업이 스스로의 자금으로 경제개발을 주도할 수 있다. 이 유형의 민·관 협력은 잉여근로자들의 고용, 잉여토지의 활용, 신기술의 활용 등을 통해 경제개발을 도모한다.

② 기업 간 협업

기업 간 협업(business–to–business links)은 전략적 제휴라 할 수 있는 것으로 특정한 목표를 이루기 위해 계약을 통해 추진된다. 기술교환, 분화와 유연성의 확보 등이 주된 목표이다. 기업 간의 연계는 주로 대기업과 중소기업 사이에 구매(purchasing)와 하청(subcontracting), 판매(marketing), R&D 그리고 자본투자 부문에서 이루어진다.

③ 경제개발협력

경제개발협력(economic development partnership)이란 한 기업이 지방정부, 특정한 목표를 가진 집단, 다른 기업들 등의 도움을 받아 개발을 주도하는 유형이다. 이 유형은 특정 개발목표가 있으며 협력자들에게 직접적인 보상이 돌아간다. Salford나 Nottingham에 있는 기업단지(business parks)가 이 유형의 예이다.

④ 기업청

기업청(enterprise agencies)은 독자적인 개발회사로서 기업들의 창업과 활동에 조언자적 역할을 한다.

⑤ 기업협회 또는 집합체

기업협회 또는 집합체(business representative and collective bodies)의 대표적인 유형은 상공회의소(chamber of commerce)이다. 협회는 지방경제정책의 결정권자들과 밀접한 관계를 유지한다. 협회는 보다 포괄적인 목표를 달성하기 위해 집합적인 협력자를 대표한다.

⑥ 공 부문 주도

공 부문 주도(public sector led initiatives)란 정부기구가 일반적 목적, 특정 목표를 설정하고 시행을 추적(monitering)하는 유형이다. 이 유형에서는 기업과 함께 목표를 규정하고 시행 과정에도 기업이 개입한다.

⑦ 개발청

개발청(development agencies)은 목표가 설정된 개발보다는 광범위한 것으로, 스스로 최소한 부분적이라도 자금을 제공하고 지휘 · 조정하는 일반적인 정부 주도 개발사업이다. 개발청은 재정을 제외하고는 정부로부터 간섭받지 않는 자치적 권한을 행사한다.

⑧ 공조직과 기업단체

공조직과 기업단체(public sector bodies and enterprise boards)는 도움이 필요한 새로운 기업이나 성장하는 기업과 정부 사이의 민 · 관 협력이다. 이 유형의 협력은 창업자금이나 모험투자(venture capital)의 보조가 포함된다. 이제까지 논의한 것은 민 · 관 협력의 모든 유형이 포함된 것은 아니고 유형의 구분이 완전한 것도 아니다. 그러나 이제까지 개발된 민 · 관 협력의 중요한 유형들은 모두 포함되어 있다.

민 · 관 협력의 유형은 특정한 목표를 기준으로 분류할 수도 있다. 예를 들어, 고용을 증대하기 위한 민 · 관 협력이나 도시재개발을 위한 민 · 관 협력이 그 예이다.

Nederland Twente대학은 개혁과 기업가 정신 센터(The Twente Center for Innovation and Entrepreneurship, CIOT)를 설립하여 사업기회를 개발하고 지방경제개발을 도모한다. 이 센터는 Twente 대학의 경영대학원이 기업과 기술센터(Business and Technology Center Twente) Nederland의 주요 은행 중 하나인 Robobank 혁신자문(innovation consultants)회사와 협력하고, 경제성(ministry of economic affairs)이 지역정부(regional authorities)의 사업을 통해 운영자금의 일부를 보조해 준다. 이 센터는 교육을 통해 창업주와 기존 중소기업을 돕고, 대기업 혹은 거대조직 내부의 기업가에게 서비스를 제공하고, 교육기관과 정부조직들에 대한 서비스 제공을 목표로 한다(During, 1989: 215). 이 센터는 민·관 협력의 한 유형일 뿐만 아니라, 지방경제개발에 있어 기업가 정신의 중요성을 일깨워 주는 훌륭한 예이다.

민·관 협력의 범위와 구체적 내용이 유형에 따라 정해지는 것은 아니다. 정부의 아이디어와 민간의 자본이 결합하든, 반대로 민간의 아이디어와 정부의 자본이 결합하든 특정한 사업을 위해 협력하든 그것은 크게 문제될 것이 없다. 민·관 협력의 목표는 부족한 지방의 자원을 동원·활용하여 지방경제를 개발하는 데 있다. 따라서 협력의 유형과 형식에 지나치게 얽매일 이유는 없을 것이다.

3. 지방경제개발과 기술

1) 경제개발과 기술

경제성장과 경제개발은 서로 혼합되어 있지만 별개의 개념이다. 특정지역에 인구가 증가하거나, 역내에서 생산되는 재화와 용역의 가치나 양이 증가하는 것을 의미하는 경제성장은 반드시 삶의 질적 수준의 향상을 의미하는 것은 아니다. 그러나 경제개발은 인구의 구성과 규모, 지방고용의 규모와 성격, 지방에서 생산되는 재화와 용역의 양과 가격의 변화(반드시 증가일 필요는 없는)에 따른 삶의 질적 수준의 증가를 의미한다(Malecki, 1991: 22-23).

경제개발과정은, 특히 장기적으로, 대단히 복잡하다. 개발은 경제와 사회의 구조적 변화를 의미하며, 이 구조적 변화는 경쟁과 변화에 적응할 수 있는 인구(노동력)의 기술적 숙련(technological skills), 기업과 제도의 기술역량(technological capability)에 따라 이루어진다(Malecki, 1991: 24).

구조적 변화를 추진하는 핵심적인 요소는 기술적 역량이다. 기술적 변화는 경제를 구성하는 생산품, 산업, 기업 등의 구성을 변화시키기 때문이다(Malecki, 1991: 26). 따라서 경제개발은 기술을 향상시키고, 고용과 일인당 소득을 증가시켜, 삶의 질을 높이려는 노력이다. 경제개발을 위해서는 기술개발이 필수적 조건이다. 수많은 정부기관과 기업들이 연구 및 개발(R&D)에 몰두하는 이유가 여기에 있다.

물론 기술의 전이(technology transfer)와 경제개발 사이의 직접적인 인과관계(direct causal link)를 규명하기는 대단히 어렵기 때문에(Melkers, et al., 1993: 233), 기업이 새로운 기술을 도입하면 그 지역에 반드시 고용이 창출되고 경제개발이 이루어진다고 단언할 수는 없다. 그러나 기술 발달 없이 경제개발을 성취할 수는 없다.

지방정부도 지방경제를 개발하려면 역내의 기술수준을 향상시켜야 한다. 다음에 지방단위에서 기술향상을 위해 시도되는 방안들을 살펴보자.

2) 지방의 기술개발

1900년대 이전에는 조직적인 연구란 거의 없었으며, 개인적인 발명가들이 기술의 진보를 주도했다. 예외적인 경우로 독일 화학회사의 사내 R&D와 소수 미국기업들의 초기 노력을 들 수 있을 뿐이다. 1930년대에 이르러 산업부문에서의 연구는 중요한 경제활동이 되었다. 그 후 현재에 이르기까지 기업의 연구 활동은 증가일로에 있다(Malecki, 1991: 161).

경제개발에 있어 기술의 중요성이 증가하면서 국가도 기술개발에 정책적으로 참여하기 시작했다. 유럽에서는 1950년대부터 정책적인 연구와 기술개발정책(public research and technology development policies, RTD)이 추진되었다. 유럽에서의 과학정책의 진화과정에는 우리가 고려해야 할 뚜렷한 교훈이 있다. 이 과정을 요약하면 아래 표와 같다 (Oakey, et al., 1988: 4–5).

이 표에 따르면, 1980년대 이후 기술개발에 있어 국제 간 협력의 중요성, 중소기업의 중요성, 신기술기업의 중요성이 특히 강조되고 있음

〈표 8-2〉 유럽의 RTD 정책의 진화

1950년대와 1960년대	과학정책 (Science Policy) -과학교육 -대학에서의 연구 -정부연구소의 기초연구 * 협동이나 협업미비	산업정책 (Industrial Policy) -R&D에 대한 보조금 -(연구)장비에 대한 보조금 -산업구조개편 -산업체의 집단연구지원 -기술교육과 훈련 등	기업규모의 강조 (Firm size emphasis) -대기업과 산업통합 강조 -국적기업 창설
1970년대 중반	개량정책 (Innovative Policy) -'개량'에 대한 보조금 -상품개발을 위한 집단적 연구에 참여 -개량을 촉진하는 공적조달 등(증가된 부처 간 조정)		-소기업에 대한 강조의 증가
1980년대	과학정책에 대한 강조의 증가	전략적 개량정책 (Strategic innovation policy) -유전기술과 고기술에 선택적 지원 -국제적(EC) 협력(부처 간 주도에 의한)	-기업간 협력과 신기술기업 (new technology-based firm, NTBF)을 강조

출처: Rothwell and Zegveld, 1985; Rothwell, 1987; Oakey, 1988: 5에서 재인용.

을 알 수 있다. 신기술에 근거한 중소기업의 폭발적 증가는 유럽의 여러 나라에서 보이고 있는 현상이며, 이들은 성공적으로 성장하고 있다. 뿐만 아니라 중소기업은 개량, 고용창출, 그리고 지역경제개발에 있어 여러 가지 기여를 하고 있다. 이들은 대기업에 못지않게 R&D에 투자한다. 영국과 미국에서 중소기업의 혁신 역할이 증가하고 있다. 이들이 새롭게 고용을 창출하는 효과도 증가하고, 독립적인 중소기업이 지역혁신에 기여하는 공헌도 역시 증가했다(Oakey, et al., 1988: 5-6).

지방이 주도하여 지방경제를 개발하려면 중소기업과 신기술기업에 의존해야 한다는 점을 시사하고 있다. 이들이 성공적으로 성장하여 지역에 고용을 창출하고 혁신에 이바지할 수 있는 가능성은 현대의 기술적 동향에서 찾아야 한다. Oakey 등은 새로운 기술 분야를 다음과 같이 요약했다(Oakey, et al., 1988: 9). 이 기술은 지방의 중소기업들이 적극적으로 참여해야 할 분야인 동시에 자본과 기술의 흐름과 노동의 공간적 분업체계에서 지방이 수행해야 할 역할의 목록이라고도 할 수 있다. 더욱이 아래 요약된 4부문의 첨단기술은 개인적인 노력으로도 혁신과 변화를 추구할 수 있다. 컴퓨터 프로그램 개발을 예로 들더라도 큰 자본이 없이 개인적인 노력만으로 성공한 많은 사례가 있다. 자본주의 경제체제의 구조적 변화를 번영과 성공의 기회로 활용하느냐 재앙으로 감수하느냐는 선택의 문제라 할 수 있다.

- 생명기술(Biotechnology)
  - 단세포 단백질(Single-cell protein)
  - 생명공학(Bio-engineering)
  - 생체량(Biomass)
  - 진단장비(Diagnostic kits)
  - 약품(Pharmaceuticals)

- 에너지기술(Energy technology)
  - 열펌프(Heat pump)
  - 태양열장치(Solar energy devices)
  - 석탄의 기화와 액화(Coal gasification and liquefaction)
  - 재생에너지원(Renewable energy sources)
  - 감시통제장치(Monitoring and control equipment)

- 신소재기술(Advanced materials technology)
  - 생체적합물질(Biocompatible materials(implants)
  - 첨단 결합물질(Advanced composite materials)
  - 첨단 전자 물질(Advanced electronics materials)
  - 초전도체(Superconducting materials)

- 정보기술(Information technology)
  - 전자사무장비(Electronic office equipment)
  - 광섬유체제(Fiber-optic systems)
  - 위성통신(Satellite communications)
  - 과학의료장비(Scientific and medical instruments)
  - 첨단 컴퓨터 기법(Advanced computing)
  - 컴퓨터 프로그램 개발(Software development)
  - 가정용 정보기술(IT in the home)

위와 같은 신기술을 활용하는 산업에서의 혁신은 자본집약적이 아니라 지식집약적이기 때문에 진입비용이 상대적으로 저렴하다. 따라서 중소기업을 창업하기 유리하다. 특히 정보기술부문은 새로운 틈새시장을 많이 포함하고 있기 때문에 중소기업의 창업에 유리하다. 중소기업의 성공적인 성장은 경제개발에 중요한 요소라는 점은 이미 입증되었다

(Oakey, et al., 1988: 8-9).

이상의 논의에서 드러났듯 지방경제개발에 기술의 진화와 개량이 미치는 영향은 결정적이며, 중소기업과 기업가정신은 혁신에 결정적인 영향을 미치고, 지방의 부족한 자본과 기술을 동원하기 위해 민 · 관 협력이 절실하게 요청된다는 점을 확인할 수 있다. 이것이 지방경제를 개발하기 위한 필수적인 요소들이 상호영향을 미치는 과정과 논리이다. 이어서 지방에 기술개발과 혁신을 확산하기 위한 조건에 관해 논의한다.

3) 기술개발과 혁신의 확산을 위한 전제조건

어떤 사회에서든 기술의 수준은 그 사회의 모든 역량이 포함된 것이다. 머리와 돈과 노력 그리고 정보가 동시에 필요한 것이 기술개발이며 혁신이기 때문이다. 지방주도로 기술개발과 혁신을 확산시키려면 지방이 가지고 있는 이 4가지 요소를 모두 동원해야 할 뿐만 아니라 지방 간의 협조도 필요하다.

돈과 노력은 민 · 관 협력과 기업가 정신의 보호 · 육성 등을 통해 확보해야 하고 할 수 있다. 그러나 머리와 정보는 인적자원의 질적 향상을 위한 교육과 훈련을 통해 확보해야 한다. 이는 지방경제개발의 전략적 목표인 인적자원 위주의 지방경제개발과도 부합하는 것이다. 산업부문에서 기술적 개혁과정(technological innovation process)은 물론 단순한 기술도 생산성을 향상시키는 동력이며, 자본투자와 밀접하게 연계되어 있다. 기술 자체의 발달은 R&D에 대한 그리고 인적 · 물적 자본투자에 의해 결정된다(Landau, 1989: 503).

기술개발과 혁신을 확산하기 위해서는 다음의 전제조건을 충족시킬 수 있어야 한다. 첫째로 정보, 개혁, 기업가적 주도 등에 관한 지식이 내 · 외부로부터 활발하게 교환되어야 한다. 외부와의 교환은 인적교류를 통해 이룰 수 있다. 역내에서는 공동연구 등의 방법을 사용할 수 있다. 교환이 제도화되고 활발해야 한다. 역내에서의 교환은 인사교류, 공동연구 등을 통해 추진할 수 있다. 내 · 외부와의 활발한 교류를 통해 상호상승적(synergistic) 분위기를 형성해야 한다. 둘째, 민주적 의사결정 과정이 때로는 비효율적인 자원의 배분을 초래할 수 있음에도 불구하고 개발의 편익을 지방에 고르게 배분하기 위해서 필수적인 조건이다(앞서의 '지방정부는 토론의 장을 제공할 수 있어야 한다'는 논의 참고). 셋째, 혁신의 유인을 제한할 수 있는 엄격한 계층제가 형성되는 것을 막아야 한다. 책임과 정책결정권이 분산되어 있는 관료제는 특정한 기능이 부여되어야 한다. 그래야 적재를 적소에 배치할 수 있다(Stöhr, 1990: 17-18).

제4편

지방정부의 실패와 대안

지방정부는 실패하고 있다. '실패'라고 하지만 이는 시장의 실패와 마찬가지로 본래 의도했던 정부의 순기능을 충분히 발휘하지 못한다는 의미이다. 앞서 논의했듯, 지방정부는 대의민주제와 시장기제를 전제로 한다. 따라서 그 목표는 민주와 효율이다. 이런 지방정부가 실패한다면, 민주나 효율 혹은 그 둘 모두 증진시키지 못한다는 뜻이다.

지방정부는 왜 실패하는가? 제도와 사람 때문이다. 대의민주제와 시장에는 문제들이 내재되어 있다. 이는 중앙정부는 물론 모든 수준의 지방정부에 꼭 같이 영향을 미친다. 의회와 관료제의 문제는 중앙과 지방에 꼭 같이 적용된다. 따라서 지방을 특정할 수 없다. 이와는 달리 Tiebout 모형은 지방정부를 대상으로서 특정한 논의이다.

제도에 문제가 내재해 있다는 것만으로 정부가 실패하는 것은 아닐지도 모른다. 보다 더 큰 이유는 제도에 내재된 문제를 운영하는 사람들이 사익을 추구하기 위해 이용하기 때문이다. 인간의 사익추구는 이기심의 발로로 비난의 대상이기만 해서는 안 된다. 인간의 사익추구는 이기심의 발로로 비난의 대상이어서는 안 된다. 이기심과 사익추구는 인류 문명을 발달시켜왔고, 발달시킬 원동력이기 때문이다. 문제는 그 부작용, 즉 사익 추구에 따른 사회적 비용을 어떻게 최소화하느냐에 있다.

제9장

지방정부의 실패

제1절 대의민주제의 문제

1. 선거제도의 문제

1) 선거 주기

선거는 주기적으로 실시할 수밖에 없다. 그 이유는 다음과 같다. 첫째, 선거로 당선한 공직자들에게는 선거에서 공약한 정책들을 실현할 수 있는 충분한 시간을 주어야 한다. '충분한 시간'의 물리적 양을 객관적으로 입증할 수는 없지만 4년이 일반적으로 채택하고 있는 주기이다. 둘째, 선거에는 비용이 따르기 때문에 자주 하는 것은 바람직하지 않다. 여기서도 '자주'가 어느 정도의 기간을 뜻하는지 분명하지 않지만, 일반적으로 4년보다 짧으면 자주의 범위에 속할 것이다. 원하는 구매 주기를 선택할 수 있는 시장과 비교한다면 대단히 비효율적이다.

한편, 4년을 주기로 한 선거는 오랜 역사를 가지고 있다. 그러나 과거의 4년과 현재의 4년은 여러 가지 차이가 있다. 과학과 기술, 특히 정보와 통신 기술의 혁명적인 진화를 전제로 한다면, 변화의 속도가 대단히 빨라졌다 할 수 있다. 4년 주기는 과거에 비해 장기라 할 수 있다. 또한 잘못된 정치적 의사결정이 보다 빠르게 보다 큰 악영향을 미칠 수 있다. 따라서 선거제도를 보완할 수 있는 제도적 장치가 필요하다.

2) 후보의 능력

공직에 출마하는 후보는 두 가지 능력을 겸비해야 한다. 하나는 통치능력(governing ability)이며 다른 하나는 정치능력(political ability)이다. 통치능력이 아무리 뛰어나도 당선할 수 없으면 이를 펼칠 수 없다. 반면에 정치능력만 뛰어나면 당선 후 문제를 초래할 수 있다. 후보에 관한 평판도 중요한 선택의 근거가 될 수 있지만 이는 본질적으로 과거의 활동이나 업적에 근거한 것으로 미래를 담보하는 것은 아닐 수 있다는 한계가 있다.

후보의 능력과 관련한 또 다른 문제는 정보이다. 유권자들이 후보의 능력을 확인하기 위한 정보가 부족하다는 점이다. 후보들의 다양한 능력과 단점에 관한 정보를 어떻게 확보할 수 있는가, SNS나 인터넷 등에 유포되는 미확인 정보들을 어떻게 관리할 것인가에 관한 진지한 논의와 사회적 합의가 절실하다.

3) 공약: 선택에 필요한 정보

유권자들이 공직 후보를 선택할 때, 후보의 능력과 함께 공약은 중요한 정보이다. 그런데 공약은 비대칭정보이다. 유권자로서는 그 진실성을 평가하기 어렵기 때문이다. 특히 인기영합주의(populism)에 따른 것과 사회적으로 꼭 필요한 공약을 구분하기도 어렵다. 오히려 사회적으로 반드시 해야 할 일을 회피할 수도 있다. 폭탄 돌리기이자 부담을 후대로 넘기는 것이다. 국가채무를 감축하기 위한 재정축소 등이 대표적인 예가 될 것이다. 이러한 이유로 이는 단순한 정보부족과는 구별해야 한다.

공약에 따른 또 다른 문제는 모든 후보는 공약을 한 묶음으로 제시할 수밖에 없다는 점이다. 바꿔 말하면, 유권자들에게 맞춤형 공약을 제시하기가 대단히 어렵다는 점이다. 유권자들로서는 만족할 수 있는 공약을 제시하는 후보를 발견하기란 사실상 불가능하다. 이들은 강요된 차선을 선택하거나 아니면 더 크게 실망할 수밖에 없는 것이다. 원하는 것만을 구입할 수 있는 시장에서의 선택에 비교한다면 지극히 비효율적이다.

4) 득표율과 적정다수

우리나라는 다수 득표자가 당선한다. 다수란 한 표라도 많은 것을 의미하는 단순비교다수(first-past-the-post)이다. 모든 공직선거에서 그렇다. 이 제도의 문제는 후보가 다수인 경우 30%의 득표만으로도 당선할 수 있다는 것이다. 대통령 선거에서조차 30%대의 득표율로 당선한 경우가 있다. 노태우 전 대통령이 그렇다. 그는 36.7%의 득표만으로 당선했다. 이 경우 당선자의 정당성이 약화됨은 물론 다수결의 원칙이 크게 훼손된 것이라 할 수 있다. 63.3%는 반대한 것으로 해석할 수도 있기 때문이다.

공적 행위를 결정하는 사람의 수가 적을수록, 공적 정책결정에 참여하지 않는 사람의 수는 늘어나고 그래서 보다 많은 외부비용의 발생을 예상할 수 있다. 그러나 전원합의에 의한 행위에는 외부비용이 발생할

[그림 9-1] 의사결정(집단행동)권자의 수와 외부비용

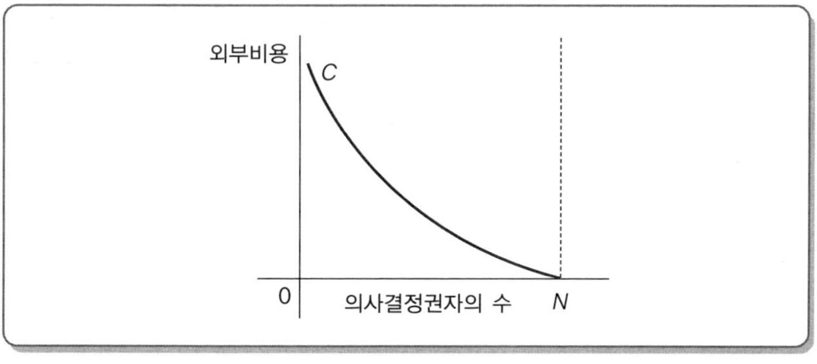

여지가 없다. 따라서 사회의 모든 구성원의 수를 N이라 할 때, N명이 모두 동의한 어떤 행위에는 외부비용이란 없다. 이를 그림으로 표시하면 [그림 9-1]과 같다(Buchanan & Tullock, 1962: 65).

한편, 의사결정비용(decision-making-costs)은 결정에 참여하는 사람의 수가 적을수록 적으며, 많을수록 늘어날 수밖에 없다. 따라서 의사결정비용은 [그림 9-2]와 같다(Buchanan & Tullock, 1962: 68-69).

◈ [그림 9-2] 의사결정비용과 참여자의 수

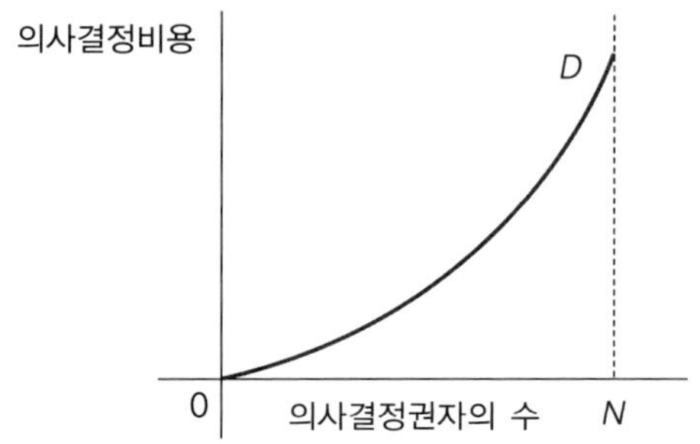

외부비용과 의사결정비용의 두 함수에서 가장 '적정한(optimal)' 혹은 '가장 효율적(efficient)'인 의사결정법칙을 도출해 볼 수 있다. 즉, 두 비용의 합이 최소가 되는 점에서 정책결정의 필요 수를 도출하면 되는 것이다. 이것은 [그림 9-3]과 같다(Buchanan & Tullock, 1962: 70, 76).

위에 인용한 Buchanan과 Tullock의 논의는 헌법 경제학(economic theory of constitution)이다. 그러나 이는 지방자치단체의 적정규모에 관한 논의의 근거로도 원용될 수 있다(Oates, 1972 참조). 다른 한편으로는 K가 비시장의사결정의 비효율을 뜻하기도 한다. 시장에서와 같이 각자 선택할 수 없기 때문이다.

[그림 9-3] 최적다수의 결정

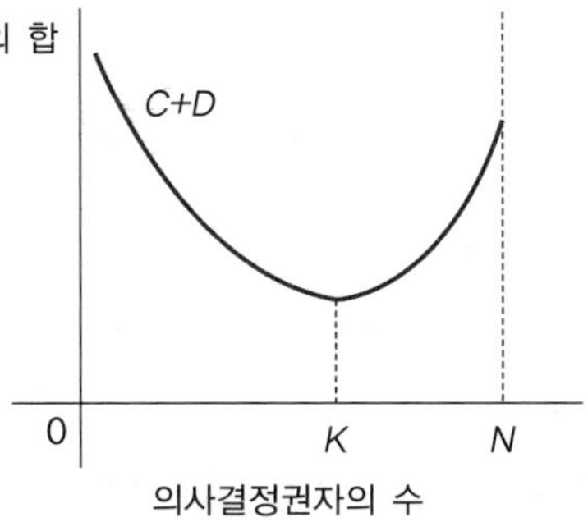

5) 유권자의 무관심과 정보부족

유권자의 무관심(voter apathy)은 잘 알려진 대로 지방정부의 정책이 주민에게 미치는 영향이 상대적으로(중앙정부와 비교하여) 낮고, 지방선거가 정당의 강령과 일치하지 않은 채 치러지며, 지방정부가 제공하는 다양한 서비스를 평가하는 것이 어렵기 때문이다(Dollery & Wallis, 2001: 5-8). 이것들은 모두 지방정치 참여를 위한 정보비용을 높여 정보부족(imperfect information)을 초래하고 무관심을 유발하는 요인들이다. 그러나 지방유권자들이 지방정치에 무관심하면, 지방정치인들이 유권자의 욕구를 수렴하고, 지방정부를 보다 효율적으로 운영해야 할 필요성이 감소한다.

이는 지방정부의 방만한 운영을 고착화할 수 있으며 고비용을 초래한다. 지방공직자들이 지방유권자들이 무관심한 지방정부 운영 성과에 크게 관심을 두지 않아도 되기 때문이다. 바꿔 말하면, 유권자들의 지방선거에 대한 무관심은 지방선거에 참여하는 비용보다 높을 가능성이 있다. 그리고 이는 다수의 정부가 통치하든 단일정부가 통치하든 같을 것이다. 따라서 유권자의 무관심과 정치정보비용을 낮추는 노력을 선행 혹은 병행하지 않는다면 복수의 정부든 단일 정부든 그 운영 성과를 담보하기 어려울 것이다.

민주주의 이론은 민주주의 체제가 의도한 대로 운영되기 위해 시민 개개인이 알고 있어야만 하는 지식과 인식술(cognitive skill)의 명확한 기준에 관해서는 참으로 무관심했다. 그럼에도 불구하고 유권자 대중의 낮은 정치적 지식수준과 부주의함은 깊은 관심의 대상이었다. 이러한 유권자들에 의지해서 미국의 민주체제가 이나마 운영되고 있는 것은 놀라운 일이며 대중의 무지와 무관심은 2500여년의 정치적 진화과정에서 끈질기게 존속해 온 전설이다. 그리고 이것은 대중 정치의 역설(the paradox of mass politics)이다(Neuman, 1986: 9).

그러나 유권자들의 무지와 무관심에 대한 반론도 제기되고 있다. 일반적인 유권자들의 정치적 식견과 정책에 대한 이해 및 정보가 극히 초보적인 수준에 머물러 있는 것은 사실이지만, 과거 50여년에 걸친 미국 유권자들의 정책선호에 관한 연구 결과 그들의 선호는 합리적인 것이었다는 연구 결과도 있다(Page & Shapiro, 1992, 참조). 이 연구 결과에 따르면 유권자들은 합리적으로 정책을 선호할 수 있을 만큼 유식하며 관심이 있다고 유추할 수 있다.

이에 대한 또 다른 반론은 지도자-환류(leadership-feedback)론이다. 이 이론의 요점은 유권자의 역할을 기본적으로 정책을 제시함으로써 공공문제에 관한 리더십을 발휘하는 공직자를 주기적으로 선출하는 것에 한정한다(Zimmerman, 1986: 2)는 것이다.

현대 국가의 정책을 이해하기 위해서는 대단히 높은 수준의 전문적 지식과 경험이 필요하다는 점은 이론의 여지가 없다. 특히 그 결과의 평가에 있어서는 더욱 그러하다. 그러나 정치과정은 이러한 전문적 지식을 필요로 하는 중간과정을 생략하고도 운영될 수 있고, 운영되어야 한다. 승강기를 이용하고자 하는 소비자는 이용법과 관행을 익히고 이를 준수함으로써 승강기를 이용할 수 있다. 소비자가 승강기의 복잡한 기계적 구조와 작동 원리를 분명히 이해해야만 한다고 주장할 수는 없다. 참여의 질적 수준이 높은 것이 바람직하지만, 이를 조건으로 하거나 또는 기준을 선정한다는 것은 대단히 어렵다. 민주주의는 일반 유권자들의 정치적 판단에 필요한 지적 수준에 관한 어떤 전제도 상정하고 있지 않기 때문이며, 이를 측정하고 평가하는 것은 대단히 주관적일 수밖에 없기 때문이다.

2. 투표제도의 문제

1) 순환현상

우리가 선출한 공직자들, 국회 또는 지방의회 의원들은 투표를 통해 다수결의 원칙에 따라 의사를 결정한다. 투표는 무엇인가를 결정하기 위한 것이다. 그런데 투표를 통해 아무것도 결정할 수 없는 상황이 벌어진다면 문제가 아닐 수 없다. 순환현상(cyclical phenomena)이란 순환다수현상(the phenomenon of cyclical majorities), 투표의 제1의 역설(the first paradox of voting), 콘도셋효과(Condorcet effect) 또는 애로우의 문제(Arrow's problem) 등의 다양한 이름으로 불리는 것으로 투표로는 아

◈ 〈표 9-1〉 투표의 순환

유권자	의제 X	Y	Z	X
1	≥	≥	◀	
2	≥	◀	≥	
3	◀	≥	≥	
결정	≥	≥	≥	

무 것도 결정할 수 없는 상황을 뜻한다. 〈표 9-1〉이 이러한 상황을 요약해 보여준다. 유권자 1, 2, 3이 있고 의제 X, Y, Z가 있다고 가정하자. 유권자 1은 X − Y − Z 순으로 선호하며, 유권자 3은 Y − Z − X 순으로 선호한다. 그러나 Z보다 X를 선호한다. 유권자 2는 Y보다 X를 선호하지만, X보다는 Z를 선호한다. 유권자 1, 3은 각각 X와 Y라는 단일봉두(single peaked)선호를 가지고 있지만, 유권자 2는 X와 Z라는 양봉두(double peaked)선호를 가지고 있다. 양봉두선호를 가지고 있는 유권자가 있을 때에는 어느 의제도 다수의 지지를 얻을 수 없기 때문에, 아무것도 결정할 수 없는 상황이 발생한다. 확률적으로도 10% 이상이다(Mueller, 1989: 63–64; Miller, 1984: 26–29).

2) 중위투표자정리

중위투표자정리(median voter theorem)란 의제가 단일한 차원(single dimentional)으로 규정되고, 유권자들의 선호가 단일봉두라는 두 가정이 충족될 때는 언제나 중간에 위치한 투표자가 다수의 지지를 얻는 다는 것이다(Mueller, 1989: 65–66). 이것 역시 시장외적 의사결정의 상대적 열등성을 보여주는 현상이다. 시장에서와는 달리 유권자들이 투표로는 선호의 강도를 표현할 수 없기 때문이다. 흔히 정치에 대해 만족하는 유권자를 보기 어려운 이유, 또는 다수가 반대하는 것처럼 보이지만 결정은 이루어지는 이유가 여기에 있다. 이러한 투표의 결함을 보완하기 위한 여러 가지 투표제도가 제시되었지만 이들 역시 다른 문제들을 가지고 있다.

3. 의회의 실패

1) 의회 조직: 상임위원회제도

의회의 실패(Congress failure)는 의회 조직상의 문제와 입법 능력 때문에 초래된다. 이는 현대 국가를 운영하기 위해 필요한 입법이 폭발적인 양적 증가와 함께 질적으로도 고도의 전문화가 이루어졌다는 데 그 원인이 있다. 양적인 증가에 대비하기 위하여 의회가 본회의 위주의 운영방식에서 상임위원회제로 전환되었는데, 이는 입법사안의 기하급수적인 양적 증가(〈표 9-2〉에서 보듯 18대 국회에서 제안된 의안 총 수는 14,000여 건이다)에 대응하기 위한 산술급수적인 운영체제의 변경이라 할 수 있다.

상임위원회 위주로 의회(또는 국회)가 운영되면, 의원이 지역구를 대변(대표)하기 어렵다. 물론 지역구의 문제는 지방자치하에서 지방의회와 의원들에게 맡기고 의회 또는 국회의원은 국가적인 업무에서 지역구의 이해를 대변해야 한다는 주장도 있다. 그러나 상임위원회는 특정한 국가 업무를 의결범위로 하기 때문에 대표성의 제약이 초래되는 결과를 피하기 어렵다.

상임위원회제의 운영에 따른 대표성의 제한과 함께 경계해야 할 것은 졸속과 비민주적 입법 가능성이다. 여기에는 몇 가지 이유가 있다. 첫째, 여러 개의 상임위원회가 동시에 의안을 심의할 경우 충분하고 고른 여론의 검증과 감독을 기대하기 어렵다. 관심이 분산되기 때문이다. 그러나 여론의 검증과 감독은 충실한 민주적 입법을 기대할 수 있는 한 요인이다. 둘째, 의회의 내부조직을 상임위원회로 할 때 이는 행정부처의 조직과 크게 다를 수 없다. 의회의 내부조직이 행정부처와 유사하다는 것은 다음에 논의할 준정부체제를 더욱 확고히 하여, 관료와 정치인의 유착관계를 더욱 공고히 해 주는 결과를 초래할 수 있다. 이에 따라 비민주적 입법 가능성이 증가할 수 있다. 셋째, 상임위원회별로 의원을 배정하면 적은 수의 의원들이 입법에 결정적 영향을 미칠 수밖에 없다는 점에서 졸속과 비민주적 입법 가능성도 배제할 수 없다.

반면에 상임위원회 위주의 국회운영은 효율적 입법 활동을 할 수 있고, 의원의 입법능력을 전문화할 수 있는 장점이 있다. 상임위원회 소속 의원이 장기간(選數가 허용하는 한) 동일한 분야의 입법 활동을 할 수 있도록 한다는 점에서 의원의 전문화와 입법능력을 제고할 수 있는 장점도 있다.

의원이 되기 위해서는 전문적인 능력이나 경력 등이 필요하지만 이를 자격요건으로 강제할 수는 없다. 전문적인 능력이나 경력에 따라 피선거권을 제한하는 것은 평등과 자유의 민주주의 원칙에 어긋나기 때문이다.

〈표 9-2〉 제17, 18대 국회의 법률안 제출자별 처리상황

	접 수	가 결	폐 기	철 회
제17대				
의원제출	6,387	1,352	4,944	86
상임위제출	659	647	1	
정부제출	1,102	563	536	3
합계	8,148	2,562	5,481	89
제18대				
의원제출	12,220	1,663	10,049	503
상임위제출	1,029	1,012	3	2
정부제출	1,693	690	996	5
합계	14,942	3,365	11,048	510

출처: 국회사무처 「의안통계」 http://likms.assembly.go.kr/bill/jsp/StatFinishBill.jsp

2) 비대칭정보와 의원포획

지방공무원과 지방의원은 전문성에 차이가 있다. 지방공무원들은 전문직업인인 반면 지방의원들은 선출직으로서 지방정부 업무에 관한 전문성이 담보되지 않는 경우가 흔하기 때문이다. Dollery & Wallis는 비대칭정보(asymmetric information) 때문에 지방의원들이 지방공무원들에게 업무상 의존하게 되고 의원들이 포획(councillor capture)된다(2001: 9)는 것이다. 이에 따라 삼권분립의 원칙이 심각하게 훼손된다. 삼권분립의 훼손은 중앙정부에도 있는 현상이지만 지방정부에서 그 정도가 더욱 심각할 수 있다. 유권자 무관심이 지방정치에서 더 크기 때문이다. 이 역시 집권화 정부와 분권화 정부에 공존하는 지방정부 비민주, 비효율의 중요한 원인이다.

4. 사익추구

1) 의원의 사익추구와 비효율적 예산 배분

지속적인 당선(當選, continual reelection)은 모든 정치인의 최대의 목표이다(Mayhew, 1974: 13-14). 규범적으로는 재선이 정치인의 최대 목표여서는 안 된다. 정치인의 최대 목표는 훌륭한 입법에 있고 재선은 그 결과여야 한다. 그러나 재선을 전제하지 않을 때, 훌륭한 입법 활동이 원천적으로 불가능하다. 따라서 규범적 목표를 부정하는 것이 아니라, 당선이 이를 포용하는 보다 큰 현실적 목표이다.

이 목표를 달성하기 위하여 현역의원들은 최선의 노력을 기울인다. 미국의 의회의원들이 재선을 위해 취하는 대표적인 행태는 다음과 같다. 지지를 유발할 수 있는 선전(advertising), 정부의 성과에 대해 자신의 업적 주장(credit claiming), 현안에 대한 입장 표명(position taking) 등이다(Mayhew, 1974: 49-77).

그러나 이보다 훨씬 효과적이며 동시에 국가 경제에 해로운 영향을 미칠 수 있는 것은 지역사업이다. 의원들은 지속적인 당선에 커다란 영향을 미치는 지역사업예산을 확보하기 위하여 최선의 노력을 아끼지 않는다. 이를 지역사업예산정치(pork-barrel politics)[1]라고도 하는데 여러 의안(특히 여러 지역구의 사업예산)을 일괄하여 가결시키는 의원들의 표결 행태를 포함한다. 사업예산에 대해 하나씩 그 타당성을 검증하여 시행 여부를 결정하기 보다는 한꺼번에 가결함으로써 논쟁의 여지를 없애는 것이다. 우리나라도 예외가 아니다. 그러나 이들의 노력이 국가 전체의 경제적 효율성을 추구하는 것이 아닐 뿐만 아니라, 이를 포기하는 한이 있더라도 지역사업예산을 확보하려 한다.

지역구 의원들이 자신의 선거구에 지역사업예산을 확보하기 위해서는 투표교환(log rolling)[2]도 한다. 의원들이 서로의 지역구 사업예산에 동의하는 투표행태로 이 역시 지역구 의원들이 사업예산을 확보하기 위한 것이다. 이러한 비효율적이며 정치적인 자원의 배분은 결과적으로 누적적 비효율로 인한 사회 전체의 손실이자 납세자 부담으로 이어진다.

2) 관료의 사익 추구

(1) 일반론

국가 행정이 질적으로 전문화하고 양적으로 팽창되어 관료의 역할이 더욱 중요해 졌기 때문에 이들의 사익 추구는 더 큰 결과를 초래할 수 있다. 관료들이 사익[3]을 추구할 수 있는 몇 가지 이유가 있다. 첫째,

---

1) 포크바렐(pork barrel)은 경제적 혜택이나 서비스의 혜택이 특정지역에 국한되지만 비용은 모든 납세자가 부담하는 정부사업을 위한 재원을 뜻한다. http://en.wikipedia.org/wiki/Pork_barrel.

2) 로그롤링은 의원들이 찬성투표를 교환하는 것이다. 바꿔 말해, 소수가 협동하여 서로의 정책(안건)에 찬성해줌으로써 정책(안건)을 통과시키는 것이다. http://en.wikipedia.org/wiki/Log-rolling.

3) 박정택 교수는 個益이 가치중립적인 개개인의 이익을 의미하는 것으로, 私益은 개인의 이익 중 부정적 의미가 포함된 것으로 더욱 세분하고 있다(박정택, 1990: 68-71 참조).

가장 큰 이유는 비대칭정보이다. 관료들은 서비스의 생산 가격이나 가능한 예산 범위 등에 관한 배타적이고 독점적 정보를 가지고 있다. 둘째, 의사, 약사 또는 변호사와 같이 관료들은 준독점(near-monopoly)적 지위를 가지고 있다. 실적제(merit system) 공무원제도에 따라 임용과 승진이 시험의 합격이나 일정한 자격 요건을 충족한 대상자에 한정되고, 이들의 신분이 법률에 의해 보장되기 때문이다. 엽관제(spoils system)를 타파하여 행정의 중립성을 유지하고 유능한 인재를 관료로 충원하기 위해 실적제의 시행과 법률에 의한 신분보장은 불가피하지만 준독점적 지위라는 원치 않는 결과가 뒤따랐다. 셋째, 행정정보를 공개해야 하고 부분적으로 실명제가 도입되었지만,[4] 대부분의 경우, 관료들이 정책결정 과정에 미친 영향이나 그들의 역할에 대해 익명성(匿名性, anonimity)이 보장된다(김규정, 1976: 143 참조). 그들은 부서의 결정을 대변할 뿐 개인의 견해를 공개적으로 진술할 권한이 없다. 이는 관료들을 정치적 이해관계로부터 격리시키고 이들의 신분을 보호하기 위해 필요한 것이다. 그러나 이 역시 의도와는 달리 이들의 준독점적 지위를 강화하는 결과를 초래했다. 넷째, 관료들의 전문성이 강화됨에 따라 삼권분립에 따른 견제와 균형의 원칙이 훼손되고, 의회에 의한 관료(행정부)의 견제가 대단히 어렵게 되었다. 관료들의 전문성이 강화된 만큼 의원들의 전문성이 함께 강화된 것은 아니기 때문이다.

관료들은 다음과 같은 방법으로 사익을 추구한다. 첫째, 관료들은 산출이 아니라 예산을 극대화함으로써 자신의 영향력과 승진 가능성 등의 입지를 강화하려고 한다(Niskanen, 1971 참조). 둘째, 이들은 예산뿐 아니라 사무실이나 비품 또는 스태프 등의 투입비용을 증가시킴으로써 자신의 입지를 강화한다(Williamson, 1974 참조). 셋째, 이들은 예산의 극

4) 각종 고지서에는 담당 공무원의 실명이, 거리의 공사판에는 허가 관청 담당 공무원의 실명이 표기되어 있다.

대화를 투표를 통해서도 관철시킬 수 있다(Romer & Rosenthal, 1979 참조). 이와 함께 업무와 관련해서도 이들은 스스로의 권한을 독점하기 위해 노력한다. 아직도 부처 간 칸막이를 없애기 위해 대통령까지 나서서 독려하고 있는 형편이다.

(2) 재정환상

재정환상(fiscal illusion)이란 주민들이 지방정부의 실제 비용과 편익을 지속적으로 오해한다는 것이며, 특히, 지방정부와 관련한 두 종류의 재정환상이 있다: 끈끈이 효과(flypaper effect)와 세입자 환상(renter illusion)이 그것이다(Dollery & Wallis, 2001: 14-16). 지방주민들은 상위정부가 주는 무조건정액보조금(categorical lump-sum grants)을 지방정부에 주는 선물로 생각할 뿐 자신들이 수혜자라고 생각하지 않는다. 그리고 이들은 이 보조금이 자신들이 상위정부에 낸 세금이라는 사실을 망각한다. 따라서 지방정부가 이 보조금을 효율적으로 사용하는지 여부에 큰 관심을 보이지 않고 지방정부는 지출을 증가시키는 경향이 있다. 이에 따라 비효율적 예산 배정이 초래된다. 끈끈이 효과는 지방공무원들이 자신들이 원하는 세출 수준을 유지하는 데 유리하도록 주민들의 오해를 방치하거나 더 나아가 감출 수도 있다는 점에서 사익추구로 이해할 수 있다.

건물을 소유하지 않은 유권자들은 건물에 부과하는 재산세는 건물 소유주가 내는 것이라고 오해하여 재산세를 인상하는 것에 대해 크게 관심을 두지 않는다. 그러나 실상은 이와 다르다. 건물주는 재산세 증가분을 임대료를 통해 세입자에게 전가한다. 이것을 세입자 환상이라 한다. 건물을 소유하지 않은 유권자들은, 더 나아가, 재산세에 근거한 지방정부 세출 인상안에 찬성할 수도 있다. 소유주와 세입자 그리고 원하는 세출 수준을 유지하고자 하는 공무원들의 사익추구가 세입자환상 때문에 보다 쉽게 이루어질 수 있으며, 이에 따라 지방정부 세출이 늘어날 가능성이 있으며 이는 비효율적이다.

3) 이익집단

이익집단(interest group)은 특별이익집단(special interest group) 혹은 압력단체(pressure group)라고도 하는 것으로 집단이익을 추구하는 모든 단체가 포함된다. 각종 노동조합이나 정당이 가장 대표적인 이익집단이고 대한변호사회, 약사회 등 모든 직종의 단체와 지방정부들을 포함한다. 이러한 이익집단의 구성원들은 공인과 사인을 포괄한다. 이들 역시 자신들이 속한 집단의 이익을 확보 · 강화하고자 맹렬하게 노력한다.

규모가 큰 정치체제에서 독립적인 혹은 자치적인 조직들(independent or autonomous organizations)인 특별이익집단(special interest group)이 필요한 두 가지 이유가 있다. 첫째, 이들은 지배(domination)를 방지하고 상호통제(mutual control) 기능을 수행한다. 어떤 사회든 지배는 불가피한 현상이라는 주장도 있지만 상대적으로 자치적인 조직이 발달해 온 것이 역사적 사실이다. 그리고 모든 조직은 독립하려는 충동을 갖는다. 이 독립하려는 열망이 지배의 비용을 꾸준히 높여 결과적으로 지배자와 피지배자 사이의 상호통제체제로 변형시키는 것이다(Dahl, 1982: 32-36).

둘째, 규모가 큰 정치체에서는 자치적 조직이 필요할 뿐만 아니라 권리이기도 하다. 자치조직은 시민들이 효과적으로 정치에 참여하도록 도와주는 역할을 수행한다. 그래서 필요하다. 예를 들어, 규모가 큰 정치체에서 정당이 없이 선거를 치른다는 것은 상상하기 어렵다. 한편, 민주주의는 개인의 자유와 평등을 보장하기 위한 것이다. 개인의 자유와 평등을 더욱 확고하게 보장하기 위해서 집회와 결사의 자유는 필수적이다. 바로 이 집회와 결사의 자유에 근거하여 존립할 수 있는 것이 여러 가지 종류의 자치조직이다. 자치적 조직은 구성원으로서의 시민 개개인의 이익을 확보하고 강화하는 기능도 수행한다. 정치적 영향력이 정보와 돈 등의 자원에 따라 결정된다는 점을 생각하면 자치조직의 역할은 대단히 중요하다는 점을 인정할 수 있다. 따라서 자치조직은 시민의 기본적 권리에 속한다(Dahl, 1982: 36-39). 그러나 민주주의를 운영하기 위해서는 필수적이며 동시에 권리인 자치조직이 중대한 비민주적 결과를 초래하는 원인이 된다. Dahl은 다음의 네 가지 비민주적 결과를 제시했다. 정치적 불평등의 고착화, 시민의식의 변형, 공공의제의 왜곡, 최종통제로부터의 소외이다(1982: 40-54).

조직은 그 자체가 자원이다. 조직은 그 지도자와 구성원들에게 직 · 간접적 이익을 제공한다. 이들 자치조직은 자원을 확보하고 유지 및 관리하는 능력이 각기 다르다. 어떤 조직은 대단히 유능하고 어떤 조직은 상대적으로 열등하다. 유능한 조직일수록 정치과정에서 강력한 영향력을 행사할 수 있다. 문제는 이러한 조직의 문호를 개방하지 않을 경우, 정치적 불평등이 그 필연적 결과라는 데 있다. 왜냐하면, 다른 모든 조건을 동일하다고 할 때, 조직에 속해 있는 사람들이 같은 수의 비조직화된 사람들보다 강력한 영향력을 행사할 수 있을 것이기 때문이다. 이를 정치적 불평등의 고착화(stabilizing political inequalities)라 한다.

시민들이 표현의 자유를 누리고 자유롭게 그들의 이익을 보호하고 조직의 구성이 자유롭다면, 그들의 이익을 강화하기 위하여 조직을 구성하거나 이에 가입할 것이다. 조직은 다시 일부 조직원의 이익을 보존 · 강화 · 보호 · 확대 · 창조한다. 그런데 조직은 조직원들의 이익에 관한 신호를 받아 이를 전달하는 단순한 중계소가 아니다. 조직은 그 신호를 증폭시키고 나아가 새로운 신호를 만든다. 이때 조직은 포괄적인 것보다는 특수한, 장기적인 것보다는 단기적인 필요를 부각시킨다. 의사결정과 정책에 영향을 미치려는 투쟁에서 다수의 희생으로 소수의 이익이 대변되는 것이다. 민주주의 3대 이념의 하나가 박애(fraternity)이고 이는 사회적 이익을 앞세우는 민주적 시민의식이라는 점을 생각할 때, 다수의 희생으로 소수의 이익을 대변하는 조직 활동은 시민의식을 변형(deforming civic consciousness)시킨다는 점을 충분히 이해할 수 있다. Pimfy(Please in my front yard)와 Nimby(Not in my back yard) 같은 지역이기주의도 변형된 시민의식의 한 단면이다.

자원이 불평등하게 배분되어 있기 때문에 조직들은 불평등을 고착시킬 수 있을 뿐만 아니라 심각하게 논의해야 할 의제가 무엇인지를 결정하는 데에도 불평등하게 강력한 영향력을 행사할 수 있다. 이것을 공공의제의 왜곡(distorting public agenda)이라 한다. 더욱이 집단 이기심을 촉진하는 방향으로 시민들의 정향(civic orientation)을 변경시킴으로써 타 집단의 불신감을 조장하고 각 조직화된 집단의 이익보다 일반적 이익(공익)이 보다 중요하다는 인식을 약화시켜, 조직되지 않은 보다 많은 시민들에게 장기적으로 이익을 주는 의제를 제외하고 상대적으로 제한된 집단의 구성원들에게 가시적인 단기적 이익을 보장해 주는 의제를 선택하도록 한다. 공공의제는 이렇게 왜곡된다.

현실적으로 모든 민주체제는 위임(delegation)을 통해 운영된다. 국민의 주권은 행정, 입법, 사법부에 분할 위임된다. 이에 더하여 사조직이나 비정부조직이 공공기능을 수행하는 것도 흔한 일이다. 민주체제에서 중앙정부(행정부와 입법부)로부터 권한을 위임받는 기관들을 하위체제(sub-system)라 할 수 있다. 주권을 갖는 국민들은 대표(representative)를 통해 하위체제를 통제한다. 그런데 대표가 하위체제를 통제하기 어려운 헌법상 혹은 현실적인 장벽이 있다면, 이는 시민들이 최종통제로부터 소외(alienating final control)되는 것이다. 실제로 세 가지 중요한 장벽이 있다. 첫째, 하위체제는 그들 자신의 자원이 있기 때문에 대표의 통제비용을 높일 수 있다. 하위체제는 제도화된 구조 · 이념 · 전통 등의 도움을 받아 보다 손쉽게 통제에 저항할 수 있다. 둘째, 분권의 상대적

이익과 극단적인 집권의 상대적 불리함 때문에 대표는 하위체제를 강제로 통제하기 어렵다. 때문에 대표는 강제하지 않고 복종시키기 위해 중요한 하위체제에는 값비싼 유인을 제공한다. 그리고 이 값비싼 유인은 다시 하위체제가 통제에 대항하는 자원으로 사용된다. 셋째, 조직화된 다원주의의 복잡성 때문에 통제가 어렵다. 상대적 독립성을 가진 하위체제의 수와 다양성이 증가할수록 복잡성도 증가한다. 집권적으로 통제되는 체제의 복잡성이 증가함에 따라 통제하는 사람들은 재앙을 피하기 위해 점점 더 많은 정보가 필요하게 된다. 그러나 현대 민주국가에 있어 수많은 상대적으로 독립적인 조직들의 활동, 과정, 절차의 복잡성은 이론이나 현존하는 정보를 큰 차이로 앞지르고 있다. 그리하여 정해진 운명(통제 불능)으로 귀착한다.

다원주의의 복잡성 때문에 통제 불능으로 귀착된다는 분석은 의원들의 입법능력과도 관련되어 있다. 우리나라의 경우, 국회 입법 과정은 다음과 같다. 상임위원회에 접수된 법률안은 위원장의 결재를 거쳐 위원회에 보고되고, 의원발의의 경우에는 발의자가 그리고 정부 제출인 경우는 국무위원 또는 정부위원에 의한 취지 설명이 있은 후 전문위원의 검토 보고를 받는다. 전문위원의 검토 보고는 의안의 결정에 상당한 영향을 미친다. 그런데 이들은 선거에 의한 선출직이 아니다(박재창, 1995: 171-173). 따라서 이는 시민에 의한 최종통제의 중대한 결함이다. Dahl이 요약한 4가지 대의민주제의 결함은 대의민주제의 실패(representative democracy failure)의 이유이다.

4) 준정부체제와 철의 삼각형

의원과 공무원 그리고 이익집단의 구성원인 유권자들의 사익추구는 준정부체제(subgovernment system)를 구성하는 가장 중요한 원인이다. 정책을 결정하고 집행하는 과정에서 관료들은 정치에 개입하지 않을 수 없다. 이 과정에서 관료들은 의회의 요구에 부응하고, 사법부의 법 해석에도 관심을 기울여야하며, 공익에 부합하도록 해야 하고, 압력집단과 시민 그리고 그들 스스로의 고용인들로부터의 탐색까지도 즐겁게 응대해야 한다. 관료들은 다른 부처로부터 원활한 협조를 얻기 위해서는 그들 기관의 입장을 조정해야 한다. 일반적인 관리(management)와 민주국가의 행정이 구별될 수밖에 없는 이유이다. 그럼에도 불구하고 대통령 또는 행정수반이 이들 관료에게 필요로 하는 모든 정치적 지지를 확보해 줄 수는 없다. 따라서 관료들은 스스로 입법부의 소관 위원회, 이해당사자(또는 고객), 압력집단과는 물론 집행중인 사업과 특별한 이해가 있는 집단들과도 밀접한 관계를 유지하는 것이다(McCurdy, 1977: 107-109). 이를 준정부체제라 한다.

준정부체제는 예산의 낭비라는 부수적 결과는 물론 비민주적 결과를 초래한다. 의회의 상임위원회와 이들이 관장하는 행정부서의 관료 그리고 행정부서의 관할 안에 있는 이익집단 3자를 마치 철의 삼각형(iron triangle)처럼 단단하게 결합하여 서로의 이익을 불특정 다수 국민의 비용으로 보장해 주기 때문이다. 이로써 삼권분립의 원칙이 심각하게 훼손된다.

대의민주제의 여러 가지 결함은 자치제의 시행에 영향을 미친다. 뿐만 아니라 분권화된 정부체제의 지방정부들은 바로 지역과 그 지역의 주민을 기초로 하는 이익집단이며, 지역주민들은 그 구성원이라는 점에서, 그리고 지방정부들 역시 중앙의 관료와 관할 지역 출신 의원 등과 밀접히 연계되어 있는 준정부체제의 구성원이라는 점에서 대의민주제와 준정부체제의 폐단들은 그대로 지방정부에도 적용할 수 있는 문제들이다.

이들 문제는 지방정부에도 꼭 같이 내재하여 낭비와 비효율을 조장하고 있다. 결과적으로 지방정부는 점차 지나치게 팽창하고, 지나치게 멀어졌으며(주민들로부터), 지나치게 정치화하고, 지나치게 이익집단의 이익을 보호하며, 평범한 주민들이 통제는 말할 것도 없고 이해하기조차 어렵도록 지나치게 복잡해졌다(Stoker, 1991: 240).

제2절 자치제도의 내재적 결함

1. '소규모' 지역사회

앞에서 논의했듯 지방자치의 민주적 상관성, 즉 지방자치는 민주적 장점을 가지고 있다는 주장은 세 가지 조건을 전제로 한 것이다. 첫째는 지방자치제도는 '소규모'로 분할된 지역사회와 이 지역사회를 지배하는 '민주적 제도' 그리고 지방정치에 지방주민들이 '적극적으로 참여'한다는 조건이 그것이다. 여기서는 이들 세 가지 조건이 언제, 어디서나 충족될 수 있는 것들인지를 검증함으로써 지방자치제도에 따른 민주적 장점에 관한 주장의 객관성을 규명할 수 있다.

인류가 농업경제에 의존했을 때에는 자급자족의 소규모 지역사회가 존재했다. 이때에도 도시는 있었으나 이들은 면적이나 인구에 있어 소규모의 도시에 불과했고 근대적 의미의 도시는 1760년부터 1830년에 걸친 산업혁명을 계기로 본격적으로 성장했다. 18세기부터 유럽에서의 도시 성장이 급격히 이루어지는 도시화(urbanization) 현상이 시작된 것이다.

소규모의 지역사회는 얼굴을 맞대는(face-to-face) 만남을 통해서 남녀가 서로를 배울 수 있고, 서로를 납득시킬 수 있으며, 공동의 이익을 모색할 수 있기 때문에 지방자치의 민주성을 구현하는 데 필요하다는 점에서 전제된 것이다. 얼굴을 맞대는 민주주의(face-to-face democracy)는 이익집단들이 갈등 속에서 자기들의 이익을 규정짓고, 로

비스트들이 그들 고객의 이익을 대변하는 정치의 적대적인 측면을 완화(Mansbridge, 1980: Berry et al., 1993: 3에서 재인용)하기 때문이다.

특히 대의민주제로 중앙정부의 민주성을 확보하고 지방자치제로 지방정부에 직접민주주의의 장점을 도입함으로써 민주적 정치제도를 이중으로 보호하는 안전장치라는 지방자치제의 목표를 감안한다면 소규모 지역사회라는 전제 조건은 보다 중요한 것일 수 있다. Dahl은 민주주의를 위해서는 지역이 인간적 규모여야 한다고 주장한다. 그래서 한 젊은이가 자라서 성년이 되는 과정에서 자신의 고향, 사람들, 그 주변에 관해서 익히 알 수 있는 소규모 지역사회의 인간적 측면(human dimensions)이 민주주의를 위하여 바람직하다는 것이다(Dahl, 1981: 954).

이런 관점에서 보면 도시화에 따라 민주적 자치의 제도적 시행이 어렵게 된다는 점을 이해할 수 있다. 지역(또는 국가)의 규모와 민주주의와의 비극적 관계가 재연되는 것이다. 지방자치 이념의 본질적 요소는 가까운 정부, 활발한 토론을 전제로 한 민주적 정책결정에 있다.

한편, 도시의 규모는 경제적 효율과 밀접하게 관련되어 있고, 대부분의 도시공공재를 효율적으로 생산 · 공급하기 위해서는 규모의 확대를 피하기 어렵다. 확대된 규모에서는 가까운 정부도 활발한 토론도 어려워진다. 여기서 형평(민주)과 효율이 상충하는 것이다.

그동안 급속히 진행되어 온 도시화 추세와 경제적 효율을 위한 도시규모의 확대를 생각하면 '소규모 지역사회'라는 전제조건은 현실적으로 충족되기 어렵다. 이런 점에서 소규모 지역사회를 전제로 한 지방자치와 민주성과의 상관성은 그 객관성이 희박하다. 대도시에서도 민주성을 확보할 수 있는 방안을 찾아야 한다.

2. 민주적 제도

지방자치제도의 민주적 장점을 구현하려면 지역사회에 민주적 제도가 확립되어야 한다. 민주적 제도란 공식적 통치체제(formal governing institute)이고, 이는 법치와 삼권분립 그리고 다수결의 원칙 등에 입각한 정부체제를 뜻한다. 공식적 통치체제 없는 지방자치제도는 민주적 장점을 구현할 수 없다. 지방자치제도는 민주적 이념을 구현하기 위한 수단의 하나에 불과한 것으로 이 제도를 시행하는 것만으로 민주적 이념이 구현되는 것은 아니기 때문이다.

그러나 '소규모' 지역사회는 공식적 통치체제가 작동하기에는 바람직하지 않다. 주민들이 서로 친밀한 관계인 소규모이기 때문에 엄정하게 법과 질서를 강조하는 것이 오히려 어려울 수 있다. 다수결의 원칙에 입각한 의사결정보다는 장유유서 등을 포함한 사적인 이해관계에 보다 큰 영향을 받을 수 있기 때문이다. '소규모'의 지역사회는 전통적으로 보수적이다. 민주적 정치제도를 시행하기에는 적합하지 않을 수 있다.

지방자치제도를 통하여 지방자치의 민주적 이념이 실현되는 긴 역사적 과정의 우여곡절을 생략하고 그 결과만으로 지방자치제와 민주주의가 직접적인 관련이 있는 것으로 이해한다면 이는 '낭만적 이해'에 불과한 것이라는 점을 역설적으로 드러낸 Fesler의 다음 주장은 타당하다:

> 분권에 대한 낭만적 이해는 전형적으로 농촌과 소읍 사회의 미덕을 찬양하는 것으로 시작된다. 역사적으로는, 그러나 자치정부를 가질 권리를 최초로 주장했을 뿐만 아니라 성공적으로 획득 했던 것은 도시들이었다. 중세 영국과 프랑스에서 보듯, 중앙정부로 부터 파견된 지방관으로 부터 전체 혹은 상당한 부분의 자치권을 왕으로부터 얻어 낸 것은 도시들 이었던 것이다. … 그럼에도 불구하고 분

> 권에 대한 낭만적 이해의 근원은 도시가 아니라 전원의 미덕에 깃들어 있다. … 마을사람들은 이웃들에 대하여 개인적으로 잘 알고 있으며, 인품을 존중하기 때문에 훌륭한 자치정부 관리를 선출하며 정치적 선전이나 대중매체의 조작에 현혹되지도 않는다. 더욱이 이 관리들의 근무성과는 계속적이고 날카로운 검토의 대상이 된다. 왜냐하면, 지역적으로 좁은 사회에서의 통신과정은 대단히 효율적이기 때문이다. 대화가 가장 중요한 오락거리이기 때문에, 어떤 일도 주목과 토론의 대상에서 벗어날 수 없다. 마을 주민들은 어느 때고 모두 함께 모일 수 있지만 도시에서는 불가능한 일이다. … 이러한 지역적 배경에서만 진정한 민주주의가 이룩될 수 있다. … 마을은 인위적으로 만든 정부가 아니다. 마을은 사회경제적 단일체이며, 완전한 사회조직이고, 자체적 생존 능력을 가진 생명체일 뿐 아니라, 외부로부터 주어진 것이라기보다는 그 체제에 용해되어 있는 정부를 가지는 진정한 공동체인 것이다(Fesler, 1965: 541-542).

이런 소규모 공동체에는 두 가지 속성이 있다. 첫째, 대부분의 나라들에서 마을정부는 소수의 지주나 다른 경제적 능력이 있는 사람들에 의해 지배되는 보수적인 정부일 뿐만 아니라 마을의 경우 사회 · 경제적 권력이 강력한 계층제적 성격을 띠고 있다. 둘째, 전통적인 마을에서는 연장자들이 마을정부를 지배하는 보수적 성격을 띤다(Fesler, 1965: 543). 그리고 이러한 속성은 비민주적이다.

이에 더하여 McConnell은 성숙한 민주적 정치제도가 운영되었으리라고 생각되는 1960년대 중반의 미국에서도 남부의 작은 지역사회에서는 경제적 보복에 관한 가벼운 암시만으로도 흑인들이 투표권 행사를 포기하는 현상을 목격하고 있다(1966: 107). 이를 근거로 그는 두 가지의 지역공동체의 본질적 특성을 지적한다. 첫째는 작은 규모의 지역공동체에 사는 주민들은 대도시에서와 같은 공식적인 정부체제(formal governing institute)가 없이도 살아갈 수 있다. 둘째는 이러한 지역공동체 주민들의 이해관계는 상대적으로 단순하다(McConnell, 1966: 93-94)는 것이다.

공식적인 정부체제 없이도 살아갈 수 있다는 것은 이해관계가 상대적으로 단순하며 따라서 공식적인 체제를 통해서 결정해야 할 정책과제도 단순할 것이라는 점에서 이해할 수 있는 특성이다. 그리고 이러한 특성은 소수의 경제 · 사회적 엘리트에 의한 지배가 쉽게 이루어질 수 있는 환경을 조성한다.

큰 규모의 사회에서는 그에 따른 민주화의 어려움이 있고, 작은 규모 또한 또 다른 이유로 민주화가 어렵다. 민주적 이념을 어떻게 구현할 것인가의 문제는 제도의 운영에 따른 문제이며, 제도의 운영 방법은 시대와 문화의 틀에 따라 진화할 뿐이다. 지방정부의 민주화는 오랜 역사적 과정을 거친 꾸준한 노력에 따라서만 열리는 과실이며, 자치제도의 목표일 뿐, 지방자치제도가 민주를 보장하는 것은 아니다. 더욱이 소규모의 지역사회가 있고, 그 사회에 민주적 제도가 있다고 가정하더라도 주민들의 참여가 없다면 지방자치제도의 민주적 장점은 구현되기 어렵다. 참여는 모든 민주적 정치제도의 가장 중요한 요소이다.

3. 정치 참여

1) 참여의 정의와 가치

정치 참여(political participation)는 유권자로서 참여하는 것과 피선거권자로서 참여하는 두 가지로 크게 나눌 수 있다. 여기서는 유권자로서의 참여를 중심으로 논의한다. 유권자로서의 정치적 참여란 공직자의 선출과 선출된 공직자들의 정책결정에 직접적이거나 간접적인 영향력을 행사하고자 하는 유권자들의 행동이라 할 수 있다(Verba & Nie,

1972: 2).

참여의 가치에는 양면성이 있다. 그 긍정적 측면은 중지를 모으는 데 있다. 평범한 여러 사람(다수)의 선택이 한사람의 뛰어난 능력 보다는 우월하다는 이유에서 이다. 특히 지역적인 문제의 경우 특수성을 보다 원숙하게 이해하고 있는 것은 지역주민이다. 더욱이 중지를 모아 결정된 사안은 집행과정에서 자발적 협력을 얻기 쉽다. 이것이 참여에 따른 책임이며 이를 통해 보다 성공적인 정책수행이 가능하다. 참여를 통해 보다 정확하고 풍부한 정보를 얻게 되면 정부에 대한 보다 정확한 평가가 가능하고 이것이 선거에 반영되어 보다 성숙한 민주주의를 운영할 수 있다(Zimmerman, 1986: 3). 그리고 민주주의가 국민에 의한 지배라고 이해할 때 참여는 민주주의 이론의 중심이며, 효과적인 참여는 사회 · 정치적 목표에 영향을 미치기 때문에 중요하다(Verba & Nie, 1972: 1–4).

그러나 참여에는 비용이 따른다. 더욱이 적극적인 참여는 이를 통한 의사결정비용을 증가시킬 가능성도 있다. 적극적인 참여는 보다 많은 정보의 공개와 전파가 필요한데 이에는 비용이 따르며, 이해관계가 치열하게 대립함으로써 정책결정 과정이 지연될 수도 있고, 참여의 질적 문제가 개입될 여지가 증대되고, 지역적이고 지엽적인 이해관계가 개입될 여지도 증가하고, 서로 다른 가치 사이의 갈등이 증가할 수 있기(Zimmerman, 1986: 3–4)때문이다. 그러나 갈등은 표출되어야 해결할 수 있다는 점에서 그리고 민주주의는 비용이 따르더라도 참여를 전제로 하는 정치제도이기 때문에, 정치제도로서 민주주의가 가지고 있는 장점을 구현하려면 참여는 필수불가결이다.

2) 중앙정치와 지방정치

미국 대통령 선거의 경우 1928년까지도 50% 정도의 유권자만이 투표에 참여했을 뿐이다(Johnson, 1980: 8; Zimmerman, 1986: 4에서 재인용). 참여, 특히 투표의 참여율을 증가시키고자 하는 노력이 지속적으로 전개되었으나 큰 성과를 거두지는 못했다(Berry, et al., 1993: 21–22).

지방정치도 예외는 아니어서 Verva와 Nie는 미국의 경우, 지방선거에의 참여도는 연방선거에서의 참여도보다 전형적으로 낮다고 보고하고 있다(1972: 247). 영국의 경우에도, Smith는 지방선거에의 참여도가 낮다는 것을 입증하는 통계에는 부족함이 없다(1985: 21)고 밝히고 있다.

일반적으로 낮은 참여의 문제는 이들 국가만 경험하고 있는 것은 아니다. 정치적 결정에 미치는 개인의 지극히 낮은 영향력, 정치인의 무능력, 부패 등에 그 원인이 있을 것이다. 이것은 대부분의 국가에서 경험하는 일반적 사실이며, 특히 지방정치의 경우 중앙정치보다 더 낮은 참여율을 보이고 있는 것도 일반적 현상이다.

지방정치에서 중앙정치보다 상대적으로 더 낮은 참여율을 보이는 이유는 무엇인가? Downs의 접근방법에 따라 Dahl과 Tufte는 정치참여를 증가시키는 요인들에 관해 다음과 같이 논의했다. ① 참여의 즉각적인 결과로 유권자가 기대하는 직접적인 만족(혹은 불만족의 제거)이 클수록 참여가 증가한다. ② 참여에 소요되는 시간, 불편, 노력, 돈, 당혹감, 걱정, 공포 등의 직접 비용이 낮을수록 참여는 증가한다. ③ 참여의 간접적인 산출로서 기대되는 순 장기적 편익(net long-run benefits)이 높을수록(혹은 순 장기적 손실이 낮을수록) 참여는 증가한다. ④ 유권자의 관점에서 그의 행위(참여)가 중대한 차이를 만들, 즉, 그의 의지가 효과적일 가능성이 높을수록 참여는 증가한다(Dahl & Tufte, 1973: 41).

위의 관점에서 보면, 지방정부가 결정하는 정책이 지방주민들에게 미치는 영향이 중앙정부의 정책 결정에 따른 것보다 클 경우에는 지방정치에의 참여가 중앙정치에의 참여보다 높을 것이다. 그러나 그렇지 않을 경우에는 지방정치에의 참여가 중앙정치보다 높기는 어렵다. 일반적으로 지방정부가 지방주민들에게 미치는 영향보다는 중앙정부가 미치는 영향이 컸다. 따라서 지방정치에의 적극적 참여를 기대하기 어렵고, 이에 근거한 지방자치의 민주적 장점은 실현되기 어려운 것이라 할 수 있다.

이미 오래 전에 분권이 유권자들의 소외감을 덜어주지는 않는다(Yin & Lucas 1973: 327)는 주장이 제기 되었으며, 지속적으로 낮은 지방선거 참여율로 이 주장의 타당성도 입증되었다 할 수 있다. 그리고 주민들의 지방정치 참여가 저조한 다양한 이유들에 대해서는 이미 충분히 논의되었다.

제3절 지방자치와 효율

1. 자본화, 이동성, 불완전정보

Tiebout 모형은 배분과 생산효율을 주장했다. Tiebout의 주장은 지방정부들을 경쟁시키면 이들 효율을 증가시킬 수 있다는 것이었다. 왜 그의 세계에서는 당연한 일이 현실에서는 이루기 힘든 것일까?

우선 선호시현의 문제를 들 수 있다. Tiebout 모형에서는 주민들이 거주지를 선택하는 것으로 선호를 밝힌다고 상정한다. 거주지 선택은 결국 주택을 선택하는 것이며, 동시에, 지방공공재와 지방세를 선택하는 것이다. 그렇다면, 지방공공재 생산의 차이와 지방세의 차이는 주택가격에 반영될 것이며 이를 자본화(capitalization)라 할 수 있다(Oates, 2006: 25).

그런데 주민들이 주택을 선택할 때 주택 자체의 품질과 취업 가능성, 자녀교육, 친척과 친지와의 거리, 기후 등의 자연환경, 교통의 편리와 생활비, 지역의 문화적 수준, 지방공공재와 지방세 등 다양한 사항들을 고려한다. 지방공공재와 지방세가 '가장' 중요한 거주지 결정요인이 아니라 다양한 고려사항 중 하나일 뿐이다.

Tiebout의 세계에서 지방세는 지방공공재의 가격이다. 가격은, 그가 완전경쟁시장을 상정했기 때문에, 지방공공재 생산의 한계비용과 일치해야 한다. 그리고 이때 Pareto 효율을 달성할 수 있다. 그러나 앞서 논의한 다양한 요인들이 거주지 선택에 반영될 것이기 때문에 지방공공재와 지방세에 따른 선호시현은 희석될 수밖에 없다.

더욱이 특정 지방정부의 지방공공재를 선호하더라도 반드시 이주할 필요는 없다. 주변에 거주하면서 선호하는 지방공공재를 이용(소비)할 수 있기 때문이다.

이에 더하여, 모든 지방정부의 지방세와 지출정책에 관하여 완벽한 정보를 가진다는 것은 현실적으로 불가능하다(O'Sullivan, 1993: 322). 더욱이 모든 지방정부의 지방세와 지출정책을 비교하여 그 장 · 단점을 분석한다는 것은 전문가에게도 어려운 일이다. 현실적으로 주민들은 이주와 관련하여 지방정부들에 대한 완벽한 정보를 가질 수 없다. 따라서 그들의 거주지 선택은 불확실성의 영향을 받을 수밖에 없으며, 적정규모의 유지는 단기적일 가능성이 높다. 이주 가능성 혹은 소비자 이동의 중요성이 지나치게 과장된 것이다(Bös, 1983: 43).

2. 지방공공재의 비순수성

Tiebout의 세계에서와 같이 각 지방정부들이 다양한 공공재를 다양한 수준으로 공급하고 선호가 유사한 주민들이 동일한 지역에 함께 거주할 때 복지 증가는 더욱 커질 수 있다. 따라서 각 지방정부에서의 공동소비(joint consumption)로부터 비용을 절감할 수 있고 그 집단 내 대다수의 구성원들이 희망하는 소비 수준을 공급할 수 있다(Oates, 1972: 50). 이는 지방공공재가 순수할 경우에 적용할 수 있다.

지방공공재에 따라서는 그 소비수준이 이를 소비하는 소비자의 수와 무관하지 않을 수 있다. 자치단체의 모든 주민이 동일한 수준의 공급량을 공동으로 소비하는데, 이 공급 수준은 소비자의 수에 따라 달라질 수도 있다. 예를 들어 일정량의 재원을 교육에 투자한다고 할 때 교육의 질 · 양적 수준은 학생 수에 따라 달라진다. 이 경우 학생을 한사람 더 받아들이는 비용은 순수 공공재의 경우와 같이 영(zero)이 아니다(Oates, 1972: 50). 교육은 비경쟁적 소비가 불가능하기 때문이다.

이와 같이 비경쟁적 소비가 불가능한 지방공공재를 비순수 지방공공재(impure local public goods)라고도 한다(Browning & Browning, 1983: 470–471). 교육제도는 비순수 지방공공재이다. 어느 지방정부가 교육제도에 장기간에 걸친 투자를 하여 유능한 교사를 다수 확보하고, 교사 일인당 담당 학생의 수를 낮추는 등의 훌륭한 시설을 갖추었다고 가정하자. 이는 지방정부의 주민들이 장기간에 걸쳐 지방세를 납부함으로써 필요 재정을 부담한 결과이다. 이에 따라 자녀들에게 양질의 교육을 제공할 수 있게 되었다. 그런데 이 소식을 들은 타 지방정부의 학부모들이 자신들의 자녀교육을 위해 이주해 오면 교사 대 학생의 비율 등 전반적인 교육의 질이 떨어질 수 있다. 이것이 소비자 이동성에 의해 초래되는 비용이며 이를 혼잡비용(congestion cost)이라 한다. 소비자 이동성과 결합된 혼잡비용은 다양한 자치단체에 개인이 자유롭게 접근할 수 있기 때문에 발생한다. 거주지의 선정에 있어 개인은 다른 거주자들의 복지에 미칠 영향을 고려하지는 않는다(Oates, 1972: 51).

사적 클럽의 경우, 신입회원의 수를 효과적으로 통제할 수 있다. 예를 들어 수영 클럽은 회원 수가 많을수록 수영장 건설 및 유지비용의 분담금을 줄일 수 있지만, 너무 회원 수가 많아지면 원하는 만큼 수영장을 이용할 수는 없게 된다. 따라서 비용분담금의 감소로 인해 얻을 수 있는 한계소득이 신입회원의 증가로 인해 초래되는 한계혼잡비용과 같아질 때 까지만 신입회원을 받아들일 수 있다. 그러나 지방정부는 거주자의 수를 제한하는 것이 불가능하거나 대단히 불완전하다. 구역규제(zoning regulation)의 방법이 있지만 그 효과는 대단히 제한적이기 때문이다. 이처럼 규모(인구)를 통제할 수 없을 때, 이주자는 기존의 거주자들에게 끼치는 혼잡비용을 고려할 필요가 없기 때문에 비효율이 초래된다(Oates, 1972: 49–53).

전입자들이 내는 세금(지방세)이 기존 거주자들이 받게 될 혼잡비용에 상응하는 액수라면 문제될 것이 없다. 다시 말해, 신이주자가 내는 납세액이 기존의 거주자에게 끼치는 모든 비용을 보상할 수 있을 만큼 충분한 것이라면, 기존 거주자들이 받는 편익에 변화가 없을 것이며 혼잡비용과 관련한 모든 문제는 발생하지 않는다. 그러나 현실적으로 지방자치단체들의 지방세체제는 전입자들이 거주자들에게 미치는 혼잡비용을 보상하도록 구성되어 있지 않다. 일반적으로 지방세체제가 응익세체제가 아닐 뿐 아니라, 그런 지방세체제(편익에 상응하는 지방세의 부과)가 현실적으로 불가능하기 때문이다(Browning & Browning, 1983: 471).

그렇다고 하여 전입자를 제한할 수도 없다. 거주이전의 자유는 헌법에 보장된 가장 기본적인 개인적 자유의 하나이다. 따라서 특정 지역의 거주자들이 전입을 제도적으로 제한하는 것은 중대한 개인적 자유의 침해가 된다. 보다 현실적인 대안은 그린벨트나 학군제와 같은 구역제(zoning ordinances)이다. 그린벨트 내에는 건물을 신축 또는 개축할 수 없도록 제한하고, 학군제의 경우 전입순서에 따라 입학을 허가하는 것이 그것이다. 그러나 어떤 경우든 지방공공재 생산의 효율성을 보장하기 위한 적정규모를 유지하기 위한 제도적 장치는 없거나 있더라도 대단히 불완전하다(Oates, 1972: 52). 따라서 혼잡비용의 문제는 분권화된 정부체제에 의한 공공재 생산의 효율성을 저해하는 요인이 된다.

지방공공재의 또 다른 비순수성은 편익 확산이다. 특정한 재화의 공급에 따른 비용과 편익은 가능한 그 재화를 생산하는 지방정부에 국한되는 것이 바람직하다. 그래야만 지방공공재의 소비수준의 결정에 따라 직접적인 영향을 받는 사람들의 이해가 보다 더 고려될 수 있기 때문이다(Oates, 1972: 46). 그러나 소비자 이동 및 비순수 지방공공재에 따른 혼잡비용과는 달리, 지방자치단체가 생산하여 공급하는 지방공공재가 당해 지역의 주민들에게만 편익을 제공하지 않고 다른 자치단체의 주민들에게도 편익을 주는 경우가 있다. 이것이 자치단체 간 외부효과(interjurisdictional externalities)에 따른 편익 확산(benefit spillover)이다. 예를 들어 여러 자치단체의 영역을 통과하여 흐르는 강을 정화하는 사업이 강 상류에 위치한 지방정부에 의해 시행될 때 그 혜택은 그 강이 통과하는 모든 자치단체의 주민들에게 미칠 수 있다. 이와 같이 편익확산은 편익의 지리적 영역이 정치적 영역과 일치하지 않기 때문에 발생하는 것이다. 따라서 편익의 확산을 막으려면 정치적 영역을 편익이 발생하는 지역과 일치시켜야 하는데 이것은 불가능하다.

한편, 자치단체의 규모가 작을수록 외부효과가 줄어들 가능성도 작아진다. 따라서 외부효과로 인한 복지손실은 자치단체의 규모에 반비례하게 된다. 규모(자치단체의)가 적을수록 외부효과에 의한 복지 손실이 커지고, 규모가 클수록 외부효과의 내재화(internalization)가 용이하기 때문에 복지 손실은 작아진다. 특히, 특정 자치단체가 공급하는 지방공공재가 다른 자치단체의 대체재가 될 수 있는 경우, 무임승차의 동기가 될 것이고 이런 행태는 많은 수의 상대적으로 작은 규모의 소비자 집단이 있을 때 더욱 강화된다(Oates, 1972: 46).

따라서 특정한 재화의 공급에 따른 비용과 편익을 그 재화를 생산하는 지방자치단체에 국한시키고자 하는 원칙을 예외 없이 적용하고자 한다면, 다소의 외부효과가 있는 지방공공재의 경우도 중앙정부가 이를 생산할 수밖에 없기 때문에 분권화 정부체제에 의한 지방공공재 생산으로 얻을 수 있는 복지 증가를 포기할 수밖에 없다(Oates, 1972: 46).

3. 분권화 정부체제

한편, 공공의사결정집단을 형성하여 운영하는 것은 그 자체로 상당한 비용이 요구된다. 여기에는 물론 행정비와 선거비 등의 상당한 고정비용이 포함된다. 분권화 정부체제 전체를 두고 본다면 이 고정비는 상당한 액수에 이를 것이다. 보다 분권화된 정부체제를 유지할수록 고정비는 증가하게 된다(Oates, 1972: 49).

경쟁을 유지할 수 있는 충분한 수의 지방정부가 있는가? 그래야 지방정부들이 서로 다른 지방공공재와 지방세를 제시할 것이고, 이에 따라 주민들이 선택할 것이다. 이것이 가능하기 위해서는 지방정부가 지방공공재의 종류 및 소비수준과 지방세를 스스로 결정할 수 있어야 한다. 유럽과 같이 지방정부가 중앙정부의 재정 지원을 받고 이에 따라 밀접하게 통제받는 경우 Tiebout 모형이 작동할 수 없다. 지방정부의 권한이 제약되기 때문이다. 미국의 경우도 지방정부에 대한 주와 연방정부의 재정보조가 꾸준히 증대되어 권한의 약화로 이어졌다. 다양한 지방공공재와 지방세가 생산되기 어렵게 된 것이며 Tiebout 모형이 효율적으로 작동하기 어렵게 된 것이다. 특히 교통과 통신의 발달로 거대도시(metropolitan)의 교통서비스나 상수도 등은 단일 지방정부가 공급할 수 없게 되었다. 이들 서비스의 경우 상급 정부나 혹은 지방정부들 간의 협정이 필요하다(Mills & Hamilton, 1994: 344). 따라서 주민들이 그들의 선호에 꼭 맞는 지방정부를 쇼핑(shopping)하기에는 너무 적은 수의 지방정부만이 있을 뿐이다(Sullivan, 1990: 438).

다음, 공공재 생산의 종류와 양이 결정되면 적정한 규모가 이루어질 것이라는 가정은 소비자의 이동성이 불완전하기 때문에 실현되기 어렵다. 뿐만 아니라 지방정부가 공공재 생산의 종류와 양을 독자적으로 계획할 수 있는 권한도 축소되어 왔다. 적정한 규모가 이루어질 수 있다 하더라도 그것은 단기적인 균형일 가능성이 높다.

이에 따라, 지방정부가 그 적정규모를 유지하고자 할 것이라는 점도 현실적으로는 대단히 제한된 노력일 수밖에 없다. 예를 들어 구역제(zoning ordinances)나 지방세 수출 등이 적정규모를 유지하고자 하는 노력의 일환일 수 있다.

제4절 우리나라 지방정부들의 현실

1. 예산 오 · 남용

우리나라 지방정부들의 재정 자립도는 심각하게 낮은 형편이다. 그럼에도 불구하고 많은 지방정부들이 예산을 낭비하고 있다. 무리한 사업을 계획하거나, 투자효과를 잘못 계산하는 것이 다반사이다. 전라남도는 2004년 3월 국비와 지방비 1,784억을 들여 12.4km의 서남권신산업철도를 건설 · 개통했다. 그러나 이는 물동량을 잘못 예측한 무리한 사업이었다. 그 반증은 2013년 6월 21일까지 9년간의 운임 수입 16억 원이다(중앙일보 2013.6.28. 12면). 1,784억 원의 기회비용을 고려한다면 손실액은 측정할 수 없다. 예산을 오용한 것이다.

244개 지방자치단체 중 재정자립도가 9.07%로 236위인 경상북도 청송군은 지역 출신 화가의 큰 그림 한 점을 전시하기 위하여 면적이 1,062㎡(321평)에 이르는 전용전시관을 건립하였다. 건립비가 25억 원이며 이 그림 한 점의 표구 비용이 8천만 원이었다. 이 전용전시관은 기존의 청송야송미술관 본 건물 옆에 새로 지은 것으로 본 건물보다 더 웅장하다. 작가는 청송야송미술관 관장 자신이다. 야송미술관도 이 관장의 작품을 전시하고 있다. 그의 작품 중 큰 것 하나를 전시하기 위한 전용전시관을 추가로 지은 것이다. 이 전시관을 운영하기 위해서는 연 경비가 4억 원 정도 필요할 것으로 추산하고 있다. 이상오 청송군 문화관광과장은 이 그림이 세계 최대 수묵화로 이를 전시하여 전시관이 관광명소가 되면 지역 경제 활성화에 도움이 될 것이라고 주장한다. 그러나 작가가 알려진 화가도 아니며, 이 그림이 그나마 세계 최대도 아니다. 이보다 훨씬 큰 중국화가의 작품이 있다. 더욱이 이 관장의 작품을 중심으로 운영 중인 미술관은 하루 평균 27명 미만의 관람자가 있을 뿐이다(중앙일보 2013.6.20. 2면). 청송군이 이렇게 예산을 사용해도 누구하나 책임지는 사람은 없다.

2. 사익추구 및 철의 삼각형

지난해 감사원은 49개의 광역 및 기초 자치단체 의회가 의원 전용예산을 편성하여 의원 임의로 사용하도록 한 사례를 적발했다. 전라북도는 2007년부터 2011년까지 매년 150억~200억 원씩 총 790억 원을 '주민편익증진사업비'라는 용처가 불명확한 예산을 편성해 도의원 47명에게 매년 1인당 3억 5,000만~5억 원씩 배정했다. 경상남도도 2009년부터 2011년간 도의원 59명에게 매년 1인당 10억 원씩 도의원 전용예산 총 1,180억 원을 배정했다 의원들 대부분은 이를 지역구 사업이나 주민 편익 사업 또는 자기가 임원으로 있는 민간협회 등에 썼다. 전북도의회 A의원은 자기가 이사장으로 있는 협회의 인테리어 공사비 1억 6,900만 원을 '주민편익증진사업비'에서 제공해달라고 도에 요구했고, 실제로 예산 지원이 이뤄졌다(조선일보 2011.11.24.).[5] 이는 자신의 지지자들로 구성된 소수의 특정 집단을 다수의 비용으로 경제적 이익을 준

5) http://news.chosun.com/site/data/html_dir/2011/11/24/2011 112400221.html.

경품행위이다. 시장에서 이런 행위를 했다면 공정거래법 23조 위반으로 처벌을 받았을 것이다.

득표에 유리한 사회기반시설 예산, 바꿔 말해 지역사업예산(pork barrel)을 집중적으로 늘리고 있는 것도 문제이다. 최근 인천 시는 1조 5,135억 원, 강원도 2,091억 원, 충북도, 1,813억 원, 전남 3,935억 원 등의 예산을 지역사업에 배정했다(조선일보 2013.6.4.). 이는 지역사업예산으로 재선을 노리는 단체장들의 전형적인 사익추구 행위에 속하는 것이다.

이와 같이 지역사업예산(pork barrel)과 지방의원들의 사익추구, 철의 삼각형이 결합한 예산권의 오 · 남용이 빈발하고 있다. 이러한 예산 배정은 여러 지방자치단체들에서 이루어져 관행으로 인식되기까지 했다. 이는 여러 단체가 집단으로 시행했다는 점에서 담합과 유사한 성격도 있다. 지방정부들이 예산을 효율적으로 사용하여 경제적 효과를 높이는 경쟁을 통해 재선할 수 있도록 하는 대신 지지자들을 매수하는 편법을 공동으로 사용하여 잠재적 도전자들보다 우위에 서려고 한 것이기 때문이다. 경쟁을 변질시킨 것이다. 여러 지방정부가 함께 부당한 예산을 집행함으로써 서로에게 면죄부를 주는 효과를 노린 것이기도 하다.

더욱 직접적인 사익추구는 지방의원들이 의정비를 인상하거나 국내 · 외 여행경비를 예산에서 지출하는 것이다. 지방의회는 의정비를 인상하려면 지방자치법 시행령에 따라 주민 의견을 반영해야 한다. 그럼에도 불구하고 이를 무시하고 경북, 강원 등의 광역의회와 17개 기초의회가 지방의회 의원들의 의정비를 인상했다(중앙일보 2011.11.3. 16면). 이에 더해, 불요불급한 국내와 해외에서의 지방의원 연수는 모든 지방의회의 관행이 되었다. 이는 이웃 자치단체와 함께 비효율적인 예산을 집행함으로써 서로에게 면죄부를 주는 일종의 담합에 속하는 것으로 중대한 경쟁의 왜곡이자 회피이다.

3. 도덕적 해이

시 · 도지사 등 광역단체장을 위한 관사도 문제가 되고 있다. 관선시대에는 서울에서 부임하는 경우가 대부분이었기 때문에 필요했다지만 이제 민선시대에 그것이 왜 필요한가? 광역단체장들의 관사를 유지하기 위하여 막대한 관리비를 예산에서 지출하고 있다(중앙일보 2011 4.1. 18). 과도하게 배기량이 큰 관용차를 사용하고 자주 교체하는 것도 도덕적 해이(moral hazard)에서 비롯된 예산의 오 · 남용이다.

4. 타락한 경쟁

우리나라 지방정부가 시행했거나 하고 있는 정책 활동 중에는 본래의 경쟁에서 벗어난 것들이 있다. 지방자치단체들이 세금으로 전입 장사를 하는 것이 그 한 예이다. 경북 김천시 대신동사무소 직원들은 관내 김천대와 김천과학대를 찾아가 외지 출신 대학생들에게 전입을 권유한다. 전입신고를 원하는 외지 출신 대학생은 이동민원실에서 바로 수속을 해주며 전입 후 6개월이 지나면 20만 원을 지급한다. 인구를 기준으로 교부받는 교부금 증가를 감안하면 이득이기 때문이다. 경북 상주시, 충북 영동군과 괴산군, 경남 의령군과 합천군은 물론 광역시인 대전시도 관내 19개 대학 16만 명 가운데 기숙사 거주 1만 명을 1차 대상으로 전입을 권유하고 있다(중앙일보 2013.3.19. 10면).

지방정부들은 전입자를 늘리기 위한 경쟁을 해야 한다. 이 경쟁이 분권화 정부체제의 효율성을 높이는 핵심 요인이다. 그러나 이는 지방공공재 생산과 지방세 등을 통한 것이라야 한다. 앞서 언급한 행태는 경쟁이 아니라 특수불공정거래행위 중 부당 경품 제공에 해당하여 시장에서는 공정거래법에 관한 법률위반으로 처벌받을 수 있는 타락한 경쟁이다.

지방정부들이 매년 벌이고 있는 축제(전국적으로 연간 약 1,800여 개) 역시 문화 정책을 표방하고는 있지만 단체장이 선거를 의식해 시행하는 선심행정이라는 비판이 높다. 이 역시 경품의 성격을 띤 타락한 경쟁(degenerated emulation)으로 평가할 수 있다.

타락한 경쟁은 제 구실을 하지 못하는 것은 물론 비민주적이고 비효율적인 결과를 초래한다. 국가 예산의 50%에 해당하는 지방예산의 상당 부분이 이처럼 비효율 · 비민주적으로 사용되고 있는 것은 중대한 문제이다. 특히 예산의 경제적 효과와 기회비용을 고려할 때 그 손실은 막대할 것이며, 부담이 후대로 전이되는 세대효과(generation effects)가 있다는 점을 심각하게 고려해야 한다. 그럼에도 불구하고 이들 행태는 명백한 위법이 아니거나, 법규상 처벌 근거가 없다는 문제가 있다. 비대칭 정보의 문제이자 제도적 미비점이다(정정목, 2012: 283).

제10장

대안: 새로운 지방정부

제1절 책임 소재와 실패의 원인: 제도와 인간

제도로서, 지방정부는 실패하고 있다. 그러나 실패의 책임을 제도에 물을 수는 없다. 제도 자체는 아무 것도 한 것이 없기 때문이다. 이 제도를 운영하는 과정에서 사익을 위해 제도와 제도의 허점을 이용하여 본래 도달할 수 있는 최선의 상태에 도달하지 못하도록 한 것은 인간이기 때문이다.

인간의 행태에 대하여 물을 수 있는 책임의 한계는 인간이 정할 문제가 아니다. 신 혹은 종교의 영역일 것이다. 인간은 생존을 최고의 목표로 하는 유전자의 지시를 받는 숙주에 불과하다는 가설이 참으로 입증되는 날이 올지도 모른다. 그런 날이 온다면 책임의 한계는 더 불분명해 질 수 있다.

인간이 제도를 만들지만, 만들어진 제도는 인간을 규제한다. 제도와 인간은 함께 불완전하지만, 불완전한 제도와 인간은 서로 영향을 주고받으며 진화한다. 제도의 결함을 보완할 수 있는 방안을 모색하고, 인간의 사익추구를 예방할 수 있는 제도를 고안해야 한다.

대리인인 정치인과 관료는 지나치게 사익을 추구하면서도 책임을 회피할 수 있고, 주인인 유권자는 실효성 있는 지배를 할 수 없는 허수아비에 불과한 존재로 전락한 것이 문제의 핵심이다. 뿐만 아니라 자본주의 경제체제의 구조적 변화에 따른 지방정부의 대응도 필요하다. 따라서 새로운 지방정부란 상황의 변화에 대응하는 노력과 직접민주제적 요소와 경쟁을 도입하며 책임소재를 분명히 하는 혁신이 함께 필요하다.

제2절 지방의 대응: 후기포디즘 시대의 지방정부

후기포디즘 사회에서 지방경제의 성장을 위한 지방정부, 중소기업, 민간자본의 중요성은 아무리 강조해도 지나칠 수 없다. 후기포디즘 사회에서는 정치적 명분보다는 경제적 합리성과 실리를 보다 적극적으로 추구하게 될 것이다. 그러므로 정치도 변화해야 하고 행정도 변화해야 한다. 지방정부의 실패에 관한 논의와 함께 후기포디즘에 대응하는 새로운 지방정부는 시대의 요청일 것이다. 그래야만 보다 원활한 민·관 협력이 이루어질 수 있고, 경제의 구조적 변화를 기회로 활용할 수 있다.

특히 포디즘체제에서 형성된 여러 가지 관행들을 개혁해야 한다. 지방정부는 포디즘체제하에서 중앙정부와의 평화로운 관계에 안주하며 지방정부를 운영하던 과거의 관행에서 벗어나야 한다. 그것이 그 시대의 규범이었고, 정당한 기능을 발휘했다고 하더라도 더 이상 지속되기 어렵기 때문이다. 개혁의 대상은 공공부문 뿐만 아니라 사부문도 포함된다. 사부문은 규제의 대상이기도 했지만 규제 속에 안주할 수 있었던 것도 사실이다. 그러나 세계화가 진행되면서 국내 시장에 대한 국제적 압박이 강화되고 있다. 시장개방, 생산과 노사관계 규제 등이 그것이다. 이렇게 상황이 변화함에 따라 사부문도 개혁해야만 살아남을 수 있다. 이런 점에서 후기포디즘 사회의 가장 중요한 지방정부의 역할과 기능은 지방의 개혁을 주도하는 데 있다.

지방정부가 개혁을 주도하기 위해서는 여러 가지의 노력이 필요할 것이다. 그러나 이제까지 이러한 경험이 없었다는 데 가장 큰 어려움이 있다. 자본주의 경제체제의 구조적 개편이라는 변화는 전 세계적으로

맞고 있는 현상이다. 누구도 먼저 이 현상을 경험한 국가나 지방은 없다. 다만 이러한 변화에 좀 더 앞서 보다 적극적으로 대응한 사례는 있다. 이러한 사례들에서 교시적 가치(heuristic value)를 찾아서 활용하는 것은 실패를 줄이고 보다 효율적으로 대응하는 방안이 될 수 있다.

여러 나라에서의 경험과 다양한 사례연구를 통해 밝혀진 지방의 개혁을 위한 몇 가지 중요한 선행조건은 다음과 같다. ① 노동의 국제적 분업과 같은 변화에서 초래되는 위기는 산업화되기 이전의 사회가 경험했던 자연적 재난에 비유할 수 있는 것으로 혁신과 기업가적 정신을 통하여 극복할 수 있는 도전에 불과한 것이라고 받아드려야 한다. ② 지역 내부의 개별적인 주도와 기업가적 정신을 함양하고, 지방에 포괄적인 혜택을 주는 이들의 노력에 대해 사회적으로 보상함은 물론 꾸준히 동기를 유발해야 한다. ③ 지방 내외의 정보, 혁신, 그리고 기업가적 주도가 제도적으로 교환될 수 있어야 한다. 외부의 혁신을 받아들이는 것은 외부의 대학, 연구소 등을 지역 내로 초빙하는 인사교류 형태로 이루어질 수 있다. ④ 외부와 정보, 혁신, 기업가적 발상을 교환하는 것은 기업 간의 공동연구, 연구와 생산직 간의 인적 교류들을 통하여 이루어질 수 있다. ⑤ 외부와의 교류 못지않게 내부의 협조도 필요하다. 외부와의 교류를 통하여 얻을 수 있는 한계이윤보다 높다면, 내부 기업들의 협조체제를 촉진할 수 있다. 이러한 협조체제는 지방 인사들이 공동의 목표를 설정하는 데 도움이 된다. ⑥ 민주적 정책결정 과정은 편익을 보다 광범위하게 분산시키기 위한 중요한 선결조건이다. ⑦ 개혁의 동기와 폭넓은 편익의 분배를 제한하는 엄격한 지방계층의 형성을 피해야 한다. 차별적인 책임과 정책결정권을 가지는 계층은 특별한 개인과 집단보다는 특수한 기능에 따른 것이어야 한다. 그래야만 개인의 능력을 최고로 발휘할 수 있으며, 중요한 기능을 수행하는 사람을 수시로 교체해야 엄격한 계층이 형성되는 것을 예방할 수 있다(Stöhr, 1990: 17–18). 이상의 선행조건은 새로운 변화에 대응하여 지방이 주도적으로 혁신하기 위해서는 반드시 충족시켜야 한다.

물론 지방 스스로의 노력만으로는 한계가 있다. 지방이 주도적으로 개혁해 나아가기 위한 외부의 선행조건도 있다 이것은 중앙정부가 그동안 수행해 오던 역할 또는 기능의 변화를 의미하는 것이고 정부 간(중앙과 지방의) 관계의 변화를 의미하는 것으로 볼 수 있다 외부의 선행조건은 다음과 같다. ① 시장, 신기술, 새로운 조직과 관리 그리고 지방개발에 관한 정보들에 보다 쉽게 접근할 수 있도록 하고, ② 지역적인 교육과 연구 센터를 위한 공동투자가 필요하며, ③ 지방개발조직에 대한 공동투자도 필요하고, ④ 지방이 혁신적 잠재력을 가진 개인과 집단을 육성하고 장려해야 하며, ⑤ 행정, 정책결정 그리고 재정에 있어 괄목할 만한 범위의 권한을 지방정부에 위임하고, ⑥ 경제, 사회, 정치와 환경문제들에 관한 결정이 지방과 지역에 환류 될 수 있는 장치를 강화해야 하며, ⑦ 유연한 제도적 구조를 장려할 것 등이다(Stöhr, 1990: 18-19). 이상을 전제로 지방정부의 변화의 방향을 요약하면 다음과 같다.

1) 지방정부의 자구노력 강화

이제까지의 논의에서도 드러났듯 앞으로 지방정부는 여러 가지 이유로 중앙으로부터 재정적으로 지원받기가 쉽지 않을 뿐만 아니라, 중앙정부에 의한 중앙집권적이며 규제주의적인 정책의 효과도 기대하기 어렵다. 미국의 Reagan 정부는 경제적인 문제(특히 주와 지방정부의)들은 계획 자체가 경제적 비효율의 원인이기 때문에 정부(연방)의 계획을 통하여 해결하고자 해서는 안 된다는 논지를 성공적으로 관철시켰다(Fainstein & Fainstein, 1991: 150). 경제체제가 개편되어 규제주의적 거시경제계획의 실효성이 약화된 것이다.

따라서 지방정부는 지방경제를 스스로의 재원과 스스로의 계획으로 성장시켜야 한다. 지방정부가 지방경제를 성장시키기 위해 필요한 재원을 확보하기 위해서는 자체의 재원을 최대한 활용하고 이를 바탕으로 경제적 자생력을 강화하는 것이 최우선의 과제이다. 이와 함께 사부문과의 협조를 통하여 필요한 재원을 확보하고, 아이디어를 공유하여 지방경제를 활성화시키는 방안을 모색해야 한다. 민 · 관 협력이 특히 중요한 이유이다.

2) 민 · 관 협력의 확대

세계 각국의 지방정부에서 시도되고 있는 지방경제개발방안 중 크게 주목되고 있는 것이 민 · 관 협력이다. 특히 우리의 자치단체와 같이 자치적 정부운영의 경험이 축적되지 못한 상황에서는 민 · 관 협력이 더욱 중요하다. 이런 점에서 앞서의 자구노력은 꼭 선행되어야 할 지역경제발전 조건임에는 틀림이 없으나 충분조건은 아니다. 자본과 노동의 국경 없는 흐름에 적합한 역할을 찾아야하기 때문이며, 지방경제개발에 필요한 재원을 중앙정부에 의존하기 어려운 상황이 되었기 때문이다. 지방경제개발을 위한 계획(인적 능력)과 소요재원의 조달(인적 능력)에 있어 지방정부가 감당해야 할 몫이 크게 증대되었음을 의미한다.

이에 더하여 현재의 경제체제 개편이 분권체제로의 전환이며 지방과 중소기업이 그 중심이 되고 있다는 점을 생각하면, 민 · 관 협력의 중요성은 지방의 생존을 위한 필수적 요인일 수밖에 없다. 지방정부와 지방기업이 아이디어를 공동으로 구상하고 자본을 공동으로 염출하여 지방경제를 활성화시킬 수 있어야 한다. 이것은 중앙정부로부터 받았던 지식과 재원을 자체적으로 조달할 수 있는 한 방법이기도 하다.

이것이 성공적으로 수행될 때, 지방경제를 활성화시키는 계획능력도 배양될 것이다. 외국의 경우 많은 지방에서 민 · 관 협력의 성공사례와 지방정부에 의한 성공적인 지방경제정책에 관한 사례들이 보고되고 있다.

지방정부 내부의 효율화와 민 · 관 협력을 확대하는 주체는 지방정부이며 실질적으로 지방정부를 운영하는 것은 지방의 공직자들이다. 지방의 개혁은 공직자의 개혁으로부터 시작되어야 한다.

3) 지방공무원의 변화

강력한 중앙집권체제하에서 불균형 경제개발에 탁월한 능력을 발휘했던 기술관료(technocracy)는 규제주의 시대의 발전을 이끌어 온 중요한 동력이었음을 부인하기 어렵다. 이들의 역할은 할당된 업무를 효율적이고 효과적으로 수행하는 데 있었으므로 분권화되고 급속히 변화하는 고기술 시대에는 적합하지 않다. 뿐만 아니라 기업가적 정신으로 역내의 민간부문과 협력하여 지방경제를 성장시키는 주도적 역할을 담당해야 할 후기포디즘 사회의 지방공무원은 할당된 업무를 효과적으로 수행하는 수동적인 자세로부터 보다 적극적이고 진취적인 자세로 스스로를 변화시켜야 한다. 그래야만 지방을 혁신하고 부흥시키며 국가 경쟁력의 제고에 일익을 담당할 수 있다. 따라서 정부의 고위직과 기업계를 밀접하게 연계시키고, 국가의 정당성에 관한 새로운 원칙을 설정하여 이를 정치적 통제와 사회적 이익의 다양성에 의해 대표되는 유권자로부터 독립시키는 실적관료(meritocracy)의 등장은 불가피하다. 특히 이들 실적관료는 민 · 관의 경직된 구분을 완화하여 유연한 협력 체제를 구축하는 첨병이 되어야 한다(Castells, 1989: 31–32). 실적관료로 변화시키기 위하여 배우는 정부를 만들어야 한다.

4) 지방정치

지방자치란 지방선거를 통해 지방 스스로 정부를 구성하여 민주적으로 지방을 통치하려는 정치적 제도이다. 성공적인 지방자치에 필수불가결의 요소는 주민들의 적극적인 참여와 이들의 선호, 선택을 민주적으로 결정해 내고 이를 구현하는 선출직 공직자들의 능력에 달려있다.

유감스럽게도 지방주민들은 지방정치에 대해 중앙정부에 못 미치는 관심만을 보이는 것이 현실이다 민주적 정치제도는 선출직 공직자들의 능력을 보장해 주지 않는다. 부정, 부패, 무능 등 정치에 대해 느끼는 실망은 오로지 그 정도를 더해 왔을 뿐이다.

따라서 지방정치도 개혁해야 한다. 지방주민들이 지방정치에 대해 보다 적극적으로 참여할 수 있도록 제도를 정비해야 하며, 부패하거나 무능한 또는 부패하면서 무능하기까지 한 정치인들이 지방통치권을 행사할 수 없도록 선거와 정당제도가 정비되어야 한다. 보다 공정한 선거의 방법과 보다 민주적인 정당 제도를 만들어야 한다. 특히 정치적 부패를 해소하기 위한 노력은 여러 나라에서 진행되고 있다. 이러한 노력은 지방정치제도를 개혁함에 있어서도 타산지석이 될 수 있다.

5) 중소기업의 중요성[1]과 시장의 자율화

중소기업의 중요성이 증대한 것은 생산체제의 분권화가 진행 중인 것으로 이해할 수 있다. 생산양식은 대기업 중심의 대량생산체제에서 중소기업의 역할이 확대된 중소기업과 대기업의 협력체제로 변화했다. 이에 따라 임금 · 고용 · 통화 등의 수단을 통해 경기를 조절해 온 중앙정부의 규제주의적 정책효과는 감소할 수밖에 없다. 시장의 실패에 대한 중앙정부의 대응 역시 실패하고 그 해답을 다시 시장에서 구하기 시작하는 것이다.

시장의 기능에 대한 새로운 인식[2]은 정부개입의 방향에 커다란 변화

1) 이 부분에 관하여는 8장의 후기포디즘과 지방경제개발이론 항목에서 보다 상세히 논의한다.

2) 그동안 시장의 실패에 따른 정부의 개입은 당연한 것으로 받아들였다. 그리고 시장에는 결함을 보완할 수 있는 내부장치가 결여된 것으로만 생각했다. 그러나 정부의 개입이 얼마나 효과적이었는가를 평가할 때, 그리고 결함을 보완할 수 있는 내부제도가 시장에 있

가 있을 것을 암시하는 신호의 하나이다. 경제성장을 위해서도 정부의 주도적 역할이 필요한 것으로 인식해 왔던 것이 사실이다. 그러나 시장의 실패를 보완하기 위한 정부의 개입이 효과적이지 않다는 평가와 함께, 경제성장을 위한 정부 개입의 효과도 높게 평가받기 어렵다. 오히려 지방의 경제성장을 정부가 주도함에 따라 시장의 기능이 약화되고 자립을 저해하는 역효과를 초래한다는 우려가 높은 것이 사실이다. 따라서 지방경제개발도 지나친 정부의 개입이나 중앙/연방정부에 대한 의존에서 벗어나 지방정부를 중심으로 민간부문이 자발적으로 참여하는 자조

다는 점을 확인할 때, 이러한 인식을 재고하지 않을 수 없다. 정부의 개입이 효과적이기 위해서는 다음의 세 가지의 큰 어려움을 극복해야만 한다: 규제받는 기업들이 규제자(정부)를 포로로 잡으려는 경향; 공공부문의 약한 효율화 유인; 부족한 정보.

규제자인 정부가 오히려 피규제자의 포로가 되어버린 유력한 예는 독점의 규제일 것이다. 대부분의 독점 또는 준독점(near monopolies)은 정부로부터 규제가 아니라 보호를 받고 있다. 의사와 변호사같은 자격의 획득이 필요한 전문직은 세계에서 가장 보호받는 독점의 한 예이다. 산업부문에서도 출발은 통제를 위한 것이었지만 결국은 보호로 귀결되는 규제의 예는 흔하다. 미국의 주간교역위원회(Interstate Commerce Commission)는 독점적 지위를 가진 철도를 규제하기 위한 기구로서 출발했다. 그러나 이 위원회는 그 관할 범위를 화물 자동차에까지 확대하여 철도가 생존할 수 있도록 도와주는 기구가 되어버렸다. 유럽의 대부분 국가에서도 통신(telecommunications)에 대한 규제는 통제에서 보호로 변질되어 버렸다. 효율화를 추구함에 있어 공공부문은 유인이 약하다는 점은 재론의 여지가 없으며 이를 성공적으로 극복한 정부에 관한 예는 대단히 희귀하다.

시장에 정보가 부족하다면, 정부에도 부족할 것은 틀림이 없다. 결과적으로 정부에 의한 시장개입의 성과는 참으로 불만족스럽다. 정부가 불완전(imperfect government)할 뿐만 아니라 실패하고 있는 것이다. 반면, 시장의 실패는 우리가 생각하는 것보다는 피해가 크지 않다. 더욱이 우리가 존재하지 않는 것으로 믿었던 시장내부의 자율적 보완장치(시장의 결함에 대한)가 충분하지는 않다 하더라도 있을 뿐만 아니라 작동하고 있다. 독점의 경우도 진입장벽이 높지만 않다면 단순히 독점이라는 사실만으로 피해가 있는 것은 아니다. PC 소프트웨어의 어느 부분은 준독점(near monopoly)이다. 그러나 이 산업의 진입장벽이 높지 않아 지속적인 경쟁의 위협이 있기 때문에 소비자들에게 아무런 피해도 주지 않는다. 기술이 발달함에 따라 공공재에 관한 분석도 변화했다. 공공재의 일종으로 생각 했던 TV방송도 위성에 의한 방송의 경우 시청료를 징수할 수 있는 방법이 개발되어 배제성을 회복한 것이다. 시장내부의 자율적 보완능력이 작동하고 있음을 보여주는 산 증거이다. 꿀벌치기는 외부효과의 고전적인 예였다. 꿀벌은 근처의 작물들에 수정을 해주기 때문에 근처의 작물 재배자들에게 외부편익을 제공한다. 따라서 꿀벌의 수는 사회적 적정규모보다 적다는 것이 교과서의 통설이었다. 그러나 미국 Washington주의 사과나무 재배업자와 꿀벌치기 사이에는 오랜 역사의 계약관계가 있음이 밝혀졌다. 사과재배업자는 꿀벌치기에게 보상해 주고 있었다. 세상은 교과서보다 현명하다는 것을 경제학자들은 모르고 있었던 것이다. 정보의 부족에 관해서도 시장은 여러 가지 처방을 가지고 있다. 중고차 매매가 그 좋은 예이다(The Economist, Feb. 17, 1996: 66-67).

의식을 바탕으로 추진되어야 한다.

제3절 혁신 방안

1. 직접민주제적 요소의 도입과 이점

선거제도는 주기, 후보의 능력, 정보, 득표율 등의 문제가 있지만 당장 보완할 수 있는 대책을 찾기는 어렵다. 선거 주기를 더 짧게 변경하는 것은 비용이나 공약 실현 기간, 유권자들의 참여의 어려움 등 때문이다. 후보의 능력과 정보에 관한 문제도 정보와 통신기술로 보완할 수 있는 가능성이 낮은 난제들이다.

득표율 문제와 관련해서도 결선 투표제의 도입을 고려할 수 있지만 투표율 자체가 낮은 경우 큰 의미를 부여하기도 어렵다. 보다 현실성이 있는 방안은 직접민주제적 요소를 도입하여 대리인인 단체장과 지방의원들에게 위임한 권한을 제한하고 유권자의 권한을 강화하는 것이다. 직접민주제적 요소를 도입하면 유권자들은 대리인들에게 위임했던 권한을 부분적으로 회수하여 직접 행사하는 효과가 있으므로 참여의 실효성이 증가한다. 이는 보다 적극적인 참여로 이어질 수 있다. 반면, 대리인들은 권한이 축소하므로 사익추구의 기회가 줄거나 어려워질 수 있다. 직접민주제적 요소는 참여를 전제로 하므로 이에 대해 살펴볼 필요가 있다.

2. 참여의 종류

Zimmerman(1986: 7-14)은 미국의 지방정부에서 볼 수 있는 참여의 유형을 다음과 같이 정리했다. 참여는 수동적 참여와 적극적 참여로 크게 나뉘고 적극적 참여에는 다음 유형의 참여가 포함된다. 뉴잉글랜드 지방의 타운회의(the New England Town Meeting), 공청회(public hearing), 주민자문위원회(citizen advisory committees), 쌍둥이 시 대도시 위원회(the twin cities metropolitan council), 헌장 초안 및 개정(charter drafting and amendment), 주민투표(the referendum), 주민발의(the initiative), 주민소환(the recall), 자원봉사(volunteerism). 이들 참여의 유형 가운데 공청회, 주민투표, 주민발의, 주민소환은 우리나라의 지방정부에서 시행할 수 있는 직접민주주의적인 참여 유형이다. 이들에 관해 살펴보자.

1) 공청회

공청회는 가장 오래된 참여의 유형으로 주민들에게 정책결정 과정에서 자신들의 견해를 표현할 수 있고, 공직자들에게 질문을 할 수 있는 기회를 제공하는 것이다. 공청회가 정책결정권의 소재(所在, locus)를 변경시키지는 않지만 적어도 공직자들의 제안과 견해를 변화시킬 수는 있다(Zimmerman, 1986: 8). 우리나라도 특정한 사안에 대해 공청회를 거칠 것을 의무화할 필요가 있다. 이를 통해 주민들이 지역의 현안에 대해 더 깊은 관심과 정보를 얻을 수 있다.

2) 주민투표

논란이 심한 현안에 대해, 주민들이 공직자들에게 여론을 알려주는 기회가 주민투표이다. 주민투표는 의사결정을 공유한다는 개념에 근거한 것으로, 1640년 Massachusetts Bay Colony에서 최초로 시행된 제도이다. 이 제도는 4가지 유형으로 다시 나뉜다.

(1) 자문 주민투표

자문 주민투표(advisory referendum)란 그 결과에 따라 정책결정이 영향을 받는 것은 아니며, 유권자들이 견해를 표명하는 투표이다. 이 투표는 다시 두 가지 종류로 나뉜다. 하나는 의회가 유권자들의 견해를 묻는 것이다. 1974년 Florida의 Cocoa Beach 시 위원들은 여성들의 반라(topless) 수영을 허용할 것인가에 대해 결정하지 못하고 있었다. 반라 수영 금지안을 주민투표에 부쳤고, 주민들은 주민투표에서 이 안에 반대했다(Zimmerman, 1986: 40).

두 번째는 주민들이 청원을 통해 문제를 제기하는 것이다. 이 유형의 자문투표는 국가와 지역의 이익집단들이 그들의 견해를 공론화하는데 자문투표가 대단히 유용하다는 점을 발견함에 따라 일반화되었다. 핵무장을 동결하자는 안에 대한 주민들의 청원을 통한 자문투표가 8개 주와 수많은 지방정부의 유권자들이 참여한 가운데 1982년 11월 3일 시행되었다. 이는 역사상 가장 규모가 큰 청원에 의한 주민투표였다. 8개 주의 다수가 이 안에 찬성하였고 30개 지방정부 중 27개 지방정부에서 이 안이 가결되었다. 이러한 유형의 주민투표는 참여율을 높인다는 점이 밝혀졌다(Zimmerman, 1986: 40–41).

(2) 의무 주민투표

의무 주민투표(mandatory referendum)는 특정 사안에 대해서는 반드시 주민투표를 거치도록 주 헌법에 규정된 주민투표를 말한다. 주에 따라 지방정부 헌장의 개정, 헌법회의(constitutional convention)의 소집 여부, 기채 등의 문제들에 대해 의무 주민투표를 규정하고 있다(Zimmerman, 1986: 41–42).

(3) 자발적 주민투표

자발적 주민투표(voluntary referendum)는 입법부가 논쟁을 일으킬 만한 문제에 대해 유권자들이 결정하도록 책임을 회피하는 주민투표를 말한다. 상수에 불소를 첨가하는(fluoridation of the water supply) 문제 혹은 주류의 판매금지에 관한 문제들에 관해서는 주입법부가 지방정부들로 하여금 주민투표를 거쳐 가부를 결정하도록 하였다(Zimmerman, 1986: 45).

(4) 주민거부

주민거부(the citizen's veto)는 청원 주민투표 혹은 항의, 직접 주민투표라고도 하는 것으로 주민투표에 의해 가부를 다시 결정할 때까지 특정한 법률의 효력을 정지시키는 주민투표를 의미한다. 이 유형의 주민투표는 24개 주에서 채택하고 있다(Zimmerman, 1986: 45-46).

미국은 지방자치제도의 실험장이라는 표현에 적합한 다양한 주민투표제도를 시행하고 있다. 서울특별시의 도심지에 위치한 터널 등의 교통시설에 통과 세를 받는 정책이나 10부제의 시행 등 교통 혼잡 완화정책은 영향을 받는 대상이 지극히 광범위하므로 제한된 시간에 제한된 인원만이 참여하는 공청회만 거쳐 결정할 것이 아니라 주민투표를 거쳐 시행 여부를 결정하는 것이 보다 민주적이라 할 수 있다.

3) 주민발의

주민발의(citizen initiative)는 스위스의 캔튼(canton)과 남다코다(South Dakota)에서 발생한 제도이며, 현재 미국의 23개 주에서 하나 또는 그 이상의 유형을 채택하고 있는 제도이다. 주민발의는 법률의 제정을 청원하는 주민이 일정한 수의 유권자의 동의를 얻으면 이를 반드시 주민투표에 부쳐 안건의 가부를 결정하는 제도이다. 이 제도는 보다 적극적으로 주민들의 법안 제정에 관한 권리를 인정하는 강력한 참여 방법이지만 이 절차를 진행하는 과정에 예민한 문제가 발생할 수 있다.

주민발의제에는 다음의 문제가 내포되어 있다는 주장이 있다. ① 선출된 의원들이 주민발의에 의한 것보다 훌륭한 법률을 입법한다. 그들은 다양한 입법 분야의 전문가이기 때문이다. ② 주민발의에 의한 법안은 비전문가에 의해 입안되기 때문에 시행 과정에 문제를 야기할 수 있다. ③ 주민발의 과정은 발의에 대한 반대가 수용될 수 없는 단점이 있다. ④ 선출된 의원들은 전문가들의 보좌를 받기 때문에 유권자들보다는 양질의 정보를 가지고 있다. ⑤ 발의된 안건에 대한 찬 · 반론자들은 대중매체를 통한 선전과 유권자들을 오도할 수 있다는 점에서 윤리상 문제가 있다. ⑥ 투표지에 쓰인 발의 문안은 유권자들을 혼란시켜 의도와 다르게 투표하도록 할 가능성이 있다. ⑦ 발의 절차는 현안을 지나치게 단순화할 가능성이 있다. ⑧ 특별이익집단들이 자신들의 이익을 확보하기 위하여 발의제도를 악용할 수 있다. ⑨ 소수인종이나 경제적 약자들은 오히려 주민발의제도의 피해자가 될 가능성이 있다. ⑩ 발의제도는 기권자와 선거 미성년자들을 위한 대표성이 결여되어 있다. ⑪ 더욱이 발의제도에는 다수가 소수를 억압할 가능성이 내포되어 있다 (Zimmerman, 1986: 91–95).

위의 문제점에서 알 수 있듯 발의제가 특정 또는 다수 집단에 의해 악용되지 않도록 발의 요건을 강화해야 할 것이다. 또한 발의에 서명을 받을 때 자원봉사에만 의존할 것인가 혹은 보수를 지급하고 인원을 고용할 수 있도록 허용할 것인가를 결정해야 한다. 그리고 서명인의 인적 사항의 확인에 관한 절차 등 고려해야 할 사항이 많은 제도이다. 그럼에도 불구하고 주민발의를 허용하고 있는 것이 선진 민주국의 상황이다. 우리도 위의 여러 가지 부작용을 피해 가면서 직접민주제적 장점을 구현할 수 있도록 노력해야 한다.

4) 주민소환

유권자들이 공직자를 임기에 관계없이 지속적으로 통제하려는 데 주민소환(citizen recall)의 목표가 있다. 미국의 14개 주에서 채택하고 있는 주민소환제도는 그 구체적 내용이 주에 따라 다르다. 일반적 내용은 선출직 공무원에 대해(많은 주들이 선출직이라도 사법직은 소환 대상에서 제외하고 있다), 정치적 이유로, 일정한 수의 유권자(예를 들어 직전 선거 투표율의 25%에 해당하는 유권자들의 서명)가 서명하면, 소환 선거를 거쳐 소환 대상 공직자의 유임 여부를 결정한다. 소환제도는 지방정부의 공직자들에 대해서도 적용되고 있다. 이 제도에 반대하는 주장은 다음을 그 이유로 들고 있다. ① 주민소환을 통하지 않고도 공직자를 해임할 수 있다. ② 소환해야 할 대상을 선출한 것도 유권자들이므로 이들이 실수를 되풀이 하도록 해서는 안 된다. ③ 주민소환은 개혁적인 공직자를 불필요하게 위축시킬 수 있다. ④ 따라서 고도의 능력을 갖춘 인사들이 공직 출마를 기피할 수 있다. ⑤ 주민소환은 당파적 목적으로 악용될 수 있다. ⑥ 주민소환에 의해 정부비용이 증가할 수 있다(예를 들어 1983년 San Francisco의 Diane Feinstein 시장에 대한 주민소환 선거에서 시정부는 450,000$을 지출했고 시장은 344,000$을 선거운동 비용으로 지출했다. 그녀는 이 소환선거에서 승리하여 시장에 유임되었다). ⑦ 주민소환은 조직이 잘 정비되고 재정상태가 양호한 이익집단에 의해 악용될 수 있다(Zimmerman, 1986: 105-106, 110, 117, 124-126).

주민소환제도에 반대하는 이유는 설득력이 있다. 그럼에도 불구하고 공직자들에 대한 통제가 임기동안에도 지속적으로 이루어져야 하고, 책임감 있고 주민들의 요구에 부응하는 공직자를 선출하기에 결함이 있는 선거제도를 보완할 수 있다. 또한 부패와 비효율에 대해 응징할 것이라는 점을 공직자들에게 주지시키는 효과가 있다. 이 제도의 존속이 주민으로 하여금 공공 문제에 대한 관심을 향상시킬 수 있는 장점도 무시할 수 없다(Zimmerman, 1986: 123-124).

이상에서 살펴 본 적극적인 참여 유형은 모두 직접 민주제의 성격을 띠고 있다. 이들은 모두 19세기 말엽과 20세기 초엽에 미국의 주와 지방정부에 도입되기 시작한 제도들이다. 대의 민주제의 결함에 대한 대응이 지속적으로 이루어 졌음을 알 수 있다.

3. 우리나라의 직접민주제적 제도

1) 주민투표제

우리나라는 2004년 7월 주민투표제도를 도입하였다. 단체자치 하에서는 주민들이 선출한 대리인들이 지방자치업무를 수행하는 것이 일반적이다. 지방자치 역시 간접민주주의제도인 것이다. 이는 대리인들의 사익추구와 함께 이익집단까지 가세하여 예산 증가와 비민주적 지방 통치라는 원치 않는 결과를 초래했다. 이에 따라 이러한 방식의 제도 운영 성과에 대한 유권자들의 불만과 불신이 축적되어 왔으며, 그 대안은 직접민주제적 제도의 도입이다.

주민투표제는 주민들에게 통치권의 일부를 되돌려주는 의미를 갖고 있다. 중앙행정기관, 지방자치단체장, 지방의회, 주민 등이 청구할 수 있다. 따라서 주민들에게만 인정하고 있는 권한은 아니라는 점에서 주민투표제를 완전한 직접민주제적 제도라 하기는 어렵다. 또한 주민투표 결과가 법적 구속력을 가지는 것은 아니다. 다만 현실적으로는 구속력이 있다(양영철, 2007: 97-106).

2) 주민소환제

우리나라는 2006년 5월 주민소환에 관한 법률이 국회를 통과함으로써 주민소환제도 시행하게 되었다. 앞서의 논의에서도 지적했듯 현재의 선거제도는 다양한 문제가 있다. 4년 주기는 일반적으로 인정하고 있는 선거 주기이지만, 선출직 공직자들 특히 단체장이 결정적 잘못을 범하기에는 충분한 시간이기도 하다. 유권자들도 단체장과 선출직 후보들의 능력을 평가하는 데 실수할 수도 있다. 주민소환제는 선출직 공직자와 유권자 모두의 잘못을 선거주기에 구애받지 않고 수정 · 보완할 수 있는 직접민주제적 제도이다.

주민투표제나 소환제 본래의 목표를 달성하기 위해서는 주민들이 객관적이고 현명하게 이들 제도를 운영해야 한다. 제도를 시행하는 것만으로 그 목표 달성이 담보되는 제도란 없다. 이들 제도 역시 목표에 반하는 결과를 초래할 수도 있는 양날의 칼이다(김영기, 2006: 332). 예를 들어, 단체장의 정치적 반대 세력이 정략적으로 주민소환제를 악용할 가능성도 있으며, 주민투표제 역시 특정 정치 세력이 자신들의 정치적 결정에 정당성을 부여하기 위하여 이용할 가능성도 있는 것이다. 이러한 경우에는 비민주적 결과는 물론 정치비용의 증가로 비효율을 초래할 수 있다. 직접민주제적 제도가 만병통치가 아님은 물론 치유가 보장된 것도 아니다. 결국 주민은 자신의 수준에 맞는 제도 운영의 결과를 가질 수 있을 뿐이라는 점을 자각해야 한다.

4. 강성예산제약

새로운 이론적 관점이란 제도와 효용극대화자(utility maximizer)로서의 인간이 주고받는 상호작용에 초점을 맞추는 것을 의미한다. 이 새로운 관점은 두 가지로 나누어볼 수 있는데, 하나는 분권화 정부체제의 재정과 정치 제도의 유인구조(structure of incentives)가 어떻게 공공부문과 나아가 경제 전반의 성과를 약화시켜 결과적으로 납세자들을 약탈하는 원인을 제공하는가를 보여주려는 것이다. 이 주장의 핵심은 "연성예산제약(soft budget constraint)"이다(Oates, 2008: 319).

연성예산제약이란 한마디로 재정 실패에 대한 책임이 약하다는 의미이다. 바꿔 말하면, 재정 손실을 보전해 줄 상위 기관이 있다면 그 보호를 받는 하위 기관(지방정부들)은 재정 실패에 책임을 지지 않으며, 따라서, 그로 인한 고통도 없다. 이럴 경우, 지방정부들 사이에 치열한 경쟁을, 그리고 그 결과인 효율의 향상을 기대할 수 없다. 지방정부들이 보다 효율적인 재정 정책을 수립하고 집행할 현실적 필요성이 떨어질 것이기 때문이다. 오히려 이런 상황에서는 (법에 위배되지만 않는다면) 예산의 방만한 사용이 일반적 상황이 될 것이다.

새로운 이론적 관점의 다른 하나는 (지방)공직자들의 지대추구 행위에 관한 것이다. 공공부문의 생산성에 관한 불완전(혹은 비대칭)정보가 있는 만큼 효용극대화자인 공인들은 그들의 효용극대화를 추구한다. 물론 이들의 효용극대화는 선거과정이라는 제약 요소도 있고, 중앙집권화와 분권화 사이의 경쟁이라는 제약 요소도 있다. 특히 지방공직자는 척도경쟁(yardstick competition)이라는 제약 요소가 있다(Oates, 2008: 322).

지방유권자들은 현직 선출직 공직자들을 재선시킬 것인가를 결정할 때, 이들이 재직 중에 보여준 재정적 성과를 인접 지방정부와 비교하여 평가하기 때문에 지방의 선출직 공직자들 사이에 기준점 경쟁이 일어난다. 이는 일종의 벤치마킹(bench marking)으로 우량 기업의 장점을 기준으로 삼는 경영 전략의 하나다. 사기업뿐 아니라 공공부문에서도 이와 같은 전략이 사용될 수 있다. 유권자들이 주정부들을 비교하는 세계에서는, 현직 지사들이 주의 세금을 변경하기 전에 다른 주의 주세(state tax) 행태를 주목할 것이다. 이러한 행태가 서로가 무엇을 하는지 관심을 갖는 유형의 경쟁을 초래할 것이다. 이것이 척도경쟁이다(Besley & Case, 1995: 25). 따라서 척도는 인접 지방정부 중 가장 우수한 재정 성과가 될 것이고, 이것이 동시에 벤치마크 역할을 한다.

사전적 정의대로라면 우량 기업의 장점이 널리 전파되어 사회적 복지가 향상될 수 있듯, 척도경쟁을 통해 공공부문의 효율성도 제고할 수 있다. 그러나 공공부문에서는 경쟁이 오용될 수 있고 더 나아가 악용될 수 있다. 특히 분권화 정부체제는 비대칭정보, 불완전감시, 불완전계약과 전략적 행태하의 주인-대리인 관계로 볼 수 있다(Cremer, Estache & Seabright, 1996; Oates, 2008: 322에서 재인용)는 점에서 더욱 그렇다. 특히 한국의 경우는 지방정부 사이의 경쟁이 변질되어 타락했다.

분권화 정부든 집권화 정부든 민주와 효율을 증진시키기 위해서는 정치제도와 경제제도의 민주적이며 효율적인 운영을 전제로 한다. 이 제도를 운영하는 주체는 인간이다. 따라서 제도의 운영성과에 영향을 미치는 가장 큰 요인은 인간이다.

제도의 운영에 참여하고 그 성과에 영향을 미치는 것은 공인과 사인을 포함하는 모든 지방주민들이다. 이들은 모두 사익을 추구한다. 분권화 정부든 집권화 정부든 사익을 추구하는 모든 주민들의 영향을 받는다는 점에서 동일하다. 그러므로 체제에 관계없이 운영성과는 같은 요인의 영향을 받는다. 제도 자체의 문제도 보완해 나아가야겠지만 정부 운영에 영향을 주는 인간의 사익추구에 대해서도 적절하게 대응하지 않는 한 운영성과를 담보할 수 없다. 분권과 집권의 장 · 단점만을 분석한 논의가 간과한 논점들이란 사익추구의 유형과 이에 따른 대응 방안에 관한 것이다. Dollery와 Wallis(2001)는 이와 같은 사익추구 행위들이 지방정부실패(local government failure)를 초래한다고 주장한다.

5. CfA와 준공인제

1) CfA

CfA는 Code for America의 두문자이다. 2009년에 창설된 이 단체는 지방정부를 돕는 민간단체이다. 이들이 홈페이지에 올려놓은 문서에는 과거보다 훨씬 큰 압박을 받고 있는 도시들이 예산 삭감과 뒤떨어진 기술로 어려움에 처해 있다고 진단한다. 이들은 도시 정부들이 서비스를 줄이거나 지방세를 올리는 대신 갈수록 개방적이고 효율적인 웹

(web)의 힘을 활용할 수 있다고 믿는다. 이 점에서 지방정부를 도우려 하고 있기도 하다.

이 단체의 중요한 활동은 4가지이다: 연구원 사업(fellowship program); 촉진자(accelerator); 시민단(brigade); 동료조직(peer network). 연구원 사업은 유능한 웹 개발자와 디자이너, 그리고 사업가를 선발하여 1년간 공공봉사를 하도록 한 후 진취적인 도시정부들이 이들과 손잡고 기술을 보다 잘 활용하고 지역에 더욱 적극적으로 참여하도록 돕기 위한 것이다. 촉진자는 사부문에 비해 효율이 뒤떨어진 정부를 혁신하기 위한 것이다. 이를 위해 이 단체는 시민창업(civic startups)을 충원하여 사업 훈련, 잠재적 투자자들과 연계 등으로 능력을 강화시켜 그 효과가 지방정부에 영향을 미치도록 한다. 이 단체는 또한 지역의 문제를 해결하기 위하여 시민들을 동원하려고 한다. 그것이 시민단(brigade) 사업이다. 또한 이들은 시민 정보 기준(civic data standards)을 적용하여 정부와 시민이 같은 언어를 사용하도록 하여 지방정부와 지방기업 그리고 시민들이 정보에 보다 쉽게 접근하고, 사용하도록 돕기 위한 것이다.

이 운동은 공공선택의 문제, 즉 이기적 시민을 어떻게 정부 혁신을 포함한 정치과정에 보다 적극적으로 참여시킬 것인가에 관한 새로운 가능성을 제시한다. 시민과 공동체가 윈-윈 할 수 있는 사업을 만들면 되는 것이다. 이 단체에 참여하는 연구원들은 다양한 보상을 기대할 수 있으며, 공공부문은 이들로부터 다양한 도움을 받을 수 있다. 이러한 새로운 발상이 지방정부를 보다 빠르게 혁신시킬 수 있을 것이며, 그 혜택은 모든 참여자들이 누릴 수 있을 것이다.

2) 준공인제

지방정부의 실패를 보완하고 방지하기 위하여 사익추구를 공익과 연계하는 새로운 방안으로서 지방정부에 의한 지방공공재 생산을 준시장(quasimarket)으로 정의(Boettke, Coyne & Leeson, 2011)하듯, 준공인(quasi public-agent)제도의 도입을 고려할 수 있다. 준공인이란 특정 정파나 이익집단의 영향을 배제하고 공정한 제3자의 입장에서 지방정부의 성과를 평가하는 데 필수적인 정보를 유권자들에게 공개하는 기능을 수행하는 전문가를 의미한다. 이들은 일반유권자들의 정치 참여를 정부로부터 금전적 보상을 받으며 보조한다는 점에서 공직자라 할 수 있으나 업무 수행에서 공직자가 아닌 중립적인 입장을 유지하며 공무원으로서의 신분 보장 등을 받지 않는다는 점에서 준공인이다(정정목, 2012: 287).

준공인제도를 통해 기대할 수 있는 장점은 다양하다. 준공인들 스스로 지방정부 운영에 관한 지식을 축적할 수 있다. 이들이 지방정치인이 갖춰야 할 지식을 보유하게 되는 것은 지방의 정치적 자산이 될 수 있다. 이들의 활동으로 지방 유권자들의 정치참여 비용을 낮춰주는 효과를 기대할 수 있다. 보다 중요한 것은 지방정부들의 성과에 관한 평가가 보다 객관적으로 이루어질 가능성이 높아지는 만큼 지방정부 사이의 경쟁도 강화될 수 있다. 객관적인 평가는 지방공무원과 지방정치인의 업무에 대한 평가를 겸하는 효과가 있을 것이며, 이에 따라, 이들의 업무능력이 향상될 것이다. 또한 이 제도를 지방 인재의 외부 유출을 감소시키는 방안으로 활용할 수도 있다.

준공인제도 역시 의도했던 목표와 다른 부정적 결과를 초래할 가능성도 있다. 예를 들어, 부적격자 혹은 필수적인 능력을 갖추지 못한 사람을 임용하는 것을 포함하여 평가 대상과 유착하거나 평가자로서의 권한을 사익추구의 수단으로 사용하는 행위 등이다. 이를 방지하기 위하여 적정한 자격요건을 부과하고, 임용 후 적절한 훈련과정을 거치도록 하며, 이들을 임기제로 임용하되 제한적으로 연임이 가능하도록 하는 등 적합한 제도를 학계와 지방정부가 공동으로 개발해야 할 것이다.

〈국내 · 외 포털〉

국가통계포털 「e-지방지표」

국회사무처 「의안통계」

디지털예산회계시스템 https://www.digitalbrain.go.kr/kor/view/statis/statis04_01_01.jsp?code=DB01040101.

e-나라지표

지방재정고 http://lofin.mospa.go.kr/lofin_stat/budget/gyumo/Gyumo_SoonChong_01.jsp.

http://www.index.go.kr/egams/stts/jsp/potal/stts/PO_STTS_IdxMain.jsp?idx_cd=2728. http://www.index.go.kr/egams/stts/jsp/potal/stts/PO_STTS_IdxMain.jsp?idx_cd=1041.

http://news.chosun.com/site/data/html_dir/2011/11/24/2011112400221.html.

http://news.chosun.com/site/data/html_dir/2013/08/01/2013080102743.html.

http://en.wikipedia.org/wiki/Absolute_power_corrupts_absolutely#.22Lord_Acton.27s_dictum.22.

https://www.digitalbrain.go.kr/kor/view/statis/statis04_01_01.jsp?code=DB01040101.

http://lofin.mospa.go.kr/lofin_stat/budget/gyumo/Gyumo_SoonChong_01.jsp.

http://www.index.go.kr/egams/stts/jsp/potal/stts/PO_STTS_IdxMain.jsp?idx_cd=2736.

http://likms.assembly.go.kr/bill/jsp/StatFinishBill.jsp.

〈국내 논문 및 기사〉

김경환. (1992). 지방세 기능강화 방안. 「지방자치제 실시에 따른 중앙 · 지방재정기능의 재정 립」, 한국개발연구원.

김석태. (2011). 지방정부 통합의 효율성, 민주성, 그리고 정치성. 「행정논총」. 49(4): 171–192.

라휘문. (1995). 「지방자치단체간 세수의 균등배분을 위한 세원조정 연구」. 성균관대학교 대학원 박사학위논문.

유재원. (2010). 시 · 군통합의 추진동력과 정책대안. 「한국행정학보」. 44(1): 179–202.

이수범. (1994.2). 세계화시대와 지방재정. 「지방재정」, 13(1): 4–19.

임승후 · 김병섭. (2010). 주민참여통로의 효과성 연구: 광주광역시 북구청의 주민참여예산제도를 중심으로. 44(3): 61–86.

정정목. (1992). 분권과 사회적 제 가치: 지방자치와 민주주의와의 상관성을 중심으로. 「사회과학논총」, 11: 37–51.

______. (2012). 대도시 지방정부 영역 규모를 둘러 싼 논쟁이 간과하는 몇 가지 논점들. 한국정책연구 경인행정학회, (12–3): 271–285.

조선일보. 1994.3.23. 지방경영시대

조선일보. 1994.4.13.

조선일보. 2011.11.24.

조선일보. (2011). 도의원 쌈짓돈 예산, 경남 1180억(2년) · 전북 790억(5년). 11.24: 24.

조선일보. (2011). '합치자–말자' 갈라진 안양 · 군포 · 의왕. 12.7: 25.

중앙일보. 2011.11.3.

중앙일보. (2011). 수원 · 화성 · 오산 통합, 주민투표로 간다. 12.2: 22.

〈국내 서적〉

감사원법.

공정거래법.

공직선거및선거부정방지법.

구병삭. (1991). 「지방자치법」. 서울: 박영사.

김규정. (1989). 「비교행정론」. 서울: 법문사.

김병준. (1994). 「지방행정론」. 서울: 법문사.

김영기. (2006). 「한국의 주민소환제 -양날의 칼, 어떻게 쓸 것인가-」. 서울: 대영문화사.

대통령자문 정부혁신지방분권위원회 (2008). 「정부혁신지방분권 종합백서」.

박재창. (1995). 「한국 의회행정론」. 서울: 법문사.

박정택. (1990). 「공익의 정치행정론」. 서울: 대영문화사.

양영철. (2007). 「주민투표제도론」. 서울: 대영문화사.

장지호. (1992). 「신고 지방행정론」. 서울: 대왕사.

정세욱. (1993). 「지방행정학」. 서울: 법문사.

정인흥. (1985). 「서구정치사상사」. 서울: 박영사.

조창현. (1993). 「지방자치론」. 서울: 박영사.

지방교부세법

지방교육자치에 관한 법률

지방자치법(시행 2013.3.23. 법률 제11690호)

지방자치법 시행령

최창호. (1981). 「지방행정구역론」. 서울: 법문사.

한국지방행정연구원. (1986). 「2000년을 향한 지방행정좌표 1」. 서울: 한국지방행정연구원.

〈외국 논문〉

Economist, The. October 1, 1994. Survey section, The Global Economy.

______________. July 6th–12th 1996.

Arnott, Richard J. & Stiglitz, Joseph E. (1979). "Aggregate Land Rents, Expenditure on Public Goods, and Optimal City Size," *The Quarterly Journal of Economics*. 93(4).

Bahrenberg, G. (1989). "Metropolitan Reform: An Annotated

Bibliography." Workshop in Political Theory and Policy Analysis. Bloomington, Indiana: Indiana University.

Besley Timothy & Anne Case. (1995). "Incumbent Behavior: Vote-Seeking, Tax-Setting, and Yardstick Competition," *American Economic Review*. 85: 25-45.

Boettke Peter J., Christopher J. Coyne & Peter T. Leeson. (2011). "Quasimarket Failure," presented at a conference on State and Local Public Choice at the DeVoe L. Moore Center at Florida State University, February 17-19.

Boodhoo, Martin J. (1976). "The Organization and Management of Development Agencies: A Comparative Agencies," *International Review of Administrative Sciences*. 42(3).

Bradbury, Katharine L., Helen F. Ladd, Mark Perrault, Andrew Reschovsky, and John Yinger. (June, 1984). "State Aid to Offset Fiscal Disparities Across Communities," *National Tax Journal*. 37(2): 151-170.

Broder, J. M., and R. A. Thompson (1985). "An Economic Analysis of Citizen Influence on Community Service Delivery and Consolidation," College of Agriculture Experiment Station Res. Bull. #334, University of Georgia, Athens, GA.

Chung, Chungmok.(1988). "Local Autonomy in Korea: Myth & Reality," Ph. D. dissertation, the Graduate School of the University of Maryland.

Cook, G. C. (1973). "Effects of Metropolitan Government on Resource Allocation: The Case of Education in Toronto," *National Tax Journal*. 26(4): 585-590.

Cremer, Jaques, Antonio Estache & Paul Seabright. (1996). "Decentralizing Public Service: What Can We Learn From the Theory of the Firm?" *Revue d'Economie Politique*. (106): 37-60.

Cummings, S. (1995). "Centralization and Decentralization: The Case never-ending story of separation and betrayal," *Scandinavian*

Journal of Management. 11(2): 103–118.

Dahl, Robert A. (1967). "The City in the Future of Democracy," *American Political Science Review*. 61: 953–979.

Dalpe, R., and F. Anderson. (1977). Contracting Out of Science and Technology Services. Admin. & Society. 28(4): 489–510.

Deller, Steven C. (1998). Local Government Structure, Devolution, and Privatization, Review of Agricultural Economics. 20(1): 135–154.

Dollery, Brian & Joe Wallis. (2001). "Local Government Failure," ISSN 0111–1760. University of Otago Economics Discussion Papers No.0121.

Dollery, Brian, Joel Byrnes, Lin Crase. (2007). Is Bigger Better? Local Government Amalgamation and the South Australian Rising to the Challenge Inquiry. Economic Analysis & Policy. 37(1): 1–14.

Dunleavy, P. (1985). "Bureaucrats, Budgets and the Growth of the State: Reconstructing An Instrumental Model", *British Journal of Political Science*. (15): 299–328.

Echols, John M. (1979). "Fiscal Redistribution and Regional Disparities and Regional Equity," *Public Finance*. 34(3): 357–75.

Elazar, Daniel J. (1968). "Federalism," In David L. Sills ed., *International Encyclopedia of the Social Sciences*. Vol. 5. 353–367. New York: The Macmillan Company and The Free Press.

Ewers, Hans–Jürgen. (1989). "Technical and Market Changes and Regional Development Potential," In Jürgen Allesch (ed.), *Regional Development in Europe: Recent Initiatives and Experiences*, Berline: Walter de Gruyter.

Fainstein, Susan S. & Fainstein, Norman. (1991). "Economic development policy in the US federal system under the Reagan administration," In Chris Pickvance & Edmond Preteceille (eds.), *State Restructuring and Local Power: A Comparative Perspective*, 150–170, London and New York: Pinter Publishers.

Fesler, James W. (1976). "The Basic Theoretical Question: How to Relate Area and Function," In Robert T. Golembiewski et al., ed., *Public Administration*, 3rd ed., 227–249. Chicago: Rand McNally College Publishing Co.

______________. (1968) "Approaches to the Understanding of Decentralization," *The Journal of Politics*. 27: 536–66.

______________. (1968). "Centralization and Decentralization," In David L.Sills ed., *International Encyclopedia of the Social Sciences*. Vol.2. 370–377. The Macmillan Company and The Free Press.

Firm, John R. and MacLennan Duncan. (1979). "Devolution: the Changing Political Economy of Regional Policy," In Duncan MacLennan and John B. Parr. (eds.), *Regional Policy: Past Experience and New Direction*, Oxford: Martin Robertson & Co. 370–377.

Fischel, William A. (2006). "Footloose at Fifty: An Introduction to the Tiebout Anniversary Essays," In W.A. Fischel ed. *The Tiebout Model at Fifty: Essays in Public Economics in Honor of Wallace Oates*. Cambridge, Mass.: Lincoln Institute of Land Policy.

Fisher, Manfred M. (1989). "Business Formation and Regional Development: Some Major Issues," In Maria Giaoutzi, Peter Nijkamp and David J. Storey (eds.), *Small and Medium Size Enterprises and Regional Development*. (Reprinted). London: Routledge.

Frey, B. S. & Reiner Eichenberger. (2001). "Metropolitan Governance for the Future: Functional Overlapping Competing Jurisdictions(FOCJ)," *Swiss Political Science Review*. 7: 124–130.

____________________________. (1996). "FOCJ: Competitive Governments for Europe," *International Review of Law and Economics*. (16–3): 315–327.

__________________. (1995). "Competition among jurisdiction. The Idea of FOCJ," in Lüder Gerken (ed.), *Competition Among Institutions*. London: MacMillan, 209-229.

Furness, Norman. (1974). "The Practical Significance of Decentralization," *The Journal of Politics*. 37: 958-82.

Gaebler, Ted A. (1983). "The Entrepreneurial Manager," In Barbara H. Moore. ed., *The Entrepreneur in Local Government*, Washington, D.C.: International City Management Association.

Giaoutzi, Maria, Peter Nijkamp and David J. Storey (1989). "Small is Beautiful- The Regional Importance of Small-Scale Activities," In Maria Giaoutzi, Peter Nijkamp and David J. Storey (eds.), *Small and Medium Size Enterprises and Regional Development*. (Reprinted). London: Routledge.

Gordon, Nora & Brian Knight. (July 2008). "The Effect of School District Consolidation on Educational Cost and Quality," *Public Finance Review*. 36(4): 408-30.

Gordon, Pamela. (1992). "Strengthening innovation in local government," In Steve Leach ed., *Strengthening local government in the 1990s*. Essex: Longman Group UK Ltd.

Gustely, R. D. (1977). "The Allocation and Distributional Impacts of Governmental Consolidation: The Dane County Experience," *Urban Affairs Quart*. 12(3): 349-364.

Harding, Alan. (1990). "Public-Private Partnerships in Urban Regeneration," In Mike Campbell ed., *Local Economic Policy*, London: Cassell Educational Limited.

Hatry, Harry, P. (1983). "Using Fees and Charges to Adjust Demand," In Barbara H. Moore. ed., *The Entrepreneur in Local Government*, Washington, D.C.: International City Management Association.

Hula, Richard C. (1993). "The State Reassessed: The Privatization of Local Politics," In Edward G. Goetz &Susan E. Clarke, (eds.), *The*

New Localism, Newbury Park, CA: Sage Publicationd, Inc.

Huntington, Samuel P. (Summer, 1993). "The Clash of Civilizations?" *Foreign Affiairs*. 22–49.

Iwao, Nakatani. (1990). "Effectiveness in Technological Innovation: *Keiretsu* versus Conglomerates," In Günter Heiduk &Kozo Yamamura. (eds.), *Technological Competition and Interdependence: The Search for Policy in the United States, West Germany, and Japan*. Seattle & London: University of Washington Press.

Jacobs, M. and M. Scott. (1992). "Sustainable Development and the Local Economy," *Local Economy*. 7(3).

Jones, George W.(1985). "Recent Trends in Central–Local Relationships in England and Wales," In Alan Norton ed., *Local Government in Braitain and Germany* London: Institute of Local Government Studies, University of Birmingham.

Kanemoto, Yoshitsugu. (1990). "Optimal Cities with Indivisibility in Production and Interaction between Firms," *Journal of Urban Economics*. 27.

Kochen, Manfred &Deutsch, Karl W. (1969), "Toward a Rational Theory of Decentralization: Some Implication of a Mathematical Approach," *The American Political Science Review*. 63.

Kurz, Rudi. (1992). "Entrepreneurship, Innovation, and Growth: The Role of Innovation Policy in West Germany," In Frederic M. Scherer & Mark Perlman. (eds.), *Entrepreneurship, Technological Innovation, and Economic Growth: Studies in the Schumpeterian Tradition*. Ann Arbor: The University of Michigan Press.

Landau, Ralph. (1989). "Technology and Capital Formation," In Dale W. Jorgenson and Ralph Landau. (eds.), *Technology and Capital Formation*. Cambridge, MA: The MIT Press.

Laux, Eberhard. (1983). "Municipal Enterprises: An International

Perspective," In Barbara H. Moore. ed., *The Entrepreneur in Local Government*. Washington, D.C.: International City Management Association.

Leland, Suzanne. (2007). "Remarks from Keynote Address," *Kansas Policy Review. Institute for Policy and Social Research*. Spring. 29(1): 22–24.

______________ & Kurt Thurnaier. (2005). "When Efficiency Is Unbelievable: Normative Lessons from 30 Years of City-County Consolidations," *Public Administration Review*. 65(4): 475–489.

Melkers, Julia, Daniel Bugler & Barry Bozeman. (1993). "Technology Transfer and Economic Development," In Bingham, Richard D. & Robert Mier. (eds.), *Theories of Local Economic Development: Perspectives From Across the Disciplines*. Newbury Park: Sage Publications.

Miller, Nicholas R. (1986). "Public Choice and the Theory of Voting: A Survey," In Samuel Long, ed., *Political Behavior Annual*, Boulder: Westview Press. 1–36.

Misiolek, Walter S. & Elder, Harold W. (1988). "Tax Structure and the Size of Government: an Empirical Analysis of the fiscal Illusion and Fiscal Stress Arguments," *Public Choice*. 57.

Modi, Jitendra R., (March, 1982). "Narrowing Regional Disparities by Fiscal Incentives," *Finance & Development*. 34–37.

Morris, David. (1983). "The Self-Reliant City," In Barbara H. Moore. ed., *The Entrepreneur in Local Government*, Washington, D.C.: International City Management Association.

Musgrave, Richards A. (1961). "Approaches to a Fiscal Theory of Political Federalism," In National Bureau of Economic Research, *Public Finances: Needs, Sources, and Utilization*. Princeton, N.J.: Princeton University Press. In *Public Finance in a Democratic Society, Vol. II: Fiscal Doctrine, Growth and Institution*. (1986). Sussex: WHEATSHEAF BOOKS LTD.

Nelson, Arthur C. (1993). "Theories of Regional Development," In Bingham, Richard D. & Robert Mier. (eds.), *Theories of Local Economic Development: Perspectives From Across the Disciplines*, Newbury Park: Sage Publications.

Newton, K. (1982). "Is Small Really So Beautiful? Is Big Really So Ugly? Size, Effectiveness, and Democracy in Local Government," *Political Studies*. 30(2): 190–206.

Oates, Wallace E. (2005). "Toward A Second-Generation Theory of Fiscal Federalism," *International Tax and Public Finance*. 12: 349–373.

______________. (2006). "The Many Faces of the Tiebout Model," In W.A. Fischel ed. *The Tiebout Model at Fifty: Essays in Public Economics in Honor of Wallace Oates*. Cambridge, Mass.: Lincoln Institute of Land Policy.

______________. (2008). "On the Evolution of Fiscal Federalism: Theory and Institutions," *National Tax Journal*. 54(2): 313–334.

Olson, Jr. Mancur. (1969). "The Strategic Theory and Its Application: The Principle of Fiscal Equivalence: The Division of "Fiscal Responsibilities" Among Different Levels og Governments," *The American Economic Review*. (59–2): 479–487.

Ostrom, Elinor. (1972). "Metropolitan Reform: Propositions Derived From Two Traditions," *Social Science Quarterly*. 474–493.

O'Toole, J. & J. Simmons. (1989). "Developing the Wealth of the Nation: A Call for a National Human Resources Policy," *Economic Development Quarterly*. 3(November): 275–282.

Peak, D. A. & Azadmanesh, M. H. (1996). "Centralization-decentralization cycles in computing: Market evidence," *Information and Management: The International Journal of Management Processes and Systems*. 31(6): 303–318.

Popkewitz, T. S. (1996). "Rethinking decentralization and state-civil society distinctions: The state as a problematic of governing,"

The Journal of Education Policy. 11(1): 27–52.

Potter, Jenny. (1994). "Consumerism and the Public Sector:how well does the coat fit?" In David McKevitt and Alan Lawton (eds.), *Public Sector Management*. Londonan: Sage Publications.

Regulska, J. (1997). Decentralization or deconcentration: Struggle for political power in Poland. International Journal of Public Administration. 20(3): 643–680.

Roberts, Deborah. (1993). "The Governor as Leader: Strengthening Public Service Through Executive Leadership," In Frank J. Thompson ed., *Revitalizing State and Local Public Service: Strengthening Performance, Accountability, and Citizen Confidence*, San Francisco: Jossey–Bass Publishers.

Rodden, Jonathan. (2003). "Reviving Leviathan: Fiscal Federalism and the Growth og Government," *International Organization*. 57: 695–727.

________________. (2004). " Comparative Federalism and Decentralization on Meaning and Measurement," *Comparative Politics*. 481–500.

Romer, T. & H. Rosenthal. (1974). "The Growth of Government in the United States: An Economic Historian' s Perspective," mimeo. Washington University.

Rondinelli, Dennis A. &Ruddle, Kenneth. (1978). "Political Commitment and Administrative Support: Preconditions for Growth with Equity," *Journal of Administration Overseas*. 17(1).

Rondinelli, Dennis A. (1978). "National Investment Planning and Equity Policy in Developing Countries: The Challenge of Decentralized Administration," *Policy Sciences*. 10: 45–74.

Rondinelli, Dennis A. (1981). "Government Decentralization in Comparative Perspective: Theory and Practice in Developing Countries," *International Review of Administrative Science*. 47(2): 133–45.

Rondinelli, Dennis A. (1983). "Implementing decentralization programmes in Asia: a comparative analysis," *Public Administration and Development*. 3(1): 181–207.

Samuelson, Paul A. (1954). "The Pure Theory of Public Expenditure," *The Review of Economics and Statistics*. 36(4): 387–389.

Schechter, Stephen. (Spring, 1975). "Federalism and Community in Historical Perspective," *Publius*. 5(2).

Schroeder, Larry D. (1981). "Forecasting revenues and expenditure," In J. Richard Aronson and Eli Schwartz (eds.), *Management Policies in Local Government Finance*. Washington, D.C.: International City Management Association.

Shah, Anwar with Sana Shah. (2006). "The New Vision of Local Governance and the Evolving Roles of Local Governments." In *Local Governance in Developing Countries* edited by Anwar Shah. Washington, D.C.: The World Bank.

Sharpe, L. J. (1981). "Theories of Local Government," In L. D. Feldman ed., *Politics and Government of Urban Canada*. London: Methuen.

Spahn, Paul Bernd. (1995). "Local Taxation: Principles and Scope," in Jayanta Roy ed., Macroeconomics Management and Fiscal Decentralization, EDI Seminar Series, The World Bank, Washington D.C., 221–232.

Starret, David A. (1980). "On the Method of Taxation and the Provision of Local Public Goods," *The American Economic Review*. 70(3).

Stewart, John. (1989). "Changing Organization of Local Authorities," In Stewart, John & Gerry Stoker, eds., *The Future of Local Government*, London: Macmillan Education Ltd.

Stewart, John and Stewart Ranson. (1994). "Mamnagement in Public Domain," In David McKevitt and Alan Lawton eds., *Public Sector*

Management. Londonan: Sage Publications.

Stiglitz, Joseph, E. (1983). "The Theory of Local Public Goods," In George R. Zodrow (ed.), *Local Public Services: The Tiebout Model after Twenty-Five Years*, 17–54. New York: Academic Press.

Stoker, Gerry. (1989). "Creating a Local Government for a Post-Fordist Society: The Thatcherite Project?" In Stewart, John & Gerry Stoker, eds., *The Future of Local Government*, London: Macmillan Education Ltd.

Stöhr, Walter, B. (1990). "Synthesis," In Walter B. Stöhr ed., *Global Challenge and Local Responses: Initiatives for Economic Regeneration in Contemporary Europe*. London & New York: The United Nations University.

Strauss, Robert P. (1990). "Fiscal Federalism and the Changing Global Economy," *National Tax Journal*. 43(3).

Suarez-Villa, Luis. (1988). "Metropolitan Evolution, Sectoral Economic Change, and the City Size Distribution," *Urban Studies*. 25(1).

Tiebout, Charles M. (1956). "A Pure Theory of Local Expenditures," *Journal of Political Economy*, 64(Oct.): 416–24.

Vries de, Michiel S. (2000). "The rise and fall of decentralization: A comparative analysis of arguments and practices in European countries," *European Journal of Political Research*. 38(2): 193–224.

Vojnovic, Igor (2000), Municipal Consolidation, Regional Planning and Fiscal Accountability: The Recent Experience in Two Maritime Provinces. Canadian Journal of Regional Science, XXIII, (Spring/printemps): 49–72.

Walker, David B. (1991). "Decentralization: recent trends and prospects from a comparative governmental perspective," *International Review of Administrative Science*. 57(1991): 113–

129.

Walsh, Kieron. (October 1981). Centralization and decentralization in local government bargaining. Industrial Relations Journal. 12(5): 43–54.

Weaver, Clyde. (1981). "Development Theory and the Regional Question," In Walter B. Stöhr & D.R.F. Taylor (eds.), *Development From Above or From below*? New York: John Wiley.

Yin, Robert K. and William A. Lucas. (1973). "Decentralization and Alienation," *Policy Sciences*. 4(1973): 327–336.

Ylvisaker, Paul. (1959). "Some Criteria for a "Proper" Areal Division of Powers," In Arthur Maass ed., *Area and Power: A Theory of Local Government*. Glenco, IL: The Free Press.Zee, Howell H. (1981). "Local Income Taxation and Optimal Jurisdiction," *Public Finance*. 36(2).

Zodrow, George R. (1983). "The Tiebout Model after Twenty-Five Years: An Overview," In George R. Zodrow ed., *Local Public Services: The Tiebout Model after Twenty-Five Years*, 17–54. New York: Academic Press.

〈외국 서적〉

Agyeman, J. & Bob Evans. (1994). "The New Environmental Agenda," In Agyeman, J. &Bob Evans. (eds.). *Local Environmental Policies and Strategies*. Essex: Longman Group.

Alexander, Alan. (1982). *Local Government in Britain Since Reorganisation*. London: George Allen & Unwin.

Allesch, Jurgen. ed., (1989). *Regional Development in Europe: Recent Initiatives and Experiences*, Berlin: Walter de Gruyter.

Bahl, Roy, Kim Chuk Kyo, Park Chong Kee. (1986). *Public Finance During the Korean Modernization Process*, Harvard East Asian

Monographs, 107. Studies in the Modernization of the Republic of Korea: 1945-1975. Cambridge: Harvard University Press.

Baily, S. J., P. K. Falconer and S. McChlery. (1993). *Local Government Charges: Policy and Practice*. Essex: Longman Group UK Ltd.

Ban, Carolyn, Norma Riccucci. (1993). "Personnel System and Labor Relations: Steps Toward a Quiet Revitalization", In Frank J. Thompson ed., *Revitalizing State and Local Public Service: Strengthening Performance, Accountability, and Citizen Confidence*, San Francisco: Jossey-Bass Publishers.

Barron, Jacqueline, Gerald Crawley &Tony Wood. (1991). *Councillors in Crisis: The Public and Private Worlds of Local Councillors*. London: The Macmillan Press Ltd.

Bendavid, Avrom. (1972). *Regional Economic Analysis for Practitioners*. New York: Praeger Publishers, Inc.

Benko, George & Mick Dunford. (1991). *Industrial change and regional Development: the transformation of new industrial spaces*, London and New York: Belhaven Press.

Bennett, Robert. ed., (1989). *Territory and Administration in Europe*, London & N.Y.: Pinter Publishers.

Bennett, Robert J. & Gunter Krebs. (1991). *Local Economic Development Public-private partnership Initiatives in Britain and Germany*, London and New York: Belhaven Press.

Bennett, Robert J. ed., (1990). *Decentralization Local Governments, and Markets: Towards a Post-Welfare Agenda*, New York: Oxford University Press.

Benson, George C. S. (1941). *The New Centralization: A Study of Intergovernmental Relationship in the United States*. American Government in Action Series. ed., Phillps Bradley. New York:Farrar and Rinehart, Inc.

Berman, David R. (1994). *State and Local Politics*. 7th ed., Iowa:

Wm. C. Brown Publishers.

Berry, Jeffrey M., Kent E. Portney, Ken Thomson. (1993). *The Rebirth of Urban Democracy*. Washington, D.C.: The Brookings Institution.

Bingham, Richard D. & Robert Mier. (eds.). (1993). *Theories of Local Economic Development: Perspectives From Across the Disciplines*, Newbury Park: Sage Publications.

Birch, Anthony H. (1990). *The British System of Government*. London: Unwin Hyman.

Bish, Robert, L., Vincent Ostrom. (1973). *Understanding Urban Government: Metropolitan Reform Reconsidered*. Washington, D.C.: American Enterprise Institute

Blair, John P. (1991). *Urban and Regional Economic*. Boston: Richard D.Irwin, Inc.

Bogdanor, Vernon. (1986). Electoral System in Local Government. The Future Role and Organization of Local Government, Study Paper No 4. England: Institute of Local Government Studies, University of Birmingham.

Browning, Edgar K. & Browning, Jacquelene M. (1983). Public Finance and the Price System. 2nd ed. New York: Macmillan Publishing Co., Inc.

Buchanan, James M. &Gordon Tullock. (1962). *The Calculus of Consent: Logical Foundations of Constitutional Democracy*. Ann Arbor: The University of Michigan Press.

Burns, James M., J. W. Peltason, & Thomas E. Cronin. (1990). *State and Local Politics: Government By The People*. 6th ed., Englewood Cliffs, New Jersey: Prentice Hall.

Campell, Mike. ed., (1990). *Local Economic Policy*, London: Cassell.

Carmichael, Paul. (1995). *Central-Local Government Relations in the 1980s: Glasgow and Liverpool compared*. Aldershot: Avebury.

Caryle, A. J. (1963). *Political Liberty: A History of the Conception in the Middle Ages and Modern Times*. New Impression, London: George Allen & Unwin, Ltd.

Castells, Manuel. (1989). *The Informational City: Information Technology, Economic Restructuring, and the Urban–Regional Process*, Oxford: Basil Blackwell Inc.

Chandler, J. A. (1991). *Local Government Today*. Manchester & New York: Manchester University Press.

Chicoine, D. L., and N. Walzer. (1985). Government Structure and Local Public Finance. Boston: Oelgeschlager, Gunn and Hain.

Clarke, M and J. D. Stewart. (1989). *The Councillor and the Enabling Council: Changing Roles*. Luton: Local Government Training Board.

Cole, David C. and Princeton N. Lyman. (1971). *Korean Development: the Interplay of Politics and Economics*. Under the auspices of the Center for International Affairs. Harvard University. Cambridge: Harvard University Press.

Cooke, Phil. (1990). "Manufacturing Miracles: The Changing Nature of the Local Economy" In Mike Campbell ed., *Local Economic Policy*, London: Cassell.

Dahl, Robert A. (1982). *Dilemmas of Pluralist Democracy: Autonomy vs. Control*. Yale Studies in Political Science, 31. New Heaven, London: Yale University Press.

Dahl, Robert A. and Edward R. Tufte. (1973). *Size and Democracy*. CA: Stanford University Press.

Davis, H. Craig. (1990). *Regional Economic Impact Analysis and Project Evaluation*. Vancouver: University of British Columbia Press.

Denhardt, Robert B. (1991). *Public Administration: An Action Orientation*. Pacific Grove, CAL.: Brooks/Cole Publishing Company.

Domberger, S., S. A. Meadowcroft, & D. J. Thompson. (1994).

Competitive Tendering and Efficiency: The Case of Refuse Collection. In Matthew Bishop, John Kay & Colin Donahue, J. D. (1989). The Privatization Decision: Public Ends, Private Means. New York: Basic Books.

Donahue, John D. (1989). *The Privatization Decision: Public Ends, Private Means*. Essex: BasicBooks, A Division of Harper Collins Publishers.

Downs, Anthony. (1957). *An Economic Theory of Democracy*. New York: Harper & Ro! w Publishers.

Dunleavy, Patrick. (1982). Social and Political Theory and the Issues in Central-Local Relations. In G.W. Jones ed., *New Approaches to the Study of Central-Local Government Relationships*, ch.10. England: Gower Publishing Company Limited.

Dunleavy, Patrick. (1991). *Democracy, Bureaucracy and Public Choice: Economic Explanations in Political Science*. New York: Harvester Wheatsheaf.

During, Willem E. (1989). The Twente Center for Innovation and Entrepreneurship: An example of public-private partnership for the development of business opportunities. In Jürgen Allesch. ed., *Regional Development in Europe: Recent Initiatives and Experiences: Proceedings of the Fourth International Conference on Science Parks and Innovation Centers held in Berlin, November 12-13, 1987*, New York: Walter de Gruyter.

Ehrenberg, Ronald G. & Smith, Robert S. (1982). *Modern Labor Economics: Theory and Public Policy*. Glenview, Il: Scott, Foresman and Company.

Elcock, Howard, Grant Jordan & Arthur Midwinter with George Boyne. (1989). *Budgeting in Local Government: Managing the Margins*. Essex: Longman Group UK Ltd.

Elcock, Howard. (1982). *Local Government: Politicians, Professionals and the Public in Local Authorities*. London and

New York: Methuen & Co. Ltd.

Elcock, Howard. (1994). *Local Government: Policy Management in Local Authorities*. London & New York: Routledge.

Figgis, J. N. and R. V. Laurence eds. (1907). *Historical Essays and Studies*, (London: Macmillan, 1907).

Fisher, Ronald. (1996). State and Local Public Finance. 2nd. ed. Chicago: Richard D. Irwin, Inc.

Foster C. D. & F. J. Plowden. (1996). The state under stress. Buckingham: Open University Press.

Frey, Bruno S. & Reiner Eichenberger. (1999). The New Democratic Federalism for Europe: Functional, Overlapping and Competing Jurisdictions. Cheltenham: Edward Elgar.

Fritsch, Bruno., Stephan Schmidheiny and Walter Seifritz. (1994). *Towards an Ecologically Sustainable Growth Society: Physical Foundations, Economic Transitions, and Political Constraints*. Berlin: Springer-Verlag.

Fujita, Masahisa. (1989). *Urban Economic Theory: Land Use and City Size*. Cambridge: Cambridge University Press.

Frug, G. E. (1999). City Making: Building Communities Without Building Walls. Princeton, NJ: Princeton University Press.

Gordon, George J. (1986). *Public Administration in America*. 3rd ed. New York: St.Martin' s Press.

Gyford, John, Steve Leach, and Chris Game. (1989). *The Changing Politics of Local Government*. London: Unwin Hyman Ltd.

Haider, Donald H. (1974). *When Governments Come to Washington: Govenors, Mayors and Intergovernmental Lobbying*. New York: The Free Press.

Hamilton, Alexander, James Madison, John Jay. (1961). *The Federalist Papers*. With an introduction, table of contents, and index of ideas by Clinton Rossiter. New York: A Mentor Book.

Hams, Tony, Michael Jacobs, Roger Levett, Helmut Lusser, Janice

Morphet and Derek Taylor. (1994). *Greening your local authoruty*. England: Longman Group Ltd.

Henderson, Gregory. (1968). *Korea: the Politics of Vortex*. Cambridge: Harvard University Press.

Henderson, J. V. (1985). *Economic Theory and Cities*, 2nd ed., New York: Academic Press, Inc.

Henry, Nicholas. (1980). *Governing at the Grassroots: State and Local Politics*. Englewood Cliffs, New Jersey: Prentice Hall.

Hill, Dilys M. (1974). *Democratic Theory and Local Government*. The New Local Government Series 12, General Editor: Peter G. Richards. London: George Allen & Unwin Ltd.

Jones, George and John Stewart. (1985). *The Case for Local Government*. 2nd ed., London: George Allen & Unwin Ltd.

Judd, Dennis R.(1988). *The Politics of American Cities: Private Power and Public Policy*. 3rd ed., London: Scott, Foresman and Company.

Kavanagh, Dennis. (1990). *British Politics: Continuities and Change*. London: Oxford University Press.

Keating, Michael. (1991). *Comparative Urban Politics: Power and the City in the United States, Canada, Britain and France*. England: Edward Elgar Publishing Limited

Keidel, Albert. (1981). *TheKoreanRoadtoModernization*and*Development*. Seoul, Korea: KDI.

Keidel,III, Albert. (1981). *Korean Regional Farm Product and Income: 1910–1945*. Seoul: K.D.I.

Keith–Lucas, Bryan and Peter Richards. (1978). *A History of Local Government in the Twentieth Century*. London: George Allen & Unwin, Ltd.

KettI, D. F. (1993). Sharing Power: Public Governance and Private Markets. Washington, D.C.: Brookings Institute.

Khanna, Parag. (2009). *The Second World: How Emerging Powers*

Are Redifining Global Competition in the Twenty-first Centry. NY: Random House Trade Paperbacks.

Knowles, Raymond S. B. (1988). *Effective Management in Local Government.* Cambridge: ICSA Publishing.

Lagroye, Jacques and Vincent Wright. (1979). *Local Government in Britain and France: Problems and Prospects.* London: George Allen &Unwin, Ltd.

Leach, Steve, John Stewart &Kieron Walsh. (1994). *The Changing Organisation and Management of Local Government.* London: The Macmillan Press Ltd.

Maass, Arthur ed., (1959). *Area and Power: A Theory of Local Government.* Glenco, IL: The Free Press.

Malecki, Edward J. (1991). *Technology and economic development: the dynamics of local, regional, and national change.* Essex: Longman.

Massey, D. (1984). *Spatial Divisions of Labour.* London: Macmillan.

Mayer (eds.), *Privatization and Economic Performance*, Oxford: Oxford University Press.

Mayhew, David R. (1974). *Congress: The Electoral Connection*, New Haven and London: Yale University Press.

McConnell, Grant. (1966). *Private Power and American Democracy.* New York: Alfred A. Knopf, Inc.

McCurdy, Howard E. (1977). *Public Administration: A Synthesis.* Menlo Park, CA.: Benjamin/Cummings.

Mills, Edwin S., and Hamilton, Bruce W. (1994). *Urban Economics*, 5th ed., New York: Harper Collins College Publishers.

Moore, Chris and J. J. Richardson in association with Jeremy Moon. (1989). *Local partnership and the unemployment crisis in Britain.* London: Unwin Hyman Ltd.

Mueller, Dennis C. (1989). *Public choice II: A revised edition of Public Choice.* Cambridge: Cambridge University Press.

Musgrave, Richards A. (1959). *The Theory of Public Finance: A Study in Public Economy*. International Student Edition. Tokyo: McGraw-Hill, Kogakusha.

Neuman, Russell, W. (1986). *The Paradox of Mass Politics: Knowledge and Opinion in the American Electorate*. MA.: Harvard University Press.

Niskanen, W.A., Jr. (1971). *Bureaucracy and Representative Government*. Chicago: Aldine Publishing Co.

Oakey, Ray., Roy Rothwell & Sarah Cooper. (1988). *The Management of Innovation in High-Technology Small Firms: Innovation and Regional Development in Britain and the United States*. New York: Quorum Books.

Oates, Wallace E. (1972). *Fiscal Federalism*. New York: Harcourt Brace Jovanovich, Inc.

Ostrom, Elinor. (1972). Fiscal Federalism. New York: Harcourt Brace Jovanovich.

OECD. (1990). *Environmental Policies for Cities in the 1990s*.

Osborne, D., T. Gaebler. (1993). Reinventing Government. NY: Addison Wesley.

O' Sullivan, Arthur. (1993). *Essencials of Urban Economics*. Boston: Richard D.Irwin, Inc.

Page, Benjamin, I. & Robert Y. Shapiro. (1992). *The Rational Public: Fifty Years of Trends in Americans' Policy Preferences*. Chicago: The Chicago University Press.

Pye, Lucian W. (1966). *Aspects of Political Development*. The Little,Brown Series in Comparative Politics under editorship of Gabriel A. Almond, James S. Coleman, and Lucian W. Pye. Boston: Little, Brown and Company.

Ranson, S., J. Stuart. (1994). Management for the public domain. Basingstoke: MacMillan.

Redlich, Josef &Francis W. Hirst. (1970). *The History of Local*

Government in England. 2nd ed., With an Introduction and Epilogue by Bryan Keith-Lucas. New York: Augustus M. Kelly Publishers.

Rehfuss, John A. (1989). *Contracting Out in Government*. San Francisco: Jossey-Bass Publishers.

Richards, Peter G.(1975). *The Local Government Act of* 1972: *Problems of Implementation*. London: George Allen & Unwin, Ltd.

__________________. (1983). *The Local Government System*. London: George Allen &Unwin.

Rhodes, R.A.W.(1983). *Control Power in Central-Local Government Relations*. Reprinted edition. Hants, England: Gower Publishing Co. Ltd.

__________________. (1986). *The National World of Local Government*. London: Unwin Hyman.

Rose-Ackerman, S. (1999). Corruption and Government, Cambridge, UK: Cambridge University Press.

Schiller, Bradley R. (1980). *The Economics of Poverty and Discrimination*. 3rd ed., Englewood Cliffs, N.J.: Prentice-hall, Inc.

____________________. (1983). *The Macro Economy Today*. New York: Random House.

Schumaker, Paul. (1991). *Critical Pluralism, Democratic Performance, and Community Power*. Kansas: The University Press of Kansas.

Seneviratne, Mary. (1994). *Ombudsmen in the Public Sector*. Buckingham: Open University Press.

Smith, B.C. (1985). *Decentralization: the Territorial Dimension of the State*, London: George Allen & Unwin, Ltd.

Stewart, John. (1988). *Understanding the Management of Local Government: its special purpose, conditions and tasks*. Essex:

Longman Group UK Ltd.

Stoker, Gerry. (1991). *The politics of Local Government*. 2nd ed., London: Macmillan Education Ltd.

Sullivan, Arthur M. (1990). *Urban Economics*. Boston: Richard D.Irwin, Inc.

Taylor, Roger. (1992). "The changing role of politics in local government: clarifying and strengthening the political role," In Steve Leach ed., *Strengthening local government in the 1990s*. Essex: Longman Group Uk Ltd.

Tocqueville de, Alexis. (1945). *Democracy in America*. New York: Vintage Books.Verba, Sidney & Norman H Nie. (1972). *Participation in America: Political Democracy and Social Equality*. New York: Harper & Row Publishers.

White, A. G. (1975). Reforming Metropolitan Governments: A Bibliography. New York: Garland Publishing, Inc.

Wickwar, W. Hardy. (1970). *The Political Theory of Local Government*. Columbia, S.C.: University of South Carolina Press.

Williamson, D. (1979). *The Economics of Discretionary Behavior*. Englewood Cliffs: Prentice Hall.

Winter Commission. (1993). *Hard Truths/Tough Choices: An Agenda for State and Local Reform*. New York: The Nelson A. Rockefeller Institute of Government.

Wright, Deil S. (1988). *Understanding Intergovernmental Relations*. Pacific Grove, Cal.: Brooks/Cole Publishing Company.

Zimmerman, Joseph F. (1986). *Participatory Democracy: Populism Revived*. New York: Praeger Publishers.

찾·아·보·기

ㅇ

ㅈ

ㅌ

ㅍ

ㅎ

기타

저자 약력

성균관대 사회과학대학 행정학과 및 대학원 행정학과 졸업(행정학 석사)
육군 제3사관학교 일반학처 교수(예비역 육군 대위)
The American University 대학원 행정학과 졸업(MPA)
Maryland University 대학원 정책학과 졸업(정책학 박사)
김대중 대통령당선자 정부조직개편심의위원회 실행위원
기획예산위원회 행정개혁위원회 위원
중앙인사위원회인사정책자문회의 위원
충청북도주민투표청구심의위원회 위원
충청북도발전협의회 의장
지방행정연구회 회장
청주대학교 사회과학대학 행정학과 학과장, 학장
현재, 청주대학교 사회과학대학 행정학과 교수

››› 저서 및 논문

1988. Local Autonomy in Korea: Myth and Reality. Ph.D. Disser., the University of Maryland Graduate School, Baltimore.

2002. 반전의 시대 번복의 논리. 청주대 출판부.

2012. 대도시 지방정부 영역 규모를 둘러싼 논쟁이 간과하는 몇 가지 논점들. 한국정책연구 경인행정학회

외 논문 다수

지방자치원론 - 공공선택적 접근 - [개정판]

1996년 9월 20일 초판 발행
2014년 1월 5일 개정판 인쇄
2014년 1월 10일 개정판 1쇄 발행

저 자 정 정 목
발행인 배 효 선
발행처 도서출판 法 文 社
주 소 413-120 경기도 파주시 회동길 37-29
등 록 1957. 12. 12 / 제2-76호 (윤)
TEL 031) 955-6500~6 FAX 031) 955-6525
e-mail (영업): bms@bobmunsa.co.kr
(편집): edit66@bobmunsa.co.kr
홈페이지 http://www.bobmunsa.co.kr
조 판 법 문 사 전 산 실

정가 27,000원 ISBN 978-89-18-02409-7